마케팅의 첫걸음

이원준 · 이한석

法 文 社

　　마케팅을 공부하고 연구하면서 언제부터인가 나는 정말로 마케팅을 잘 알고 있는가에 대한 생각이 들었다. 잘 가르치는 사람은 조금 과장하면 아주 어려운 용어를 유치원생도 이해할 수 있게끔 알려줄 수 있는 사람이고 하던데 수업을 하면서 학생들이 마케팅에 대해 잘 모르겠다고 대답하면 바로 내가 쉽게 가르쳐 주지 못한 때문이 아닐까 하는 생각이 들었다.

　　책을 다시 쓰기 시작한 2015년의 대한민국은 마치 망망대해의 엔진이 꺼져가는 배처럼 느껴진다. 과거의 우리가 어제보다 나은 오늘, 오늘보다 나은 내일을 기대했다면 현재의 우리는 스스로의 존립에 대해서도 확신치 못하고 미래의 세대들에게까지 고난을 물려주는 것이 아닐까 하는 두려움에 잡혀 있는 듯하다.

　　마케팅은 소비자를 이해하고 소비자의 잠재적인 니즈를 파악하는 것에서 시작한다. 데이터 기술의 발달로 인해 빅 데이터를 활용한 맞춤형 프로모션이 가능해지고 3D 프린터를 활용한 맞춤형 상품 제작이 가능해지고 있는 지금은 변화하는 소비자를 파악하는데 있어서 마케팅의 중요성이 더욱더 강조될 수밖에 없음을 알 수 있다. 자금이 부족한 개개인들은 자신의 아이디어를 인터넷에 게재하여 투자자금을 모을 수 있고 소비자들은 국내를 넘어서 글로벌 차원에서 쇼핑을 즐기고 있다. 뿐만 아니라 고령화와 함께 결혼하지 않은 싱글 가구의 증가는 이들을 대상으로 한 상품과 이들에게 적합한 가치의 제공이 뒤따라야 함을 느낄 수밖에 없다. 이처럼 환경의 변화는 곧 마케팅의 변화를 이야기한다. 그러나 마케팅의 변화에도 불구하고 기본적인 가치와 사실들은 변하지 않는다. 기초가 튼튼해야 더욱 어려운 문제를 풀고 새로운 도전을 할 수 있듯이 마케팅의 기초는 무엇보다 중요하다고 할 수 있다. 요즈음 어디를 가나 마케팅 전문가가 늘어나고 있고 이러한 것은 분명 좋은 것이지만 마케팅의 기초에 대한 폭넓은 이해와 체계적인 지식이 없이 신문이나 인터넷을 통해 습득한 단편적인 사례와 제한적 지식, 견해로서 판단을 내리는 것은 기업에게 있어 중요한 사항을 결정하는데 매우 위험할 수 있다.

영어회화가 알파벳에서 시작하고 중국어 회화가 성조에 대한 연습에서 시작하듯이 마케팅에 대한 기초를 잘 알고 있어야 새로운 사례를 접할 때 이에 대한 이해와 응용이 수월하다. 그러나 아직까지 아쉽게도 경영학 비전공자나 이제 막 대학에 입학한 학생들, 그리고 이미 마케팅 현장에서 고군분투하고 있는 마케터들도 기초습득에 대한 기회가 많지는 않다. 다양한 마케팅 사례나 실전에서 응용할 수 있는 수준 높은 서적들은 많이 이미 나와 있지만 마케팅의 필수적인 지식을 쉽고 폭넓게 이해할 수 있도록 구성한 책은 많지 않다. 특히 부전공이나 복수 전공으로 마케팅을 처음 접하는 학생들이 증가하고 있고, 마케팅이 교양 교과목의 형태로 개설되는 경우도 쉽게 찾아볼 수 있게 되었다. 따라서 이 책을 통해 마케팅의 첫걸음마를 훈련하는 연습을 할 수 있다고 판단한다.

이 책은 경영학을 전공하지 않은 대학생들이나 대학의 마케팅 관련 교양 강좌를 위한 교재로 적합하며, 마케팅에 관심을 갖고 있는 사회초년생, 그리고 마케팅에서 수많은 실전을 겪으며 경험이 풍부하지만 마케팅의 기본적인 개념을 다시 한 번 체계적으로 점검해 보고 싶은 마케터들에게도 유용하도록 구성하였다.

이 책은 마케팅의 철학과 정의, 마케팅의 실행 전략, 그리고 마케팅의 특수 주제로서 구성하였다. 핵심적이고 필수적인 이론을 중심으로 간략히 접근하였고 가능한 이해를 돕기 위해 다수의 국내외 사례를 활용하였다.

1장 마케팅이란 무엇인가?

1.1 욕하고 흥한 기업 ·· 2
🐾 마케팅 과잉의 시대 __ 일류 마케터와 이류 마케터 ··················· 3
🐾 도대체 마케팅이란 무엇인가? __ 물건을 잘 파는 기술? ············ 5
🐾 두 가지 다른 사례 __ 욕쟁이 할머니집과 웹밴 ·························· 5
🐾 마케팅의 정의 __ 필립 코틀러가 말하는 마케팅 ······················ 6
🐾 고객의 니즈 __ 햄버거와 양푼 비빔밥 ···································· 7
🐾 수익성 있는 관계 __ 고객은 왕이다? ···································· 10
🐾 마케팅의 목표 __ 빌 게이츠의 마케팅 콘셉트 ························· 11

1.2 팔기와 마케팅 ··· 13
🐾 관계 마케팅 __ 이동통신사의 실수 ·· 14
🐾 공감 능력 __ 뇌 속 거울 뉴런 ··· 15
🐾 관계마케팅의 이점 __ 수렵형 마케팅 vs. 경작형 마케팅 ·········· 17
🐾 관계 마케팅의 특성 __ CRM은 무조건 효자? ························· 19
🐾 관계 마케팅 발전 단계 __ 애플의 고객처럼 성숙하게 ··············· 21

2장 소비자는 왜 살까?

2.1 내 마음의 블랙박스 ·· 26
🐾 블랙박스 같은 소비자 심리 __ 할리 데이비슨의 성공과 나이키의
   실패 ··· 27
🐾 복합적인 구매 행동 요인 __ 명품을 사게 하는 베블런 효과 ······· 29

🦋 구매행동 요인 1 __ 다국적 기업 까르푸의 실패 사례 ················· 30

🦋 구매행동 요인 2 __ 오바마와 블랙베리 ····························· 31

🦋 구매행동 요인 3 __ 말보로와 브랜드 개성 ························ 32

🦋 구매행동 요인 4 __ 초콜릿을 사는 까닭 ························· 34

2.2 귀가 솔깃한 설득 ································· 35

🦋 똑똑한 소비자? __ 프로슈머의 그늘 ····························· 37

🦋 중간이 안전하다는 믿음 __ 마법의 숫자 3 ······················ 38

🦋 빚을 졌다는 생각 __ 공짜 시식 코너와 상호성의 원리 ··········· 40

🦋 다양성에 대한 선호 __ 뷔페와 교차 판매 ······················ 42

🦋 믿는 것만 보려는 마음 __ 점집과 바넘 효과 ···················· 43

🦋 첫인상에 대한 맹신 __ 첫 소개팅과 초두 효과 ·················· 45

3장　기업의 시장 관리

3.1 나누어야 사는 기업 ······························· 48

🦋 최초와 유일의 저주 포드자동차와 다방 ························· 49

🦋 나눔의 미학 __ 표적 마케팅과 시장 세분화 ···················· 50

🦋 시장세분화의 조건 __ LG화학과 LG생활건강 ·················· 53

🦋 다시 일대일 마케팅으로 __ 개인화(personaliation)와 대량
맞춤화(mass customization) ·································· 54

🦋 역세분화 __ 하나로 합친 하나로 샴푸 ························· 56

3.2 목표 시장의 선택 ······························· 57

🦋 좋은 선택이 반 __ 대학로 신발가게에는 초등학생용 신발이 없다 ·· 57

🦋 목표 시장 찾기 __ DVD 대여점과 IPTV ······················ 59

🦋 경쟁사 분석 __ 코카콜라의 경쟁 상대가 비락식혜? ············· 60

🦋 푸른 바다를 찾아서 __ 웅진코웨이의 블루오션 전략 ············· 62

3.3 마음속의 싸움터 ······························· 63

🦋 마케팅의 클래식 __ 변함없는 진리, 포지셔닝 ·················· 64

🐾 위기를 기회로 바꾼 태풍 __ 합격 사과와 브랜드 포지셔닝 ········· 65
🐾 포지셔닝의 조건 __ 게보린 vs. 타이레놀 ······························· 66
🐾 포지셔닝 전략 __ 이마트의 가치 제안 EDLP ························· 68

3.4 조삼모사 액자효과 ··· 72
🐾 인식의 함정 __ 같지만 다른 정보 ·· 72
🐾 보이는 방식의 차이 __ 살코기 80% 햄 vs. 지방 20% 햄 ··········· 74
🐾 프레이밍 효과(액자효과) __ 트버스키와 카네만의 실험 ············· 75
🐾 의제 설정과 포지셔닝 __ 세븐업의 언코크 캠페인 ··················· 76

3.5 기업의 피가 되는 4P ·· 77
🐾 마케팅 전략의 실행 __ 마케팅 믹스와 시너지 ························· 78
🐾 요리법 혹은 믹스 __ 컬리톤이 말하는 마케팅 믹스 ··················· 78
🐾 4P 마케팅 믹스 __ 상품·가격·유통·촉진 ······························ 80
🐾 4P 믹스의 운영 __ 허머 vs. 도요타 프리우스 ························· 82
🐾 마케팅 믹스의 확장 7P __ 맥도날드의 햄버거 대학 ··················· 83

4장 상품이란 무엇인가?

4.1 상품 생로병사의 비밀 ··· 88
🐾 상품의 시대 __ 참이슬 프레시와 각기 다른 편익 ····················· 89
🐾 편익의 종류 __ 기능적·심리적·사회적 편익 ··························· 91
🐾 상품의 종류 __ 편의품·쇼핑품·전문품·비탐색품 ······················ 92
🐾 상품의 생과 사 __ PLC ·· 93
🐾 소녀시대와 PLC __ 멀티 상품 사이클 전략 ···························· 97

4.2 고객 먼저 혹은 기술 먼저 ··· 100
🐾 신상품의 중요성 __ 1년 365일 신상품? ······························· 101
🐾 신상품의 개발 __ R&D와 C&D ·· 102
🐾 고객 먼저? 기술 먼저? 시장 지향적 접근 vs. 시장 추동적 접근 ··· 102
🐾 신상품 개발 프로세스 __ 아이디어 발굴부터 출시까지 ············· 104

4.3 장미에 이름이 없다면 ·· 109

🌸 브랜드의 역사 __ 그리스의 항아리부터 네슬레의 둥지까지 ········ 110
🌸 브랜드의 의미 __ 삼성 SM3와 닛산 블루버드 ····················· 111
🌸 브랜드 자산 __ TOM 브랜드가 되어야 ···························· 112
🌸 브랜드 이미지 __ 써니10과 다이엔35 ····························· 113
🌸 브랜드 개성 __ 에쿠스를 탄 30대 샐러리맨? ······················ 114
🌸 스토리가 있는 브랜드 __ 애플, 벌레 먹은 사과의 유래 ············ 116

5장 가격이란 무엇인가?

5.1 정가도 할인도 없다 ·· 120

🌸 가격의 결정 __ 샤넬 핸드백과 남대문시장 핸드백 ················· 122
🌸 정가와 할인 __ 일물일가의 법칙? ································· 126
🌸 신상품의 가격 전략 __ 프리미엄 폰과 공짜폰 ····················· 127

5.2 가격에 강해지는 비밀 ·· 129

🌸 배보다 큰 배꼽 __ 프린터가 피자 한 판 값? ······················ 130
🌸 싸게 보이는 전략 __ 9,900원 vs. 10,000원 ························ 131
🌸 손실 혐오 다른 손님이 지금 사러 오고 있다? ····················· 134
🌸 합쳐진 손실 __ 신용카드 청구서가 매일 날아온다면 ················ 136

6장 유통이란 무엇인가?

6.1 직거래만 있는 세상? ·· 140

🌸 직거래의 한계 __ 직거래하면 배춧값이 싸질까? ··················· 141
🌸 유통의 가치 __ 만약 유통상이 없다면? ··························· 142
🌸 유통 경로의 구성 __ 중간상을 포함시킬 것인가 말 것인가 ········· 145
🌸 유통 경로의 갈등 __ 세븐일레븐과 GS25 ························· 147

6.2 유통의 비밀 ·· 148
- 유통의 비밀 __ 만남의 광장 ····························· 149
- 시간은 잊어라 __ 백화점에 창문이 있다면? ············· 150
- 진열에도 비밀이 __ 플래노그램과 웨보그램 ············· 151
- 남자와 여자의 쇼핑 DNA __ 수렵이냐 채집이냐 ········· 153
- 유혹에 약한 감각 __ 중고차에서 새 차 냄새가? ········· 155
- 돌려야 사는 점포 __ 스타벅스 의자는 왜 불편할까? ····· 157

6.3 창업 성공의 비밀 ·· 158
- 창업과 소매 __ 창업 인구는 얼마? ····················· 160
- 개인 점포 전략 __ 동네 슈퍼와 익스프레스 점포 ········· 160
- 입지 전략 __ 명동 한복판부터 신당동 떡볶이 골목까지 ····· 162
- 매장 분위기 __ 무대로 변신하는 쇼핑 공간 ············· 165
- 상품의 매입 __ 훌륭한 공급 파트너를 찾아라 ··········· 166
- 휴먼 관리 ··· 167

7장 커뮤니케이션이란 무엇인가?

7.1 고객 커뮤니케이션 ·· 170
- 마케팅 커뮤니케이션 __ 광고, PR, DM 그리고 IMC ······· 170
- 광고의 역사 __ 파피루스에서 인터넷까지 ··············· 172
- 광고의 필요성 __ 소비에서 예방까지 ··················· 173
- 광고의 실패 __ BC카드의 향기카드 ···················· 174
- 광고의 콘셉트 __ 나이키의 Just Do It과 다시다의 고향의 맛 ····· 175
- 광고 크리에이티브 __ 이성·감성·공포·성적 소구 ········· 177
- 광고 모델 __ EXO와 3B ······························· 179

7.2 360도 마케팅과 대안적 마케팅 ·································· 180
- 마케팅 매체의 변화 ···································· 180
- 360도 마케팅 ·· 181

🐝 게릴라 마케팅 __ 동아시아 출판사의 『Love & Free』 마케팅 ····· 184

🐝 게릴라 마케팅의 분화 __ 스텔스, 래디컬, 매복, 장난기 마케팅 ··· 185

8장 생활 속 마케팅

8.1 인터넷으로 간 마케팅 ·· 190

🐝 인터넷 환경의 등장 __ 온라인에서 어떻게 살아남을 것인가? ···· 191

🐝 인터넷 마케팅의 특성 __ 상호 작용성부터 측정 가능성까지 ····· 192

🐝 소비자 변화 ·· 194

🐝 온라인 브랜드 ·· 195

🐝 인터넷 판매 활동 __ 탈중개화 현상 ······························ 196

8.2 고객 로열티와 닷컴 ··· 197

🐝 온라인과 로열티 __ 온라인 쇼핑몰의 허와 실 ···················· 197

🐝 e-로열티의 중요성 __ 네이버, 다음, 옥션은 진정한 로열티를
구축했는가? ··· 198

🐝 e-로열티 구축 __ 가짜 로열티와 진짜 로열티 ···················· 200

8.3 스토리가 된 마케팅 ··· 203

🐝 스토리와 마케팅 __ 아이폰의 스토리텔링 마케팅 ················· 204

🐝 스토리의 역사 __ 스토리텔링과 마케팅의 밀월 ···················· 206

🐝 왜 스토리텔링이 필요한가? __ BMW와 아우디의 스키마 ······· 207

🐝 스토리와 브랜드 __ 나이키의 수난 ································· 209

🐝 스토리텔링의 활용 ·· 209

8.4 극장으로 간 마케팅 ··· 212

🐝 문화와 마케팅 __ 맥도널드의 힘 ·································· 213

🐝 문화 마케팅의 구분 __ 현대카드의 슈퍼콘서트 ···················· 214

🐝 문화 마케팅의 유형 __ 독립운동 자금을 댄 활명수 ················ 215

🐝 문화 마케팅의 특성 __ 와인처럼 마케팅하기 ······················ 217

8.5 축구장으로 간 마케팅 ·· 218
- 스포츠 마케팅이란? __ 코카콜라부터 김연아까지 ················ 220
- 스포츠 마케팅의 특징 및 장점 __ 삼성은 왜 첼시를 후원할까? ··· 221
- 스포츠 마케팅의 사업 영역 __ 스폰서십부터 이벤트 기획까지 ··· 222

8.6 공간으로 간 마케팅 ·· 225
- 장소 마케팅의 개념 __ 맨체스터시의 변신 ························ 226
- 장소 마케팅 전략 __ 두바이의 기적 ······························ 228
- 이미지의 강화 __ 『론리 플래닛』에 비친 한국 ··················· 231
- 장소 마케팅 성공 전략 __ 캐나다의 웨스트 에드먼튼 몰 ········· 232

8.7 하이테크로 간 마케팅 ·· 234
- 신기술 시대의 도래 __ 최초의 전화기부터 스마트폰까지 ········· 235
- 하이테크 시대의 고객과 기회 __ IBM과 HP가 주목하는 총
  소유비용 ·· 236
- 완전 완비 제품 ·· 239
- 플랫폼 전략 결정 기술과 윈텔 ································· 240
- 수확 체증과 표준화 전략 __ MS와 구글, 삼성전자 ·············· 241
- 표준화 경쟁의 승자 테키를 만족시켜라 ························ 244

8.8 사회로 간 마케팅 ·· 245
- 비영리 기관의 이해 __ 사회적 기업 위캔 ························ 246
- 마케팅의 필요성 __ 비영리 기관의 존재 목적은? ··············· 247
- 비영리 마케팅의 유형 __ 아이디어, 인물, 장소 마케팅 ·········· 248
- 비영리 마케팅 전략 __ 크리스피크림의 CRS ···················· 249
- 가치와 혜택의 제공 __ 평범한 자갈을 어떻게 팔지? ············· 253
- 영혼이 있는 마케팅 __ 국제유방암퇴치기구의 핑크리본 캠페인 ··· 256

8.9 소비자 역할의 진화 ·· 257
- 소비자의 역할의 변화 __ 소비자에서 생산자를 넘어 투자자로의
  변화 ·· 257
- 신제품 생산에서의 집단지성의 역할 __ 쿼키를 통해 바라본
  집단지성의 역할 ·· 259

🦠 킥스타터에서 시작된 크라우드 펀딩의 열풍 __ 투자자인가
기부자인가? 크라우드 펀딩 ··· 260

8.10 세상에 돈보다 중요한 것들 ··· 261
🦠 마케팅에 대한 비판 __ 다단계 마케팅과 편법 판매 ··············· 262
🦠 마케팅의 악용과 부정적 영향 __ 쏟아지는 광고부터 신종 범죄
피싱까지 ··· 263
🦠 마케팅 활동에 대한 감시와 규제 __ CSR의 시대 ················· 265
🦠 마케팅의 책임 __ 가장 존경받는 브랜드가 되는 길 ················· 267

참고문헌 ·· 269
찾아보기 ·· 273

1장

마케팅이란 무엇인가?

1.1 욕하고 흥한 기업

1.2 팔기와 마케팅

오늘날 기업과 소비자들은 마케팅 과잉의 시대에 살고 있다. 누구나 마케팅을 이야기하고 있으며, 어디서나 마케팅과 관련한 광고나 이벤트, 기타 기업 활동 등을 손쉽게 접할 수 있다.

그러나 이런 인기에도 불구하고 마케팅의 본질에 대한 오해는 오히려 사그라지지 않는다. 단순히 이익과 매출을 늘리기 위한 단편적인 기업 활동이나 고객 만족 활동과 같은 표면적인 일부만을 마케팅 활동의 전부로 인식하고 있는 것이 그 예다.

그러나 사실 마케팅은 기업의 경영 철학이나 전략, 비전 등 보다 상위의 차원에서부터 기업의 시장 활동에 방향성을 제시하고 있으며, 기업과 소비자를 이어 주고 기업 존속의 당위성을 마련해 주는 가장 중요한 기업 활동이다.

우리는 마케팅의 기본적인 철학과 사명, 기초적인 개념과 원리들을 확인하는 과정을 통해 왜 마케팅이 오늘날의 소비자와 기업 모두에게 더욱 중요하게 인식되고 있는지를 알아보고자 한다.

1.1 욕하고 흥한 기업

당연하게 생각하는 많은 일상 속에는 마케팅의 영향이 깊이 스며들어 있다. 왜 봄에는 벚꽃을 보기 위하여 여의도나 진해를 방문하고, 여름에는 수영복을 사기 위하여 백화점의 여름 바겐세일을 찾아다니고, 가을에는 빼빼로데이를 위하여 과자를 만들고 있을까? 벚꽃의 자생지가 한국인만큼 전국 어디서나 벚꽃을 쉽게 볼 수 있지만, 명소라고 소문난 장소가 아니면 벚꽃 구경을 제대로 한 것 같지 않다. 이는 바로 지역 브랜드의 명성과 구전으로 전해지는 바이럴 마케팅의 효과이다. 매년 여름 휴가철이 시작될 때면 대부분의 백화점은 바겐세일을 통하여 여름 용품들을 저렴한 가격에 판매하지만, 결코 손해를 보지는 않는다. 고객 차별화를 통하여 수영복을 미리 장만하고 싶은 고객들에게는 휴가철이 시작하기 전에 이미 비싼 가격에 충분히 이익을 남기고 판 뒤이기 때문이다. 그리고 삼겹살데이나 빼빼로데이 등 다양한 기념일들이 등장하면서 상품을 판매하기 위한 요란한 행사들이 수시로 열리고 있다. 유럽에서는 없는 화이트데이가 일본과 한국에서 있는 이유는 무엇일까? 마찬가지로 일본의 제과회사 모리나가의 마케팅 전략에서 시작되었다. 2월 14일 초콜릿으로 받은 사랑을 3월 14일에 사탕으로 보답하는 이러한 마케팅 전략은 초기에는 마시멜로를 전달하라는 광고문구가 있었고 이로 인해 화이트데이로 변형되어서 오늘에까지 이르고 있는 것이다.

전 세계적인 관점에서 크리스마스 같은 기념일들은 일상생활 속 마케팅의 영향력을 잘 보여주고 있다. 크리스마스의 상징이나 다름없는 산타클로스는 언제나 빨간색 옷을 입은 뚱뚱하고 인자한 할아버지의 모습으로 기억되고 있는데, 왜 항상 빨간 색 옷만을 고집할까? 사실 실제 역사 속에 등장하는 산타클로스는 지금의 이미지와는 많이 다르다고 한다. 산타클로스의 실제 모델인 성 니콜라스는 270년 소아시아 지방 리키아에서 태어났으며, 자선심이 매우 많아 어려운 사람들에게 남몰래 많은 선행을 베풀었다고 한다. 그런데 실제로 니콜라스 성인은 고행을 했으며, 그 결과 우리가 알고 있는 산타클로스와 달리 상당히 마른 체구였다고 한다.

그런데 이런 산타가 뚱뚱해지고 빨간색 옷을 입기 시작한 것은 그다지 오래되지 않았다. 겨울철이면 판매 부진을 면치 못하던 코가 콜라사가 산타를 자기 회사의 마케팅에 이용하기 시작하면서 산타는 코카콜라의 상징색인 빨간 색 옷을 입게 된 것이다. 그 이후 사람들에게 떠오르는 산타는 항상 빨간색 옷에 인자한 웃음을 짓는 할아버지로 기억되게 되었다. 그래서 그런지 지금도 산타는 크리스마스 시즌만 되면 실제 지붕이나 굴뚝에서 보다는 여러 기업들의 광고에 더욱 자주 보이고 있다.

마케팅 과잉의 시대 __ 일류 마케터와 이류 마케터

이제 마케팅은 너무나 쉽게 접하는 일상의 한 부분이 됐다. 이미 우리 생활 속 깊이 자리 잡고 있어서 어디서 무엇을 하든 마케팅의 영향을 피하기 어려워졌다. 마케팅을 모르면 직장은 물론 일상생활에서도 불편한 시대가 온 것이다. 일반인들 역시 보다 현명한 소비자가 되려면 최소한의 마케팅 지식을 이해해야 한다.

마케팅의 본질을 이해해야 한다는 데는 충분히 공감하지만 전공이 다르거나 관심사가 아니라는 이유로 손사래를 치는 사람들도 분명 있으리라 생각된다. 하지만 마케팅이 꼭 기업이나 상품 마케터만의 영역은 아니다. 일례로 최근에는 공학도들이 새로운 기술을 개발할 때 개발 단계 이전에 과연 이 기술이 시장에서 얼마나 환영받을 수 있는가를 먼저 고민한다. 기술보다 시장이나 고객을 먼저 생각하는 것이다.

다른 사람에게 자신이 좋아하는 공연이나 영화를 추천하는 것도 본질적으로는 마케팅과 같은 행동이다. 미팅에 나가서 다른 친구들보다 더 돋보이고 싶어서 자신을 꾸미는 것도 마케팅과 맥을 같이한다. 취업이나 이직을 할 때 꼭 쓰게 되는 한 장의 자기 소개서도 결국 잘 정리된 한 장짜리 마케팅 기획서와 다름없다. 이제 주변의 모든 것들이 마케팅과 관련이 있다고 해도 과언이 아닐 정도로 마케팅의 영향력은 커졌다. 그래서 마케팅을 이해한다는 것은, 결국 사회를 움직이게 하는 큰 흐름 중 하나를 이해하는 것과 같다. 결코 놓칠 수 없는 지식인 것이다. 마케팅을 알면 세상이 만만해질지도 모른다.

하지만 결과적으로 우리는 마케팅 과잉의 시대에 살고 있는지도 모른다. 날로 마케팅이 확산됨에 따라 이제 누구나 마케팅을 한다고 생각하는 시대이기 때문이다. 그러나 모두가 마케팅을 잘하고 있는 것은 결코 아니다. 수시로 벌어지는 기업의 전략 회의에 들어가 보면 생산, 연구, 인사 등 모든 사람들이 마케팅을 이야기한다. 그들 중에는 비록 전공은 아니지만 마케팅의 기본 지식과 실무 경험이 결합돼 실전의 고수인 사람도 많지만, 본질은 이해하지 못한 채 단편적으로 알고 있는 몇 개의 키워드만으로 마케팅을 편리한 쪽으로 오용하는 사람도 상당히 많다. 검술을 체계적으로 배우지 못한 사람이 검을 휘두르면 위험하다. 적이 아니라 자기 자신이나 동료를 베는 일도 생긴다. 그래서 어느 정도 검술에 익숙해지기 전까지는 목검으로 연습을 해야 하는데, 오늘날 사회에서는 모든 사람이 처음부터 마케팅의 진검을 들고 전투에 임한다. 그래서 마케팅은 더욱 위험하다.

초일류 기업에는 초일류 마케터가 있고, 이류 기업에는 이류 마케터가 있다. 마케팅이라는 이름의 잘못된 판단으로 기업이나 사업을 곤란한 지경으로 몰고 갈 위험은 상존한다. 누구보다 뛰어난 마케터가 되려면 이러한 위험을 줄이고 기본 지식을 체화하는 기회를 만들어야 할 것이다.

도대체 마케팅이란 무엇인가? __ **물건을 잘 파는 기술?**

"그 가게는 맛은 있는데 마케팅이 별로야" 혹은 "마케팅을 잘해서인지 사람들이 그 브랜드만 좋아해"라는 말들을 많이 들었고, 또 스스로도 이 같은 이야기를 했을 것이다.

자 그럼, 도대체 마케팅이란 무엇이라고 생각하는가? 한번 생각을 해 보자. 마케팅이라는 말은 무심코 쓰기도 하고 흔하게 들은 이야기지만 한마디로 정의하기란 쉽지 않다. 어떤 사람들은 마케팅을 물건을 잘 파는 기술이라고 할 수도 있고, 또 다른 사람들은 아마 매력적인 모델이 나오는 화려한 광고 또는 고객을 떠받드는 친절한 서비스를 먼저 떠올릴지 모르겠다. 그러나 이 같은 단편적 이미지들은 마케팅의 작은 일부에 불과하다. 그렇다면 도대체 마케팅이란 무엇일까?

두 가지 다른 사례 __ **욕쟁이 할머니집과 웹밴**

주변에서 쉽게 접할 수 있는 이야기들을 찾아보자. 우선 TV에도 가끔 나오는 욕쟁이 할머니집 이야기를 생각해 보자. 경기도 포천 자유로에 인접한 고모리 문화마을에는 욕쟁이 할머니가 운영하는 음식점이 하나 있다. 저수지 길을 따라가다 보면 욕쟁이 할머니집이 나오는데 된장찌개나 우거지찌개를 파는, 겉모습만 보면 그냥 평범한 음식점이다. 하지만 이 집에서 밥을 먹으려면 "남기지 말고 처먹어라 이놈아" 하는 욕 정도는 할머니에게 실컷 얻어먹을 각오를 해야 할지도 모른다. 정겨운 분위기에 음식도 맛있지만 사실 깨끗하고 친절한 다른 음식점들에 비해 특별하다 싶을 정도는 아닌 것 같고 가격도 비슷하다. 그런데 평일에도 번호표를 들고 30분 이상 기다릴 정도로 손님들이 많이 찾아온다.

조금 다른 이야기를 들어 보자. 90년대 말, 전 세계적으로 인터넷 붐이 일어나면서 여기저기서 인터넷을 기반으로 한 새롭고 기발한 사업들이 등장했다.

이때 기회를 잘 포착한 '루이스 보더스' 등 야심에 찬 젊은이들은 1999년 6월 웹밴(Webvan.com)이라는 온라인 사업을 시작한다. 웹사이트에서 식료품이나 생활용품을 주문받아서 구매자의 집 앞까지 친절하게 배달해 주는 온라인 식료품점을 창업한 것이다. 사람들이 슈퍼마켓까지 운전을 하거나 계산하기 위해 줄을 설 필요도 없고, 힘들게 물건을 들고 다닐 필요도 없게 한다는 취지였다. 특히 장애인이나 노인, 우범지대에 살고 있는 주민들에게 크게 인기를 끌 것으로 생각했다. 지금은 조금 진부하게 들리는 아이디어지만 당시에는 상당히 괜찮은 사업 아이템이었기 때문에 세계 유수의 투자자로부터 7억 달러 이상의 투자를 유치하였고, 누구도 성공을 의심하지 않았다. 그러나 전도유망하던 이 회사는 채 2년도 지나지 않아 2001년 7월 문을 닫게 된다.

도대체 이 두 곳에서는 어떤 일들이 일어난 걸까? 왜 사람들은 그다지 특별한 메뉴도 아닌데 덤으로 욕까지 먹으면서 기어코 밥을 먹으려고 30분이나 기다리는 걸까? 왜 고객들이 환영할 만한 최고의 서비스를 제공하려던 인터넷 기업은 2년도 버티지 못하고 파산하게 된 걸까?

마케팅의 정의 __ 필립 코틀러가 말하는 마케팅

상품을 판매하는 것이 마케팅, 친절함이 마케팅, 고객이 만족하는 것이 곧 마케팅이라고 상식적으로 이해하고 있었다면, 위에서 언급한 두 가지 사례가 얼핏 쉽게 이해되지 않을 수도 있겠다. 그러나 마케팅이 무엇인가에 대한 바른 이해를 갖게 된다면 욕쟁이 할머니집의 성공과 웹밴의 몰락이 너무나 당연한 결과임을 깨닫게 될 것이다.

혹시 구루(Guru)라는 단어를 들어 본 적이 있는가? 원래 구루는 힌두교나 불교 등의 종교계에서 일컫는 정신적 스승으로서 자아를 터득한 신성한 교육자를 뜻한다. 굳이 번역하자면 특정 분야의 '대가' 정도의 의미겠지만 정신적인 영향력을 미친다는 측면에서 대가보다 심오한 경지로 봐도 무방할 것 같다. 오늘날 경영학에도 이런 구루로 불리는 여러 대가가 있는데, 마케팅 분야의 구루로는 필립 코틀러 교수를 빼놓을 수 없다.

코틀러는 '마케팅이란 고객의 니즈(needs)를 충족시킴으로써 고객과 수익성 있는 관계를 맺는 것'이라고 정의했다. 다른 한편으로 필립 코틀러는 영국 런던비즈니스스쿨에서의 강연에서 마케팅과 관련하여 "CCDVTP"라는 "Mantra of marketing" 주문을 통해 마케팅을 설명하고자 하였다. 여기서 'CCDVTP'는 Create, Communicate, Deliver, Value, Target market, Profit으로 설명이 된다. 즉, 목표고객에게 가치를 창조하고 소통하며 이를 전달하는 수익성있는 관계를 맺는 것으로 정의될 수 있다. 필립 코틀러의 정의에는 음미해 볼 만한 중요한 핵심 단어들이 들어 있다. 바로 첫 번째의 경우 '고객의 니즈'이며 다음으로 '수익성 있는 관계'다. 우선 고객의 니즈라는 단어부터 생각해 보도록 하겠다.

고객의 니즈 __ 햄버거와 양푼 비빔밥

'모든 마케팅은 고객의 니즈에서 출발한다.' 당신은 이 말에 얼마나 동의하는가? 니즈란 인간에게 필요한 원초적인 무언가가 결핍된 상태를 말한다. 인간은 결코 만족 할 줄 모르는 존재이며, 더불어 살아가면서 많은 것들을 필요로 한다. 그리고 이렇게 자신에게 필요한 것들을 채워 나가기 위해 많은 시간과 노력을 들인다. 그런데 인간에게 필요한 것은 실로 다양할 수 있다. 살아남기 위해 본능적으로 필요한 것도 있지만, 타인과 어울리거나 사회생활을 하기 위해 꼭 필요하다고 후천적으로 학습된 것도 적지 않다.

예를 들어 누구나 배고픔이나 추위를 피하고 위험 없이 안전하게 살고 싶어 한다. 이는 일종의 생존 본능에 가까운데 인간이 지닌 본원적인 육체적 니즈다.

그런데 인간은 다른 동물들과 달리 사회적 생활을 하고 문화를 향유하는 복잡하고 섬세한 존재다. 배고픔을 모면하는 것만으로는 결코 만족할 수 없다. 육체적 니즈 말고도 다른 필요한 것들이 꾸준히 나타난다. 한 예로 누구나 학교나 직장에서 소위 왕따가 되기를 바라지 않을 것이다. 가능하면 집단 내에서 사랑받고 존경받으며 타인과 우호적인 관계를 맺기를 바란다. 즉 인간은 사회적 니즈를 갖고 있다. 또한 자신을 보다 잘 표현하거나 개성을 구현하려는 개인적 니즈, 새로운 것들을 배우거나 탐구하려는 지식에 대한 니즈도 있다. 이러한 니즈들은 다소 차이는 있지만 부족한 것을 메움으로써 균형을 이루고자 하는 인간의 본성에서 출발한다.

결론적으로 말하면 마케팅은 이같이 충족되지 못한 소비자의 니즈를 경쟁사보다 조금 더 효과적으로 충족시켜 주려는 모든 활동이다. 마케팅을 하는 기업은 배가 고픈 소비자들에게는 그들이 원하는 것을 제공함으로써 그들의 니즈를 채워 준다.

그런데 '그들이 원하는 것'의 의미를 생각해 볼 필요가 있다. 배고픈 소비자들이 원하는 것은 주린 배를 채워 줄 막연한 그 무엇 또는 단백질 영양 성분이 아니다. 그들은 자신이 원하는 것을 상품이나 브랜드 이름을 통해 비교적 자세하게 알고 있으며, 이에 대해 설명도 할 수 있다. 누구는 허기를 채우기 위해 맥도날드 햄버거를 먹고, 누구는 양푼 비빔밥을 먹는다. 다이어트에 민감한 아가씨는 칼로리가 적다는 특정 브랜드의 섬유질 시리얼을 찾기도 한다. 이처럼 니즈를 채워 줄 수 있는 구체적인 수단을 '원츠(wants)'라고 하는데, 원츠는 각 개인마다 또는 각 문화나 국가마다 다르게 나타난다.

그런데 배고픈 것은 인간의 본성인데 누구는 햄버거를, 다른 누구는 비빔밥을 찾을까? 이는 원츠가 본래 있었던 것이 아니라 마케팅 노력이나 환경, 문화 또는 개인적 기호에 영향을 받아 후천적으로 생겨난 것이기 때문이다. 궁극적으로 자신이 만든 상품을 팔아야 하는 기업은 소비자의 니즈가 구체화된 이들 원츠, 즉 상품이나 브랜드 등을 대상으로 마케팅을 진행한다.

그럼 이제 다시 욕쟁이 할머니집으로 돌아가 보자. 이제 우리는 이 집이 왜 성공했는지 보다 잘 설명할 수 있다. 욕을 들으면서 밥을 먹으려는 것은 단순한 배고픔이 아닌 어떤 결핍된 니즈를 추가적으로 충족하기 위한 행동이다. 현대인들은 급격한 경제 발전을 겪으면서 많은 소중한 것들을 잃은 채 살고 있다. 비록 오늘날에는 어느 음식점에서나 하나같이 친절한 서비스를 제공하고 있지만, 현대인들에게 결핍된 것은 형식적인 친절이 아니라 그리운 옛날 또는 말투는 거칠지만 자식을 사랑하는 속내를 지니고 계셨던 추억 속의 어머니나 할머니가 아닐까? 욕쟁이 할머니의 끈적한 입심은 이러한 마음을 달래 주는 좋은 수단일지도 모른다.

그렇다면 고객의 니즈나 원츠를 이해하려면 어떠한 노력을 해야 할까? 답은 간단하다. '역지사지'의 자세다. 기업이 아닌 고객 입장에서 그들이 상품의 구매를 결정하는 과정, 그리고 구매 이후의 경험을 똑같이 겪어 보고 분석해 보는 것이 최선의 방법이다. 즉 스스로 누구보다 냉정한 고객이 될 수 있어야 한다. 항상 마음속에 사람들이 자신의 상품 또는 경쟁자의 상품을 왜 구매할까 하는 의문이 있어야 한다. 이러한 과정을 통해 고객을 보다 잘 이해할 수 있으며, 그들의 숨겨진 니즈를 발견할 수 있을 것이다.

하지만 의외로 스스로 고객의 입장이 돼 본 적이 있는 마케터를 찾기가 어렵다. 일례로 통신회사 직원 대부분은 자신이 직접 스마트폰을 사지 않는다. 회사에서 최신 스마트폰을 무상으로 지원받거나 사업용이라는 명목으로 회사 경비로 구매한다. 통신 요금도 대부분 매월 상당 금액 사업용으로 지원받기 때문에 거의 요금을 내지 않는다. 그러다 보니 자연스럽게 고객들이 가장 중요시하는 요금과 단말기라는 두 가지 요인에 대해 그들이 피부로 느끼는 니즈와 고충을 제대로 느낄 틈이 없다. 서비스에 문제가 있어도 지루하고 짜증나는 콜 센터를 통해 해결하기보다는 주변의 지인을 동원해 무탈하고 편안하게 해결한다. 그러고 나서 고객의 문제가 무엇인지 외부 조사업체의 브리핑을 받고 신문 기사를 검토한다. 이 같은 관행에서 제대로 된 성과가 나올 리 없다.

더욱 큰 문제는 이들은 결코 경쟁사의 상품이나 서비스를 이용하지 않는다는 점이다. 내가 사용하면 경쟁사 가입자 한 명을 늘려 준다는 근시안적인 생각이 팽배할 뿐만 아니라, 경쟁사의 고객이 되어서 그들의 강점과 약점을 파악해 보겠다는 고민은 해 보지도 않는다. 가전 회사도 큰 차이는 없다. 직원 할인을 이용해 정해진 매장에서 시중 가격보다 저렴하게 제품을 산다. 집들이 때 작은 커피포트 하나라도 경쟁사 제품이 있으면 두고두고 눈총을 받을 수도 있다. 결국 고객이나 경쟁사보다 자신의 상품에 대해 더 모를 수밖에 없다.

이런 식으로는 안 된다. 고객을 이해할 수가 없다. 마케터 스스로 고객이 돼야 한다. 특히 자사의 고객보다는 경쟁사의 고객이 돼야 한다. 편안한 기업 내부의 고치를 스스로 벗어나 불편하고 아쉬운 고객의 자리에서 그들의 경험을 직접 느껴봐야 한다. 한때 위기를 겪었던 IBM은, 과거 IBM의 핵심 고객 중 한 명이었던 과자 회사 내비스코사의 '루 거스너'를 새로운 CEO로 영입해 위기를 극복할 수 있었다. 오늘 마케터가 고객 자리에서 고민하지 않는다면, 내일 마케터의 자리에는 고객이 대신 서 있을지도 모른다.

수익성 있는 관계 __ 고객은 왕이다?

마케팅에서 '수익성'의 의미는 무엇일까? 요즘 젊은 세대는 공감하기 어렵겠지만, 예전에는 일 년에 고작 한두 번 운동회가 끝나면 아버지 손을 잡고 중국집에 갔다. 오래전이지만, 그 중국집의 자장면 맛은 잊기 어렵다. 가게 안쪽에 걸려 있던 큼지막한 액자도 생생하게 기억난다. 커다란 붓글씨에 진한 서체로 쓴 글귀는 '고객은 왕이다'였다. 어린 마음에도 그 말이 인상 깊었던 것 같다.

그런데 고객은 왕이라는 말은 정말 실천 가능한 약속이었을까? 그 중국집에는 종업원이 3명 정도 있었는데 정작 손님은 수십 명이 넘게 와 있었다. 이러한 상황에서 손님을 왕처럼 모시기란 불가능하다. 그래서인지 음식도 늦게 나오고, 서비스도 그다지 좋진 않았던 것 같다. 실제로 손님을 왕처럼 모시려면 종업원이 수십 명에 손님이 서너 명이어야 할 것이다.

왜 그 가게는 고객을 왕처럼 모시기 위해 종업원을 더 많이 고용하지 않았을까? 여기서 우리는 기업의 운영 목적을 생각해 볼 필요가 있다. 기업은 법률 용어로 '법인'이라는 표현을 쓴다. 법인(juridical person)이란, 말 그대로 법에 의해 권리와 의무의 주체로서 자격을 부여받은 유사 인격체란 말이다. 인간처럼 피와 뼈로 만들어진 진짜 유기체는 아니지만 생존 방식 면에서는 여러모로 인간과 닮아 있다. 인간이 화재나 전쟁 등 위기 상황에서는 본능적으로 살아남으려고 안간힘을 쓰듯 법인인 기업들도 사업 경쟁에서 살아남아 존속하기 위해 최선을 다하고 있다. 이를 기업의 '지속성(on-going) 콘셉트'라고 한다.

물론 기업 대부분이 대외적으로 공표하는 경영 목표는 좀 다르다. '인류 공헌'이라든지 '고객 행복', '사회 기여', '애국 기업' 등 보다 추상적이고 매력적인 슬로건을 사용하고 있다. 하지만 이같이 멋진 구호 뒤에 들어 있는 기업의 본능적인 목표는 생존과 성장인 것이다.

그런데 기업이 살아남기 위해서 가장 중요한 것은 무엇일까? 바로 기업을 원활하게 움직이게 하는 혈액인 이익일 것이다. 이익 없는 기업은 결국 사라지고 만다. 이것이 모든 고객을 왕처럼 모시기가 어려운 이유다. 왕처럼 모시려면 고객이 그 이상의 이익을 기업에게 되돌려 주어야 하지만 아쉽게도 수익성이 높은 고객층은 매우 적다.

여기서 우리는 웹밴이 망한 원인을 쉽게 찾을 수 있다. 웹밴은 구매자가 얼마나 멀리 떨어져 있는지, 그리고 얼마나 회사에 도움이 되는 고객인지 고려하지 않고, 당시에는 혁신적이었던 최상의 서비스를 고객 모두에게 평등하게 제공하고자 했다. 벌어들이는 수입은 그다지 늘어나지 않았는데도 양질의 서비스를 제공하기 위해 더욱더 많은 인원과 차량 등 비용이 과다해졌고, 결국 회사는 더 이상 버텨 낼 수 없었던 것이다. 만약 웹밴이 이익에 기여하는 정도에 따라 고객을 분류하고 높은 이익이 기대되는 고객에게는 많은 서비스를, 적은 이익이 기대되는 고객에게는 제한된 서비스를 차별적으로 제공했다면 이야기는 크게 달라졌을지 모른다. 즉 기업의 입장에서 볼 때 가치가 높은 고객에게 보다 집중해야 했던 것이다.

오늘날 기업 대부분은 고객을 차별화해 관리함으로써 이 같은 실패를 되풀이하지 않기 위해 노력하고 있다. 실제로 똑같은 은행에서 대출을 받거나 예금을 하더라도 그 고객이 얼마나 큰 수익을 은행에 돌려줄 수 있는가에 따라 금리가 다르게 적용된다. 마케팅은 결코 고객 만족 극대화를 위해 내부 자원을 총동원하는 자선 활동이 아니다. 마케팅은 고객의 니즈를 충족시키는 동시에 기업의 생존을 위해 수익성을 확보하는 두 가지 목표 모두 충실히 달성해야 하는 양면적인 기업 활동인 것이다.

마케팅의 목표 __ 빌 게이츠의 마케팅 콘셉트

그렇다면 기업은 적절한 수익성을 확보하기 위해 어떤 노력을 기울여야 할까? 이익을 위해 오직 돈만을 목표로 모든 활동에 매진하면 목적을 달성할 수 있을까? 하지만 옛말에 돈을 쫓으면 부자가 될 수 없다는 말이 있다.

우리가 익히 알고 있는 세계적인 부호들도 처음부터 돈을 벌려고 노력했던 사람들은 아니었다. 그냥 컴퓨터가 좋아서 하버드 대학을 중퇴한 21살의 청년은 PC 산업의 황제 빌 게이츠가 됐다. 축구가 좋아서 열심히 뛰어다니던 소년은 한국의 자랑스러운 프리미어리거 박지성, 기성용이 됐다. 이들은 공통적으로 돈보다 더 높은 가치를 추구했고, 돈은 이러한 가치를 추구하는 과정에서 자연히 얻어진 보너스인 것이다.

마케팅의 목표인 수익성 추구도 마찬가지다. 기업에게 이익이 중요하지만, 결코 금전적 이익만이 기업이 추구해야 하는 절대 목표로 설정되고 추구되어서는 안 된다. 눈앞의 돈에 몰리면 결코 멀리 볼 수 없다. 고객 역시 자신을 돈벌이의 대상으로만 생각하는 기업과 거래하는 것에 불쾌함을 감추지 못할 것이다. 기업이 이익을 추구하기 위해선 고객에게 더 높은 가치를 제공하는 것을 기업의 사명으로 삼고, 이익은 이 같은 사명을 충실히 실천함으로써 자연히 얻어지는 결과라고 믿고 실천하는 고결한 정신과 신념이 필요하다. 우리는 이것을 경영 철학으로서 마케팅 콘셉트(marketing concept)라고 부른다. 마케팅 콘셉트를 채택한 기업들은 몇 가지 공통된 특징을 가지고 있다.

첫째, 이들은 고객을 철저히 이해하기 위해 많은 노력을 기울인다. 고객의 입장에서 생각하고 고객의 눈으로 판단함으로써 그들이 원하는 진정한 가치를 자신들의 상품이나 서비스에 담아내려고 한다.

KT는 신입사원이 입사하면 그 사원의 주특기가 연구 개발이든 엔지니어링이든 인사 업무든 불문하고 입사 후 1년 동안은 무조건 고객을 상담하는 일선 현장에서 보내도록 한다. 매일 불만이 가득한 손님을 상대해야 하는 지루하고 힘든 일에 참을성을 잃고 신입사원들이 회사를 그만두는 일도 빈번하지만 이런 과정 없이는 고객을 이해할 수도, 더 좋은 가치를 제공할 수도 없다고 믿기 때문이다. 서비스 품질이 높기로 유명한 스칸디나비아 항공사(SAS)의 회장은 고객 만족의 중요성을 전 직원에게 알리기 위해 더 급하고 중요한 일들을 잠시 뒤로하고 정기적으로 공항의 발권 카운터에서 고객 접대 업무를 한다.

둘째, 경쟁사보다 더 좋은 가치를 제공하기 위해 항상 경쟁사의 활동에 주의를 기울인다. 고객들은 항상 여러 기업의 상품을 비교할 수 있는 위치에 있기 때문에 좋은 서비스나 가치라는 것도 결국 상대적인 개념에 불과하다. 가장 잘하겠다는 개념은 마케팅에서 적절하지 않을 수 있다. 그보다는 경쟁 기업보다 더 우월한 가치를 제공하겠다는 생각이 보다 타당할 것이다. 이러한 이유로 과거에는 벤치마킹이나 경쟁사의 제품을 구입해서 분해해 보는 리버스 엔지니어링(reverse engineering, 역공학)이 후발 기업들의 처절한 몸부림 정도로 치부돼 조롱을 받았지만, 이제는 기업의 일상적인 활동으로 바뀌었다. 한때 애플을 모방하는 짝퉁 애플, 혹은 모조품을 양산하는 '산차이(山寨)' 기업으로 조롱받던 샤오미는 이제 누구나 인정하는 중국의 IT기업으로 거듭나고 있다. 일등 기업은 이등, 삼등 기업의 개선 활동에 주목하고 이등, 삼등 기업은 일등 기업으로부터 배우기 위해 서로 진심을 다한다.

도요타는 현대자동차의 신차가 시장에 나오면 가장 먼저 구입해 작은 부품 하나하나까지 뜯어본다. 현대차 역시 도요타에서 출시한 자동차를 뜯어본다. 경쟁사가 제품 안에서 어떻게 원가를 절감하고 새로운 가치를 구현했는지 살펴보는 소위 '가치 공학'이 일반화된 것이다. 또한 경쟁사의 마케팅 활동이나 고객 변화를 감지하기 위한 '마켓 센싱'도 기업의 일상적 업무가 되고 있다.

이렇게 마케팅 콘셉트를 채용해 고객과 경쟁사, 그리고 시장 환경에 대해 높은 관심을 기울이는, 다시 말해 마케팅 지수가 높은 기업은 더 높은 수익성과 더불어 소비자들에게도 깊은 존경을 받고 있다.

1.2 팔기와 마케팅

IKEA는 스웨덴의 가구 기업이자, 없는 것이 없는 가구점으로 세계적인 유명 기업이다. 한국 돈으로 채 1만 원도 안 되는 저렴한 가격으로 다양한 가구와 소품들을 살 수 도 있고, 아이들이 입으로 물어도 괜찮을 정도로 친환경 제품들을 만들어 왔으며, 고객이 직접 조립을 하는 형태의 새로운 가구들을 판매하고 있다. 이미 오래전부터 꾸준히 인기를 얻어 온 IKEA가 2014년 12월 광명에 1호점을 열고 처음 한국에 상륙하였다. 예상한 대로 진출 초기부터 큰 인기를 얻었다. 세 개 층에 달하는 주차장은 항상 꽉 들어차 빈자리가 없었고, 입장을 기다리는 행렬이 길게 늘어섰다.

그러나 사실 IKEA가 자랑하는 강점인 고객이 직접 조립하는 형태는 한국 고객들에게는 매우 생소한 방식이다. IKEA는 자신들의 강점으로 '원하는 서비스만 구매한다'를 내세우고 있으며, 고객이 직접 운송이나 조립을 처리하여 부지런히 움직일수록 더 싸게 살 수 있다고 자부한다.

하지만 IKEA는 진출 초기에 세계적인 명성에 어울리지 않은 많은 미숙한 모습들을 보여 한국 소비자들의 구설수에 오르기도 하였다. 개장 전부터 외국의 판매 가격에 비하여 다소 비싸게 가격을 책정하여 한국 고객이 봉이냐는 불만이 여기 저기 튀어나왔고, 판매 제품에 사용된 디자인 중에는 동해를 일본해로 잘못 표기한 제품들이 버젓이 등장해서 한국인 소비자들의 분노를 사기도 하였다. 또한 매장 내부에 별도의 대기 공간이 없는 탓에 기다림에 지친 고객들의 불만을 터트렸다.

IKEA는 분명 한국에서 경쟁자를 찾기 어려울 정도로 좋은 품질과 고객 가치가 뛰어난 제품들을 판매하고 있고, 혁신적인 비즈니스 모델을 가지고 있다. 하지만, 이들이 한국에서 성공하기 위해서는 단지 이런 것들만으로는 충분치 않음이 확인되었다. 한국 시장에서 새롭게 만나게 된 한국 고객들을 잘 이해하고, 세계 시장과 다른 한국 고객들의 까다로운 요구를 만족시킬 수 없다면 세계적인 기업도 한국에서는 어려움을 겪을 수밖에 없다. 성공하기 위해서는 한국의 고객들과 진정한 관계를 맺어 '우리 IKEA'라는 이야기를 듣기 위한 노력이 필요하다.

관계 마케팅 __ 이동통신사의 실수

앞서 본 사례는 IKEA와 같은 세계적인 기업들일지라도 고객에 대한 이해가 부족하거나 고객과의 관계가 미흡하다면 시장 개척이 쉽지 않음을 보여준다. 세계적 명성의 브랜드일지라도 고객과 성공적인 관계를 구축할 수 없다면, 결국 고객들의 큰 불만을 초래하고 사업 전체에 걸친 위험을 불러오기도 한다.

기업은 성과를 올리려면 반드시 고객과 일회성이 아닌 장기적으로 우호적인 관계를 형성해야 한다는 점을 인식해야 한다. 고객과 우호적인 관계를 맺게 되면 고객 마음속에 해당 기업의 제품이나 서비스가 긍정적으로 자리를 잡아 오랫동안 고객의 사랑을 받을 가능성이 크기 때문이다. 특히 정에 약한 한국 소비자의 특성상 비록 그 대상이 사람이 아니라 상품이나 브랜드라고 할지라도 한 번 맺은 인연을 쉽게 잘라 내지는 않는다.

지금까지 많은 기업은 오로지 판매에만 초점을 맞추고 단기적인 성과를 올리는 것만을 강조하곤 했다. 각 기업이 매년 세우는 경영 목표나 마케팅 전략만 봐도 이러한 사실을 알 수 있다. 보통 이들은 매출 목표 100억, 순익 1조 달성, 글로벌 순위 5위 등과 같은 거창한 목표를 설정한다. 물론 말로는 이야기하지만 고객 만족도 10% 향상, 고객이 가장 존경하는 기업 등과 같은 고객 중심적인 목표를 설정하는 경우는 매우 드물다. 고객 관련 목표는 미사여구로서 빠지지 않고 잠깐 등장할 뿐이다. 그러나 기업 간 경쟁이 치열해지고 신규 고객을 획득할 때 드는 마케팅 비용이 점점 커지면서 단기적인 판매 성과가 장기적인 기업 이익에 긍정적인 영향을 주지 못하는 일이 빈번하게 나타나게 됐다.

국내 이동통신 시장의 예를 보면 이러한 경향이 확연하다. 각 통신사는 고객별로 수십만 원에 달하는 단말 보조금을 지급하는 등 무료로 단말을 제공하고 영화 관람료 무료, 마일리지 혜택 등 다양한 정책을 펴고 있다. 하지만 고객들은 1~2년 간에 걸친 약정 기간만 지나면 금전적 혜택을 더 많이 주는 기업으로 미련 없이 떠난다. 기업의 지나친 단기 매출 경쟁이 결과적으로 철새 고객들을 양성한 것이다. 또다시 새로운 고객을 찾아야 하는 부담은 고스란히 기업의 몫이다.

이 같은 환경 변화 속에서 '관계 마케팅(relation marketing)'이 새로운 패러다임으로 각광을 받고 있는 것은 어쩌면 당연한 일이다. 관계 마케팅이란 거래의 당사자인 고객과 기업 간에 관계를 형성하고 이를 유지, 강화함으로써 기업-고객 간 상호작용을 활성화하고, 이를 통해 상호 이익을 극대화할 수 있는 다양한 마케팅 활동을 의미한다. 파트너인 고객과의 지속적인 유대를 기반으로 해 고객의 문제를 해결하고 고객에게 새로운 가치를 제공함으로써 불필요하고 소모적인 경쟁 없이 안정적으로 수익을 거둘 수 있다.

공감 능력 __ 뇌 속 거울 뉴런

과거의 판매나 마케팅 개념에서는 단순히 고객이 원하는 좋은 제품을 적절한 유통 경로를 통해 이익이 발생하는 가격에 팔 수 있도록 광고나 촉진 활동을 하는 것이 주된 업무였다. 이에 비해 관계 마케팅 개념에서는 고객의 구매 전과 사용, 구매 후에 걸친 일련의 프로세스를 대상으로, 어떻게 하면 보다 만족스러운 경험을 제공할 수 있는가에 초점을 맞춘다. 즉 관계 마케팅은 고객의 경험을 종합적으로 관리하는 프로세스라고 할 수 있다.

기존의 판매 개념과 관계 마케팅 간의 차이점을 보다 상세히 이해하기 위해 간략히 정리하면 다음과 같은 도표로 나타낼 수 있다.

표 1-1 판매와 마케팅의 차이

구 분	기존 판매	관계 마케팅
목 표	거래를 통한 매출, 이익 창출	고객과의 장기적인 관계 구축
관 심	시장점유율, 수익률 향상	고객 만족도 향상
기 간	단기적 관점	중장기적 관점
고객 참여	제한적, 수동적인 고객 참여	포괄적, 적극적인 고객 참여
고객 접촉	문제 발생 시에만 접촉	구매 전후를 포함한 생애 접촉
상품 특성	물리적 제품	솔루션, 서비스 제품
마케팅 개념	전통적 판매 개념	상호작용적인 마케팅 개념

기존의 판매 개념이 주로 매출이나 이익과 같은 단기적인 목표를 달성하기 위해 물리적인 제품의 판매에 주력한 것이라면, 관계 마케팅에서는 고객과의 장기적인 관계 구축을 목표로 고객 만족도 향상에 주력하며 이를 위해 다양한 서비스나 솔루션을 제공하는 포괄적인 고객 관리 활동을 추진함을 알 수 있다.

그러나 관계 마케팅을 시행하는 것은 쉬운 일이 아니다. 관계를 맺기 위해서는 시간과 비용을 투입해야 하고 이와 더불어 상당한 수준의 정서적인 노력을 들여야 하기 때문이다. 고객과의 기존 관계를 한 단계 더 발전시키기 위해 반드시 필요한 정서적 능력 중 하나는 바로 고객과 같이 즐기고 아파할 수 있는 공감 능력이다.

실제로, 공감하는 능력은 모든 포유류의 공통된 특성이라고 한다. 무리 지어 사는 동물들은 그중 어느 하나라도 천적이나 자연 재해와 같은 위기를 느꼈을 때 이를 무리 전체가 공감하는 것이 자신들의 생존에 더욱 유리하기 때문에 이러한 공감 능력을 발전시켜 왔는데, 인간도 마찬가지라고 한다. 병원 신생아실에서 한 아기가 울기 시작하면 그 방의 모든 아기가 동시에 따라 운다. 이는 타인과의 공감을 관장하는 뇌 속의 거울 뉴런이 본능적으로 작동하기 때문이라고 한다. 하지만 이러한 공감 능력은 경쟁을 강조하는 교육을 받으면서 점차 사라진다. 특히 졸업 후 사회로 나오게 되면서 이기적인 유전자가 극대화된다. 나의 이익을 위해서는 협상 상대방의 이익을 짓밟아야 하고, 매출 실적을 올리려면 당장 눈앞에 있는 고객들을 어떻게든 유혹해서 설득해야 한다고 은연중에 배운다.

하지만 관계 마케팅에서는 유아기 때 공감 능력으로 돌아갈 것을 요구한다. 상대방의 어려움과 나의 어려움을 동일시하고 이를 해결하기 위한 노력을 기울일 것을 요구하는 것이다. 경제학의 아버지라 불리는 애덤스미스가 출간한 '도덕감정론'에서 인간이 갖고 있는 자연적 이기심에도 불구하고 인간의 도덕적 판단과 행위의 근원이 공감능력이라고 주장하였듯이 공감의 중요성은 마케팅에도 적용된다. 마케팅의 기본 철학인 고객 중심으로 철저하게 돌아가야 하는 것이다. 이 같은 공감과 협력을 통해 서로 이익을 볼 수 있는 윈-윈(Win-Win)의 기회를 발견할 수 있다.

관계마케팅의 이점 __ 수렵형 마케팅 vs. 경작형 마케팅

이처럼 관계 마케팅이 오늘날 새롭게 화두로 떠오른 것은 상생과 공존의 철학이 그 바탕이 되기 때문이다. 나의 성공이 너의 실패로 귀결되는 무한 경쟁 체제하에서는 항상 긴장과 갈등, 분쟁이 존재한다. 이러한 경쟁 관계에서는 신뢰나 믿음, 공동의 이익이 존재할 틈이 없다. 기회주의적인 기만과 위선이 팽배하기 쉽다. 만일 기업과 고객의 관계가 이런 식으로 형성돼 있다면 이는 모두에게 불행하다. 이제 관계 마케팅은 기존 판매나 마케팅의 개념을 보완하는 동시에, 기업과 소비자 모두에게 이점을 제공할 수 있는 패러다임으로 환영받고 있다.

그렇다면 기업과 소비자 양측에서 얻는 이점은 무엇인지 상세하게 살펴보자. 우선 기업 입장에서의 이점이다. 기업들은 오랜 기간의 사업 경험을 통해 기존의 고객을 유지하는 것이 매번 새로운 신규 고객을 창출하는 것보다 더 저렴하고 효과적인 방법임을 발견하게 됐다.

이미 자사의 상품을 구입한 고객들을 소홀히 취급해 이들을 다른 경쟁사에 빼앗기고 매번 새로운 고객들을 사냥해야 하는 '수렵형' 마케팅보다는, 기존 고객들을 잘 가꿔 매번 풍족한 수확이 반복되는 '경작형' 마케팅이 장기적으로 더 바람직하다는 것을 깨닫게 된 것이다. 실제로 조사 결과에 따르면 신규 고객을 확보하는 데 드는 비용이 기존 고객을 유지하는 데 드는 비용보다 최소 5배 이상이 필요하다고 한다. 또한 기존 고객 중 단지 5%의 이탈을 막아내는 것만으로도 거의 100% 이상 이익을 증대할 수 있다고 한다. 수비가 최선의 공격인 셈이다. 이는 '고객 생애 가치(lifetime value)'라는 개념으로도 요약할 수 있다. 만약 회사가 경작형 마케팅으로 고객에게 지속적인 만족감을 주고 이들이 계속 고객으로 남는다면, 이 고객은 평생 동안 같은 회사의 상품을 반복 구매하게 될 것이다. 그렇게 된다면 이 고객은 단 한 번의 이익을 주는 것이 아니라, 지속적이고 반복적인 이익을 기업에게 돌려주게 되는 것이다.

물론 이 같은 원리를 제대로 이해하는 기업일지라도 이를 실천하기란 쉽지 않다. 가장 큰 이유는 기존 고객을 지키는 것은 눈에 띄는 화려하거나 대단한 업적으로 생각하지 않는 잘못된 풍조 때문이다. 경쟁사의 고객을 빼앗아 오거나 단기적인 매출이 급신장한 경우는 성공적인 마케팅으로 인정받아 승진이나 경력에 큰 도움이 되지만, 기존 고객을 유지했다거나 고객의 불만을 잘 처리했다는 것은 제대로 부각되지 않는다. 그래서 업무의 중요성에도 불구하고 사실상 판매나 매출 담당 부서에 비해서 조직에서 가지고 있는 권한도 작고 업무 만족도 역시 높지 않다. 이는 고객에 대한 비전을 명확하게 제시하고 이를 후원하는 최고 경영진의 노력이 절실한 부분이다. 지키는 것이 빼앗는 것보다 어렵다.

소비자인 고객 입장에서도 특정 기업과 오랫동안 관계를 형성하는 것은 장점이 크다. 우선 브랜드를 선택할 때 이것저것 비교해 보지 않아도 되니 마음이 편하다. 사실 특정 브랜드를 선택할 때마다 비교해 보면서 사야 한다면 이보다 피곤한 일도 없다. 이렇듯 기업과 소비자 간에 거래를 위해 필요로 하는 유무형의 비용은 거래비용으로도 불릴 수 있는데 소비자들은 반복구매를 함에 따라서 브랜드와 기업에 대해 신뢰를 갖게 되고 필요 없는 탐색비용, 위험비용 등을 줄일 수 있는 것이다. 예를 들어 맥주를 살 때마다 다양한 브랜드의 맛, 품질, 성분, 알코올 도수 등을 매번 비교하고 주변에 각 브랜드의 평판을 들은 후에 구매하는 것을 좋아할 사람이 어디 있겠는가? 소비자들은 특별하게 좋아하는 브랜드가 있음으로써 구매 시 불안감이나 선택을 위한 고민 등이 필요 없게 돼 심리적인 편익을 얻을 수 있다.

마케팅의 본질은 고객과 긍정적인 관계를 유지하는 것이라고 할 수 있다. 관계 마케팅은 지속적으로 고객들의 기업에 대한 신뢰를 굳건하게 하며, 고객들이 기업을 더 잘 이해할 수 있도록 동기를 제공한다. 결과적으로 고객과 기업 간의 끈끈한 관계를 구축함으로서 고객은 기업에게, 기업은 고객에게 서로 의존하는 상호의존성이 높아지게 되고, 이런 상호의존성은 기업을 경쟁자로부터 보호해주는 가장 든든한 버팀목이 되는 것이다.

특히 최근에는 이러한 장기적 고객 관계를 구축하기 위하여 IT와 마케팅 조사 등 체계적인 지원체계에 많은 기업들이 투자를 하고 있다. 그 대표적인 것이 바로 고객관계관리, 혹은 CRM이라고 부르는 시스템이다. CRM은 Customer Relationship Management의 약자로서, 고객의 개인적 인구통계정보와 구매관련 정보를 통합하여 바람직한 고객 관계를 개발하고 유지하고자하는 마케팅 전략인 동시에 정보 시스템을 의미한다. 예를 들면 한국의 스타벅스 코리아는 '스타벅스 카드'라는 충전식 선불카드를 가지고 있는데, 이를 활용하여 '마이 스타벅스 리워드'라는 일종의 마일리지 프로그램을 운영하고 있다. 카드 번호를 개인 정보와 함께 홈페이지에 등록할 경우, 매장에서 결제할 때마다 별(star)이 적립되고, 적립된 별에 따라 고객들은 무료 음료 증정, 커피 e쿠폰 발급, 등급별 다양한 혜택을 즐길 수 있다. 그리고 개인 정보를 바탕으로 고객의 생일이 다가오면 생일 축하 문자와 더불어, Tall Size의 음료를 무료제공하고 있다. 이는 카페베네 등 경쟁자로부터 고객을 잃지 않기 위하여 스타벅스가 진행 중인 고객관계 프로그램의 일환이다.

관계 마케팅의 특성 __ CRM은 무조건 효자?

그러나 기업과 고객 상호간의 이점에도 불구하고 관계 마케팅을 성공적으로 추진하는 것은 어려운 과제다. 장기적인 관계 구축이 목표이기 때문에 고객이나 시장을 바라보는 관점 역시 장기적이고 전략적이어야 하는데, 하루하루의 매출이나 이익에도 민감할 수밖에 없는 판매 일선의 담당자들이 장기적인 목표를 흔들리지 않고 밀고 나간다는 것이 결코 쉬운 일이 아니기 때문이다. 하지만 성공적인 기업들은 관계 마케팅을 위한 뚜렷한 전략적 목표를 수립하고 이를 실천하기 위해 노력하고 있다. 이러한 기업들이 관계 마케팅을 통해 추구하는 기대 효과를 살펴보면 다음과 같다.

첫째, 데이터를 활용해 수익성이 높은 우량 고객을 과학적으로 확인하고, 이들의 이탈을 방지해 장기적인 관계를 맺는다. 가장 신속하게 이익을 증대하는 확실한 방법은 더 나은 고객들과 더 많은 시간을 같이 보내는 것이다. 국내 주요 은행들은 각 고객의 예금액이나 수익에 기여하는 정도를 기반으로 세분화된 고객 분석표를 가지고 있으며, 이에 따라 각각 다른 고객 등급을 매기고 이 등급에 따라 차별화된 금리나 혜택을 제공하고 있다.

이렇게 차별적 마케팅이 가능하게 된 배경에는 CRM(Customer Relationship Management)이 있다. CRM은 고객의 거래 및 인적 정보 데이터를 체계적으로 수집해 고객 분석의 기반을 제공하는 정보 시스템 인프라로서, 데이터베이스와 관련 분석 도구를 의미하는 동시에 데이터를 해석하고 고객 관리의 시사점을 발견할 수 있는 마케팅 지식과 직관을 모두 포괄하는 개념으로 보는 것이 타당할 것이다. 그런데 많은 기업에서 수십에서 수백 억 원에 이르는 IT 투자를 통해 CRM 시스템을 구축했지만, 이를 제대로 활용하지 못한 채 사장시키고 있다. 막연히 데이터만 있으면 마법의 비책이 나올 것이라는 생각은 환상이다. 고객에 대해 잘 이해하고 있는 전문가의 분석과 그 응용 역량에 따라 성과가 결정된다. IT 인프라와 인적 인프라 간의 조화가 없는 CRM은 오히려 예산 낭비의 주범일 수 있는 것이다.

둘째, 고객들의 신뢰와 애정을 바탕으로 향후 이들이 자사 상품을 구매할 때보다 업그레이드된 상품이나 관련 상품을 구매할 수 있도록 상향 판매(up-selling)와 교차 판매(cross-selling)를 유도한다. 이미 구매를 결정한 소비자를 대상으로 가격이나 품질이 보다 높은 상위 상품을 적절한 이유와 함께 대안으로 제시할 경우 적은 노력으로 매출을 높일 수 있다.

단품으로 사기보다는 연관 상품을 함께 구매하는 것이 소비자 본인에게 도움이 되곤 한다. 모발 염색약을 사는 고객은 헤어 영양제도 추가로 필요하지만 미처 거기까지는 생각이 미치지 못했다가 나중에 다시 사러 가기도 하는데, 기업에서 미리 관련 품목을 추천한다면 서로에게 도움이 된다. 델(Dell) 컴퓨터를 구매한 고객은 프린터나 프린터 잉크, 모니터, 서비스 등 다른 관련 상품들을 함께 구매하도록 요청받고 있으며, PC 교체 주기에 따라 신상품 구매를 권유받기도 한다.

셋째, 브랜드를 중심으로 고객들을 하나의 커뮤니티로 묶은 후 이들의 긍정적인 입소문을 주요한 촉진 수단으로 관리한다. 최근 광고가 범람하고 소비자 역시 광고를 불신하고 있는 와중에 특정 제품이나 서비스에 만족한 고객들의 구전은 가장 강력한 정보원이 되고 있다. 진로는 참이슬과 관련한 사용자의 경험담이나 참이슬에 적합한 안주의 레시피를 고객 스스로 올릴 수 있는 브랜드 커뮤니티를 운영하고 있는데, 주류 상품의 특성상 광고에 제약이 큰 진로에게 이러한 구전 확산 기회는 그 자체로 중요한 판촉 수단이 된다.

넷째, 고객들의 경험을 총체적으로 관리한다. 긍정적인 경험을 극대화할 수 있도록 모든 고객 접점을 강화하는 것은 물론, 부정적인 경험을 최소화하고 고객의 불만을 해결하는 등 지속적으로 노력한다.

미국의 렌터카 업체 아비스(AVIS)사는 고객들이 자동차를 빌리는 전 과정을 단계적으로 분석해 고객의 총체적인 경험을 개선했다. 90년대 중반 아비스는 경쟁사 허츠(Hertz) 등에 비해 고객 만족도 점수가 계속 떨어지자 고객들이 자동차를 렌트할 때의 경험을 낱낱이 분해하고 이를 관찰함으로써 그 원인을 찾고자 했다. 분석 결과 자동차 렌트 과정은 100여 개 단계로 분해될 수 있었는데, 렌트하는 데 시간이 많이 걸려서 고객들이 불만이 많았다는 것을 발견할 수 있었다. 이 문제를 해결하기 위해 단골 회원에 한해 렌터카 신청센터에 들르지 않고도 바로 차를 배정받아 나갈 수 있는 우대 서비스 프로그램을 도입했다. 또한 비행기 출발 시간 때문에 초조해 하는 고객들의 스트레스를 줄여 주기 위해 공항 터미널처럼 비행기의 출발 시간을 실시간으로 알려 주는 고객용 모니터를 부착하기도 했다.

관계 마케팅 발전 단계 __ **애플의 고객처럼 성숙하게**

처음 만난 사람들이 한눈에 서로를 이해하고 친해지기란 사실상 매우 어렵다.

개인과 개인이 인간적으로 만나서 친해지고 관계가 형성되기까지는 많은 시간과 공유할 만한 추억이 필요할 것이다. 소비자와 기업 간 관계도 본질적으로는 이와 크게 다르지 않으며 관계 형성, 성장, 성숙이라는 일련의 과정을 거친다. 처음으로 이동통신 서비스를 이용하는 고객은 통신사를 선택함으로써 기본적인 관계를 맺게 된다. 그리고 통화, 게임, 음악 등 통신사의 다양한 서비스를 이용하는 과정을 통해 차차 해당 통신사에 대해 많이 알아가게 되며 이들 간의 관계도 깊어진다. 이렇게 반복된 만족스러운 경험을 기반으로 해 이 사용자는 친구나 친지, 동료에게 해당 통신사가 얼마나 좋은지 자랑하고 다니는 브랜드 전도사가 될 수도 있다.

이러한 일련의 관계 진화 과정을 보다 체계적으로 살펴보기 위해 성공적인 관계 마케팅을 구축한 기업들을 보면 이들은 다음과 같은 4단계의 관계 생애 주기를 거쳐 왔음을 알 수 있다.

첫째, 관계 마케팅의 초기 단계는 새로운 고객을 발굴하거나 경쟁사의 고객을 빼앗아 오는 관계 형성 단계로서, 고객들에게 경제적, 기능적 또는 사회적 편익을 약속하고 이를 성실하게 이행함으로써 만족감을 제고한다. 특히 소비자 입장에서 볼 때 생소한 상품으로 바꾸거나 새로운 상품을 접한다는 것은 경제적, 심리적으로 큰 위험 요인이 되기 때문에, 이렇게 지각된 위험을 최소화하고 기대할 수 있는 새로운 가치를 최대화할 수 있을 때 관계의 시작이 원활할 것이다. 당연히 이 첫걸음부터 잘 떼어야 한다. 관계 형성 초기 단계에 차라리 관계를 맺지 않았으면 좋았을 고객을 식별하지 못한다면 전반적인 고객의 질에 문제가 생길 수 있다.

국내 이동통신 서비스의 후발 주자였던 LG U+는 열세를 극복하기 위해 양적 확장에 주력했다. 그 결과 요금에 민감하고 브랜드 로열티가 낮아 통신사 간 이동이 빈번한 철새 고객들을 다른 경쟁사보다 훨씬 많이 보유하게 됐고, 이러한 구조는 기업의 수익성에 악영향을 미쳤다. 많은 비용을 들여 무조건 고객을 많이 확보하기보다는, 기업의 장기적인 수익에 도움이 되는 질적으로 훌륭한 우량 고객을 확보하는 것이 중요함을 보여준다.

둘째, 관계의 성장 단계에서는 고객의 신뢰 형성이 가장 중요한 과제다. 서비스 산업을 예로 들면 고객의 신뢰는 몰입과 같은 다양한 긍정적 경험의 전제조건이 되는 것으로 알려져 있다. 이 단계에서는 단순히 만족을 제공하는 것을 넘어서 재미나 몰입, 흥미, 애착과 같은 다양한 감성적 경험을 제공함으로써 고객과 기업 간 관계를 보다 끈끈하게 만들어야 한다. 고객에게 한 번 사용해 보고 버리는 그저 그런 브랜드가 될 것인지, 아니면 오랫동안 의미 있게 기억되는 브랜드로 남을지가 결정되는 단계다.

과거 마이클럽과 같은 인터넷 서비스는 '선영아 사랑해'라는 호기심 유발형 게릴라 이벤트를 통해 소비자들의 관심을 불러일으키는 것까지는 성공했다. 하지만 다른 사이트들과 차별화할 수 있는 특별한 서비스나 경험을 제공하는 데는 실패함으로써 그 이상 관계를 진전시키지 못하고 기억 속에서 사라진 것을 잊어서는 안 된다.

셋째, 관계 성숙 단계는 관계 성장 단계에서 만족스러운 경험을 한 소비자들이 보다 관계에 적극적으로 몰입해 다른 경쟁 브랜드나 대안들을 잘 고려하지 않게 되는 단계다. 고객은 브랜드나 기업에 대해 어느 정도 확신이 들면 추가적인 시간과 비용, 지각된 위험을 감수하고 새로운 경쟁 상품이나 브랜드를 검토하기보다는 기존에 사용하던 상품과 지속적으로 관계를 유지하려고 하며, 자신의 만족스러운 경험을 주변에 적극 알리는 브랜드 전도사를 자처하기도 한다.

애플은 고객과 가장 성숙하고 달콤한 관계를 맺고 있는 기업 중 하나다. 애플의 고객들은 애플이라는 기업의 제품 철학을 깊이 이해하고 있다. 더구나 아이폰, 아이패드 등 신상품이 나올 때마다 무한한 응원을 보내 줌으로써 신상품이 초기 붐을 일으키는 데 큰 역할을 하고 있다. 한 번도 경험해 보지 못한, 그래서 품질이나 가치에 대해서 아무런 확신도 할 수 없는 상황에서 애플의 신상품을 먼저 사려고 며칠 전부터 매장 앞에 텐트를 치고 기다리는 고객들의 모습은 경이롭기까지 하다.

마지막으로 관계 해지 단계가 존재할 수 있다. 아무리 만족스러운 관계라도 기업과 고객 간의 관계가 영원하리라 기대할 수는 없다. 즉 고객이 구매력을 잃거나 경쟁 브랜드로 이탈하는 것이다.

경쟁 브랜드로 이탈하는 이유는 여러 가지가 있을 수 있다. 자사가 제공하는 상품이나 경험이 더 이상 만족스럽거나 매력적이지 않기 때문일 수도 있고, 고객들이 기꺼이 새로운 관계를 모색할 만큼 경쟁사에서 뛰어난 가치가 있는 상품을 내놓았기 때문일 수도 있다. 그러나 어떠한 경우라도 고객이 왜 관계에서 이탈했는지 분석해야 한다. 이러한 분석 결과는 기업에 실수를 만회할 수 있는 기회를 제공한다. 만약 고객이 구매력이나 흥미를 잃어서 고객과 관계를 해지해야만 하는 상황이라면 가능한 한 우호적이고 긍정적인 기억을 고객에게 남겨 줘야 한다. 경우에 따라서는 기업이 한발 물러서야 할 필요도 있다.

특히 고객이 관계 해지 과정에서 느끼게 되는 불쾌한 경험은 한때 충성스러운 고객들을 최악의 불만 고객으로 바꾸기도 하므로 적극적으로 관리해야 한다. 이는 부정적인 구전이 긍정적인 구전보다 파급력이 더욱 크기 때문이기도 하다.

한 예로 미국의 경기 불황이 최악의 상황으로 치닫던 2009년, 미국의 현대차 법인은 신차 구매 고객이 실직하면 차를 되사주는 재구매 프로그램을 시행해 홀로 점유율을 확대할 수 있었다. 최근 중국의 경제에 대한 불안감이 증가하는 이때 중국의 소비자에게도 이런 프로그램을 시행해보면 어떨까? 얼마 전까지 중국은 항상 '어제보다 나은 오늘, 오늘보다 나은 내일'만 있다는 긍정적인 생각이 많기에 이와 같은 재구매 프로그램에 대한 소비자의 관심이 없었다던데 중국 경기가 예전 같지 않다면 프로그램 시행을 고려해볼 수 있을 것이다. 소비자는 언제나 변하는 법이니까.

결국 관계 마케팅이란 고객의 관계 해지를 최소화하면서 보다 성숙된 관계를 맺기 위한 노력이라고 할 수 있다. 고객과 성공적인 관계를 맺기만 한다면, 기업이 고객을 찾아가는 것이 아니라 고객이 스스로 기업을 찾아오게 될 것이다.

2_장

소비자는 왜 살까?

2.1 내 마음의 블랙박스

2.2 귀가 솔깃한 설득

인간은 결코 완전한 존재가 아니다. 특히 인간의 마음은 더욱 불완전하고 예측하기도 어렵다. 그래서 인간인 소비자를 대상으로 펼치는 마케팅에는 불확실성과 의외성이 상존한다. 한 예로 기업의 광고나 마케팅 활동이 애초에 의도한 것과 전혀 다른 결과로 나타나는 일도 빈번하다.

이는 소비자 자신도 모르는 그들의 마음, 즉 블랙박스가 존재하고 있기 때문인데, 문화나 사회적 영향, 개인 심리적 특성들은 소비자들의 행동을 예측하기 어렵게 만든다.

그러나 소비자들의 은밀한 마음 중 일부는 밝혀져서 기업의 마케팅 활동에 적극 활용되기도 한다. 소비 행동이 온전한 개인의 구매 의사에 기인하는 것이 아니라 기업의 계획적인 촉진 활동에 영향을 받고 있는 것이다.

2.1 내 마음의 블랙박스

미국의 오토바이 제조사인 할리 데이비슨처럼 강력한 로열티를 가지고 있는 브랜드는 드물다. 할리 데이비슨의 동호회인 호그(HOG: Harley Owners Group) 회원들, 일명 호그족은 할리 데이비슨 로고 문신을 몸에 새길 만큼 절대적인 브랜드 로열티를 보이는데, 이러한 인기는 한국에서도 예외가 아니다.

매년 화창한 5월, 호그족이 모이는 장소는 항상 시끄러운 엔진과 기타 소리로 떠들썩해진다. 록 그룹의 기타 연주가 울려 퍼지는 가운데, 주차장에 늘어선 할리 데이비슨 수백 대가 하늘에 터지는 불꽃놀이를 배경으로 특유의 '두둥 두둥 두두둥' 북소리 같기도 하고 심장 박동 같기도 한 엔진 소리를 뿜어낸다. 잔디밭에는 시원한 맥주와 먹음직스러운 바비큐 냄새가 퍼지면서 참가자들의 심장 박동도 같이 올라간다.

모임에 참석한 한 주부는 남편이 사고 싶다고 했을 때는 몇 년을 말렸는데 실제 경험해 보니 푹 빠지게 돼 자신도 타게 됐다고 한다. 또 다른 참석자는 호그 회원들과 같이 검은 가죽 재킷을 입고 휴게소에 내리면 사람들의 시선이 쏟아지면서 마치 연예인이 된 듯한 묘한 쾌감을 느낀다고 한다. 경찰이나 군대를 모방한 클럽의 내부 규칙은 오히려 회원들에게는 재미를 주는 요소다. 클럽의 대장 격인 '로드

캡틴(road captain)'은 호그 회원들이 함께 투어를 떠날 때 주행할 노선을 결정하고, 주행 내내 선두에서 대열을 이끈다. 주행 시 후미의 안전을 책임지는 '리어 (rear)'도 있으며, 다른 선임자들은 자발적으로 초보 주행자들을 돕는 역할을 한다.

왜 이들은 단순한 구매를 하는 것을 넘어서 할리에 열광하게 된 걸까? 가장 큰 요인으로는 체험적 요소를 들 수 있다. 세계적인 경영학자 톰 피터스는 "할리 데이비슨은 모터사이클을 파는 게 아니라 경험을 판다"라고 주장했다. 할리 데이비슨 부사장 짐 매카슬린 역시 할리의 장점은 디자인과 소리, 느낌(look, sound, feel)이라고 말한다. 야마하나 혼다 같은 일본 업체들이 비교적 저렴한 가격과 효율적인 성능으로 시장에 침투해 왔을 때, 할리는 특유의 엔진 소리와 오감에 호소하는 전략으로 대응했다. 또한 호그와 같은 동호회를 적극 육성했다. 이렇게 문화와 체험을 팔아 형성된 열광적인 고객층은 오늘날 할리에 다시없는 자산이 됐다. 1983년 3만 명으로 출발한 호그가 100만 명 넘게 불어나면서 할리데이비슨의 매출도 증대하기 시작하였으며, 2012년도에 이르러서는 55.8억 달러 매출에 10억 달러라는 이익을 창출할 수 있었던 것이다.

소비자의 선택이 항상 경제성이나 합리성을 중심으로 결정되는 것은 아니다. 만약 소비자들이 경제학에서 이야기하는 것처럼 합리적이고 이성적이라면 더욱 저렴하고 조용하며 성능에도 큰 차이가 없는 야마하나 가와사키와 같은 일본 제품을 구매했을 것이고, 시끄럽고 비싸며 연비에서 떨어지는 할리는 결국 시장에서 사라졌을 것이다. 이는 소비자들에게는 실용성보다 감각적 즐거움, 소유자 간에 공유하는 유대감, 그리고 라이프스타일에 따른 소비 패턴이 더 중요할 수도 있음을 보여준다.

블랙박스 같은 소비자 심리 __ 할리 데이비슨의 성공과 나이키의 실패

왜 기업이 판매하는 거의 동일한 상품에 대해 소비자들의 선호도는 각각 다른 것일까? 왜 똑같은 광고를 보고 어떤 사람들은 무덤덤하게 지나치고, 어떤 이들은 그 광고의 메시지에 주목하게 되는 걸까?

기업이 똑같은 마케팅 활동을 하더라도 소비자들의 반응은 제각각이고, 예측하기도 어렵다. 이러한 현상은 기업에게는 큰 골칫거리다. 마케팅 활동이 의도한 것과 전혀 다른 결과로 나올 수도 있기 때문이다. 지난 2004년 본격적으로 중국 시장에 진출했던 나이키는 르브론 제임스라는 농구 스타를 앞세워 '공포의 방'이라는 광고를 내보냈다. 그런데 광고 속에서 중국의 상징인 용이 사악한 존재로 묘사되었을 뿐만 아니라, 외국인이 용을 격파하는 모습은 많은 중국인에게 공분을 불러일으켰고 결국 나이키에 대한 반감은 거세졌다. 이처럼 예측할 수 없는 결과만큼 불안한 것은 없기 때문에 마케팅 활동 결과의 향방에 항상 촉각을 곤두세운다.

열 길 물속은 알아도 한 길 마음속은 모른다고 했다. 할리 데이비슨이나 나이키의 사례는 소비자의 구매 행동에 영향을 미치는 요인들이 가격이나 품질 외에도 매우 다양할 수 있음을 보여 준다. 소비자의 마음은 측량하기 어려울 만큼 복잡한 감정과 지식의 결합체이기 때문에 기업의 마케팅 활동이 소비자들에게 어떻게 받아들여질지 예측하기란 아주 어렵다. 소비자의 마음을 읽는 것은 오랜 경험을 쌓아 온 시장 전문가들에게도 결코 쉬운 일이 아니다. 그래서 많은 마케터가 소비자의 마음을, 들여다보더라도 도통 속을 알 수 없는 '블랙박스'로 표현하기도 한다.

타인은 물론이고 소비자 본인들조차 자신의 마음을 정확하게 알지 못하는 경우도 허다하다. TV 홈쇼핑을 보다 보면 자기도 모르게 주문 전화를 하고 나서 막상 물건이 오면 내가 왜 이걸 샀을까 하고 후회하곤 한다. 세일 광고를 보고 무턱대고 명품 가방을 사고 나서 대금을 갚을 길이 없어 막막해하기도 한다.

왜 소비자들의 마음은 본인도 파악하기 어려울 정도로 이렇게 복잡하게 나타나는 것일까? 이 지점에서 현대 사회에서 소비 행동의 본질을 생각해 볼 필요가 있다. 인간에게 호흡은 어떤 의미가 있을까? 호흡은 살아남기 위해 반드시 해야 할 최소한의 신체 활동이다. 하지만 오늘날의 소비 행동이 소비자들에게 의미하는 바는 더 이상 이 같은 최소한의 생존 활동이 아니다. 과거에는 먹고살기 위해서 필요한 재화를 획득하는 생존형 소비가 주를 이루었다. 빵을 먹을 수만 있는 상태라면 아마도 그것만으로 충분했을 것이다. 그러나 오늘날에는 개인이 가지고 있는 나이, 연령, 소득 수준, 기호, 취미 등 다양한 특성에 따라 구매하는 상품도 다르고 구매 동기도 다르다.

복합적인 구매 행동 요인 __ 명품을 사게 하는 베블런 효과

별로 인기가 없던 호화로운 사치품에 종업원이 실수로 가격표에 0을 하나 더 붙여 놨더니 바로 그날로 비싸게 팔렸다는 이야기가 있다. 이 이야기는 1929년 서울의 화신백화점에서 있었던 실제 사건이다. 백화점에는 비싼 호랑이 가죽 제품인 호피가 전시 중이었지만 10일이 지나도록 팔리지 않았다. 이를 알게 된 당시 창업주인 박흥식 사장이 무슨 생각인지 '호피 가격을 10배 올려'라고 지시하자 하루 만에 그 호피가 팔려나가게 되었다. 마케팅 개념조차 존재하지 않았던 1929년에도 고가 마케팅이 존재하고 있었다는 것은 흥미롭다.

국내 시장에서는 새로운 승용차가 나올 때마다 어찌된 영문인지 가격이 계속 올라간다. 샤넬이나 구찌 같은 명품은 가방 한 개 가격이 경차 한 대 값과 맞먹지만 불황기에도 여전히 매출이 늘고 있다. 이 같은 과시성 소비를 미국의 경제학자 베블런(Veblen)의 이름을 따서 '베블런 효과'라고 지칭한다. 베블런 효과는 가격이 오르는 데도 불구하고 일부 계층의 과시욕이나 허영심으로 인해 수요가 줄어들지 않는 현상을 일컫는다. 이는 소비자 행동의 동기가 타인에게 자랑하고 싶은 심리적 요인에도 기인할 수 있음을 보여 준다. 다른 한편 인간의 탐욕과 앞으로도 가격이 오를 것이라는 기대심리는 우리가 상상할 수 없는 만큼 가격을 오르게도 만든다. 16세기 말에서 17세기에 있었던 네덜란드의 튤립버블이 바로 그 예이다. 오스만투르크에서 수입된 튤립은 왕관과 닮은 모습과 독특함으로 네덜란드의 부자들에게 소유하고 싶은 물건이 되었다. 이에 따라 튤립에 대한 투기가 이어져 당시 네덜란드에서 셈페스 아우구스투스라는 튤립은 한 송이가 황소 40마리에 버금가는 만큼 비싸졌으며 집 한 채에 버금될 만큼 그 가격이 상승하였다. 결국 이는 버블의 붕괴로 이어졌으며 우리가 생각하는 상상 이상으로 물건이 가격이 오를 수도 있다는 것을 보여주는 사례이다. 이처럼 구매 행동은 단순히 계산기를 두드려서 가장 싸고 질 좋은 상품을 선택하는 합리적이고 명쾌한 계산 과정이 아니다. 오히려 심리적, 사회적, 문화적 요인, 개인 특성 등 다양한 요인이 결부돼 복합적으로 나타난다.

구매행동 요인 1 __ 다국적 기업 까르푸의 실패 사례

구매 행동 요인 중 가장 광범위하게 영향을 미치는 것은 문화적 요인이다. 사실 우리의 행동 양식은 타고난 것이 아니라 사회 속에서 배워 온 것이다. 성장하는 과정에서 가족이나 학교, 사회에서 배운 가치, 사회적인 덕목, 욕구, 생활양식은 DNA처럼 뼛속까지 박혀 있어서 결코 쉽게 바뀌지 않는다. 이 같은 문화적 차이를 제대로 고려하지 않으면 경험 많은 글로벌 기업이라도 시장에서 절대 성공할 수 없다.

다국적 슈퍼스토어 기업 까르푸는 지난 2003년 중국 상하이의 매장 앞에서 '선착순 무료 조식 제공'이라는 이벤트를 열었다고 큰 비난을 받은 적이 있다. 무료 식사권을 얻기 위해 줄을 선 중국인들의 모습이 방송에 나가게 됐고, 중국 언론들로부터 중국인을 거지 취급했다며 호되게 비판을 받은 것이다. 유럽이나 미주라면 출퇴근 직장인들에게 크게 환영받고 사회적으로도 별 문제가 없었을 판촉 행사지만 유난히 자존심이 강한 중국인들에게는 쉽게 용납될 수 없는 장면이었기 때문이다. 이것은 중국의 문화적 특성을 제대로 이해하지 못한 결과다. 까르푸는 한국 주부들의 구매 습관을 고려하지 않은 상품 선정이나 운영 방식으로 어려움을 겪다 결국 국내에서도 철수를 하게 된다.

이러한 문화적 차이에 의한 충돌은 주로 국가 간에 벌어지지만 그보다 더 작은 단위인 인종, 종교, 지역, 연령에 대해서도 문화가 영향력을 미치기도 한다. 이렇게 작은 집단들이 공통된 삶의 경험을 바탕으로 공유하고 있는 소규모 문화를 하위문화라고 한다. 10대와 50대 휴대폰 이용자들을 비교해 보자. 스마트폰을 이용하여 손가락이 보이지 않을 정도로 빠르게 트위터에 이야기를 올리고, 휴대폰으로 음악이나 동영상을 보며 휴대폰 캠코더를 다이어리처럼 이용하는 10대들에게는 분명 통화할 때만 잠깐 폴더를 여는 50대와는 다른 휴대폰 이용 문화가 있다.

오늘날 문화와 하위문화가 마케팅에서 중요한 역할을 차지하는 이유는, 사람들이 의식하지 못하는 사이에 이들 문화가 지정한 규범대로 소비자들이 따라가기 때문이다. 소비자는 문화의 영향에 따라 방향을 잡고 소비를 향해 움직이는 연어들이다. 또한 소비자들은 자신의 정체성을 강화하기 위해 의식적으로 문화와 소비 행동을 연계하기도 한다. 이슬람 신도들은 자신들의 율법이 정한 바대로 '할랄'이라는 독특한 도살법을 따른 육류만 먹으면서 자신들이 진정한 이슬람 신도임을 다시 한번 다짐하는 것처럼 말이다.

구매행동 요인 2 __ 오바마와 블랙베리

사회적 영향 역시 무시할 수 없다. 구체적으로는 개인이 가지고 있는 특정 준거집단(reference group)과 가족, 사회 계급 등이 영향을 미친다. 개인의 소비 활동이 타인을 의식하지 않고 이루어지는 경우는 매우 드물다. 한 예로 높은 공직에 있는 공무원이 아무리 정당한 수단으로 부를 축적했다 하더라도 선뜻 외제차를 타고 출퇴근하기란 어려울 것이다. 이와 같이 집단의 영향력을 가장 잘 보여 주는 것이 바로 개인의 준거집단이다. 준거집단은 소비자 개인이 성격과 행동을 형성하는 데 기준이 되는 집단을 뜻하며, 소비자의 행동에 막대한 영향력을 미친다. 따라서 마케터가 대상 소비자들의 준거집단이 누구인지 파악할 수만 있다면 이 준거집단을 마케팅에 잘 활용할 수 있다. 예컨대 소비자들이 존경하는 사람이 특정 회사의 제품을 사용한다면 큰 광고 효과를 낼 수 있다.

미국의 오바마 대통령이 본의 아니게 전 세계에 알리게 된 브랜드들이 있다. 최초의 미국 흑인 대통령으로서 대선 전부터 화제의 대상이었던 데다 많은 기대와 사랑을 받았던 점을 생각하면, 그의 행동 하나하나가 큰 화제가 되는 것도 당연하다. 오바마 대통령은 가지고 다니면서 자유롭게 이메일을 주고받을 수 있는 블랙베리(Blackberry)라는 휴대 통신기와 투미 브랜드의 여행 가방을 애용한다고 한다. 오바마는 대통령에 취임하면 국가 안보와 법적인 문제 때문에 블랙베리를 포기할 것을 참모들로부터 종용받은 바 있지만, 여전히 블랙베리를 사랑하는 것으로 알려져 있다. 취임 후 NYT와 CNBC 등 미국 언론과 인터뷰에서 "그들이 나에게서 블랙베리를 뺏으려 하겠지만 나는 여전히 블랙베리에 집착하고 있다"라고 말하기도 했다. 이러한 그의 행동은 결과적으로 많은 소비자가 블랙베리에 호기심을 갖거나 더욱 충성하도록 하는 결과를 불러왔다. 블랙베리를 만드는 리서치인모션의 경영진은 오바마가 공직자가 아니라면 적어도 5천만 달러는 줘야 이런 홍보 효과가 가능할 것이라고 이야기할 정도다.

가족 역시 개인의 구매 행동에 강한 영향력을 미친다. 조금 더 구체적으로 보면 가족 구성원의 특성과 상품의 특성에 따라 미치는 영향력은 조금씩 달라질 수 있다. 일례로 자동차나 전자제품을 구매할 때 대부분의 의사 결정은 남편의 몫이지만 가구, 식료품, 자녀 교육 등에 대해선 부인이 결정한다고 한다. 대부분의 가정에서 성장기의 자녀들은 의사 결정권자로서의 권한은 적지만 간접적으로 대부분의 상품 구매에 영향을 미치는 의사 결정 영향자로서의 역할을 하고 있다.

구매행동 요인 3 __ 말보로와 브랜드 개성

소비 행동에 영향을 미치는 개인적인 요인은 대단히 다양하다. 개인의 성격은 물론이고 연령, 성별, 직업, 교육 수준, 가치관, 생활 방식 등 다양한 특성의 영향을 받게 된다.

이들 중 중요한 것을 살펴보면 우선 라이프스타일(lifestyle)을 들 수 있다. 라이프스타일은 개인이 삶에 대해 갖고 있는 의견이나 생활 방식이라고 할 수 있는데 주로 AIO, 즉 행동(Activity), 관심(Interest), 의견(Opinion)을 살펴봄으로써 종합해서 판단할 수 있다. 이 중 행동은 주로 어떤 취미가 있으며, 무슨 운동을 좋아하고, 사교 활동은 어떻게 하는지 등 개인의 활동과 관련한 개념이다. 관심은 개인의 관심사에 대한 사항으로 평소 좋아하는 것들에 관한 개념이다. 의견은 주요한 사회 이슈에 대한 견해나 정치적 성향, 특정 상품이나 브랜드에 대한 생각 등을 의미한다. 혹시 지금 주변에 자신과 모든 면에서 잘 통하는 친구가 있다면, 아마 그 친구는 당신과 유사한 행동, 관심, 의견을 가지고 있다고 봐도 무방할 것이다.

이 세 가지 측면을 가늠해 봄으로써 마케터는 유사한 특성의 집단으로 고객들을 묶어서 관리할 수도 있고, 이 집단 내 소비자들이 어떠한 의사 결정을 내릴지도 사전에 판단할 수 있다. 예를 들어 사회 이슈에 대해 보수적인 의견을 가지고 있고, 밖에서 친구를 만나거나 운동을 하기보다는 집안에 있는 것을 선호하는 소비자들이 미니(Mini)나 소울(Soul)처럼 개성이 강하고 자유분방한 차를 구매할 것이라고 생각하기란 매우 힘들다.

개인의 성격 역시 중요한 역할을 한다. 기본적으로 모든 생물은 자신과 유사할수록 이유 없는 호감을 느낀다. 같은 종이라는 것은 필요할 때 서로 도움을 주고받을 수 있는 상대라는 것을 의미하며, 내가 적어도 그들의 먹잇감은 아니라는 것을 뜻하기 때문이다. 인간 역시 본능적으로 자신과 유사할수록 호감을 느낀다고 한다. 딸을 가진 대한민국의 아버지들에게 좋은 소식이다. 아빠를 닮은 남자와 결혼하겠다는 말이 용돈을 더 받기 위해서 하는 빈말만은 아니라는 것이다. 먼 타지에서 배낭여행 중에 가끔 만나는 한국 젊은이들이 그렇게 반가운 것도 유사성에서 오는 막연한 호감일 것이다.

만약 브랜드의 특성이 개인의 성격과 유사성이 높다면 소비자들은 보다 호의적인 태도를 보일 것이다. 예를 들면 말보로 같이 터프한 이미지를 가진 담배는 자연스럽게 비슷한 성격을 가진 사람들에게 쉽게 받아들여질 것이다. 섬세하고 예민한 성격에 가녀린 몸매의 여성 패션 디자이너가 말보로 담배를 물고 있는 모습은 잘 연상이 되지 않는다. 빠른 유행 변화를 대변하는 유니클로 같은 패스트패션 제품을 규율을 중시하는 직업군인들이 외출복으로 구매할 것이라고 기대하는 것도 어렵다. 그래서 많은 브랜드들은, 비록 사람은 아니지만 자신들이 원하는 방향으로 브랜드에도 특정한 개성을 부여하고, 이 개성과 유사한 개성을 지닌 소비자 집단을 타깃으로 마케팅 활동을 한다. 이른바 브랜드 개성(brand personality)의 시대가 온 것이다.

그 외 성별, 연령, 소득, 결혼 여부, 직업, 지리적 위치 등 인구통계학적인 특성 역시 구매 행동에 영향을 미친다. 성별에 따라 선호하는 상품이나 브랜드가 다른 것은 물론이고 구매 장소에서도 차이를 보인다. 같은 노트북을 사더라도 주부들은 전자제품 대리점에 가서 판매원의 설명을 다 들은 후에야 안심하고 사지만, 젊은 층은 인터넷에 있는 정보를 바탕으로 온라인에서 구매를 한다. 또한 소비자들은 나이가 들어가면서 선호하는 브랜드나 디자인, 컬러 등도 바뀌는 경향이 있다. 소득 수준은 가족 집단의 가처분 소득 수준에 영향을 미치며 결과적으로 소비 행동의 차이를 만든다. 그 밖에 결혼 여부, 직업, 지리적 위치 등도 중요한 영향을 미친다.

구매행동 요인 4 __ 초콜릿을 사는 까닭

소비자의 구매 행동은 마음속에서 작용하는 구매 동기나 신념, 구매 태도에 영향을 받는다. 우선 구매 동기에 관해 살펴보자. 동기는 인간의 행동을 강력하게 이끌어내는 내면 속의 잠재된 구매 이유다. 똑같은 상품을 똑같은 장소에서 사는 경우에도 그들이 구매하는 동기는 저마다 다를 수 있다. 일례로 초콜릿을 살 때 여자 친구에게 선물하기 위해, 정말 배고파서, 혹은 창업을 꿈꾸는 미래의 제빵사가 케이크를 만들기 위해 살 수도 있다. 이처럼 제각각 다른 사람들의 내면 동기를 체계적으로 분류하고 어떠한 시점에, 어떤 욕구를 느끼는지 분석하기 위해 매슬로우(Maslow)는 욕구 단계설을 주장했다.

매슬로우에 따르면 인간의 욕구는 가장 해결이 시급하고 근본적인 욕구인 생리적 욕구(먹고 마시고 자는 등 생물학적 욕구)가 일차적으로 존재하며, 생리적 욕구가 충족되면 보다 차원이 높은 안전 욕구(육체적, 정서적으로 위험을 피하고 싶은 욕구)를 추구한다고 한다. 안전 욕구 역시 충족되고 난 이후에는 보다 차원이 높은 사랑, 소속감 욕구(애정, 우정, 사랑, 사회적인 인정 등), 존경 욕구(자기 존중, 성취, 자율성, 지위, 안정 등), 그리고 궁극적이며 가장 차원 높은 자아실현의 욕구(성장, 잠재력 추구, 예술적 성취 등)를 추구한다.

포도주의 예를 들어 상품과 관련한 욕구가 어떻게 변화할 수 있는지 살펴보자. 남극을 여행하던 한 탐험가는 너무 추운 겨울날 언 몸을 녹여 줄 수 있는 포도주 한 병이 간절했다(생리적 욕구). 그런데 반쯤 깨진 포도주병을 발견하고는 정신없이 갈증을 채웠다. 그러고 나자 혹시 깨진 유리까지 마신 게 아닌가 하고 걱정이 되기 시작했다(안전 욕구). 그 후 우여곡절 끝에 무사히 탐험을 마치고 돌아온 탐험가는 자신의 탐험 이야기를 친구들에게 들려주려고 파티를 열고, 친구들이 좋아하던 샴페인을 준비했다(사랑, 소속감 욕구). 그런데 파티 이야기를 들은 한 신문기자가 탐험 이야기를 기사화하고 싶다며 저녁을 같이 하자고 전화가 왔다. 가능하면 이 신문기자에게 성공한, 세련된, 그리고 신사다운 모습을 보이고 싶던 탐험가는, 레스토랑에서 평소에는 마시지 않던 비교적 고가의 와인을 주문한다(존경 욕구). 그런데 주문한 와인의 맛이 너무 좋아 감동을 받은 나머지 이제 세계 최고의 와인을 만드는 것을 새로운 꿈으로 삼게 된다(자아실현 욕구).

태도는 상품이나 특정 대상에 대해 개개인이 비교적 일관되고 뚜렷하게 가지고 있는 일관적인 평가나 느낌이라고 할 수 있다. 보통 태도는 과거의 구매 경험이나 타인으로부터 습득한 간접적인 지식 등을 통해 형성되는데 일단 한번 형성된 이후에는 잘 바뀌지 않는 특성이 있다. 예를 들어 '쇠고기는 한우가 가장 맛있다', '중국산 제품은 믿을 수 없다', '국산 자동차는 사고 시 안전성이 취약하다'와 같이 태도는 사실 여부와 상관없이 개인이 이미 마음속에 가지고 있는 선입관이나 준거의 틀을 의미한다. 이러한 태도가 구매 행동에 중요한 영향을 미치는 이유는 대부분 자신이 가지고 있는 태도에 따라 행동하기 때문이다. 태도는 행동의 방향을 결정하는 척도인 셈이다.

2.2 귀가 솔깃한 설득

이제 소비자가 주인인 시대가 현실로 다가온 것 같다. 기업들은 과거 어느 때보다 더 고객들의 목소리에 귀를 기울이려고 하고, 콜센터 직원의 목소리는 친절하다 못해 감미롭기까지 하다. 한 대부업체는 멀쩡한 생돈을 빌려주고 한 달은 아예 이자도 받지 않는다고 광고를 한다. 이제 정말 고객이 왕인 시대가 온 것 같다. 정말 그럴까?

> TV 홈쇼핑을 켰더니 아직 대머리는 아니지만 요즘 내가 머리카락이 자꾸 빠져서 고민하고 있는 것을 어떻게 알았는지 용케 딱 내 구미에 맞는 상품이 화면에 나온다.
> "이것은 탈모를 방지해 주는 세계 최초의 기적의 슈퍼 헬멧 마사지기입니다. 극초단파 울트라 바이올렛 웨이브에 기반을 둔 마이크로 저고온 슈퍼 헬리오네 맥스 2.0 넥스트 제너레이션 기술을 사용해서 자동으로 두피 마사지도 해 주고 하루에 한 번 머리에 쓰고만 있어도 빠졌던 머리카락이 다시 나옵니다."
> 나도 모르게 머리를 끄덕인다. '대단해!'
> "무엇을 기다리시나요? 바로 지금 전화하세요. 매진 임박!"
> 나도 모르게 내 손은 벌써 070-000-8245를 누르고 있다.

나 : "예, 헬멧 하나 사고 싶습니다."

상담원 : "예, 안녕하세요. 요즘 머리 때문에 고민이 많으시지요?"

'어, 나는 아직은 대머리는 아닌데'라고 말하고 싶었지만 머뭇거리게 된다.

상담원 : "하지만 걱정하지 마세요. 바로 지금 헬멧을 보내드리겠습니다. 그리고 아마 헬멧 사용에 필요한 샴푸인 '모발의 기적'도 필요하시겠죠. 지금 특별 할인 중입니다. 몇 병이나 필요하시죠?"

'아까 광고에는 안 나왔던 이야기인데….' 나는 목소리를 가다듬었다.

나 : "글, 글쎄요. 한 두 병 정도…."

갑자기 상담원이 목소리를 속삭이듯이 낮추며,

상담원 : "손님은 아주 친절하고 좋으신 분 같으시네요. 그래서 손님한테만 특별히 비밀 한 가지를 알려드리고 싶어요. 현재 '모발의 기적' 샴푸가 거의 다 팔리고 얼마 안 남았답니다."

이럴 수가. 아니, 이렇게 이 도시에 대머리가 많을 줄이야….

상담원 : "전화가 폭주예요. 제가 손님이라면 적어도 샴푸는 몇 개 더 사둘 거예요. 조만간 품절이라니까요."

머리가 갑자기 쌩쌩 돌기 시작한다. '아니 이런, 샴푸가 없으면 헬멧은 있으나마나잖아. 그리고 결국 조만간 머리도 다 빠져서 난 결혼도 못하고 외로운 대머리가 될 거야. 이런.'

나 : "글, 글쎄요. 한 3병 더, 아니 4병, 아니 5병? 6병? 8병? 10병?"

상담원 : "12병짜리 1박스를 사시면 샘플을 하나 더 드립니다."

이제는 확신에 차서,

나 : "12병이요!"

상담원 : "역시 탁월한 선택이십니다. 카드 번호를 불러 주세요."

이 사례는 아동 소설 『Geronimo Stilton』 에피소드의 한 장면이다. 우연하게 책을 뒤적이게 됐는데, 짧지만 단순한 방식으로 상품을 처음 접해 호기심을 품은 소비자가 어떻게 점차 설득을 당하고 결국 처음 의도와는 다른 구매를 하게 되는지 잘 보여 주고 있다. 특히 영업 일선에서 판매원들이 사용하는 전문성 과시, 교차 판매의 원리, 사회적 증거의 법칙, 희소성의 법칙, 묶음 판매 등 다양한 판매 기법이 채 한 페이지도 안 되는 내용에 고스란히 정리돼 있는 점은 흥미로웠다. 1분도 채 안 되는 전화 상담 속에서도 다양한 판매 설득 기법이 사용되고 있는 것이다. 이렇듯 인간의 심리라는 것은 짧은 시간에 조종될 수 있을 만큼 유혹이나 설득에 매우 취약하다.

똑똑한 소비자? __ **프로슈머의 그늘**

대한민국 국민의 교육 수준은 세계 어느 나라와 비교해도 뒤지지 않을 정도로 높고, 인터넷 보급률은 가히 세계 최고 수준이라 할 만한다. 인터넷 검색의 달인이 된 소비자들은 남녀노소 할 것 없이 강력한 정보력과 커뮤니티로 맺어진 결속력을 바탕으로 기업의 마케팅 활동에 결정적인 영향을 미치기 시작했다. 미래학자 앨빈 토플러는 소비자들이 상품에 대한 풍부한 지식과 관심을 바탕으로 적극적으로 제품 생산, 디자인, 유통, 판매에까지 영향을 미치게 될 것이라고 주장하면서 프로슈머(prosumer)의 등장을 예측했는데 이것이 현실이 된 것이다. 이제 프로슈머에게 잘 보이지 못하면 그 상품은 시장에서 성공하기가 대단히 어려워진 시대다. 일본의 한 디지털 카메라 회사는 자신들도 모르던 신제품의 결점을 한국의 소비자들이 찾아내 제품 결함에 대한 소문이 확산되자 황급히 리콜을 실시하기도 했다.

최근에는 전반적인 경기도 과거보다 어려워지고 경쟁도 극심해져서 그런지 소비자들을 대하는 기업의 태도가 예전보다 더 깍듯해진 것을 느끼게 된다. 초고속 인터넷을 가입하거나 변경하면 아무 조건 없이 현금으로 20~30만 원을 턱턱 얹어 주기도 하고, 이동전화를 가입할 때 당연한 듯이 수십만 원이 넘는 단말기 보조금을 받고 있다. 항공업체들은 5년이었던 마일리지 유효기간을 다시 10년으로 늘렸고, 통신업체들은 앞 다투어 고객이 OK할 때까지 최선을 다하겠다고 광고를 통해 다짐을 하고 있다. 고객의 입에서 최고의 감탄사가 튀어 나올 때까지 모시겠다는 곳도 있다. 통신요금 할인은 기본이고, 소비자 취향에 맞춰 상품을 제공하는 맞춤 설계도 해 주고 있다.

요즘 소비자들의 입소문이 워낙 빠르고 강력하다 보니 기업들이 이제야 정신들을 차린 것이 아닌가 하는 흐뭇한 마음이 든다. 이제야말로 정말 고객이 왕이 된 기분이다. 너무나 당연한 결과라는 생각이 든다. 소비자들은 예전과 비교할 수 없을 정도로 똑똑해지고 신상품 한두 개 정도는 간단히 사장시킬 만큼 강력한 도구인 인터넷도 있으니까 말이다. 그래서 쇼핑은 정말 즐거울 것 같다. 그런데 여전히 마음 한구석에 찜찜한 게 남아 있는 것은 무엇 때문일까? 왜 이런 기분이 드는지 그 이유를 지금부터 구체적으로 살펴보도록 하겠다.

중간이 안전하다는 믿음 __ 마법의 숫자 3

한 농부가 과수원에서 한창 수확철인 사과를 따고 있다. 사과 수백 개를 딴 다음에 이를 적절하게 분류한다면 어떻게 나눌 수 있겠는가? 아마도 크기라면 대·중·소로, 품질이라면 상·중·하로 분류하지 않을까? 이처럼 일반적으로 사람들은 최고, 최악처럼 양극단으로 분류하기보다는 3개 정도의 범주로 분류할 때 더욱 편안하게 느낀다. 만약 사과를 대·소의 2가지로만 분류한다면 큰지 작은지 판단하기 어려운 경우가 수없이 발생할 것이다. 그러나 중간 단계의 사과를 집어넣으면 이제 분류가 쉬워진다. 3은 세상을 나눌 수 있는 완벽한 마법의 숫자인 셈이다.

이러한 인간의 마음을 기업이나 상점과 같이 영리를 추구하는 단체들 역시 잘 알고 있으며 또한 이를 적극 활용하고 있다. 예를 들면 세트 메뉴를 제공하는 레스토랑이나 한정식집에서 제공하는 코스 요리는 거의 예외 없이 3가지 이상이다. 가끔 이용하는 집 근처의 한 한정식집은 진·선·미의 3가지 코스를 각각 5만 원, 3만 원, 2만 원의 가격에 제공하고 있다. 아주 귀한 손님을 접대해야 하는 특별한 경우가 아니라면 대개 자연스럽게 3만 원인 선 세트를 주문하게 된다. 그다지 좋아 보이지도 않고 분위기도 그저 그런 곳에서 5만 원 세트를 시키는 것은 쓸데없는 낭비같이 여겨지고, 그렇다고 2만 원 세트를 시키려니 먹을 것도 없으려니와, 같이 온 사람들이 짠돌이로 보거나 대접이 소홀했다고 생각할 것 같아서 심히 부담스럽기 때문이다. 이 식당에 온 손님들 역시 대부분 비슷한 생각을 하는지 선 세트는 압도적으로 잘 팔린다.

하지만 만약 이 한정식 메뉴에 2만 원과 3만 원 두 가지 코스 요리만 있다면 과연 가장 잘 팔리는 것이 3만 원 코스 요리였을까? 오히려 사람들이 2만 원 메뉴를 선택할 가능성이 훨씬 높아질 것이다. 즉 2만 원, 3만 원, 5만 원으로 메뉴를 구성했을 때 5만 원 코스가 있음으로써 중간 가격대인 3만 원 코스는 상대적으로 가장 합리적인 선택으로 보인다. 하지만 2만 원과 3만 원 두 가지만 있으면 2만 원이 더 합리적으로 보인다. 이렇게 선택 대안이 세 가지가 있을 때 사람들은 가장 싸구려일지도 모르는 최저 가격을 거부하고 동시에 바가지일지도 모르는 최고 가격을 회피해 중간 가격대를 선택함으로써 그나마 가장 합리적인 선택을 했으리라 안심하는 것이다. 물론 실제로 합리적이었는지 여부와는 아무 상관이 없지만, 합리적일 것이라 판단하는 것이다.

위와 같은 현상을 '타협 효과(compromise effect)'라고 한다. 한정식집 주인이 3만 원 정식을 주력 상품으로 팔려고 한다면 5만 원 정식이 여러모로 쓸모가 있을 것이다. 주력 상품을 돋보이게 할 뿐만 아니라 5만 원에 비하면 저렴하다는 인식까지 줄 수 있기 때문이다. 가끔 5만 원 메뉴가 팔리는 일도 있다면 금상첨화일 것이다. 설사 거의 안 팔린다고 해도 5만 원 메뉴는 그 존재만으로도 충분히 자기 몫을 다하고 있는 것이다.

이제는 이 같은 타협 효과가 어떠한 방식으로 기업의 판매 전략에 활용될 수 있는지 파악했을 것이다. 기업의 예를 들면 H라는 기업에서 각각 50만 원인 A모델과 40만 원인 B모델 두 가지 노트북 모델을 출시했다고 치자. 그런데 이익이 많이 나는 주력 상품인 A모델은 잘 팔리지 않는데, 이익이 거의 나지 않는 저가 상품인 B모델이 불티나게 팔리고 있다. 이러한 상황에서 이 기업은 A모델의 판매를 증대하기 위해 어떠한 노력을 할 수 있을까? 만약 더 비싼 70만 원의 C라는 신제품을 출시해 고객이 구매 시 고려하는 브랜드 라인업에 추가하면 A모델의 판매가 상대적으로 늘어날 것이다. 소비자들은 자신이 너무 비싸지도, 너무 싸구려도 아닌 합리적인 상품을 선택했다고 믿겠지만 사실은 기업의 판매 전략 안에서 벗어나지 못했을 뿐이다.

이처럼 실제 판매를 위해 존재하기보다는 다른 상품을 돋보이게 하거나 전반적으로 수익을 창출하기 위해 사용하는 상품을 '구색 상품'이라고 한다. 여성용 구두 매장에는 항상 아무도 신을 것 같지 않은 붉은색 하이힐이 비치돼 있다. 실제로 이

하이힐은 팔기 위해서라기보다는 우리 매장이 다양한 상품과 색상을 모두 구비해 놓았다는 신호를 소비자들에게 보내고, 다른 상품들을 더 돋보이게 하기 위해 존재하는 것이다.

빚을 졌다는 생각 __ 공짜 시식 코너와 상호성의 원리

사회적 동물인 인간은 항상 누군가에게 도움을 받으면서 살아가는 운명을 안고 산다. 어렸을 때는 부모님의 도움, 커서는 친구나 직장 동료의 도움을 받으며 산다. 물론 도움을 받기만 하는 것은 아니다. 내가 도움을 받은 만큼 타인에게 베풀기도 한다. 이렇게 서로 도움을 주고받으며 사는 것은 다른 포식 동물보다 체력도 약하고 날카로운 송곳니도 없던 인류가 생존하기 위해 터득한 삶의 방식일 것이다. 이제 위험한 포식 동물은 모두 사라졌지만 여전히 누군가에게서 도움을 받으면 언젠가는 이를 갚아 주어야 한다는 생각이 우리의 무의식을 지배하고 있는 것 같다. 이러한 심리를 '상호성의 원리'라고 한다.

상호성의 원리는 우리 주변에서 흔히 목격된다. 친절하고 잘 웃는 과일 가게에 가면 왠지 하나라도 더 팔아주고 싶은 생각이 들고, 그냥 지나칠 때면 미안한 생각까지 든다. 맥주 주점에서 서비스 안주라도 나오는 날이라면, 그날은 평소보다 더 많은 맥주를 먹게 될 것이라고 생각하면 된다. 금액으로 계산하면 하잘것없지만 사탕 하나가 들어 있는 기부금 안내 책자를 받으면 모른 척하기가 쉽지 않다. 싸구려 자판기 커피를 뽑아 준 친구가 책을 빌려 달라고 할 때 매몰차게 거절하기도 어렵다. 이처럼 타인의 계산 없는 선의에 호의로 답하는 것은 아름다운 모습이다. 그런데 혹시 더 큰 대가를 바라고 계획적으로 작은 호의를 베푸는 일은 없었을까?

기업들은 흔히 소비자들이 빚을 졌다는 생각이 들게끔 작은 선물을 준다. 대표적인 예는 공짜로 즐길 수 있는 시식 코너나 무료 샘플일 것이다. 마트에 가면 친절한 종업원들이 맥주부터 라면, 만두, 튀김 등 다양한 음식을 무료로 시식하라고 붙든다. 새로 나온 화장품을 발라 보라고 하기도 한다. 이때 시식을 하거나 화장품을 쓴 다음 그냥 휑하니 가 버리기가 쉽지 않다. 물론 요즘은 워낙 이런 행사가 많이 생겨서 대부분 그냥 지나치기도 하지만, 일단 이용한 뒤에는 마음 한구석에 미안하고 겸연쩍은 생각은 지울 수가 없다. 지금은 아니더라도 다음에 살 기회가 되면 기왕이면 그 브랜드를 팔아 주고 싶은 마음이 생기기도 한다.

좀 더 적극적으로 이러한 심리를 이용하는 경우도 있다. 바로 큰 부담 없이 무료로 이용할 수 있는 다양한 체험 프로그램이다. 자동차 업체들은 신차를 팔기 위해 고객들에게 무료 시승차를 빌려주기도 한다. 화장품 업체들은 사용해 보고 피부에 맞지 않으면 언제라도 반품이 가능하다고 한다. 그러나 친절하고 마음씨 좋아 보이는 판매사원의 설명을 듣고 무료로 이용해 본 뒤에 구매를 거절하는 것은 참으로 할 짓이 아니라는 생각이 들기 시작한다. '웬만하면 그냥 사자!'라는 생각이 이미 마음을 지배한 후다.

상호성의 원리가 더욱 교묘하게 활용될 수 있는 때는, 내가 상대방으로부터 양보를 받았기 때문에 나도 어느 정도는 양보를 하거나 보답해야 한다고 느끼게 만드는 경우다. 일례로 국내에 진출한 네트워크 마케팅 회사의 판매원들은 우선 소비자들에게 값비싼 정수기나 건강용품을 사라고 권유를 한다. 소비자들이 비싼 가격 때문에 판매 제안을 거절하면 그때는 이들 제품보다 값이 현저하게 저렴한 비누, 비타민 등을 내놓기 마련이다. 이미 한 번 거절을 해서 미안한 마음이 들었기 때문에 비싸지 않은 물건은 별다른 저항 없이 구매하게 되는 것이다. 그래서 판매원들은 상대방이 거절할 것이 분명한 제안을 먼저 던져 놓고 나서 나중에 거절하기 힘든 제안을 하는 방법을 자주 이용한다.

물론 이런 상호성의 원칙이 잘 적용되지 않는 분야도 있다. 바로 인터넷 게임이나 소프트웨어 무료 체험 등이다. 이러한 서비스는 무료로 사용해 보고 아무런 미안한 감정 없이 다른 서비스를 구매하거나 아예 잊어버리곤 한다. 이처럼 직접 얼굴을 마주 대하는 것이 아니라 온라인을 통해 체험을 하는 경우에는 앞에 있는 상대방이 사람이라는 생각이 잘 안 들기 때문에 자연스럽게 미안한 마음도 존재하지 않는다. 하지만 대부분의 경우 상호성의 원리는 막강한 힘을 발휘한다. 마케팅의 수단으로 활용되는 이 같은 작은 호의들을 너무 쉽게 받아들이지 않는 것 또한 현명한 소비자가 되는 한 방법일 것이다.

다양성에 대한 선호 __ 뷔페와 교차 판매

한정식으로 대표되는 한국의 음식 문화는 한마디로 넉넉함과 푸짐함으로 정의된다. 잔칫상을 받아 보면 온갖 밑반찬과 다양한 젓갈, 생선 등 정말 상다리가 휠 정도로 푸짐한 상차림이 나온다. 뷔페 역시 한정식과 마찬가지로 다양한 먹을거리가 준비되어 있어서 눈을 즐겁게 해 준다.

하지만 몇 번 이런 식당을 다니다 보면 한상 차림이나 뷔페 모두 낭비가 심하다는 생각이 자연스럽게 들게 된다. 내가 좋아하는 음식 몇 가지만 있어도 충분할 것 같은데 싫어하는 메뉴까지 가득 차 있는 상차림이 보기는 좋아도 별로 실속은 없다는 것을 곧 알게 되기 때문이다. 물론 이것은 가격 인상에도 한몫한다. 이것저것 먹지도 않는 것들로 가득 차린 상보다는 좋아하는 반찬 몇 가지만 계속 먹는 게 비용 대비 만족도 측면에서 보다 효과적일 것이다.

그런데도 최근에는 세트 상품의 품목과 종류는 나날이 늘어만 가고 있다. 과자 꾸러미로 만든 종합선물세트부터 과일 바구니, 식당 메뉴, 풀 옵션의 자동차까지 다양하다. 쇼핑업체 CJ오쇼핑은 세탁기, 행거, 건조대, 세제 등으로 구성한 A상품과 세탁기, 청소기로 구성한 B상품을 동시에 판매하기도 했는데, 이러한 세트 상품들 덕분에 단품으로 판매했을 때보다 30~50% 매출이 올랐다고 한다.

그러나 상품이 패키지로 다양하게 구성되면 겉보기에는 여러 가지가 함께 있어서 좋아 보일 수 있겠지만 실제로 소비할 때는 실속이 없어서 만족도가 오히려 떨어질 수도 있다. 하지만 소비자들은 이러한 세트 상품에 유독 약한 면모가 있다. 이 같은 현상을 '다양성 선호'라고 하는데, 기업들은 이를 적절하게 이용하고 있다.

우선 기업들은 고객의 다양성 선호를 교차 판매를 통한 매출 증대의 절호의 기회로 활용한다. 교차 판매는 한 개의 상품을 판매할 기회를 이용해 여러 관련 상품들을 동시에 판매하는 기법이다. 예를 들어 은행은 예금, 적금을 판매하는 것은 물론이고 펀드나 연금, 보험, 대출 상품 등을 동일한 고객에게 함께 판매할 수 있다. 교차 판매 시 구매의 번거로움을 덜어주고 가격 인하를 해 주기도 하지만, 대부분 당장 필요하지 않은 상품을 구매하도록 한다. 그래서 상품이 채 소비되지 않은 상태에서 멸실 혹은 손상되거나 유행에서 뒤처지는 등 추가로 간접적인 비용을 발생시킬 수 있다. 결과적으로 불필요한 과소비를 초래할 수 있음을 생각해야 한다.

고객의 다양성 선호를 활용해 소비자의 브랜드 선호도를 뒤바꾸기도 한다. 전통적으로 시장에서 압도적인 우위를 지녀 왔던 박카스나 현대차, 갤럭시, KT 집 전화 등 선도 브랜드에게는 소비자의 다양성 추구 성향이 그다지 반갑지 않을 것이다. 그러나 이들을 추격하는 2등 기업의 입장에서 보면 '이제 지겹지 않니? 이제는 다양한 것을 써 봐야지'라는 강력한 주문을 소비자에게 던짐으로써 확실하게 만족감을 주던 기존 브랜드를 버리고 불확실한 브랜드로의 변경을 유도할 수 있다. 그러나 대부분 기존 충성 브랜드를 변경하는 것은 만족보다 후회를 안겨 줄 가능성이 더 높다.

믿는 것만 보려는 마음 __ 점집과 바넘 효과

점을 믿는가? 점집의 시장 규모를 판단하는 것은 쉽지 않지만 하루 약 13만 명이 온라인상의 운세 사이트 100여 곳에서 자신의 운세를 점치고 있으며, 미아리나 강남의 사주 카페에서 결혼, 취업, 재테크 등에 대한 상담이 끊이지 않는 것을 보면 많은 사람이 점 보기를 좋아하는 것은 확실한 듯하다. 신문 지상에서는 국내 점집 시장의 규모를 연간 매출 4조 원 규모에 달할 것으로 추산하기도 한다. 이처럼 점을 보는 사람들이 많다는 것은 그만큼 사람들이 점이 잘 맞는다고 생각하기 때문일 것이다. 그렇다면 정말 점이나 예언은 사람의 미래를 예측할 수 있을까?

사람들은 누구에게나 다 적용될 수 있는, 광범위하거나 애매모호한 이야기를 듣더라도 나에게만 해당하는 특별한 이야기로 재해석해서 듣는 재미있는 경향이 있다. 신문이나 웹에서 볼 수 있는 오늘의 운세를 한번 살펴보자. 보통 이런 운세에는 다음과 같은 내용이 들어 있다. '원숭이띠인 당신은 꾸준하게 노력하는 타입이지만 노력이 제대로 보상받지 못하고 있습니다. 하지만 곧 귀인의 도움으로 어려움이 풀릴 수 있으니 흔들리는 마음을 다시 잡으십시오.' 다른 사람들의 운세에 대한 설명도 대충 비슷하게 쓰여 있다. 이러한 말을 들으면 대부분 어찌 내 속내를 다 알고 있나 하고 감탄하며 철석같이 운세를 믿어버리게 될지도 모른다.

그러나 운세를 잘 뜯어보면 누구에게나 다 맞을 수밖에 없는 글귀다. 실제로 자신이 어떤 타입인지와는 상관없이 누구나 자신은 할 만큼은 노력을 한다고 생각한다. 방탕하고, 일생에 노력 한 번 한 적 없는 사람도 자신은 다른 일은 몰라도 좋아하는 일만큼은 열심히 하는 타입이라고 생각할 것이다. 그리고 이 세상에서 혼자 할 수 있는 일은 이제 존재하지 않는다. 운전면허시험을 봐도 시험관이 잘 봐 주어야 합격하고 면접을 봐도 심사관이 어려운 질문을 피해 주면 더 좋을 것이다. 의도했든 아니든 누군가의 도움이 없는 경우란 없는 것이다. 그리고 열심히 하면 당연히 결과가 더 좋을 것이다. 혹시 열심히 했는데도 실패하면 정성이 부족했던 것이라고 치부하면 된다. 즉 일반적이고 매우 모호한 점괘지만 소비자 스스로 이 점괘를 재해석하고, 이를 과거 자신의 수많은 경험 중 하나와 연계하기 시작한다. 어렸을 때 밤새 열심히 시험공부를 했지만 정작 시험 당일 늦잠을 자 버린 일, 오랫동안 짝사랑했지만 고백도 못해 본 경험이 점괘와 결부되면서 점괘는 바로 나의 이야기가 되고 그 점쟁이는 하늘이 낸 용한 점쟁이라고 믿게 된다. 일단 이렇게 믿음이 형성되면 그다음부터는 무슨 말이 나오든 철석같이 믿게 되는 것은 시간문제일 뿐이다.

심리학에서는 이렇게 사람들이 보편적으로 가지고 있는 성격이나 심리적 특징, 이야기 등을 자신만의 특성으로 여기는 심리적 경향을 '바넘 효과(Barnum effect)'라고 한다. 사랑을 노래한 유행가 가사가 늘 내 마음을 잘 표현하고 있는 듯한 느낌이나 혈액형과 성격에 대한 고정관념 역시 바넘 효과의 일종이다.

조사 결과에 따르면 보통 우리나라의 주부들은 남편이나 어린 자녀보다 판매원의 의견에 더 쉽게 설득된다고 한다. 보험이나 금융 상품을 가입할 때 상담을 받다 보면 내 인생의 계획까지 세워 주고 내가 가지고 있는 문제들을 족집게처럼 집어내는 그들을 신뢰하지 않기란 참 어려운 일이다. 특히 말하는 사람의 권위나 전문성까지 곁들여진다면 이를 사실이 아니라고 생각하는 것 자체가 어려워지기도 한다. 그러나 누구에게나 적용될 수 있는 정형화된 판매 상담을 듣고 바넘 효과에 빠져 스스로 환상을 만들어 내서 믿기보다는 객관적인 정보들을 찾아보고 냉철하게 비교하는 것이 더 나은 판단을 할 수 있도록 도와줄 것이다.

첫인상에 대한 맹신 __ **첫 소개팅과 초두 효과**

혹시 처음으로 소개팅을 나갔던 때가 기억나는가? 두근거리는 가슴을 부여잡고 상대방이 오기만을 기다리지만 상대방이 앉자마자 여러분의 얼굴에는 기쁨 또는 실망의 빛이 순간적으로 나타난다. 사람이 사람을 평가하는 데 얼마나 오랜 시간이 걸릴까? 흔히 그 사람을 알려면 곁에 두고 오랜 시간 동안 같이 지내 봐야 한다고 말한다. 진솔한 내면의 세계를 관찰하고 배우자를 고른다는 이야기들도 한다. 그러나 실제로 사람을 평가하는 데 필요한 대부분의 정보는 첫인상을 통해 얻게 되며, 그러한 첫인상을 형성하는 데는 5초면 충분하다고 한다. 5분도 아니고 단 5초다.

첫인상은 단단한 콘크리트와 같다. 한 번 첫인상이 형성되면 단단하게 굳어서 다시 이를 바꾸기란 매우 어렵다. 한 번 굳어진 첫인상을 다시 바꾸려면 최소한 40시간 이상의 개별적이고도 집중적인 면담이 필요하다고 한다. 가족과 친구를 제외하고 누군가와 얼굴을 맞대고 40시간 동안이나 개인적으로 이야기를 할 만한 가능성이 얼마나 있을까? 그렇기 때문에 일상적인 관계에서 첫인상은 평생 관계를 좌우할 만큼 영향력이 큰 것이다. 이렇듯 강력한 첫인상의 효과는 소비자의 현명한 선택을 방해하곤 한다.

첫인상처럼 처음 접한 정보를 맹신하고 지나치게 의존하는 경향을 '초두 효과'라고 한다. 초두 효과가 다른 영역에 미치는 예를 들어 보자. 아무리 우량하고 투자 가치가 높은 주식이라도 주당 가격이 80만 원까지 올라가면 투자자 대부분은 감히 살 엄두를 내지 못한다. 한 주에 몇 십만 원씩 하는 주식을 샀다가 잘못되면 어쩌나 하는 생각이 앞서는 것이다. 그래서 그보다 저렴한 몇 만 원 또는 몇 천 원 하는 주식을 산다. 하지만 액면가가 얼마인가는 중요한 고려 대상이 아니어야 한다. 액면가가 얼마든 간에 자신의 투자 금액 한도 내에서 주식을 사는 것이라면, 1주당 가격으로 매입 여부를 결정하는 것은 의미 있는 행동이 아니기 때문이다. 80만 원 주식을 1주 사거나 8,000원 주식을 100주 사는 것만으로는 투자 위험에 아무런 차이가 나지 않는다. 그런데도 주가가 주식에 대한 첫인상을 형성해서 현명한 선택을 할 수 없게 하는 것이다.

브랜드에 대한 소비자의 인식 역시 강력한 첫인상의 일종이다. 한 번 좋은 제품이라는 인상을 받으면 더 싸고 좋은 경쟁 제품이 나와도 쉽사리 브랜드를 바꾸지 않기도 한다. 하지만 우리가 사람을 사귀면서 느껴 본 것처럼 첫인상 좋은 사람이 항상 착하고 좋은 사람은 아니라는 점을 생각해 볼 필요가 있을 것이다.

이처럼 다양한 상황에서 소비자들은 결코 이성적이지도 합리적이지도 않다. 오히려 감성이나 충동, 또는 부정확한 판단으로 구매를 하는 경우가 더 많다. 때로는 인터넷 등을 통해 많은 정보로 무장하기도 하지만, 이를 제대로 활용하는 것은 아니다. 많은 사람은 감성적으로 구매를 결정하고, 그 후에 자기 행동을 정당화하기 위해 논리를 이용하고 있는지도 모른다.

3장

기업의 시장 관리

3.1 나누어야 사는 기업

3.2 목표 시장의 선택

3.3 마음속의 싸움터

3.4 조삼모사 액자효과

3.5 기업의 피가 되는 4P

기업이 마케팅을 통해 우수한 고객과 장기적인 관계를 형성하고 수익을 창출해 궁극적으로 생존하려면 경영 철학이나 비전을 구현할 수 있는 보다 실천적인 시장 관리 노력이 필요하다.

이러한 시장 관리 노력은 크게 자신에게 적합한 시장을 선택하는 문제, 그리고 그 시장 안에서 최적의 가치를 전달하는 문제로 요약할 수 있는데 보통 전자는 STP, 후자는 4P라는 개념으로 제시된다.

시장세분화와 목표 설정, 그리고 포지셔닝을 의미하는 STP 전략은 반드시 구체적인 마케팅 전략을 수행하기 전에 결정해야 하는 전략의 방향성으로서, 경쟁사와 어디에서 싸울 것인가를 결정해 준다. 반면에 상품, 가격, 판촉, 유통을 의미하는 4P는 기업이 고객에게 구체적으로 어떤 가치를 줄 것인가에 대한 의사 결정으로서, 무엇을 가지고 싸울 것인가를 보다 구체적으로 결정해 준다.

3.1 나누어야 사는 기업

최근 패밀리 레스토랑을 표명하던 외식 기업들이 고전하고 있다. 과거에는 항상 손님들로 북적여서 예약이 필수였지만, 최근에는 예약을 하고 가면 오히려 민망할 정도로 손님들이 확연히 줄었다. 한때 이들은 한국 사회의 서구화를 상징하며, 가장 트렌디한 음식점으로 손꼽혔지만 최근에는 대표적인 레드오션 시장으로 전락하여 아예 시장에서 철수하거나 순차적으로 매장을 폐점하는 등 대대적인 구조 조정 중이다. 한 때 명성 있던 시즐러, 마르쉐, 토니 로마스 등이 한국 시장에서 철수하였고, 아웃백 스테이크나 TGIF 등도 실적이 현저히 떨어지고 있으며 매장 수도 급격히 감소하고 있다.

이 같은 부진의 원인은 소비자 심리에 발빠르게 대응하지 못했기 때문이다. 경기가 어렵다는 인식이 늘고 있는 와중에 패밀리 레스토랑이 다른 레스토랑에 비해 비싸다는 인식이 팽배해지면서 고전을 면치 못했다. 4인 가족 기준으로 10만원이 훌쩍 넘는 부담스러운 가격에도 불구하고, 이들 레스토랑은 더 이상 가족 손님들에게 특별한 경험을 주지 못했다.

특히 외식 시장이 커지면서 패밀리 레스토랑의 입지를 흔들만한 다양한 '맛집'이 많아진 것이 직격탄이었다. 과거 패밀리 레스토랑이 스테이크 등 미국식 위주였다면 최근에는 미국 남부식, 나폴리식 등 지방까지 세분화된 글로벌 토속 음식점들이 생겨났다. 소비자의 입맛이 고급화되면서 새로운 음식에 대한 욕구가 들끓고 있지만 이 같은 니즈를 업체들이 충족하지 못하면서 외면 받게 된 것이다.

이런 한때의 멋진 장소가 왜 점차 사람들로부터 외면받고 기억속에서 멀어지게 된 것일까? 아이러니하게도 이런 패밀리 레스토랑의 몰락은 과거 패밀리 레스토랑의 성공에서 원인을 찾을 수 있다. 한 때 별다른 경쟁 상대가 없이 전성기를 누리던 패밀리 레스토랑은 모든 고객들이 나를 사랑한다는 착각 속에 빠르게 변화하는 시장을 제대로 적응하지 못한 것이다. 천천히 데워지는 솥 속에서 개구리가 온도 변화를 잘 느끼지 못하고 삶아 죽는 것처럼, 한 때 성공했던 기업들은 변화하는 고객의 취향과 새롭게 등장하는 경쟁자들의 존재를 심각하게 인식하지 못하는 실수를 범하고는 한다. 남녀노소 구분없이 모든 고객들이 여전히 자신을 사랑한다고 착각하며, 과거의 성공에 안주하게 된 것이 변화하는 시장에서 발목을 잡게 된 것이다.

최초와 유일의 저주 포드자동차와 다방

포드자동차가 세계 최초로 자동차를 만든 기업은 아니지만 세계 최초로 자동차를 대중적인 상품으로 변모시킨 기업이다. 포드를 거치면서 비로소 자동차가 예술품이나 발명품이 아니라 하나의 일상적인 상품이 됐다. 1903년 헨리 포드가 창업한 이후 1913년 비숙련공에 의한 대량생산이 가능한 컨베이어 벨트 조립 방식을 창안해 누구나 살 만한 가격대의 승용차인 유명한 '포드 T' 모델을 하루에 천 대씩 대량생산했기 때문이다. 생산 단가를 줄이기 위해 오직 검은색 한 가지 색상으로만 나왔지만 당시 시장의 반응은 폭발적이었다. 1918년에 이르러서는 미국에서 판매되는 자동차의 절반이 T 모델일 정도로 압도적인 성공을 거뒀다.

그러나 자동차의 보급이 점차 확대되자 소비자들은 다양한 모델과 색상을 원하게 됐다. 그러나 이미 역사적인 성공의 경험을 맛본 포드는 계속 저렴한 차를 만드는 일에만 주력하고 소비자의 변화된 욕구에는 관심을 두지 않았다. 고객들이 검은색에 싫증을 낸다는 소문을 들은 헨리 포드는 이에 신경조차 쓰지 않았다. "우리

포드는 고객들이 원하는 어떤 색이든 T모델에 적용할 생각이 있다. 단, 그것이 검은색이라면⋯." 이렇게 독단적인 정책을 고집한 포드는 결국 다양한 색상과 모델을 가지고 시장에 등장한 GM과 같은 후발 업체들에게 1위 자리를 내주게 됐고, 포드는 오늘날까지 다시는 1위를 탈환하지 못했다.

어떤 업종이든 그 분야에서 최초가 된다는 것은 기업에 많은 장점을 제공한다. 실질적인 경쟁자가 없고 소비자들 역시 달리 선택할 대안이 없기 때문에 초기에는 어렵지 않게 시장을 석권할 수 있다. 굳이 여러 가지 색상과 모델을 만들지 않더라도 소비자들은 새로운 상품의 출현에 만족하며 그 제품을 구매한다. 시장의 초기에는 이처럼 소비자들의 욕구를 고려하지 않더라도 성공이 가능한 매스 마케팅(mass marketing)이 잘 작동하는 것처럼 보일 수 있다. 하지만 흔히 이러한 초기 시장에서의 성공은 바로 그다음에 닥쳐올 새로운 변화에 둔감하게 만들고, 마케팅 전쟁에서 제2라운드 공이 울리는 것을 미처 깨닫지 못하게 한다. 이것이 '최초와 유일의 저주'다.

소비자들은 기본적으로 매우 다른 존재들이다. 외모나 성별, 연령 등 타고나서 도저히 바뀔 수 없는 것도 있고, 소속 집단은 물론 자라온 환경과 같은 후천적 요인에 따라서도 달라지는 상이한 존재들이다. 사람들이 처음에 달리 선택할 대안이 없을 때는, 서로의 차이점을 잠시 제쳐 두고 제한된 선택 사항에 만족할지 모르지만, 이러한 현상은 결코 오래갈 수 없다.

소비자들의 욕구와 구매 패턴은 매우 다양하기 때문에 다른 기업이 더 나은 선택 대안을 제시할 수 있다면 이들은 항상 떠날 준비가 돼 있다. 경쟁 기업들 역시 새롭게 시장을 창출하기 위해 기존의 1위 업체가 미처 충족시키지 못한 잠재된 욕구들을 찾아내고 적극적으로 소비자들을 유혹할 것이기 때문이다. 따라서 그 어떤 뛰어난 기업이나 브랜드들도 결코 시장이나 소비자들을 동질한 집단으로 관리해서는 장기적인 성공을 기대하기 어렵다.

나눔의 미학 __ 표적 마케팅과 시장 세분화

이제 기업들은 시장에 존재하는 모든 소비자들을 대상으로 마케팅 활동을 벌이는 것이 비효율적일뿐더러 실제로 가능하지도 않다는 것을 잘 인식하고 있다. 일본의 캐주얼 브랜드인 유니클로는 '모든 사람들에게 캐쥬얼을'이라는 모토로 사업을 시작하였지만, 모든 소비자가 유니클로를 좋아하는 것은 아니라는 점을 깨닫는데 결코 오랜 시간이 걸리지 않았다. 자연스럽게 이제는 과거의 매스 마케팅에서보다 세분화된 표적 마케팅(target marketing)으로 마케팅 활동이 바뀌었다. 표적마케팅은 비교적 동질한 욕구를 가지고 있는 세분 시장들을 확인하고 이 중 하나또는 일부를 목표 시장으로 선정한 후 여기에 마케팅 자원과 활동을 집중하는 전략이다. 즉 소비자의 욕구가 각각 다름을 인식하고 욕구별로 각각 다른 시장이 존재한다는 것을 전제로 한다.

따라서 표적 마케팅을 하기 위해서는 선행 조건으로서 전체 시장을 비교적 동질한 작은 시장들로 나눌 수 있는 시장세분화(market segmentation) 능력이 필요하다. 그렇다면 어떤 기준으로 시장을 나누는 것이 가장 좋은 방법일까? 시장을나누는 유일한 방법이란 애당초 존재하지 않는다. 어떤 기준을 쓰는가에 따라서수백 가지 조합이 가능하다. 최선의 시장세분화 결과를 얻기 위해서는 다양한 변수나 요인을 이용해 세분화 시도를 해야 함은 물론이고, 과거의 경험이나 지식, 때로는 직관을 이용해 숨겨진 시장들을 발견해 내는 창의력도 필요하다. 일반적으로시장세분화를 할 때 자주 활용하는 주요 기준을 예시하면 아래와 같다.

우선 연령이나 성별, 직업과 같이 소비자 특성들을 보여 주는 인구통계적 변수로 시장을 나눈다. 예를 들면 암과 관련된 상품을 취급하는 보험사들은 연령과 성별에 따라 각각 다른 암 예방 상품을 판매하고 있으며 보험료도 다르게 책정하고있다.

표 **3-1**   시장 세분화에 유용한 변수

구 분	기준 변수	예 시
인구 통계 변수	지리적 특성	: 국가, 거주 지역, 행정구역, 도시와 농촌, 인구 수 등
	성별	: 남성과 여성
	연령	: 연령대 구간(10대, 20대, 30대 등), 저연령과 고연령 등
	직업	: 회사원, 교수, 학생, 전문직 등
	가족	: 가족의 수, 가족 구성원, 핵가족 및 대가족, 가족생애 주기 등
	소득	: 소득 금액, 소득 구간, 맞벌이 여부 등
	생활양식	: A, I, O 등
	개성	: 충동성, 사교성 등 선천적 개성, 특정 소비 관련 개성 등
	사회 계층	: 상류/중류/하류층 구분 등
상품 및 혜택 변수	용도	: 사용 방법(식용, 공업용), 사용 대상(가정용, 업무용) 등
	추구 혜택	: 성능, 서비스, 품질, 오락성, 저렴한 가격, 디자인 등
	가격	: 가격 민감도, 수용 가격대, 거부 가격대, 프리미엄 지불 의사 등
	관여도	: 관심의 정도(고관여~저관여)
경쟁 특성	경쟁 브랜드	: 사용 브랜드(자사, 경쟁사)
	충성도	: 충성 고객, 비충성 고객

소비자들이 구매하는 상품으로부터 기대할 수 있는 심리적 혜택도 중요한 세분화 변수다. 베이킹파우더를 생산하는 암앤드해머(Arm & Hammer)는 사용자가 어떤 용도로 사용하느냐에 따라 기본적으로는 동일한 성분의 제품을 탈취용, 청소용, 습기 제거용, 제빵용 등으로 구분하고 브랜드, 포장, 용기, 가격을 달리해 각각의 시장에 팔고 있다.

경쟁적 특성을 이용한 세분화도 가능하다. 시장을 자사 상품과 경쟁사 상품에 대해 소비자들이 가지고 있는 충성도로 나누고 시장을 관리하거나, 경쟁사에 대비한 자사의 강점을 부각하는 방법들이 사용된다. 고객 관리시스템인 CRM을 구축한 국내 통신사들은 사용자 데이터베이스를 분석해 자사 고객 중 로열티가 높은 고객에게 많은 혜택을 주고 이탈 고객은 특별 관리하는 등 고도로 세분화된 마케팅 활동을 전개한다.

그 외 여러 가지 다양한 세분화 기준이 존재할 수 있지만 만약 이중 가장 강력한 기준을 하나만 고른다면 그것은 소비자들이 상품을 구매함으로써 기대하는 '추구 혜택'일 것이다. 소비자들이 추구하는 혜택은 기업이 마케팅 전략을 수립하는

데 가장 기본적이고 핵심적인 정보를 제공해 줄 수 있다. 예를 들어 포장용 김치를 구매하는 소비자 집단을 나눠 보면 맛 추구 집단, 편리성 추구 집단, 시간 절약 추구 집단, 독신 가구 집단 등 여러 세분 시장으로 나누어 볼 수 있는데, 각 세분 시장을 공략하기 위해선 각기 다른 고객에 대한 이해와 더불어 독창적인 마케팅 전략들이 필요하다.

시장세분화의 조건 __ LG화학과 LG생활건강

이렇게 다양한 기준 중에서 매력적인 세분 시장을 가장 잘 찾아낼 수 있는 기준을 찾아내려면 시장에 대한 상당한 수준의 지식, 마케팅 경험, 그리고 창의적인 직관이 필요하다. 세분화에 도움을 줄 수 있는 핵심적 평가 기준을 살펴보면 시장의 매력성과 적합성, 그리고 차별화 가능성이 있다.

첫째, 시장의 매력성이다. 궁극적으로는 수익을 획득하는 것이 기업의 목표기 때문에 세분화를 통해 매력적인 시장 기회를 발견할 수 있어야 한다. 매력적인 시장이란 시장 규모가 지속적인 수익을 낼 수 있을 만큼 충분히 크고, 성장성이 있으며, 그 안에서 경쟁 정도가 낮은 시장을 의미한다. 항공사가 서비스 이용 고객을 항공권 지불 의도 가격으로 나눈 경우 매우 저렴한 항공권을 선호하는 고객 집단을 발견할 수 있지만, 이 시장이 항공 운임의 최저 원가에도 미치지 못하는 가격을 지불하고자 한다면 매력성이 떨어질 것이다. 반대로 적정한 가격에 적정한 서비스를 원하는 시장을 발견했지만 이미 모든 경쟁 항공사들이 이 시장에 진입해 있다면 극심한 경쟁으로 인해 시장세분화의 가치는 현저하게 떨어질 것이다. 그런데 수익성이 보장되는 시장 규모는 해당 기업의 크기와 능력에 따라 달라지는 상대적인 개념이다. 연간 10조 원 이상의 순익을 달성하는 삼성전자 같은 대규모 기업에게 매출 100억 원 정도의 시장은 그다지 매력적이지 못하겠지만, 대부분의 중소기업들에게 이런 시장 기회는 드물다.

둘째, 시장의 접근 가능성이다. 아무리 매력적인 시장이더라도 현실적으로 기업이 마케팅 활동을 펼칠 수 있어야만 의미가 있다. 보험을 판매하는 기업이 소득 수준 상위 0.01%에 해당하는 초우량 고객인 VVIP와 일반 고객을 대상으로 나눈 경우, 만약 이들 VVIP가 누구인지 확인하거나, 판매를 위해 접촉할 방법이 없다면 이 세분화는 실용적이지 않다. 때로는 시장 분석이 잘못된 데이터에 근거해 이뤄져 실제 존재하지 않는 가상의 시장을 목표로 삼는 경우도 발생한다.

셋째, 시장과 기업과의 적합성 여부다. 경우에 따라서는 새로운 시장을 공략하기 위해 현재 사업의 포트폴리오를 변경하거나 과거에 시도해 본 적 없는 새로운 영역에 뛰어들어 다각화를 시도해야 하는데, 이때 기업이 부담해야 하는 리스크는 급격히 커지고 실패의 위험도 함께 증대하게 된다. 즉 적합성이 낮은 것이다. 물론 사업의 다각화를 추진함으로써 한 단계 뛰어넘는 성장을 기대할 수도 있지만 목표 시장을 선택하는 것과 사업 다각화를 선택하는 것은 다른 수준의 의사 결정이다. 목표 시장 선택이 마케팅 단위에서의 전략적 결정이라면 사업 다각화는 그보다 상위의 전사적 차원에서의 전략 결정이다. 충분히 리스크를 부담할 만한 전략적 동기나 의지가 있는 경우를 제외하고는 현재 기업 여건과 적합하지 않은 시장에 진출하는 일은 조심스럽다. 적합성의 문제는 기업이나 브랜드 이미지와 관련해서도 발생할 수 있다. 과거 LG화학이 식음료 분야로 새로운 시장을 확장했을 때 초기 사업은 매우 부진했다. LG화학을 제외한 많은 사람이 예견한 대로, LG화학의 브랜드가 붙은 오렌지 주스를 사 먹고 싶어 하는 고객은 아무도 없었다. 그 후 LG화학은 LG생활건강으로 브랜드를 바꿨으며, 처음부터 브랜드 자산을 다시 육성해야만 했다.

넷째, 차별화 가능성이다. 기업이 수행하는 마케팅 활동에 각각의 세분 시장이 다르게 반응하지 않는다면 세분화의 의의가 없다. 일례로 생수 시장을 여성 음용자와 남성 음용자로 구분했는데 이들이 가격 인하나 품질 변화, 디자인 차이 등에 아무런 반응을 보이지 않는다면 마케팅 활동을 전개하기란 매우 어려울 것이다. 시장세분화 이전에 충분한 실험이나 마케팅 조사가 이루어져야 하는 이유다.

다시 일대일 마케팅으로 __ 개인화(personaliation)와 대량 맞춤화(mass customization)

매스 마케팅에서 세분화된 마케팅으로 변화해 왔지만 시장을 각각 다른 특성을 가진 것으로 이해하고 관리해야 한다는 생각은 역설적으로 과거 산업혁명 전에는 너무나 당연한 개념이었다. 증기기관 등 대량생산이 가능한 기계들이 등장하기 이전 시대에는 옷이나 가구, 기구 등의 상품을 만드는 모든 과정이 수공업으로 이뤄졌고, 기업의 규모도 영세했고 고객 수도 상대적으로 적었다. 생산자가 직접 고객을 개별적으로 만나서 그들의 이야기를 들어 주고 직접 요구 사항을 확인하면서 주문을 받았기 때문에 완벽한 맞춤 서비스를 제공할 수 있었을 것이다. 새로운 책상을 갖고 싶은 고객은 생산자에게 자신이 원하는 무늬, 디자인, 크기 등을 일일이 설명했을 것이고 그 설명에 따라 만든, 세상에서 단 하나뿐인 나만의 책상을 가질 수 있었을 것이다. 즉 시장세분화보다 더욱 소비자 개개인의 니즈를 잘 맞춰 준 일대일 마케팅(one to one marketing)이 이미 존재했었다.

하지만 시간과 비용이 너무 많이 드는 이 같은 일대일 마케팅으로는 극히 소수의 고객만이 자신이 원하는 것을 얻을 수 있었다. 그렇기 때문에 오히려 산업혁명 시대에는 대량생산을 통한 통일된 규격의 상품을 공급하는 것이 자본주의의 미덕으로 여겨지게 됐다. 하지만 다시 생산이 소비를 초과하면서 타깃 마케팅이 대안으로 떠오르게 된 것이다.

요즘은 특히 인터넷과 정보처리 기술이 급격히 발달함에 따라 수많은 대중을 상대로 효율적인 일대일 마케팅을 전개할 수 있게 됐다. 최근 부각하는 개인화(personalization) 또는 대량 맞춤화(mass customization)가 그 예다. 과거에는 서로 양립할 수 없다고 여겨지던 대량생산의 장점과 개인화의 장점을 융합하게 된 것이다.

성공적인 대량 맞춤화 사례는 처음에는 주로 온라인에서 많이 발견됐지만 점차 오프라인 영역까지 확장되는 추세다. 우선 온라인상의 인터넷 닷컴 기업 대부분은 자사의 고객 데이터베이스를 활용해 개별화된 서비스 상품을 제공하고 있다. 예스24나 아마존 등 주요 온라인 서점은 소비자 개개인의 독서 취향을 분석하고 신간 서적을 소개하는 추천 서비스를 제공하고 있으며 유튜브는 과거 검색한 영상을 바탕으로 소비자가 흥미가 있을 영상들을 추천한다. 또한 상거래 사이트 대부분은 광고 이메일을 보내거나 개인화된 페이지를 제공해 일대일 맞춤형 서비스를 제공하고 있다. 최근 스마트폰의 대중화에 따라 개인화에 집중한 일대일 마케팅은 더욱 강화될 전망이다. 오프라인에서도 세분화의 단위를 소비자 개인에 맞추는 사례가 늘고 있다. 델 컴퓨터는 소비자의 취향에 따라 메모리, CPU, 하드디스크, 외관 색상 등 주요 사양을 마음대로 주문할 수 있는 델 다이렉트(Dell Direct) 모델로 이미 큰 성공을 거뒀으며, GM대우 자동차는 SUV 차량을 소비자들이 입맛대로 외관과 옵션을 선택할 수 있도록 하고 있다.

완전한 개인화는 불가피하게 제조 비용의 상승을 동반하기 때문에 과거 주로 제조 비용 부담이 없는 온라인을 중심으로 전개돼 왔으나 소비자를 더욱 빠르게, 더 작은 단위로 세분화하게 됨에 따라 점차 많은 기업이 미래의 시장 관리 방향으로서 주목하고 있는 실정이다. 향후 3D 프린터가 대중화될 것으로 기대됨에 따라 개인화에 따른 제조비용이 낮아지고 개인별 맞춤 디자인이 가능해질 것으로 예상된다. 따라서 오프라인에서의 개인화는 더욱 강화될 전망이다.

역세분화 ___ 하나로 합친 하나로 샴푸

시장세분화에서 일대일 마케팅까지 시장이 분화되고 있는 것이 일반적인 트렌드다. 하지만 경우에 따라서는 분화된 시장을 다시 하나로 합치기 위한 역발상을 하기도 한다. 이를 '역세분화(counter segmentation)'라고 한다. 샴푸 시장은 추구 혜택에 따라 비듬 방지, 보습, 모발보호, 탈모 방지 등 다양한 욕구가 존재하는 시장이다. 그러나 하나로 샴푸는 샴푸하나로 모든 것을 해결할 수 있다는 시장통합 전략을 활용하였다. 최근에는 스킨, 로션, 보습, 애프터쉐이브 등의 기능을 모은 '올인원 화장품'이 떠오르고 있다. 역세분화를 하는 이유는 지나친 세분화가 기업과 고객에게 새로운 가치 제공보다는 불편을 더해 주기도 하기 때문이다. 비듬 제거 샴푸 사용자는 모발이 손상된다는 불만이 있고 모발 보호 샴푸 사용자는 비듬 제거가 잘 안 된다는 불만이 있을 수 있는 것이다.

이처럼 역세분화 전략은 새로운 세분 시장을 발굴하기 힘든 후발 브랜드가 기존 고객들의 요구를 통합해서 제공하려는 노력으로 시도된다. 그러나 광의의 개념으로 보면 역세분화 시장 역시, 여타 세분 시장의 고객들과 달리 통합된 니즈를 가진 세분 시장의 또 다른 단면으로 봐도 무방할 것이다.

3.2 목표 시장의 선택

마케팅 기법 중에 데이(day) 마케팅이 있다. 빼빼로 데이, 밸런타인데이처럼 특정한 일자가 갖는 상징적 의미나 숫자의 어감을 마케팅에 활용하는 기법으로서 최근 급증하고 있다.

그런데 데이의 백미라면 역시 어린이날일 것이다. 역사와 전통으로 보나, 그 의미로 보아도 크리스마스와 더불어 어린이날은 큰 연례 축제라 할 만하다. 최근에는 집집마다 왕자님, 공주님뿐이고 매일매일이 어린이날과 다름없어서 이런 데이가 무슨 필요가 있을까 싶지만 그래도 집에만 있다가는 성화를 버티기 어렵다. 마침 보고 싶은 공연도 있고 해서 겸사겸사 가족과 함께 대학로로 나섰다. 아들과 손잡고 대학로를 거니는데 길가에 평소 자주 이용하는 스포츠 브랜드의 대리점이 보였다. 미처 선물까지는 준비하지 못했었는데, 그날따라 매일 축구를 하는 아들의 운동화가 성해 보이지 않았다.

'옳지…, 그렇단 말이지. 운동화 하나 사 주면 선물로 그만이겠구만.'

최근에는 갈수록 뭔가 선물을 하는 게 어려워지고 있다. 돈이 없어서가 아니라 사람들이 원하는 것이나 취향이 점차 까다로워져서다. 그래서 그런지 반가운 마음에 얼른 아들 손을 잡고 가게 안으로 들어갔다. 그런데 매장 어느 구석에도 초등학생 정도의 아이 발에 맞을 만한 신발은 없었다.

"죄송합니다만, 저희 가게는 그런 사이즈는 없습니다."

좋은 선택이 반 __ 대학로 신발가게에는 초등학생용 신발이 없다

아뿔싸, 여기는 젊음의 거리, 대학로였던 것이다. 이곳에서 그들의 목표 고객은 젊은이지, 초등학생은 아닌 것이다. 마케팅이 기업에게 환영받게 된 중요한 이유 중 하나는 효과와 효율을 강조하는 전략적 사고 때문이다. 효율의 의미는 투입(input) 대비 산출(output)이다. 똑같은 비용을 쓰더라도 더 많은 매출과 이익을 창출하려면 우선 모두가 내 고객이라는 막연한 사고를 버려야 한다. 나에게 이익을 주는 고객, 손해를 주는 고객은 사전에 어느 정도 파악할 수 있게 마련인데, 가능하면 이익을 주는 고객에게 집중해야 한다. 그 가게의 입장에서 젊은이들은 이익을 주는 고객이었던 반면, 초등학생은 손해를 주는(적어도 이익을 주지는 못하는) 고객이었던 것이다.

한 켤레라도 팔면 이익일 텐데 어째서 초등학생용 사이즈를 갖다 놓지 않는 것이 이익에 도움이 될까? 우선 매장의 제한된 면적에 진열할 수 있는 상품 수는 한정돼 있음을 생각해야 한다. 어린이용 신발을 많이 갖다 놓으면 자연히 젊은 층 신발을 갖다 놓을 공간은 줄어든다. 그러면 핵심 고객층인 젊은이들이 선호하는 모양과 컬러를 다채롭게 갖다 놓기 어렵다. 또한 초등학생과 부모들이 북적댄다면 젊은이들이 다른 매장으로 발길을 돌릴 가능성도 있다. 만약 매장이 가족을 위한 공간으로 평범하게 이미지가 비친다면, 이는 바로 내 나이대만을 위한 전용 공간은 아니라는 뜻이 된다. 젊은이들을 유인할 만한 매장의 특색과 개성이 사라지는 것이다.

마케팅에서는 이러한 전략적 선택을 타기팅(targeting)이라는 개념으로 설명한다. 세분화된 시장 중 자사에 가장 매력적인 한두 개 이상의 세분 시장을 목표로 설정하고 시장을 공략하는 것이다. 대학로의 운동화점은 연령대별로 시장을 나눴을 때 젊은 층만을 목표 고객으로 선정한 것이다.

재미있는 점은, 그 점포에는 초등학생용 신발은 없었지만 2살 이하 유아용 신발은 아주 다양하게 구비돼 있었다는 사실이다. 대학로로 구경 나온 젊은 신혼부부들이 직접 아가의 신발을 사기도 하고, 젊은 여성이 어린 조카나 친구의 아가 선물용으로 사 가는 경우도 많다고 한다. 이 역시 20대 고객들에 의해 구입되는 시장인 것이다

이처럼 시장세분화의 주요한 내용은 매력적인 시장 기회를 찾기 위한 시장에 대한 세심한 관심과 관찰이다. 즉 시장세분화가 매력적인 시장을 찾기 위한 일련의 조사 과정으로서 잠재적인 시장들을 점검하는 과정이라면, 그다음 단계로는 이 중에서 최적의 시장을 선택하고 여기에 집중하는 실천 전략이 필요하다.

목표 시장 찾기 __ DVD 대여점과 IPTV

적절치 못한 시장 타깃팅은 기업의 수익성을 해치는 주요한 원인이 된다. 그렇다면 효율적인 타기팅을 하려면 무엇을 기준으로 시장을 선정해야 할까? 시장에서 성공하기 위해서는 시장의 매력성, 자사와의 적합성, 경쟁 정도, 회사의 자원 등을 종합적으로 고려해 세분 시장을 선택해야 한다.

우선, 세분 시장은 충분한 매력성이 있어야 한다. 매력성은 세분 시장의 크기, 수익성, 경쟁의 정도와 관련이 있다. 시장의 규모가 크다는 것은, 곧 시장 내 소비자의 수가 충분히 많다는 것을 의미한다. 시장의 크기는 유행이나 인구 변화, 기술 진보 등에 따라 역동적으로 바뀔 수 있기 때문에 현재의 시장 크기뿐만 아니라 미래 시장도 고려해야 한다. 과거 DVD 대여 시장은 규모 있게 유지되었으나 최근 인터넷 다운로드나 IPTV의 활성화에 따라 급격한 감소를 경험했고 어쩌면 조만간 사라질 가능성도 있다. 즉 시장의 크기는, 시장 내 현재 고객의 수뿐만 아니라 미래의 성장성과 함께 검토해야 하는 개념이다. 또한 대개 큰 시장이 곧 큰 기회를 보장해 주지는 않는다. 크고 매력적인 시장일수록 경쟁이 치열해지기 때문이다. 큰 시장에서 천문학적인 비용을 들이면서 경쟁을 하느니 차라리 경쟁이 적거나 없는 작은 시장에서 일등 기업이 되는 것이 더 효율적일 수도 있다. 세분 시장의 매력성을 따질 때 크기와 더불어 경쟁 정도를 고려해야 하는 이유다.

현재와 미래 시장의 양적인 크기는 물론이고, 수익성 역시 중요하게 고려해야 하는 요인이다. 마이클 포터에 따르면 수익성은 크게 대체재의 존재, 소비자의 협상력, 공급자의 협상력, 기존 시장 및 잠재적 경쟁에 좌우될 수 있다. 특히 기존 제품을 대신할 만한 대체재가 존재한다면 수익성은 곧 심각한 위기를 맞을 수 있다. 따라서 대체재의 진입이 우려되는 시장은 신중하게 접근해야 한다. 이미 우편 서비스나 공중전화 등은 심각한 적자를 보고 있지만 이메일, 메신저, 택배 등 다양한 대체재가 존재하는 상황에서 장기적인 생존을 기대하기란 더욱 어렵다. 또한 소비자나 공급자의 협상력이 강할수록 시장의 수익성에는 부정적 영향이 올 수 있다.

소비자가 풍부한 제품 지식이 있고, AS, 서비스 등에 대해 다양한 요구를 하거나, 시장이 독과점 상태여서 소수의 공급자만이 존재한다면 소비자와 공급자를 보다 더 만족시키기 위해 추가적인 비용이 들어갈 것이다. 이와 달리 오래전부터 전매가 허용돼 왔던 인삼이나 담배 제조업체들은 오랫동안 판매 채널들보다 우월한 위치를 지킬 수 있었다.

경쟁사 분석 __ 코카콜라의 경쟁 상대가 비락식혜?

경쟁은 분명 기업의 마케팅 활동을 자극하고 시장 자체를 확대하는 긍정적인 측면이 있다. 그러나 경쟁에서의 승자는 항상 극소수다. 그래서 다른 조건이 동일하다면 가급적 경쟁이 적은 시장을 선택하는 것이 효과적이다.

그렇다면 나의 경쟁 상대는 누구일까? 만약 코카콜라를 판매한다면 경쟁 상대는 누구일까? 흔히 먼저 경쟁 브랜드인 펩시콜라나 사이다 정도를 떠올릴 것이다. 하지만 조금 더 생각해 보자. 코카콜라와 전통 음료인 비락 식혜 사이에는 아무런 경쟁이 없을까? 캔 커피나 생수는 어떨까? 더운 여름날 아이에게 시원한 것을 사 오라고 심부름을 보냈을 때 아버지가 좋아하는 음료가 코카콜라인지 비락식혜인지 아이가 고민을 하다가 구매하는 상황을 생각해 보자. 또는 서로 다른 선호도를 가진 두 친구가 음료수 한 병을 같이 나눠 먹어야 하는 상황을 떠올려 보자. 이러한 상황을 보면 비록 제품 품목이 다르더라도 어느 정도 대체적인 경쟁 관계에 있음을 알 수 있다. 즉 제품의 종류나 형태는 다르더라도 서로 대체될 가능성이 있는 것은 모두 경쟁자라고 폭넓게 생각할 수 있다. 넓게 본다면 세뱃돈 만 원을 갖고 있는 아이가 이 돈을 가지고 만화책을 살지 코카콜라를 살지 고민하고 있다면 만화책과 코카콜라도 경쟁 관계에 있는 것이다.

그런데 종종 이러한 경쟁 관계를 잊어버리고 경쟁을 매우 좁게 정의하는 우를 범하기도 한다. 만약 코카콜라가 같은 콜라의 일종인 펩시만을 경쟁자로 생각한다면 어떨까? 비록 펩시와의 경쟁을 통해 시장점유율을 다소 올릴 수 있을지 모르지만, 건강에 대한 관심이 높아져 콜라 제품 자체에 대한 수요가 줄고 건강 차 등 다른 음료의 수요가 늘고 있다면, 콜라라는 시장의 점유율 싸움에서는 승리했을지는 몰라도, 이것이 매출이나 판매량 증가까지 연결되지는 못할 것이다. 이와 같이 경쟁을 근시안적으로 보는 좁은 시각을 '마케팅 근시안(marketing myopia)'이라고 한다.

목표 시장을 찾을 때는 근시안에 빠지지 말고 넓게 봐야 한다. 시야가 넓으면 시장의 트렌드 변화에 따른 위험에 대처할 수 있다.

회사와 시장이 궁합이 잘 맞는가를 나타내는 적합성도 중요한 요인이다. 보다 구체적으로 적합성은 회사의 원가 구조, 조직 문화, 최고 경영자의 기업가 정신 등과 관련이 있다. 우선 원가 구조와 관련해서는 상품의 생산과 제반 활동에 소요되는 비용 중 고정비와 변동비의 비율과 관계가 있다. 고정비는 생산량의 증감과 관계없이 비용이 발생하는 건물 임대료, 정규직의 인건비, 공장 설비 등이 포함된다. 반면에, 변동비는 생산량의 증감에 따라 함께 증감이 발생하는 재료비, 포장비, 운송비 등이 포함된다. 만약 항공사나 통신사, 반도체 제조업체와 같이 고정비가 과다하게 드는 구조라면, 기업들은 단 한 명의 가입자라도 더 많이 획득해 고정비의 활용을 극대화하고자 할 것이다. 따라서 변동비 중심의 시장에 비해 손쉽게 파괴적인 가격 경쟁이 벌어질 수 있으며, 보다 공격적으로 목표 시장을 선택할 것이다. 그래서 고정비 비율이 높은 업종이나 기업일수록 경쟁사와 중복되지 않는 세분 시장을 선택하기가 어렵다. 그 외 조직 문화나 최고 경영자의 성향 역시 세분 시장의 선정에 중요한 역할을 할 수 있다. 적극적인 경영 문화나 최고 경영자의 높은 성장 의지는 보다 큰 세분 시장을 선택하게 하는 동인이 되기도 한다.

회사 내부의 경영 자원도 고려해야 한다. 시장 규모가 크고 성장 속도가 빠른 시장이 우리에게 매력적인가 아닌가는 기업의 현실적인 능력에 따라 그 판단이 달라진다. 만약 기업의 규모가 작고 능력에 한계가 있다면 큰 시장에서 다른 경쟁업체들과 경쟁하는 것이 현명하지 않을 수도 있다. 오히려 자신의 능력에 걸맞으면서 경쟁사들이 미처 알아내지 못한 새로운 작은 시장을 찾는 것이 보다 효율적일 것이다.

대유위니아는 김치 냉장고(딤채)에서의 높은 인지도에도 불구하고 프리미엄 냉장고 및 일부 생활가전 외 세탁기 등 다른 가전으로 확장을 고려하지 않고 있다. 만약 제품을 확장한다면 상대하기 버거운 삼성 등과 전면적으로 마케팅 전쟁을 벌여야 할 테고 국내 유통망이나 마케팅 펀드 브랜드 파워 원가 절감 능력 등에서 열세인 대유위니아((구)위니아만도)가 다른 품목에서도 김치 냉장고의 성공을 재현할 가능성은 지극히 낮다. 이 같은 이유로 만도는 김치 냉장고에 특화함으로써 강력한 전문 브랜드로서의 이미지를 구축하고, 이러한 이미지를 바탕으로 경쟁사의 시장 진입 시도를 효과적으로 막아 내고 있다.

푸른 바다를 찾아서 __ 웅진코웨이의 블루오션 전략

시장세분화를 고려하는 모든 기업의 공통된 꿈이 있다면, 가능하다면 경쟁이 적어서 큰 시장점유율을 확보할 수 있고, 시장의 성장성도 좋은, 매력적인 신 시장을 찾는 일일 것이다. 이러한 시장세분화의 궁극적인 목표를 보다 구체적으로 설명한 것이 블루 오션(blue ocean)과 레드 오션(red ocean)이라는 개념이다. 블루 오션이란 기업들이 끊임없이 경쟁해오던 기존의 피곤한 시장, 즉 피바다(레드 오션)를 벗어나 발상을 전환해 고객에게 새로운 가치를 제공하고 새로운 시장을 찾아야 한다는 것이다. 요컨대 블루 오션 전략은 매력적인 상품과 서비스를 통해 경쟁하지 않고도 이길 수 있는 자신만의 독특한 세분 시장을 창출해 내는 것을 의미한다.

블루 오션의 성공적인 사례로 렌털 사업을 하고 있는 웅진코웨이를 들 수 있다. 웅진코웨이는 고객의 욕구가 제품의 소유에서 사용 중심으로 이동하는 트렌드를 간파하고 빌려 쓰는 시장이라는 새로운 시장을 발굴했다. 기존 시장을 사서 쓰는 시장과 빌려 쓰는 시장으로 새롭게 양분한 것이다. 웅진코웨이는 고객이 고가의 정수기나 비데 등 생활용품을 구입하는 데 드는 초기 부담을 덜어 주기 위해 저렴한 비용으로 대여를 해 줌과 동시에, 세척이나 소모품 교환, 유지 보수 같은 다양한 부가 서비스를 제공하고 있다. 이처럼 높은 가격에 대한 고객의 저항을 감소시키는 차별적인 마케팅 전략을 시행함으로써 자신만의 독특한 시장을 성공적으로 구축했다.

표 3-2	레드 오션과 블루 오션	

구분	레드 오션	블루 오션
기본 개념	이미 모두에게 잘 알려져 있는 기존의 시장들 (예: 정수기 판매 시장)	현재 알려져 있지 않거나 존재하지 않아서 경쟁에 의해 오염되지 않은 새로운 시장들 (예: 정수기 렌털 시장)
시장 획득	승리를 위한 경쟁 법칙이 이미 시장 참여자들에게 잘 알려져 있음 (예: 저렴한 가격, 높은 성능 등)	승리의 법칙을 스스로 창조해 나감으로써 경쟁 없는 고수익과 고성장이 가능해짐 (예: 빌려 쓰는 편리함)
경쟁 수단	경쟁사보다 우위에 서는 것이 중요 (예: 경쟁 정수기들보다 저렴한 가격)	게임의 법칙이 아직 정해지지 않아서 경쟁의 고려는 무의미함 (예: 렌털 시장 내 경쟁 상대가 없음)
시장 전망	경쟁 증대로 비용이 증가하며, 수익 및 성장 가능성은 부정적 (예: 경쟁 격화로 가격 및 이익하락)	높은 수익과 무한한 성장 기회가 존재 (예: 렌털과 관리 등 부가 사업 확대)

3.3 마음속의 싸움터

미국이나 한국의 언론들은 북한 정권의 김정은이 김 씨 세습 왕조의 정당성을 강화하기 위하여 일부러 김일성을 따라하고 있다고 보도한 바 있다. 김정은은 손바닥을 엇갈리게 해서 박수를 치거나 어깨를 뒤로 젖힌 채 걷는 모습, 뚱뚱한 배, 단추가 두 줄로 된 코트, 옆머리를 짧게 친 모습, 이중 턱 등은 모두 북한 주민들에게 김일성에 대한 과거의 향수를 자극시킨다는 것이다. 단지 외모 뿐 아니라 노동자들의 팔짱을 끼거나 병사들과 탱크에 오르는 행동, 군 장성에게 가까이 다가가 조언하는 모습 등은 김일성의 자신감 있고 스킨십이 많았던 전형적인 모습을 그대로 따라 하는 것이라고 한다.

이와 관련하여 서울의 민간단체인 북한전략센터 김광인 소장은 이 신문에, 북한 정권이 김정은을 김일성의 환생처럼 보이기 위해 일부러 살을 불리고 훈련을 시켰으며, 성형수술까지 했다는 얘기가 있다고 주장하였다. 김정은의 일천한 경력을 보완하고 단기간에 권력을 강화하기 위해 이런 행보를 보이고 있으며, 김 씨 왕조와 운명공동체인 고위층들 역시 이를 지지하고 있다는 것이다. 이는 김일성의 이미지를 그대로 가져가는 것이 북한에서 지배력을 확장하는데 유리하다고 생각하기 때문이다. 과거 히틀러를 비롯하여 많은 독재자들은 정권의 연장을 위하여 자신의 이미지를 대중들이 좋아할 만한 이미지로 꾸미는데 매우 능숙하였는데, 북한 정권도 이런 이미지 조작을 매우 적극적으로 이용하고 있다. 독재 정권을 유지하기 위한 첫 번째 단계는 수천만의 북한 주민의 마음속을 조정하는 것으로, 기본적으로는 현대의 광고나 홍보 전략이 추구하는 궁극적 목적과 동일한 전략이다.

마케팅의 클래식 __ 변함없는 진리, 포지셔닝

마케팅과 관련한 책은 얼마나 많을까? 갑자기 이런 뜬금없는 호기심이 생긴다면 온라인 서점을 방문해서 '마케팅'이라는 키워드로 도서를 검색해 볼 필요가 있다. 검색창에 나타나는 판매 중인 국내외 관련 도서가 1만여 종이 넘는다는 것을 보고 매우 놀라게 될 것이다. 그 밖에 마케팅이나 판매라는 단어를 도서명에 직접적으로 사용하지 않은 수많은 관련 서적까지 고려한다면 적어도 수만 종의 마케팅 관련 도서가 판매되고 있다는 이야기다. 마케팅의 인기와 비례해 이 숫자는 매년 늘 것이다.

그런데 마케팅을 전공하는, 또는 마케팅에 관심을 갖는 누군가가 이렇게 많은 도서 중에서 꼭 읽어야 하는 마케팅 고전이 뭐냐고 물어본다면 많은 사람이 공통으로 꼽는 책들이 있다. 그중 하나는 바로 알 리스(Al Ries)와 잭 트라우트(Jack Trout)의 『포지셔닝(Positioning: The Battle for Your Mind)』이다. 이 책은 이미 출판된 후 벌써 한 세대에 이를 만큼 상당한 시간이 흘렀지만 마케팅 커뮤니케이션 전략의 필연적인 문제점을 다룬 최초의 책으로서 '포지셔닝을 확립한다'라는 마케팅 전략의 기본을 제공하는 데 크게 공헌했다.

포지셔닝 전략에서 주장하는 것은 기업의 승패가 최상의 상품과 서비스를 제공하는 데 있는 것이 아니라는 점이다. 승패는 바로 고객의 마음속에 적절한 메시지를 주입한 뒤, 이를 경쟁사로부터 보호하고 안정적으로 유지하는 데 있다는 것이다. 이러한 주장은 광고나 마케팅 전략 등에 폭넓게 반영되면서 현재까지도 여전히 중대한 마케팅의 핵심이 되고 있다. 비록 출판 후 오랜 기간이 지나 사례의 생동감은 예전만 못하지만 이 책에서 제시하고 있는 마케팅 철학과 개념은 여전히 강력한 영향력을 발휘하고 있다.

위기를 기회로 바꾼 태풍 __ 합격 사과와 브랜드 포지셔닝

포지셔닝이라는 단어는 생소하더라도 포지션(position), 즉 위치라는 단어는 일상에서도 흔히 접하는 말이다. 포지셔닝이란 고객의 마음속에 상품이나 브랜드가 경쟁하기에 좋은 포지션을 잡을 수 있도록 하는 이미지 창출 노력이라고 할 수 있다. 다시 말해 상품이나 브랜드의 물리적 특성 변화보다는 고객들의 머릿속에 존재하는 이미지의 변화와 관리에 관련한 개념이다.

격투기 선수 추성훈 혹은 아키야마 요시히로를 보면, 이 선수는 자신에게 좋은 포지션을 확보하기 위해 한국과 일본에서 각각 다른 이미지를 창출하려고 노력했다. 정신 수련에 도움이 되는 검도나 유도 같은 무술에 비해 가라테를 그저 싸움 정도로 치부하던 일본의 관습과, 재일 교포에 대한 눈에 보이지 않는 차별이 존재하는 일본에서는 철저하게 악역으로서 일본인들의 머릿속에 강렬한 이미지를 각인시키고, 한국에서는 친절하고 남자다운 신사로 자신의 이미지를 각인시키고 있다. 최근에는 아내 야노시호와 아이 추사랑이 함께 나오는 TV 프로그램을 통해 자상한 아버지의 모습으로 이미지 변신을 시도하고 있다. 추성훈은 포지셔닝에 대해 명확히 이해하고 있는 것으로 보인다. 이러한 이미지는 저절로 만들어진 것이 아니다. 자신에게 유리한 위치를 선정하기 위한 의도적인 노력인 포지셔닝을 통해 가능했던 것이다.

이렇듯 포지셔닝은 개인이 스스로를 강력한 브랜드로 만들기 위해서도 사용되지만 자사의 브랜드를 강력한 브랜드로 만들고 싶어 하는 광범위한 상황에서 쓰이고 있다.

지난 1991년 맛있는 사과의 생산지로 유명한 일본 아오모리 현에 유례없는 초대형 태풍이 불어왔다. 강력한 태풍은 이제 막 수확기를 맞았던 탐스러운 사과를 대부분 땅에 떨어뜨렸고, 불과 10% 남짓한 사과만 간신히 나무에 달려 있었다. 수확기에 거의 모든 사과를 잃어버린 농민들은 몇 개 안 달린 사과나무를 보고 절망에 빠져 있다가 문득 태풍을 견뎌 낸 사과들이 대단하다고 느꼈다. 그리고 어쩌면 이 사과들이 새로운 희망을 줄지도 모르겠다는 생각이 들었다. 그해 아오모리 현의 농부들은 태풍을 이겨 낸 사과들을 대학 입시철에 '합격 사과'라고 이름 붙여 10배 이상 비싼 가격에 팔았고, 어느 해보다 더 많은 이익을 거뒀다.

남들은 몇 개 안 되는 온전한 사과의 숫자만을 보았을 때 그들은 사과에 새로운 의미와 스토리를 부여한 것이다. 남들과 다르게 보일 수 있는 방법을 찾는 것, 이것이 바로 포지셔닝의 출발점이다.

포지셔닝의 조건 __ 게보린 vs. 타이레놀

특정 브랜드가 좋은 이미지를 형성하고 말고는 우선 소비자의 인식 속에 들어가고 난 뒤의 이야기다. 우리는 이처럼 자사의 브랜드가 소비자의 인식 속에 들어가 있는 것을 '고려 상표군(consideration set)이 됐다'라고 말한다. 고려 상품군이 되는 것은 매우 중요한 의미를 지닌다. 소비자들이 선택할 때 떠올릴 수 있는 선택 대안, 즉 브랜드는 몇 개 안 되기 때문이다. 우선 당장 눈을 감고 나서 노트북 제조회사의 브랜드나 시원한 음료수 브랜드를 떠올려 보자. 또는 친한 친구의 이름을 떠올려 보자. 순간 몇 개나 기억나는가? 소비자행동 연구에 따르면 이 같은 질문을 받았을 때 보통 7개 내외가 머리에 떠올릴 수 있는 한계라고 한다. 따라서 포지셔닝의 전제 조건은 일단 머리에 선뜻 떠올릴 수 있는 '매직 7'의 브랜드가 되는 것이다.

그렇다면 고려 상표가 될 수 있는 가장 확실한 방법은 무엇일까? 그것은 해당 영역에서 최초가 되는 것이다. 우리에게 쉽게 기억되는 브랜드나 정보는 대개 해당 영역에서 최초로 등장한 것이다. 최초의 콜라인 코카콜라, 최초의 브랜드 아파트 래미안, 최초로 전구를 발명한 에디슨, 첫사랑 이름 등등. 아폴로 13호는 이름에서 보듯이 그 이전에도 여러 대의 로켓이 개발됐을 것으로 추측되지만 최초로 달 착륙에 성공한 로켓이기 때문에 13호만 기억된다. 최초는 백지 상태인 소비자의 마음속에 먼저 마음대로 원하는 그림을 그릴 수 있는 특권을 갖고 있다. 그 후에 들어온 브랜드나 정보는 최초의 그림자에 가려서 잘 보이지 않게 되는 것이다.

즉 특정 영역에서 최초가 된다는 것은 소비자의 인식 속에 강력하게 자리를 잡음으로써 소비자의 사랑을 받을 수 있음을 의미한다.

미국의 자동차 부품 전문점인 AAA사는 오로지 구글과 같은 검색 엔진에서 최초로 검색되기 위해 이렇게 이름을 지었으며, 아마존(Amazon) 역시 검색 순위를 고려해 A로 시작하는 이름을 지었다고 한다. 기회가 없다면 만들어서라도 항상 최초의 브랜드가 돼야 하는 것이다.

그렇다면 이미 최초인 선도 브랜드가 있는 시장에는 경쟁자들이 비집고 들어올 여지가 없을까? 물론 최초를 직접 상대하는 싸움은 더 힘들고 버겁다. 펩시는 수십 년간 코카콜라와 싸워 왔지만 여전히 2등이며, 오리온 초코파이에 대항해 많은 유사 브랜드의 초코파이가 나왔지만 여전히 초코파이는 오리온 초코파이를 의미한다. 최초의 브랜드가 결정적인 실수를 하지 않는 한 후발 브랜드가 최초 브랜드와 정면 승부를 벌여서 이기기는 매우 어렵고, 이기더라도 감당하기 힘든 비용과 대가를 피할 수 없다.

과거 국내 시장을 주름잡았던 오비 맥주나 하이트 맥주는 젊은 고객들의 취향이 빠르게 변화하는 것을 무시하고 자만하다가 유럽 등 전 세계에서 밀려온 밀 맥주나 에일 맥주 등 다양한 세계 맥주들에게 국내 시장을 상당 부분 내주는 지경에 이르렀고, 애플 컴퓨터는 가장 먼저 혁신적인 그래픽 기반의 운영 체제를 개발하고서도 독자적인 표준을 고집하느라 경쟁업체인 마이크로소프트가 시장의 대부분을 잠식하는 것을 방관한 꼴이 되고 말았다. 이렇듯 1위 기업이 자만하거나 실수했을 때를 놓치지 않는다면 경쟁 기업들에게 뜻밖의 기회가 찾아오기도 한다.

하지만 선도 업체가 실수하기만을 기대하며 무모한 경쟁을 시작할 수는 없다. 스스로 시장을 개척할 수 있는 자구책을 모색해야 한다. 특히 후발 업체가 자신에게 유리하도록 시장을 새롭게 정의할 수 있는 방법을 찾을 수만 있다면, 이들도 새로운 시장에서 선도적인 이미지를 형성할 수 있다. 시장을 새롭게 정의한다는 것은 이미 시장을 선도한 1위 기업이 만든 규칙이나 영역 안에서 전쟁하는 것을 피하고, 스스로 만든 규칙이나 영역에서 경쟁하려고 노력한다는 것을 의미한다. 포지셔닝 전략의 묘미는 바로 여기에 있다.

보통 선도 기업이 점유한 이미지는 소비자들이 중요하다고 생각하는 상품이나 서비스의 특정한 한두 가지 속성에 특화돼 형성된다. 예를 들면 게보린 같은 진통제는 빠른 약효에 대해 압도적인 이미지를 갖고 있기 때문에 소비자들이 진통제의 가장 중요한 속성이 빠른 약효라고 믿는 한 누구도 넘보기 힘든 시장 지위를 누릴 수 있다. 그러나 만약 다른 경쟁자 누군가가 진통제에서 중요한 것은 약효가 아니라 먹어도 해롭지 않은 안전성이라는 것을 소비자들에게 효과적으로 설득할 수만 있다면, 또는 전체 소비자 중에서 안전성에 특히 민감한 고객들을 별도로 추출해 접근할 수만 있다면 이들은 안전성의 가치를 중심으로 새로운 시장을 형성하고 이 시장에서 1위 브랜드가 될 수 있다. 즉 기존 시장을 재정의하고 새로운 시장을 만드는 것이다.

실제로 타이레놀은 이와 같은 일을 해냄으로써 국내 시장에서 빠르게 성장할 수 있었다. 바리스타가 있는 커피 문화를 파는 전문점으로 차별화한 스타벅스, 먹을거리의 안전성으로 차별화한 유기농 전문점 뉴트리라이트, 이동 컴퓨팅의 자유를 표방한 인텔의 넷북용 CPU인 아톰 등은 모두 새로운 영역을 만들어 낸 승리자다. 이같이 새로운 영역을 만들어서 차별화하는 것이야말로 포지셔닝 전략의 핵심인 것이다.

포지셔닝 전략 __ 이마트의 가치 제안 EDLP

그렇다면 효과적인 포지셔닝 전략에는 어떤 것들이 있을까? 지금부터 자신을 경쟁자와 차별화할 수 있는 방법들을 살펴보겠다.

먼저 가능하다면 최초가 돼야 한다. 복사한다는 의미의 영어 단어로 여전히 특정 상표이기도 한 'xerox'를 쓰고 있다. 알다시피 제록스(xerox)는 세계 최초로 복사기를 개발한 유명한 복사기 브랜드다. 이처럼 어떠한 영역에서 선도 기업이 됨으로써 소비자의 인식 속에 확실하게 자리 잡을 수 있을 뿐만 아니라 그 영역 자체를 대표하는 의미로도 쓰이게 된다. 국내 브랜드만 보더라도 소화제를 의미하는 활명수, 미니버스를 의미하는 봉고 등은 이와 유사한 위치를 확보하고 있다. 이처럼 최초가 되면 특별한 광고 없이도 쉽게 자기 브랜드를 알릴 수 있고 특별한 이유 없이도 선택받을 가능성이 커진다. 아울러 선도 기업이 된다는 것은 경기 출발선에서 한발 앞서 있음을 의미한다. 신상품 개발 경험, 축적된 마케팅 능력, 유통업체와의 공고한 관계, 충성도 높은 고객 등 우월한 경영 자산을 활용할 수 있기 때문이다. 그런데 이러한 것들이 반칙일까? 물론 반칙이 아니다. 최초가 돼서 미리 남들이 들어올 수 없는 진입 장벽을 쌓아 놓는 것이야말로 최선의 공격이자 방어다.

이 같은 이유로 오늘날 많은 기업은 경쟁자와 경쟁하기보다 먼저 시장에 진입하려고 시간을 다투는 경쟁을 벌이고 있다. 이 같은 경쟁의 양상을 누가 먼저 시장에 진입하느냐의 문제인 '시간 기반 경쟁(time-to-market)'이라고 부른다. 특히 선도자의 진입 장벽 효과가 크게 나타나는 유통, 반도체, 소프트웨어 산업 등에서는 상품의 완성도를 높이기 위해 시간을 지체하기보다는, 우선 출시하고 발생하는 문제는 향후에 해결하는 시장 선점 전략이 자주 쓰이고 있다. 애플의 아이폰4는 수신 감도 등 중대한 결함이 있었지만, 안드로이드 등 스마트폰의 약진 속에 출시를 강행할 수밖에 없었다.

비슷한 영역에서 1위 기업이 이미 강력한 장벽을 구축한 상태라면, 후발 기업은 새로운 시장을 발굴하고 스스로를 차별화함으로써 자신만의 영역을 구축해야 한다. 차별화를 통해 선도 기업과는 다른 이미지를 창출함으로써 시장 기회를 찾아야 하는 것이다. 마케팅의 주요 요소인 가격, 상품, 판촉, 유통 단계에서 차별화하는 것도 가능하지만 보다 본원적인 소비자 가치 차원에서 차별화하는 것이 더 효과적이다. 가치 기반의 차별화는 소비자들에게 최선의 '가치 제안(value proposition)'을 함으로써 가능하다. 가치 제안은 소비자가 왜 이 제품을 사야 하는가라는 질문에 대해 기업이 제시하는 답변이라고 할 수 있다. 현대자동차의 가치 제안이 연비가 뛰어나고 경제적이며 대중적인 스타일의 자동차를 제공하는 것이라면, 붉은색 페라리의 가치 제안은 속도, 디자인의 섹시함, 희소성일 것이다.

만일 새로운 시장을 만들기도 어렵고 자신의 차별화 포인트를 발견하기도 어렵다면, 대안으로 경쟁사에 대한 소비자의 인식을 바꾸는 것도 생각해 볼 수 있다. 즉 경쟁 브랜드를 다른 위치로 옮기려는 시도다.

타이레놀은, '카페인이 없는 타이레놀'이라는 광고를 통해 이미 시장을 장악하고 있던 아스피린, 게보린 등을 익숙하고 부담 없이 복용할 수 있는 좋은 진통제의 위치에서 카페인이 들어 있을지도 모르는 다소 꺼려지는 브랜드로 위치를 옮겨 놓았다. 그리고 그 빈자리에 타이레놀을 포지셔닝시켰다. 그럼으로써 진통제 시장을 안심할 수 있는 타이레놀과, 안심하기에는 찜찜한 여타 브랜드들로 이분했다. 이러한 인식이 소비자 머릿속에 들어온 이후에는 실제로 경쟁 브랜드가 카페인이 들어 있는지와 같은 사실 여부는 이미 중요한 요인이 아니었다. 소비자들이 항상 진실을 알고 싶어 하는 것은 아니다. 그래서 사실보다는 인식이 더 중요하다.

맥도날드는 스타벅스나 커피빈을 별 다방, 콩 다방이라고 지칭함으로써 고가의 커피를 사 먹는 풍토를 비웃는 비교 광고를 내보냈다. 이 같은 일련의 광고를 통해 맥도날드를 구매하는 고객은 현명한 소비자인 반면, 강력한 경쟁자이던 스타벅스를 이용하는 소비자는 불필요하게 비용을 지불하는 고객으로 재정의하고자 했다.

보통 이 같은 리포지셔닝 전략은 비교 광고 등을 통해 이뤄지는 경우가 많은데, 미국은 물론 한국 등 대부분의 나라에서 비교 광고가 허용됨으로써 큰 법적 장애는 없어졌다. 하지만 상대방을 비난하거나 조롱하는 방식에 대해 기업 윤리성 문제, 소비자의 불쾌감 등이 제기될 수 있고, 기존 브랜드에 충성스런 고객들의 반발을 살 위험도 있다. 실제로 위에서 언급한 맥도날드의 스마트 초이스 캠페인은 소비자를 무시하는 듯한 내용으로 반발을 불러와 기대한 만큼의 효과를 거두지 못했다.

아무리 훌륭한 포지셔닝이 이뤄졌다 해도 이것이 영원히 지속되지는 않는다. 경쟁사들은 새로운 영역을 만들어 내거나 리포지셔닝을 하려고 끊임없이 역동적인 도전을 할 것이다. 또한 소비자의 기억력이라는 것도 그다지 믿을 만한 것은 못된다. 그럼에도 불구하고 소비자의 기억 속에서 강력한 포지션을 차지하고 있다는 점이 큰 경쟁 우위가 되는 것은 사실이다.

그렇다면 신라면, 코카콜라, 활명수, 박카스, 하이트, 참이슬과 같은 장수 브랜드의 비결은 무엇일까? 좋은 품질, 오랜 역사 등 다양한 원인이 있을 수 있겠지만 포지셔닝의 관점에서는 좋은 이름의 선택, 단순한 포지셔닝, 그리고 이를 알리기 위한 꾸준한 커뮤니케이션을 간과할 수 없다.

부르기 쉽고, 머릿속에 파고들어가기 좋으며, 의미마저 좋은 이름은 포지셔닝에 큰 강점을 갖는다. 매울 신 신라면, 오래가는 배터리 에너자이저, 깨끗한 참이슬. 이처럼 강력한 브랜드는 모방에 능한 경쟁 브랜드가 자신들이 구축한 영역에 들어오려는 시도를 효과적으로 막아 줄 수 있다. 반면에 TDK, NEC, LGIC처럼 소비자에게 의미 없이 다가오는 이름도 있다. 물론 이렇게 축약된 브랜드 중에는 3M 이나 SK, IBM, P&G처럼 세계적으로 유명한 브랜드도 있지만 이들은 결코 처음 부터 귀에 착착 붙는 이름은 아니었다. 만약 이들이 처음부터 보다 친근하고 부르기 좋은 이름을 사용했다면 똑같은 광고 비용으로 더 효과적으로 높은 브랜드 인지도나 명성을 얻을 수 있었을지도 모른다.

단순성 역시 중요한 요인이다. 이는 선택과 집중, 그리고 절제의 문제다. 어느 상품 품목을 보든지 보통 시장을 석권하고 있는 브랜드들은 품질 면에서는 크게 나무랄 곳이 없을 정도로 이미 평준화가 이뤄졌다. 하지만 마케터 입장에서는 내 것만은 여전히 뭔가 특별한 장점이 많다는 생각을 벗어 버리기 어렵다. 한마디로 소비자들에게 이것저것 다양하게 자랑하고 싶은 것이 넘쳐 나게 마련이다.

한국에 진출한 홈플러스는 경쟁 상대인 이마트가 EDLP(Every Day Low Price)를 내세워 지속적으로 편리하고 저렴한 쇼핑이라는 단순한 포지셔닝을 꾸준하게 추구한 것과 달리 다양한 장점을 내세우고 있다. 구색, 신선, 편리성, 다양성 등등을 내세우지만 소비자들은 브랜드만의 한 가지 특징도 기억하기 벅차다는 것을 잊은 듯하다. 내 마음이 네 마음과 다르다는 것을 이해하는 것은 인간사나 기업 행동에서도 모두 쉬운 일은 아닌가 보다.

많은 기업은 이렇게 좋은 제품의 특징을 다양하게 알리지 못하는 것을 항상 안타깝게 생각한다. 그리고 기회만 되면 다양한 장점을 알리기 위해 노력한다. 이것이 바로 위대한 브랜드가 추락하기 시작하는 지점이다. '팔방미인의 저주'를 벗어나려면 가장 자신 있게 잘하는 것, 그리고 경쟁업체가 아직 하고 있지 않은 것 한두 개만을 선택하고 집중하는 절제가 필요하다.

마지막으로 꾸준히 커뮤니케이션을 해야 한다. 아무리 유명한 브랜드일지라도 브랜드의 장점을 지속적으로 소비자에게 알리지 않으면 그 이미지는 시간이 지나면서 서서히 약해지고 결국 잊힐 것이다. 일부 브랜드는 자신들의 높은 명성과 인지도를 믿고 커뮤니케이션의 중요성을 잊어버리곤 했다. 한때 국내 검색 시장의 절대 강자였던 야후, 비누의 대명사 아이보리 비누, 의류브랜드 뱅뱅 등은 지금은 예전의 명색을 찾아보기 어렵다.

3.4 조삼모사 액자효과

소비자에 관하여 한 가지 확실하게 이야기할 수 있다면, 그들은 기계나 컴퓨터와는 다르다는 것이다. 아무리 똑똑한 소비자들일지라도 노출된 정보를 객관적으로 받아들이기 보다는 일정 수준의 주관이 개입된다.

경차인 모닝을 만드는 기아 자동차는 고객에 하루 커피 1잔 값에 불과한 5,000원으로 모닝을 구매할 수 있는 특별 구매 프로그램을 2014년도에 실시하였다. 기아차의 관계자는 광고나 홍보를 통하여 "소비자들이 커피 전문점에서 커피 1잔을 5,000원을 주고 여유로운 시간과 장소를 즐기듯, 월 15만원으로 모닝을 통해 자유로운 공간이자 쾌적한 이동수단을 가질 수 있다"며 대대적으로 홍보하였고, 프로모션기간 동안 기아차의 모닝은 국내 판매량 1위인 베스트 셀링카가 되었다.

그러나 자세히 구매조건을 살펴보면 실제 판매가가 1,036만원인 모닝 1.0 가솔린 모델을 기준으로 15%에 해당하는 선수금을 먼저 낸 후, 매달 15만원 씩 36개월간 납입하고 만기 때 차량 잔액의 40%를 상환하는 조건이다. 즉 155만원의 선수금을 내고 540만원을 더해서 총 695만원을 내면 3년간 차량 소유가 가능하다. 물론 만기 때 차량의 나머지 잔액을 내지 않으면 더 이상 차량에 대한 소유권이 없어지는 조건이다.

"하루 한 잔의 커피 값이면 모닝을 소유할 수 있다", 혹은 "695만원을 내면 모닝을 3년간 빌려 탈 수 있다"는 사실상 똑같은 구매조건이다. 하지만 모닝이 3년간 695만원을 내면 모닝을 소유도 아니고, 이용할 수 있다고 선전하였다면 과연 베스트셀링카가 될 수 있었을까? 똑같은 정보라도 부정적인 느낌이 들지 않도록 긍정적으로 보이게 만드는 것만으로 기아는 큰 성공을 거둘 수 있었던 것이다.

인식의 함정 __ 같지만 다른 정보

기업이 성공적으로 홍보 활동을 하려면 매우 중요한 과제가 있다. 그것은 바로 소비자들에게 기업이 전달하려는 이야기가 믿을 만하다는 인식을 심어 주는 일이다. 광고 모델만을 예로 들더라도 홍보에서는 그들의 매력적인 외모도 중요하지만 그보다는 신뢰성이나 전문성 등이 더욱 강조된다. 그래서 기업홍보 광고에는 젊고 아름다운 모델들이 등장하는 일반 광고와 달리 오랜 세월 소비자들에게 믿음을 주어 왔던 최불암 씨가 등장하기도 하고, 회사의 대표이사가 직접 나오기도 한다.

홍보 자료에서 빠지지 않고 등장하는 도구 중 하나는 통계나 전망치 같은 숫자다. 사람들은 숫자로 제시되는 정보를 더욱 신뢰성 있고 객관적인 것으로 인식하는 경향이 있기 때문이다. 그러나 이 같은 숫자에 대한 맹신 때문에 오히려 소비자들이 인식의 함정에 빠지는 경우도 많다. 기업들도 의도적으로 이를 이용하기도 하고 본인들도 미처 생각하지 못하고 오용하는 경우도 많다.

정보를 주더라도 숫자로 주는 경우와 퍼센트(%)로 제시하는 경우 느낌이 다른 것으로 알려져 있다. 일반적으로 사람들은 숫자 그 자체를 들은 사람들이 퍼센트로 표현한 숫자를 들은 사람보다 더 강한 인상을 갖는다고 한다. 즉, 특정 사실을 숫자로 나타낸다면 긍정적 사실은 더욱 긍정적으로 부정적 사실은 더욱 부정적으로 인식하게 된다는 것이다. 따라서 퍼센트는 부정적 정보를 사용할 때 적정한 반면에, 숫자는 긍정적 정보를 제시할 때 더욱 강조하는 것이 낫다고 한다. 예를 들어서 임직원 1만명 규모의 회사에서 정리해고를 할 때에는 대중들이 느낄 수 있는 부정적 느낌을 다소 줄이기 위하여 전체 직원의 10% 감소와 같이 표현한다고 한다. 10%는 사실상 1,000명이라는 적지 않은 숫자이지만 1,000명이라고 이야기하는 경우보다는 부정적인 느낌을 덜 갖게 되기 때문이다. 반대로, 헌혈하기 운동과 같은 긍정적인 정보의 경우는 퍼센트보다는 숫자를 선호한다. 임직원 10%보다는 1,000명 헌혈 참여가 더욱 긍정적으로 과장되게 보여지기 때문이다.

문제를 어떻게 정의하느냐에 따라서 통계나 숫자는 얼마든지 주관적으로 사용될 수 있기 때문에 한전의 정보를 그대로 받아들이기 어렵다. 일찍이 영국의 수상을 지낸 벤저민 디즈레일리는 "세상에는 세 가지 거짓말이 있다. 첫째는 거짓말, 둘째는 새빨간 거짓말, 셋째는 통계다"라고 경고한 바 있다.

보이는 방식의 차이 __ 살코기 80% 햄 vs. 지방 20% 햄

자녀를 위한 저녁 반찬으로 햄을 사러 시장에 갔다. 마침 시장에서는 거의 같은 가격에 인공 첨가물이 들어가지 않은 두 가지 제품을 팔고 있다. 그런데 이 제품들은 각각 '살코기 80%인 햄'과 '지방 20%인 햄'으로 광고하고 있다면 어떤 제품을 구매할 것인가? 아마 소비자 대부분은 80% 살코기 제품을 선택할 것이다. 그러나 사실 인공 첨가물이 들어가지 않은 햄에서 80% 살코기나 20% 지방은 같은 이야기이기 때문에 실제 제품의 차이는 거의 없다.

또 하나의 예를 들어 보겠다. 최근 조류독감에 이어서 신종플루나 다른 전염병이 계속 발생해 문제가 되고 있다. 이러한 질병에 효과적으로 대처할 수 있는 신제품을 개발한 ABC제약은 치료법을 두고 큰 고민에 빠졌다. 최근 환자 3,000명을 대상으로 임상 실험을 끝냈다. 환자 3,000명은 빨리 치료받지 못하면 전원 사망할 수도 있는 위급 환자다. ABC제약은 어떤 치료법을 선택해야 하는지 의사들을 대상으로 치료법 a와 b에 대한 의견을 조사했다. 스스로 한번 직접 선택해 보시기 바란다.

치료법 a

- 기존의 전통적 치료법을 그대로 사용할 경우 1,000명은 살 수 있음.
- 그러나 새로운 치료법 a를 사용할 경우 3,000명 모두 살 확률이 1/3이고, 아무도 살지 못할 확률이 2/3임.

치료법 a를 제시한 경우 대부분인 72% 이상이 새로운 치료법을 사용하지 말고 기존의 치료법을 사용하라고 권고했으며 새로운 치료법 a를 선택한 사람은 28%에 불과했다.

치료법 b

- 기존의 치료법을 그대로 사용할 경우 2,000명이 죽음.

- 그러나 새로운 치료법 b를 사용할 경우 아무도 죽지 않을 확률이 1/3이고, 3,000명 모두 죽을 확률이 2/3임.

치료법 b에 대한 선택은 a의 경우와 확연하게 차이가 났다. 대부분인 78%의 의사들이 새로운 치료법 b의 사용에 찬성했던 것이다.

그러나 치료법 a와 b는 사실상 효능이 똑같다. 어느 치료법이나 모두가 생존할 확률은 3분의 1이다. 단지 같은 이야기를 '죽는다'라는 표현과 '산다'라는 표현으로 보는 시각만 살짝 바꾸었을 뿐인데 전문가 집단인 의사들의 반응조차 이렇듯 큰 차이를 보인다. 이는 동일한 사실이더라도 표현 방식을 어떻게 하느냐에 따라서 극과 극의 결과가 나와 소비자의 인식이 크게 바뀔 수 있음을 보여 준다.

프레이밍 효과(액자효과) __ 트버스키와 카네만의 실험

다행히 앞에서 설명한 대유행병과 치료법 사례는 실제 발생한 일은 아니다. 노벨경제학상 수상으로 유명한 트버스키(Tversky)와 카네만(Kahneman) 교수가 1981년 수행한 실험의 일부를 잠시 소개한 것이다. 일반적으로 사람들은 치료법 a와 같이 '살 수 있다'라는 것과 같은 긍정적인 틀이나 액자(frame) 속에서 판단을 할 때는 위험한 선택을 회피하기 때문에, 모두 죽을 수 있는 위험이 상존함에도 불구하고, 새로운 치료법을 꺼린다. 그러나 치료법 b와 같이 '죽는다'라는 부정적인 틀 속에서는 확실하게 2,000명이 그냥 죽게 내버려 두는 것보다는 새로운 치료법을 선택하는 경향이 있다. 이처럼 사람들은 전혀 차이가 없는 똑같은 사실이라도 어떤 형태의 틀로 정보가 제시되느냐에 따라 전혀 다른 태도를 보일 수 있다. 즉 정보 그 자체의 내용보다는 그 정보가 어떻게 포장돼 전달되느냐가 더욱 중요한 것이다. 선물을 살 때 포장비를 아껴서는 안 되는 이유다. 조삼모사(朝三暮四)에 얽힌 중국 고사도 같은 맥락에서 이해할 수 있다. 하루에 7개라는 똑같은 개수의 도토리를 원숭이에게 먹이로 주더라도 아침에 4개, 점심에 3개 주는 것과 아침에 3개, 점심에 4개 주는 것은 결코 같은 의미로 전달되지 않는다.

이 같은 현상을 설명하는 이론을 보통 '액자 효과(framing effect)'라고 이야기하며, 마케팅의 다양한 분야에서 응용되고 있다. 생각을 어느 틀에 맞추느냐에 따라 합리적인 판단으로는 차이가 없는 똑같은 상황일지라도 소비자들은 다른 생각, 다른 행동을 보일 수 있다.

의제 설정과 포지셔닝 __ 세븐업의 언코크 캠페인

액자 효과를 이해한다면 이의 무한한 마케팅 활용 가능성을 상상할 수 있을 것이다. 만약 위에서 제시한 새로운 치료법에 대한 예시가 실제 상황이라면 제약 회사가 어떤 전략을 취하느냐에 따라 시장에서의 반응이나 처방 확산은 매우 다른 양상을 보일 수 있다. 이처럼 소비자의 인식을 조정할 수 있다는 것은, 이것이 강력한 마케팅 무기로도 활용될 수 있음을 시사한다.

그래서 많은 기업은 경쟁적으로 자신에게 유리하도록 상황을 설정하고, 소비자들이 이러한 상황을 받아들이도록 하기 위해 노력한다. 자신에게 유리하도록 경쟁의 액자를 맞추려는 노력을 다른 용어로 '의제 설정(agenda setting) 마케팅'이라고 한다.

소비자들의 생각과 관심의 범위를 기업이 의도하는 바대로 설정함으로써 기업은 많은 이득을 취할 수 있다. 우선 기업은 자신에게 가장 유리하고 경쟁력이 높은 부분을 의제로 설정함으로써 경쟁에서 우위를 점할 수 있다. 기업이 광고나 홍보를 통해 특정 이슈를 정하고 이를 집중적으로 커뮤니케이션하면 소비자 대중의 관심은 그 이슈만을 대상으로 집중되고 여타 이슈는 소비자들에게 전혀 주목받지 못한다. 기업이 제시한 이슈가 사실 여부와 상관없이 너무나 당연하게 가장 중요한 이슈가 되며, 소비자는 기업이 제시한 기준이나 준거에 따라 판단을 하게 된다. 스스로 결정했다고 생각한 많은 것들이 사실은 사전에 타인에 의해 의도된 것이다.

예를 들면 광우병에 대한 우려는 쇠고기와 관련한 의제를 미국산이냐, 미국산이 아니냐 하는 원산지 문제로 제한시키게 됐다. 실제로 육류를 구매할 때는 맛이나 가격, 선도 등 다양한 구매 결정 기준이 존재하지만 이러한 것들은 그렇게 심각하게 받아들여지지 않게 된 것이다. 하이트 맥주는 1위 기업이었던 경쟁사가 수질 오염 문제로 소비자들의 외면을 피할 수 없게 되자 좋은 맥주의 기준을, 자신들이 유리한 강점을 갖고 있던 수질로 한정해서 경쟁했고, 그 결과 국내 1위 업체로 부각될 수 있었다. 이런 예에서 보듯이 의제 설정 마케팅은 본질적으로 포지셔닝 전략의 실천적 수단이 된다.

이를 통해 마케터는 누가 이 시장에서 경쟁을 하는 브랜드인지를 소비자에게 알릴 수 있고, 다른 경쟁자들을 완전히 그 시장에서 몰아내는 것도 가능하다. 주로 시장의 선도 기업들보다는 이제 경쟁을 시작하는 후발 브랜드들이 애용하는 방법이다. 일례로 사이다와 콜라는 색상의 차이만 있을 뿐 블라인드 테스트를 하면 맛이나 향을 거의 구분하기 힘들 정도라고 한다. 그런데 미국의 사이다 브랜드 세븐업은 시음 행사를 통해 '우리는 콜라가 아니다'라는 '언코크(unCoke) 캠페인'을 전개했다. 의도적으로 정크 푸드의 이미지가 강한 콜라와 사이다 시장을 분할함으로써 사이다를 콜라와 다른 종류의 상품으로 설정하고, 코카콜라나 펩시 같은 강력한 경쟁자와의 경쟁을 피하는 동시에 새로운 시장을 창출한 것이다. 미국의 렌터카 회사 아비스(AVIS)사는 '우리는 1등을 하기 위해 최선을 다하는 2등 기업'이라고 주장함으로써 미국 내 시장을 1위 허츠(Hertz)와 함께 양대 기업으로 양분하는 영악함을 보여 주었다.

3.5 기업의 피가 되는 4P

시장에서 성공하기 위해 기업에게 요구되는 것들은 무엇인가? 사실 과거에는 각 산업이나 기업마다 성공을 위해 필요한 요소들은 매우 이질적이고 다를 것이라고 생각됐던 시기가 있었다. 예를 들어 첨단 컴퓨터를 만드는 IT 기업이나 빌딩 청소를 담당하는 용역 회사, 옥수수를 재배하는 농장, 마사지 서비스를 제공하는 온천 리조트 간에 그 어떤 유사성이나 연결 고리를 찾기란 쉽지 않았다. 그래서 적어도 1960년대 이전까지는 각 상품별로 개별적인 전략을 추구하는 원자론적인 마케팅 시각이 지배적이었다. 우선 어떤 업종인지를 살펴보고, 그 업종에 고유한 마케팅 접근법을 시도했다. 이에 따라 마케팅 관련 도서나 학문들도 보통 소비재 마케팅, 산업재 마케팅, 전자제품 마케팅 등으로 분리해 다뤘다. 하지만 마케팅 전반을 조망할 수 있는 통합적 프레임워크가 부재하다는 비판을 받을 수밖에 없었으며, 일반성을 추구하는 학문적 정체성에도 부정적인 영향을 미치게 됐다.

이러한 분파적인 시각은 약 반세기 전 매카시 교수가 4P라는 개념을 제안함으로써 비로소 통합이 가능해졌다. 매카시 교수는 비록 상품이나 산업은 상이할지라도 모든 마케팅 문제에는 공통적으로 적용할 수 있는 핵심적인 의사 결정 사항이 존재한다고 주장함으로써 마케팅의 이론적 기틀을 공고하게 했는데, 그의 주장의 핵심인 4P는 오늘날 마케팅 실행 전략의 근간을 이루고 있다.

마케팅 전략의 실행 __ 마케팅 믹스와 시너지

자신에게 적합한 세분 시장을 확인하고 차별화 가능성을 찾아내 경쟁에 유리한 포지션을 잡았다면 분명 그 기업은 다른 기업보다 유리한 전략을 수립하였음에 틀림없다. 그러나 이러한 경쟁 우위가 이익이나 매출로 실현돼 기업에 힘이 되는 영양분이 되기 위해서는 큰 전략적 방향들이 보다 실행 가능하도록 다시 조직 내 각 기능 단위에서 세밀한 전략으로 재수립되고 이를 조직 구성원들이 실천하는 과정이 필요하다.

이를 위해 기업은 마케팅 활동을 수행하는 데 가장 주요한 요소인 4P를 활용해 고객 가치 실현, 장기적 관계 구축과 같은 전략적이고 궁극적인 목표들을 실행할 수 있는 프로그램으로 변환한다. 즉 기업의 비전이나 존립 목표를 잘 세운 후에는 시너지가 날 수 있도록 상품, 가격, 유통, 촉진 활동을 잘 종합한 4P 계획이 필요하다. 이와 같은 전략적인 계획을 보통 '마케팅 믹스(marketing mix)'라고 한다.

요리법 혹은 믹스 __ 컬리톤이 말하는 마케팅 믹스

먹방의 인기를 바탕으로 유명 요리사들이 미디어를 장악해가면서 요리 프로그램의 인기가 뜨겁다. 그중 한 프로그램에서 요리사들이 어느 유명 스타의 집에서 가져온 냉장고 문을 열고 요리 대회에 사용될 식재료를 선택한다. 공개된 냉장고 안에는 소금, 후추 등 기본 양념과 닭 한 마리, 파스타 한 봉지가 들어 있다. 각 팀은 이 식자재로 요리 실력은 물론 창의성과 독창성을 발휘해 모두를 매혹시킬 수 있는 최고의 요리를 만들어야 한다. 과연 이번 대회에는 어떤 요리가 나올 것이며, 그 승자는 누구일까?

요리 경연대회에서 우승하려면 각 요리사는 심사자들의 입맛을 고려해서 주어진 요리 재료들로 최상의 요리를 창안해 내야 한다. 무슨 요리가 나오고 누가 우승할지는 아무도 모르지만 한 가지 확실한 것은 같은 재료가 주어졌는데도 대회에 참가한 어떤 팀도 결코 똑같은 요리는 만들지 않는다는 점이다. 닭 가슴살 샐러드, 백숙, 시저 롤, 샤브샤브 등 다양한 요리가 나올 것이다. 또 같은 백숙 요리가 나오더라도 양념의 배합과 조리 시간, 요리법에 따라 그 맛은 천차만별일 것이다.

요리 대회에 출전한 요리사들의 모습은 시장 경쟁에 나선 기업들의 모습과 놀랄 만큼 닮아 있다. 실제로 1948년 마케팅 연구가인 제임스 컬리톤(James Culliton)은 이러한 요리법이 마케팅에 관련한 의사 결정과 비슷하다고 주장했다. 기업들은 고객에게 선택받기 위해 자신들이 가지고 있는 다양한 자원을 적절히 활용해 최고의 고객 가치를 실현하기 위해 저마다 노력한다. 요리사가 소금을 얼마나 넣고 닭을 얼마나 익혀야 할지 고민하는 것과 마찬가지로, 어떤 상품을 내놓을 것인가, 가격을 얼마로 책정할 것인가, 어떤 광고나 판촉 활동을 할 것인가, 어디서 판매할 것인가 등의 질문에 대해 다양한 고민을 한다. 그리고 이러한 의사 결정의 결과는 시장에서 고객의 반응이라는 성과로써 냉정한 평가를 받게 된다.

이 같은 마케팅 요리법의 아이디어를 보다 발전시킨 것이 바로 마케팅 믹스 개념이다. 마케팅 믹스란 기업이 전략적인 목표를 달성하고 목표 시장에서 기대하는 반응들을 얻어 내기 위해 사용하는 마케팅 도구의 총집합을 뜻한다. 개념적으로 마케팅 믹스의 전술적인 도구는 기업이 제품에 대한 수요에 영향을 미치기 위해 수행하는 크고 작은 모든 활동을 포함하고 있지만, 그중에서도 주로 가장 중요한 제품(Product), 가격(Price), 유통(Place), 촉진(Promotion)의 네 가지 요인, 즉 4P에 대한 의사 결정을 의미한다.

4P 마케팅 믹스 __ 상품 · 가격 · 유통 · 촉진

마케팅의 근간을 이루는 가장 핵심적이고 기본적인 실행 전략은 간단히 7개의 알파벳으로 표현할 수 있다. STP+PPPP다. 음률을 넣어서 외워 보면 쉽게 외워진다. 물론 그 밖에도 다양한 이슈가 있지만 마케팅 서적 대부분은 이 7개의 알파벳을 효과적으로 설명하고 현실에 적용시키려고 많은 노력을 하고 있다. 이미 세분화(Segmentation), 타기팅(Targeting), 포지셔닝(Positioning)을 의미하는 STP는 앞장에서 살펴봤다. 4P 역시 뒤에서 각각 상세히 살펴볼 기회가 있으므로, 여기서는 전반적인 의미만을 간략히 소개한다.

4P 중 어떤 요인이 더 중요한가에 대한 질문은 의미가 없을 정도로 모든 활동은 그 중요성이 간과될 수 없다. 정말 깨물어서 안 아픈 곳 없는 손가락이다. 그러나 그중에서도 제품과 서비스를 포괄하는 의미로 쓰이는 상품은, 모든 마케팅 믹스의 출발점이다. 실제로 판매할 제품이나 서비스 없이는 가격 책정, 광고 제작 같은 다른 마케팅 활동이 의미 있게 이루어질 수 없기 때문이다.

상품은 크게 눈에 보이는 물리적인 제품이나 만져질 수 없는 서비스를 포함하는 개념이다. 음료, 자동차, 아파트, 연필 등 물리적인 제품이 상품인 것은 말할 것도 없으려니와 호텔 서비스, 학습, 컨설팅, 관광 등의 서비스까지 상품의 일종이다. 하지만 물리적인 제품(CD, 매뉴얼)과 무형의 서비스(설치, 유지 보수)가 모두 필요한 데이터베이스 상품처럼 제품과 서비스의 경계 자체가 모호한 것도 있다. 이외에도 상품과 관련해서는 신상품 개발, 품질, 디자인, 상품 특성, 브랜드, 포장, 서비스와 솔루션 등과 연계된 다양한 의사 결정의 문제가 존재한다.

가격은 고객의 입장에서 보면 상품을 획득한 대가로 지불해야 하는 비용이다. 반면에, 기업의 입장에서 보면 상품을 제공한 노력의 대가로 받아야 하는 수익의 원천이다. 즉 기업은 가격 수준을 조정함으로써 자신이 실현할 수 있는 이익에 영향을 미칠 수 있다. 과거 기업들에게 가격 책정이란 생산에 들어간 원가에 적정 이윤을 더해 결정하는 비교적 단순한 과정이었다. 그러나 오늘날 마케팅에서 가격은 원가가 아니라 소비자가 지각하는 가치를 반영해 결정한다는 데 대부분 의견이 일치하고 있다. 즉 비록 똑같은 재료와 제조법으로 만들었다고 하더라도 소비자가 상품이나 서비스에 대해 높은 가치를 지각하면 더 높은 가격을 받을 수 있는 것이다. 그 밖에 가격과 관련해서는 가격 결정, 가격 할인, 신용 판매, 지불 방법 및 기간 등과 연계된 의사 결정의 문제가 있다.

상품, 가격에 이은 마케팅 믹스의 세 번째 요소인 유통 경로는 상품이 생산자로부터 소비자에게 전달되는 과정을 뜻한다. 보다 효과적이고 효율적으로 상품이나 서비스를 고객에게 전달하는 것이 중요한데, 이렇게 생산자로부터 고객에 이르기까지 상품이 유통되는 과정에서 이익을 추구한다. 특히 제조업체 대부분은 직접 유통 경로를 구축하기보다는 이미 구축된 전문 유통업체를 활용하는 등 제조와 유통의 단계가 분리돼 있는 것을 볼 수 있다. 또한 유통은 실제로 기업이 고객을 만날 수 있는 접점으로서 중요한 의미가 있다. 그밖에 유통과 관련해서는 유통 경로의 선택, 경로 내 갈등 관리, 경로 구성원 관계 관리, 상권 관리 등과 연계된 의사 결정의 문제가 있다.

촉진이란 마케터가 제품의 혜택을 소비자에게 확신시키기 위해서 펼치는 모든 활동을 말한다. 여기에는 확인된 광고주가 일정한 대가를 지불하고 제품, 서비스를 비개인적으로 제시하고 촉진하는 광고는 물론이고, 판촉, 홍보, 이벤트, 구전 등 다양한 활동이 포함돼 있다. 최근 시장에서 경쟁이 심화함에 따라 많은 브랜드가 시장에 나와 있지만, 소비자들이 기억할 수 있는 브랜드는 보통 상품 품목별로 5~7개 정도에 불과하다고 한다. 수많은 브랜드가 이 안에 들기 위해 노력하고 있으며, 그 주요한 수단이 촉진인 것이다. 또한 촉진은 직접적으로 소비자의 구매를 유도하기도 한다. 촉진과 관련해서는 최적 촉진 방법의 선택, 촉진 메시지 및 미디어의 결정, 광고 모델의 결정, 이벤트 시행 등과 연계된 의사 결정의 문제가 있다.

그러나 마케팅이 고객 지향적일 것을 주장하는 데 반하여, 4P는 철저하게 기업의 입장에서만 마케팅 활동을 설명하고 있다는 반론들도 있다. 이들은 4P의 대안으로 4C를 주장한다. 즉 상품은 고객의 가치(Customer value), 가격은 고객의 비용(Customer cost), 유통 경로는 고객의 구매 편리성(Convenience), 촉진은 고객과의 대화(Communication) 개념으로 대체해야 한다고 주장한다. 구체적으로 '상품'은 고객의 니즈를 충족시킬 수 있는, 경쟁사와 차별화된 우월한 가치를 제공하는 활동으로, '가격'은 고객이 기꺼이 비용을 지불할 의사가 있도록 조정하는 활동으로, '유통'은 고객이 원하는 상품을 적시, 적소에 적량을 공급하는 활동으로, '촉진'은 고객에게 상품과 브랜드의 정보를 전달하고 행동을 변화시키기 위한 활동으로 재정의해야 한다는 것이다.

4P 믹스의 운영 __ 허머 vs. 도요타 프리우스

효과적인 마케팅 프로그램은 4P를 포함한 모든 마케팅 믹스 요인의 적절한 배합과 통합적인 프로그램을 통해 고객 가치를 전달함으로써 가능해진다. 적절한 배합과 각 믹스 요소의 통합은 성공을 좌우하는 열쇠다.

적절한 배합이 중요한 이유는 그 어떤 막강한 기업도 마케팅 자원을 무제한 사용하면서 경쟁할 수는 없기 때문이다. <람보> 같은 전쟁 영화의 주인공들에게는 전투 중 실탄이 떨어지는 법이란 없지만, 현실에서는 그런 일은 가능하지 않다. 만약 모든 기업이 정해진 예산 내에서 자원을 사용할 수 있다면 경쟁이나 시장 상황을 고려해 가장 효과적인 요소에 자원을 집중하는 것이 타당할 것이다. 예를 들어 전 세계적으로 유가가 오르고 녹색 기술이 성장하는 등 환경에 대한 관심이 커지는 시대에 대형 SUV 상품 개발에 집중한 허머(Hummer)와 연료 절감형 하이브리드카 상품 개발에 집중한 도요타 프리우스의 성패는 이미 오래전에 결정된 것이나 다름없다. 도·소매상을 장악해 전국적인 유통망을 구축하는 것이 중요한 열쇠인 국내 양주 시장에서는 광고를 늘리기보다는 더 많은 자원을 유통망 개척에 투입하는 것이 효율적인 계획일 것이다.

4P의 통합성을 이루는 것 또한 중요하다. 예를 들어 고급스런 재료를 사용해 상류층 중년 여성을 타깃으로 개발한 새로운 패션 브랜드가 저렴한 가격대의 상품을 취급하는 할인 마트에 판매 대리점을 개설하거나, 젊은이들이 주로 이용하는 인터넷이나 잡지에 광고를 하고, 단기적인 매출을 높이기 위해 수시로 대폭 할인 행사를 한다면, 이 브랜드는 어떠한 정체성도 확립하지 못하고 결국 시장에서 살아남지 못할 것이다. 따라서 마케팅의 4P는 유기적으로 연결되고 한 방향을 바라

볼 수 있도록 조정해야 한다.

마케팅 믹스의 확장 7P __ 맥도날드의 햄버거 대학

서비스 등 일부 상품은 단순히 기존의 4P만으로 마케팅 활동을 설명하기에는 한계가 있다는 점들이 자주 언급되기 시작하면서 이를 보완하기 위해 7P 개념이 등장했다. 4P에 더해 새롭게 서비스 참여자(People), 서비스 제공 과정(Process), 그리고 과업 환경(Physical evidence) 같은 마케팅 수단을 추가로 고려함으로써, 기존의 마케팅 믹스에서 설명하기 어려웠던 서비스 업종을 보다 쉽게 설명할 수 있게 됐다.

서비스 참여자(People)의 관점에서는, 서비스를 제공하는 종사자뿐만 아니라 경영진, 소비자를 포함해 직접적이든 간접적이든 서비스의 생산과 소비에 관련한 모든 사람을 마케팅 믹스의 중요한 일부로 인식한다. 특히 종사자들은 서비스 산업에서 고객과의 접점에 위치하면서 고객 만족을 제공하는 데 가장 핵심적인 역할을 한다. 즉 기업은 고객에게 제품이나 서비스를 제공하면서 고객과 마주칠 기회가 자주 있게 마련이다. 예를 들면 마트에서 물건을 구매할 때 입구의 매장 경비원, 판매대의 점원, 시식 코너, 계산대, 그리고 화장실 청소원 등이 수 초에 달하는 매우 짧은 시간이지만 고객과 우연히 조우한다. 이렇게 고객과 대면하는 순간을 '진실의 순간(MOT: Moment of Truth)'이라고 하는데, 이때 풍기는 이미지나 느낌이 기업이나 브랜드의 전반적 이미지를 결정한다. MOT란 스페인의 투우 용어인 'Moment De La Verdad'를 영어로 옮긴 것인데, 원래 이 말은 투우사가 소의 급소를 찌르는 순간을 가리키며, '피하려 해도 피할 수 없는 순간' 또는 '실패가 허용되지 않는 매우 중요한 순간'을 뜻한다고 한다.

39세의 젊은 나이로 스칸디나비아항공(SAS: Scandinavian Airlines)의 사장에 취임한 얀 칼슨(Jan Carlzon)이 1987년 『Moments of Truth』란 책을 펴낸 이후 MOT란 말이 급속히 보급됐는데, 스칸디나비아항공에서는 대략 한 해에 1,000만 명의 고객이 각각 5명의 직원과 접촉했으며, 1회 응대 시간은 평균 15초였다고 한다. 칼슨은 15초 동안의 짧은 매 순간이 결국 스칸디나비아항공의 전체 이미지, 나아가 사업의 성패를 좌우한다고 강조했다. 나아가 종업원의 친절과 인간적 응대를 전 직원에게 확산시킴으로써 불과 1년 만에 스칸디나비아항공을 연 800만 달러의 적자에서 7,100만 달러의 흑자 경영으로 전환시켰다.

서비스가 만들어지는 절차, 메커니즘, 업무 흐름, 고객 관리 프로세스와 같은 서비스 제공 과정(Process)도 하나의 마케팅 믹스로 관리한다. 제조업과 달리 서비스 산업의 고객 품질은 종사원 개개인의 역량이나 특성에 따라 현저하게 달라질 수밖에 없으며, 이로 인해 서비스 품질에 대한 고객 불만족 등의 문제를 야기할 수 있다. 서비스 종사자가 개인적으로 기분 나쁜 일이 있어서 주문을 제대로 받지 않는다면 어떻게 될까? 혹은 너무 친절한 나머지 과도한 친절을 베풀고 무료 음료를 손님들에게 자주 줘서 고객이 다른 종사자들이나 가맹 점포들과 비교를 하게 된다면 어떻게 될까? 어느 경우에도 불가피하게 문제가 발생할 것이다.

많은 서비스 기업은 적정한 수준의 서비스 품질이 상시적으로 균등하게 유지되기를 바란다. 그리고 이러한 목적을 달성하기 위해 서비스 제공 프로세스를 표준화하고, 소비자의 기대 수준을 일정하게 관리하고자 한다. 특히 수많은 가맹 점포를 거느리고 있는 패스트푸드 체인에서 이 같은 노력을 쉽게 찾아볼 수 있다.

전 세계에 2만 7천 개 점포를 거느린 햄버거 제국 맥도날드의 성공 뒤에는 서비스 제공 과정의 표준화를 위한 노력의 결정체, '햄버거 대학'이 있다. 맥도날드 대학은 CEO였던 프레드 터너가 맥도날드 직원들을 대상으로 1961년 처음 시작한 이래 매년 3000여 명의 졸업생을 배출하고 있다. 이 대학에서는 매장 운영, 인사 관리, 품질 관리, 장비 관리, 고객 서비스 등 햄버거와 관련한 모든 것에 대한 직업 전문 교육을 한국어를 포함한 27개국 언어로 실시한다. 특히 이 교육 과정의 핵심은 유리로 만든 '가상 매장' 교육이다. 맥도날드 매장을 실제처럼 유리 벽 안에 그대로 재현해 놓은 후 이 안에서 음식도 만들고 서비스도 제공한다. 또한 이 안에서는 실제를 방불케 하는 다양한 상황이 연출된다. 햄버거에 머리카락이 나왔다고 항의하는 고객, 아이와 같이 온 고객이 등장하고 심지어 강도가 들어오는 상황까지 연출되며 교육생들은 각 상황별 표준화된 대처 방안에 대해 교육을 받는다. 국내에서 다양한 치킨 브랜드를 운영 중인 제네시스BBQ 역시 이와 유사한 콘셉트의 '치킨 대학'을 운영하고 있다.

마지막으로 서비스가 전달되는 환경과 능력, 서비스 전달에 관여하는 시설이나 환경 등과 같은 유형의 재화인 과업 환경(Physical evidence)을 중요한 마케팅 믹스의 하나로 인식한다. 과업 환경은 보다 구체적으로는 외부 환경, 내부 환경, 그리고 기타 요소로 나눌 수 있다. 우선 외부 환경은 시설의 외형, 간판 등 안내 표지판, 주차장 등과 관련한 요인이다. 내부 환경은 내부의 장식물과 분위기, 벽지의 색상, 조명, 공기의 질과 쾌적함, 실내 온도, 가구 등을 포함한다. 기타 요소는 종업원의 유니폼, POP(Point of Purchase) 광고물, 명함, 메모지, 영수증, 홍보물 등 다양한 유형의 요소를 포괄한다.

과업 환경의 중요성은 새로운 사업으로 부상하고 있는 향기 마케팅에서도 찾아볼 수 있다. '빌보딩(billboarding)'이라고 하는 이 전략은 상품이나 매장에 어울리는 향을 개발해 소비자들이 상품에서 자연스럽게 향을 연상하도록 만드는 것이다. 유명 가전업체 소니는 여성 고객을 공략하기 위해 향기 컨설팅 업체 센트에어(Scentair)에 향기 컨설팅을 의뢰했는데, 센트에어는 1500여 가지의 아로마 오일을 조사해 소니와 가장 잘 어울리는 혼합 향 5가지를 개발했고, 이 향은 현재 미국 내 37군데 소니 매장에서 매 시간 분무되고 있다. 삼성전자도 내 집처럼 편안한 가전업체라는 이미지를 강조하기 위해 편안함을 느낄 수 있는 삼성 브랜드 향을 개발했고, 뉴욕 맨해튼 중심가의 삼성 체험관에서 주기적으로 뿌리고 있다.

4장

상품이란 무엇인가?

4.1 상품 생로병사의 비밀

4.2 고객 먼저 혹은 기술 먼저

4.3 장미에 이름이 없다면

상품은 기업이나 고객 모두에게 가장 중요한 마케팅 믹스의 구성 요인이다. 기업은 끊임없이 신상품을 개발해 시장에 내놓음으로써 다른 기업과 효과적으로 경쟁할 수 있으며, 생존에 필요한 이익을 창출할 수 있다. 또한 고객은 신상품을 통해 자신에게 결핍된 니즈를 충족할 수 있다.

일반적으로 상품은 인간과 마찬가지로 생로병사의 주기를 갖고 있다. 신상품의 탄생에서 소멸에 이르기까지 생애 주기를 통해 역동적인 변화를 겪는 것이다. 기업은 각 주기마다 다른 유형의 고객을 상대해야 하며, 각기 다른 마케팅 믹스 전략을 통해 경쟁 우위를 점유하기 위해 노력하게 된다.

또한 상품의 이름이라고 할 수 있는 브랜드는 단순히 다른 상품과 구분 짓는 식별 기능을 하는 것을 넘어, 상품에 특별한 의미를 부여하는 중요한 전략적 자산으로서의 역할을 수행하게 된다.

4.1 상품 생로병사의 비밀

오늘날 우리는 추억의 대량생산 시대에 살고 있다. 한 사람이 일년 동안 촬영하는 디지털 이미지의 숫자는, 우리 바로 전 세대의 사람들이 평생 찍은 사진 숫자의 수십 배 이상이다. 디지털 카메라는 빛바랜 사진 속 추억의 의미마저 다시 생각하게끔 한다. 그런데 바로 찍어 바로 본다는 디지털 카메라와 유사한 콘셉트는 이미 예전에도 존재했었다. 바로 폴라로이드 카메라다.

오랫동안 사진의 눈부심 현상을 연구한 하버드 대학 졸업생 에드윈 랜드는 1937년 폴라로이드를 창업했다. 1970년대에 이르자 폴라로이드는 모든 사람에게 익숙한 즉석 사진의 대명사가 됐다. 사진 현상에 일주일이나 걸리던 시절, 폴라로이드는 즉석에서 사진을 뽑을 수 있다는 독특하고 강력한 장점으로 유명해졌고 재미, 멋진 순간을 상징하는 브랜드가 되었다. 특히 가벼운 파티에서 흥을 돋우거나 스냅 사진을 찍으려는 소비자들에게 큰 인기를 끌었다.

1970년대 이후에는 영화배우 등 유명 인사들이 광적인 팬을 자처하면서 폴라로이드는 단순한 상품에서 하나의 대중적 문화 현상으로까지 발전했다. 세계적으로 유명한 풍경 사진작가 엔젤 애덤스는 캘리포니아의 요세미티 국립공원의 사진을 폴라로이드로 찍었는데, 그가 찍은 아름다운 사진들이 전문 카메라로 찍었던 사진과 비교해도 결코 뒤지지 않으면서도 독특한 느낌이 있다는 것이 알려지면서 폴라로이드는 예술 작품의 경지에도 도전하게 됐다. 그 뒤 앤디 워홀과 같은 유명 예술가들도 이 제품의 광적인 팬을 자처하게 됐다. 그야말로 전성기가 도래한 것이다.

그러나 폴라로이드의 인기는 새로운 기술이 발달하면서 차차 위협받게 된다. 1980년대 들어서는 인화 기술이 발달해 필름을 사진으로 인화하는 데 채 1시간도 안 걸리는 익스프레스 인화소들이 많이 생겨나기 시작했고, 필름 카메라도 점차 가볍고 사용하기 편한 35mm 소형 카메라 중심으로 시장이 변화하게 된다. 이는 폴라로이드의 주요한 장점 중 하나인 즉석 사진이라는 콘셉트가 큰 위기에 직면한 것을 의미한다. 경쟁력이 사라져 가게 된 것이다. 이렇게 서서히 빛을 잃던 폴라로이드에 마지막 일격을 가한 것은 디지털 카메라와 집에서 사진을 인화할 수 있는 프린터의 등장이었다.

폴라로이드의 입지는 빠르게 사라졌고 소비자들은 점차 이 제품으로부터 멀어져 가게 됐다. 결국 폴라로이드는 2001년 파산을 신청했고, 2008년 과거의 영광을 뒤로한 채 역사 속으로 영원히 사라졌다.

상품의 시대 __ 참이슬 프레시와 각기 다른 편익

자급자족만으로는 원하는 모든 것을 얻을 수 없게 된 현대에 소비자들은 판매되는 상품들을 통해 자신이 원하는 것을 얻을 수 있게 됐다. 그런데 도대체 상품이란 무엇일까? 단순히 본능적 욕구를 충족시켜 주는 수단에 불과할까? 물건을 담아 준다는 기본적인 기능은 똑같은데도 가격이 100배 이상 차이 나기도 하는 핸드백을 보면 꼭 그런 것 같지마는 않다.

우선 기업의 입장에서 볼 때 상품은 기업이 시장에 제공하는 구체적인 제안(market offering)이다. 즉 잠재 고객들에게 대가를 받고 무형 또는 유형으로 그들이 원하는 가치를 제공하겠다는 약속이다. 보통 무형은 의료 서비스, 자동차 수리, 법률 컨설팅과 같은 서비스를 의미하고, 유형은 자동차, 피아노, 컴퓨터 같은 제품을 의미한다. 그러나 많은 기업이 제품과 서비스를 결합한 형태로 상품을 판매하고, 점차 고객과 함께 만드는 상품, 사용자의 경험 등을 강조하면서 이러한 이분법적 구분은 점차 그 의미가 퇴색되고 있다. 예를 들어 델의 컴퓨터를 구입한다면 컴퓨터라는 유형의 제품과 함께 보증 수리라는 서비스를 같이 구매해야 한다. 다양한 전자제품을 판매하는 소니는 소비자의 체험을 촉진하기 위해 도쿄, 뉴욕 등 대도시에 제품을 체험할 수 있는 전시관을 마련해 놓았다.

소비자의 입장에서 볼 때 상품은 구매를 통해 다양한 주관적 혜택을 기대할 수 있는 편익(benefit)의 묶음 또는 가치(value)의 묶음이다. 편익이나 가치의 묶음이라는 것은 상품 대부분은 다양한 편익을 갖고 있기 때문에 소비자의 특성이나 주관적인 상황에 따라 특히 중요하게 느끼는 편익의 종류나 그 편익의 크기는 달라진다는 의미를 가진다. 예컨대 진로가 저알코올 도수의 소주로 출시한 '참이슬 프레쉬'는 부드러운 맛, 좋은 원료, 깨끗함, 숙취 없음, 색다른 병 디자인 등 다양한 속성을 갖고 있지만, 소비자마다 느끼는 편익이나 가치는 제각각 다를 것이다. 술에 강한 남자친구가 독특한 목 넘김 때문에 그 제품을 찾는 반면, 술에 약한 여성 소비자는 숙취 없음이 마시는 이유가 될 수 있다. 구글의 사물 인터넷 장비인 구글 글래스는 사용자에 따라 각기 다른 이유로 사용된다. 조선소의 정비사는 쓰고 있던 구글 글래스로 배를 찍으니 눈 앞에 선박 완성까지 남은 기간과 마무리 돼야 하는 부분에 대한 정보가 나타나고, 필요한 부품이 어디에 있는지와 시공 과정까지 미리 확인할 수 있기 때문에 업무 생산성이 높아질 것으로 기대할 수 있다. 택배기사는 택배 상자를 들어 올려 쳐다보면 구글 글래스가 박스의 바코드를 인식해 해당 제품이 가야 할 목적지와 주의사항을 알려주므로 양손이 자유로워지기 때문에 일의 속도가 빨라졌다. 항공기 조종사는 머리에 구글 글래스를 통한 가상현실 기기를 쓰고 비상시 비행 훈련을 하고 있는데, 실제 사고가 나기 전에는 비슷한 상황을 경험하기 힘들기 때문에 현실감 있는 훈련을 위해 360도 영상을 제공하는 가상현실을 사용한다. 이들 각각은 동일한 제품을 사용하고 있지만 느끼는 편익도 각기 다르고 그 편익의 크기도 각각 다를 것이다.

때로는 객관적으로는 대부분의 사람들에게 아무런 가치가 없는 것이 특정 소비자들에게 큰 편익으로 다가서는 경우도 있다. 일본 토쿠시마현의 카미카츠쵸에서는 매년 단풍잎, 참나무잎 등 지천으로 굴러다니는 평범한 나뭇잎들을 도쿄 등 도시에 있는 고급 레스토랑에 음식 장식용 재료로 팔아서 큰돈을 벌고 있다고 한다. 그냥 놔 두면 거름이나 쓰레기에 불과한 나뭇잎도 그것을 필요로 하는 누군가에게 는 훌륭한 상품이 될 수 있는 것이다. 이런 면에서 보면 세상에 팔 수 없는 것이라 고는 존재하지 않을지도 모른다.

편익의 종류 __ 기능적 · 심리적 · 사회적 편익

상품이 편익의 묶음이라면 편익의 종류는 어떤 것들이 있을까? 이를 이해함으 로써 보다 쉽게 상품의 근원적인 속성에 접근할 수 있다. 상품 편익은 크게 기능적 편익, 심리적 편익, 사회적 편익으로 나누어 볼 수 있다.

기능적 편익(functional benefit)은 상품이 직접 제공해 줄 수 있으리라 약속한 편익이다. 이 상품을 사는 사람들이 공통적으로 기대할 수 있는, 가장 기본적인 편 익들을 의미한다. 화이트e 치약을 산다면 보다 하얀 치아를 얻을 수 있으며, 버거 킹 같은 패스트푸드는 빠른 시간 내에 허기를 달래 줄 수 있음을 약속한다.

심리적 편익(psychological benefit)은 상품을 구입하거나 사용함으로써 기대할 수 있는 심리적인 만족감이나 보상을 의미한다. 예를 들어 2010년 남아공 월드컵 공인구로 쓰인 아디다스의 자불라니를 구매함으로써 운동을 하는 데 직접적인 도 움을 받는 것은 기능적 편익이지만, 마치 한국 월드컵 대표나 박지성이 된 듯한 기 분이 돼서 축구를 할 수 있다면 심리적 편익이라고 할 수 있다. 실제로 월드컵 기 간 동안 어느 동네에서나 자불라니를 차고 다니던 꼬마들이 느꼈던 편익은 확실히 심리적 편익에 가까웠다.

사회적 편익(social benefit)은 구매한 상품이 타인으로부터 긍정적인 평가를 받 거나 소비자 자신의 개성을 표현하는 데 도움이 될 것이라고 인식할 때 발생한다. 실제로 상품을 구매하는 행위의 상당 부분은 사회적 편익에 기인하는 경우가 많다. 미국의 사회학자 베블런(Veblen)이 과시적 소비가 존재한다는 것을 밝힌 것처럼, 국내에서도 경제적인 여건이 그다지 좋지 않은데도 대형 고급 세단이나 수입차를 구매하는 모습이 흔히 목격된다. 그러나 사회적 편익은 이처럼 부정적인 과시적 소비에만 국한된 것은 아니다. 국산차를 이용함으로써 기대되는 애국적인 모습, 공정 무역(fair trading)으로 거래된 커피나 초콜릿을 사면서 기대하는 타인의 시선 등 다양한 형태로 존재하고 있다.

상품의 종류 __ 편의품 · 쇼핑품 · 전문품 · 비탐색품

상품은 구매하는 사용자가 기업인가 일반 소비자인가에 따라 산업용품과 소비용품으로 분류할 수 있다. 일반적으로 개인 소비자가 자신이 소비할 목적으로 구입하는 대부분의 상품은 소비용품으로 분류된다. 그 밖에 기업이 기업 내부에서 소비할 목적으로 또는 원재료, 공장 설비 같이 재생산을 위해 구입하는 상품은 산업용품이라고 한다. 일반적으로 기계나 공장 설비, 화학 약품 등은 산업용품인지 소비용품인지 명확하게 구별될 수 있지만 포스트잇, 볼펜, 복사 용지 등 소모용품은 그 구분이 명확하지 않기도 하다. 이 양자를 구분하는 상품의 특성이 따로 있는 것이 아니라 결국 누가 소비하는가에 따라 상품 특성이 달라지는 것이다.

그러면 우리가 일상생활에서 자주 접하는 일반적인 소비용품에는 어떤 종류가 있는지 살펴보자.

첫째, 편의품(convenience product)은 일상적인 편의를 위해 빈번하게 구매하는 일상품을 의미한다. 대표적인 품목으로는 비누, 신문, 음료수, 필기구, 노트 등 다양한 품목이 있다. 편의품은 그 특성상 비교적 가격이 저렴한 품목이 많으며, 일상생활에 필요한 것들이 많아서 자주 구입하는 상품들이다. 보통 브랜드 간의 품질 차이도 크지 않아서 누가 더 저렴한 가격에 공급할 수 있는지, 누가 더 구매하기 쉽게 유통망을 확보했는지 등에 따라 소비자의 선택이 달라진다. 동네 슈퍼나 편의점에서 볼 수 있는 품목 대부분이 여기에 속한다고 보면 된다.

둘째, 쇼핑품(shopping product)은 비교적 자주 구매하지는 않지만 소비자에게 구매 행위의 의미가 중요한 상품들을 의미한다. 대표적인 품목은 자동차, 가구, 가전제품, 의복, 화장품 등으로, 구매하기 전에 상당한 노력을 들여서 정보를 수집하고 어느 상품이 더 좋은지 비교하는 데도 많은 시간을 들인다. 이처럼 소비자들이 구매 과정에서 많은 시간을 소비하고 고민도 많이 하기 때문에 충분한 정보를 제공하고 구매를 도와줄 수 있는 전문 지식을 갖춘 전문 판매원의 역할이 중요하다.

그래서 편의품에 비해 쇼핑품을 판매하는 점포 수는 적은 편이다.

셋째, 전문품(specialty product)은 일반 소비자보다는 특정 브랜드나 상품에 강한 애호도가 있는 소수의 충성 고객 또는 전문 서비스를 요구하는 소수 계층이 주로 구매하는 상품을 의미한다. 대표적인 품목으로는 마니아적인 수요를 가지고 있는 포르쉐와 할리 데이비슨 같은 고급 차량, 회계 및 법률 서비스 등이 있다. 포르쉐나 할리 같은 경우에는 특정한 인기 모델을 확보하기 위해 수개월을 기다리는 것은 물론이고, 구입 후에도 다른 브랜드들과 달리 해당 브랜드에 강한 소속감을 나타내곤 한다. 전문품을 선호하는 소비자들은 해당 품목에 대한 확고한 의견과 충성도가 있어서 구매 전에 다른 경쟁 브랜드와 비교를 하는 일이 거의 없으며 구입에 필요한 비용이나 시간, 이동 거리에 민감하게 반응하지 않는다. 상품이 있는 곳이라면 어디든지 찾아가는 고객들을 갖고 있는 것이다.

넷째, 비탐색품(unsought product)은 소비자가 이러한 상품이 존재한다는 사실 자체를 인지하지 못하고 있거나, 알고 있더라도 평소에는 거의 구매할 생각이 없는 상품들을 의미한다. 대표적인 품목은 생명보험이나 암보험 같은 보험 상품, 장례 서비스, 기부 등이다. 이 같은 상품들에 대해서는 구매 욕구를 불러일으킬 만한 소비자의 니즈가 존재하지 않기 때문에 결국 판매자가 상당한 판매 노력을 해야 한다.

상품의 생과 사 __ PLC

동서양 할 것 없이 죽음은 지나온 삶을 돌아보게 하는 위대한 힘이 있다. 우리의 조상들은 죽음을 감지하면 자신의 삶을 돌아보고 자신의 비문에 쓰일 글을 본인이 직접 작성하는 일도 많았다고 한다. "태어나 크게 어리석었고, 자라서는 병치레 많았다. 중간엔 배운 것이 얼마나 되었나, 늘그막엔 왜 외람되이 작록을 받았나. 배움은 추구할수록 아득해지고, 벼슬은 사양할수록 얽어 들었다. 시름 가운데 즐거움 있고, 즐거움 속에 시름 있도다. 승화하여 돌아가리니, 다시 무엇을 구하랴." 위대한 유학자이셨던 이황(1501~1570)이 직접 묘비에 남긴 비문이라고 한다. 서양에서도 사람이 죽으면 그를 추모하기 위해 지난 업적을 정리해 신문 부고란에 싣기도 한다. 그 사람의 인생 역정, 뛰어난 업적, 인간적인 면모 등을 친지나 지인들에게 알리는 것이다.

인간은 위대했든 평범했든 간에 상관없이 유기 생명체로서의 운명을 거스를 수 없다. 태어나고 성장하고 활동하다가 결국 죽음을 맞는다. 이러한 운명에서 벗어날 수 있는 사람은 아무도 없다. 이 같은 운명은 사람뿐만 아니라 상품이나 브랜드, 기업도 비켜 가지는 않는 것 같다. 오늘날 아무리 전성기를 구가하는 상품이나 브랜드라도, 언제인가의 문제는 있지만, 결국 최후 심판의 날이 다가온다. 2008년부터 미국, 유럽, 아시아 등 전 세계를 뒤덮었던 우울한 경기 후퇴의 먹구름은 우리가 익히 알고 있는, 영원할 것 같았던 유명 브랜드들의 뇌사 내지는 사망을 보여 주었다. 가장 직격탄을 맞았던 미국 자동차 업계의 수장 GM은 폰티액, 허머, 새턴, 사브, 스즈키 등 다수의 잘 알려진 브랜드들을 매각하거나 정리해야만 했다. 국내에서도 한때 패션 시장을 주름잡았던 닉스, 겟유스드, 유니온베이 같은 많은 청바지 브랜드가 어느새 사라져 버렸다.

이처럼 상품은 인간과 마찬가지로 생로병사의 운명이라는 굴레 속에 존재한다고 생각할 수 있으며, 이와 같은 개념을 구체화한 것이 바로 상품 라이프사이클 (PLC: Product Lifecycle)이다.

그림 4-1 상품의 일생

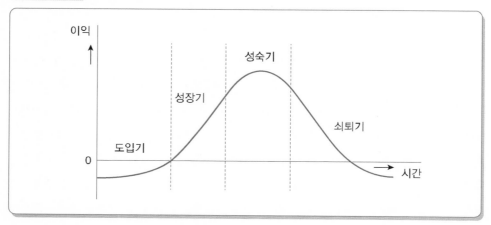

인간의 삶을 유아기, 청소년기, 청년기, 장년기, 노년기로 구분하는 것과 마찬가지로 상품의 생로병사 주기 역시 도입기(introduction), 성장기(growth), 성숙기(maturity), 쇠퇴기(decline)의 4단계로 나누어 설명한다. 다만 인간의 생애 주기를 주로 연령이나 신체 변화를 중심으로 나누는 것과 달리, 상품 생애 주기는 특정 상품이나 브랜드를 통해 기대할 수 있는 시장 성과의 변화를 중심으로 그 단계를 구분한다. 예를 들면 특정 브랜드를 통해 벌어들일 수 있는 매출이나 이익에 어떤 변화가 오는지에 따라 단계가 결정된다. 따라서 마케팅에서 상품이나 브랜드의 죽음이란 더 이상 매출이나 이익이 발생하지 않는 상태, 즉 고객이 더 이상 찾지 않는 상태로서 기업이 해당 상품이나 브랜드의 철수를 결정한 단계를 의미한다.

도입기는 기업이 개발한 신상품이 소비자에게 처음으로 소개되는 시기다. 하지만 아직 시장에 이 상품의 브랜드나 가치를 제대로 아는 고객층이 거의 없기 때문에 보통 매출이나 이익은 초라하며, 매우 서서히 증가한다. 반면에 상품을 알리기 위한 초기 광고나 홍보 비용은 매출을 초과한다. 따라서 도입기에 이익을 실현하기란 매우 어려우며, 기업 대부분이 이 시기에는 미래를 위해 시장에서 기반을 다지는 활동에 치중한다.

그러나 도입기에는 상품 대부분이 기존 시장에 없던 새로운 것이기 때문에, 고객에게 획기적인 가치를 제공할 수만 있다면, 일부 기업은 높은 가격을 책정해 이 단계부터 수익을 창출할 수도 있다. 하지만 기업 대부분은 단기적인 이익을 추구하기보다는 저렴한 가격으로 상품을 제공해 사용자의 기반을 확대하는 데 주력하는 모습을 더 자주 보인다. 실제로 리눅스는 운영체제를 개발하는 데 상당한 노력이 들어갔지만 윈도우에 대해 경쟁력을 확보하기 위해 상당수 회사가 무료 배포 정책을 채택하고 있다.

이후 성장기에는 시장에서 보다 많은 소비자가 상품의 존재를 인지하게 되고 또 이 상품을 사용하게 됨으로써 매출이나 이익이 급격히 증가하기 시작하는 시기다. 새롭게 관심을 갖는 구매자들이 늘고, 도입기의 구매자들은 반복 구매를 하게 된다. 판매량의 증가는 해당 기업에 여러 가지 눈에 보이지 않는 혜택을 준다. 판매량이 증대함에 따라 규모의 경제를 누릴 수 있게 되어 생산 단가는 떨어지고, 소매점 같은 유통망에 대한 통제력은 커진다. 이러한 변화는 그대로 기업의 이익을 증대하는 원동력이 된다.

그러나 성장기에는 나쁜 뉴스도 시작된다. 바로 본격적인 경쟁의 시작이다. 시장 규모가 커짐에 따라 이 상품이 판매되는 시장이 경쟁자들 눈에도 매력적으로 비치게 된다. 해당 상품과 관련한 생산 기술이나 노하우도 이제는 비교적 일반적인 기술로 바뀌어서 그만큼 경쟁자가 참여하기가 용이한 여건이 형성되기도 한다. 국내에서 개발된 인라인 보드 S보드는 신상품을 개발해 2006년 연간 매출이 100억 원대에 이르는 성장세를 탔으나, 저가격과 디자인 모방 등을 통한 중국 경쟁사의 공세를 이겨 내지 못하고 3년 후 매출이 5억 원 이하로 급감했다.

세 번째 단계로 찾아오는 성숙기는 이미 대다수의 소비자가 그 상품을 구매했기 때문에 신규 고객 수가 많이 줄고 재구매 중심으로 시장이 바뀐 시기다. 매출 증대가 성장기보다 못하기 때문에 경쟁에 참여했던 기업 대부분은 원가와 마케팅 비용을 줄임으로써 수익성을 현 상태로 유지하려고 노력하지만, 수요 하락을 막기란 점점 어려워진다.

이 시기에 들어서면 기업들은 성숙기에 대응하는 전략적 선택을 하게 된다. 일부 기업은 상품이나 가격 등 마케팅 믹스를 수정해 새로운 시장과 고객을 찾기 위해 노력하지만, 또 다른 기업은 시장의 변화를 제대로 읽지 못하고 점차 사라져 가는 길을 걷게 된다. 한때 세계 피아노 시장의 40% 이상을 점유했던 야마하는 피아노 시장이 성장 한계점에 도달해 더 이상 성장이 어렵다고 판단되자, 디스클라비어라는 전자 피아노를 개발해 새로운 시장을 개척했다. 디스클라비어는 기존 피아노와 거의 동일한 연주가 가능한 것 이외에도 사일런스 기능, 자유로운 편곡, 오케스트라 협연 연습, 디스크 연주 기능 등을 제공했다. 그러나 이처럼 새로운 가치를 확보하지 못하는 경우, 대부분의 기업은 소모적인 가격 인하를 통해 경쟁사의 시장을 빼앗으려는 노력을 하게 된다.

그러나 결국 시작하는 모든 것은 끝이 있게 마련이다. 상품에 있어서 쇠퇴기는 마침내 상품이 생의 대단원을 향해 다가가는 시기다. 매출과 이익이 급격하게 줄어들고 마침내 독자적인 생존이 불가능하다고 판단되는 시점이 다가오는 것이다. 이처럼 한때 잘나가던 상품이 종말을 맞게 되는 이유는 여러 가지가 있을 수 있다. 우선 기술적 진보가 한 원인으로 작용한다.

과거 음악을 듣기 위해 사용하던 LP는 CD로 바뀌었고, 최근에는 MP3가 등장하면서 CD의 수명도 얼마 남지 않았다. 소비자의 취향이 바뀌는 것도 한 원인이 될 수 있는데, 일본 반다이가 만들어 한때 히트한 다마고치 게임기처럼 한순간의 유행을 타는 패션이나 기호 상품은 대부분 단명하게 된다. 또한 사용이 금지된 석면 제품처럼 법률적 규제에 위한 쇠퇴도 일어날 수 있으며, 기업의 외부 환경적 요인의 영향을 받기도 한다.

이처럼 독자적인 시장성이 떨어져 버린 상품을 대상으로 기능을 개선하거나 광고를 계속하는 등의 마케팅 활동은 기업에 많은 부담을 주게 된다. 따라서 이 단계의 기업들은 점차 해당 상품을 시장에서 철수시키거나, 추가적인 투자 없이 시장이 사라질 때까지 최소한의 마케팅 활동만을 하는 수확 전략을 채택할 것이다.

소녀시대와 PLC __ 멀티 상품 사이클 전략

최근의 케이팝 그룹들은 인기 폭풍의 핵이며, 매년 새로운 걸 그룹들이 쏟아져 나오고 있다. 이런 신인 그룹들의 데뷔 속에서 소녀시대와 같은 장수 그룹이 여전히 존재하며, 인기가 있다는 것은 다소 놀라운 일이다. 매년 수많은 그룹과 비슷한 노래들 속에서 비교적 쉽게 잊혀지고 사라지는 연예계의 속성을 고려할 때, 소녀시대가 계속적으로 성공할 수 있었던 이유는 무엇일까? 춤을 월등히 잘 춰서일까? 더 예뻐서일까? 하지만 사실 각 그룹은 서로 비슷한 점이 많아서 스타일이나 댄스에서 큰 차이를 찾기란 어렵다. 이것들 말고 소녀시대는 여타 걸 그룹과 특별히 다른 점이 있다.

첫째, 시장의 변화를 빨리 포착해 자신의 것으로 만드는 능력을 꼽을 수 있다. 이들의 기획사 SM에서는 인정하지 않을지도 모르지만 누구나 알고 있듯이 소녀시대의 원형은 일본의 인기 그룹 '모닝구무스메'다. 음악 콘셉트나 복장, 멤버 구성 등이 비슷하다. 음악 세계에서는 이러한 유사성을 표절이라거나 개성이 없다고 비난할지도 모르겠지만, 마케팅의 세계에서는 '벤치마킹'이라고 불리는 엄연한 마케팅 기법의 하나다.

남을 단순히 보고 베끼는 것은 분명 나쁜 일이다. 그러나 남을 보고 배우는 것은 분명 좋은 일이다. 게다가 배워서 자기 형편에 맞게 바꾸고 더 나은 것으로 만드는 것은 탁월한 일이다.

삼성이나 현대도 경쟁사의 신상품을 사다가 부품 하나하나까지 철저하게 분해해서 배울 것은 배운다. 혼다, 소니, 도요타 역시 삼성, 현대 제품을 분해한다. 이른바 리버스 엔지니어링을 한다. 그래서 마케팅의 세계에서는 아직 어딘가 어설픈 신상품을 개발한 1등이, 1등을 철저히 분석한 2등에게 따라잡히는 현상을 '2등의 우위(2nd mover advantage)'라고 부르기도 한다. 이와 마찬가지로 소녀시대는 아직 한국 소비자가 잘 모르는 일본 시장의 '상품'을 벤치마킹해서 국내 시장에 적용했기 때문에 최초가 아니면서도 최초가 됐다. 이미 많은 결점을 보완한 성숙한 1등으로 국내에서 새롭게 출발했기 때문에 다른 후발 그룹들이 2등의 우위를 발휘할 틈조차 없었다.

둘째, 고객층에 숨어 있는 니즈인 은밀한 욕구를 양지로 끌어냈다. 사실 아름다운 음악, 멋진 이성을 탐하는 것이 어찌 나이와 상관이 있겠느냐마는, 이러한 즐거움은 본래 30대 이상에게는 접근 금지인 터부였다. 이들이 나이 들어 주책이라는 비난이 두려워 할아버지 때부터 듣던 트로트나 부르면서 꼭꼭 숨겨 놓았던 니즈를 제대로 건드렸다. 그리고 이 같은 욕구가 결코 나쁜 짓이 아니라는 점을 알려 주었다. 굴레를 벗어던진 수많은 아저씨 군단은 두터운 팬이 돼 주었고, 변함없는 애정을 약속했다.

소녀시대는 'Oh!'처럼 아예 아저씨들을 위한 노래들을 발표하면서 이를 본격적으로 즐겼다. '수익성이 높은 고객과의 관계를 강화한다'라는 고객관계관리(CRM) 측면에서도 매우 영리한 전략이었다. 재정적 여유도 있고, 게다가 불법 다운로드 방법 등 첨단 기술에 둔감한 아저씨 군단은 음악 CD나 콘서트 티켓 판매에서도 주된 고객층이 돼 주었다.

하지만 소녀시대의 지속적인 인기 비결로는 무엇보다도 '멀티 상품 사이클(multi product cycle)' 전략을 들 수 있다. 달도 차면 기울 듯 인기란 덧없는 것이다. 아무리 인기 있는 신상품이라고 할지라도 더 좋은 상품에 결국 밀려나게 된다. 모든 상품이나 서비스는 시장에 처음 소개되는 도입기를 거쳐, 시장이 커지는 성장기, 대중적인 수요가 늘어나는 성숙기, 그리고 마침내 상품력을 잃어버리는 쇠퇴기를 거친다. 이 기간이 짧고 길고의 차이는 있을 수 있지만, 무엇도 이러한 생로 병사의 길을 피해 갈 수는 없다.

그래서 기업의 상품 관리에는 이에 대한 대안으로 세대(generation) 개념이 존재한다. 1세대 아이팟이 수명을 다해 인기가 떨어지고 경쟁사의 공세가 극심해지면, 성능과 외관 등이 획기적으로 개선된 2세대 아이팟이 등장해 새롭게 시장 수요를 창출해 간다. 물론 그다음에는 3세대, 4세대, 5세대 등 후속 세대가 기다리고 있을 것이다.

이 같은 자연의 섭리를 인기 가수라고 피해 갈 수는 없다. 오히려 가수 시장은 소비자의 취향이 빠르게 바뀌고, 하루가 멀다 하고 신인 가수가 쏟아지는 점을 고려하면 기업의 상품보다 그 변화가 더 심할 것이다. 그런데 의도적인지 우연인지 알 수 없지만, 소녀시대는 그룹 멤버들 간에 세대 개념이 도입됐다. 모든 멤버를 한꺼번에 띄우려고 한 것이 아니라, 마치 순번을 정해놓듯 시차를 두고 차례로 각각의 멤버를 부각했다.

데뷔 초기에는 그룹 리더이자 가창력이 뛰어난 태연과 윤아를 부각해 그룹의 인기를 끌고 갔다. 이들이 개인적으로 각종 오락 프로그램과 TV 드라마에 참여하면서 소녀시대의 존재감을 부각하고 인기가 급성장할 때, 새롭게 티파니나 써니, 유리 등 다른 멤버를 본격적으로 투입하기 시작한다. 그리고 이들이 성장기에 들어간 후에는 서현, 수영 등 새로운 멤버를 다시 시장에 소개하는 방식이다. 시간차를 두고 멤버 개개인의 인기를 폭발시키면서 소녀시대 전체의 인기가 지속되는 구조를 만듦으로써 소녀시대는 장수 걸 그룹이지만 여전한 화제성을 유지하려 한다. 멤버 중 한 명인 윤아는 2015년 중국 드라마 출연을 계기로 한국 연예인으로는 김수현에 이은 인기를 구가하는 등 글로벌화 전략 또한 가속화되고 있어, 한류 문화 상품으로서 소녀시대의 진화는 계속될 것으로 보인다. 이 전략은 이후 다른 많은 그룹이 카피했는데, 주력 상품이 정해지면 광고나 판촉을 이 상품에 집중시키는 기업의 상품 세대 관리와 닮은 전략이다.

4.2 고객 먼저 혹은 기술 먼저

한국을 대표하는 기업, 삼성의 발전 원동력이 과연 무엇인지는 많은 사람에게 큰 관심거리다. 특히 삼성이 쟁쟁한 경쟁업체들보다 더 빠르게 휴대폰, 반도체, 3D TV 등 다양한 첨단 제품을 내놓는 능력은 세계가 인정할 정도다. 어떻게 삼성은 스피디하게 글로벌 히트 상품을 계속 내놓을 수 있었을까? 이러한 삼성의 발전 뒤에는 창조 경영을 위한 전사적 노력과 이를 뒷받침해 준 창의력 발전소 'VIP센터'가 있다.

VIP센터는 '귀빈(Very Important Person)'의 준말이 아니라 '가치 혁신 프로그램(Value Innovation Program)'을 뜻하며, 수원 삼성전자 캠퍼스 안에 있는 연구동 건물의 이름이기도 하다. 단순한 경영 프로그램이 아니라 실제 숙식을 해결할 수 있는 5층 건물 3개 동을 개조한 물리적인 작업 공간이기도 한 것이다. 센터 안 실내로 들어가는 복도의 벽에는 짚신과 고무신이 천장을 향해 올라가는 형상이 구현돼 있는데, 이는 상상 그 이상을 훌쩍 뛰어넘으라는 의미라고 한다. 그리고 각 회의실마다 온통 낙서투성이 벽면이 있다. 아이디어를 내기 위해 낙서가 권장되기 때문이다. 간혹 참신한 아이디어가 나오면 만화가를 초빙해 그것을 형상화한다. 여기서는 생산, 마케팅, 연구, 품질 보증, 마켓 센싱(market sensing) 등 다양한 부서에서 모인 사내 전문가들이, 때론 숙식을 해결해 나가면서 다른 부서와 협력하는 CFT(Cross Functional Team, 협업팀) 활동을 한다. 같은 회사 내에 있긴 하지만 부서가 달라서 평소에는 서로 볼 기회가 별로 없기 때문에 가급적 빨리 친해져서 기탄없는 의견이나 아이디어가 나올 수 있도록 분위기가 조성된다. 뜬구름 잡는 이야기나 툭 던져 보는 이야기도 항상 환영받을 수 있어야 그중에서 획기적인 아이디어가 나올 수 있다고 믿는다. 아이디어를 위해서라면 자유롭게 책과 영화를 보거나 게임을 하는 것도 자유다. 하지만 자유로운 분위기 속에서도 VIP센터 소속 가치 혁신 전문가가 정해 주는 최소한의 일정과 틀은 있다. 프로젝트는 한 달 또는 1년 이상 끌기도 하는데 VIP센터에선 소프트웨어 엔지니어, 부품 디자이너, 엔지니어, 품질 보증 등 각 분야의 전문가를 프로젝트의 주요 고비에 참여시켜 신속히 결론에 도달할 수 있도록 지원한다.

설립 당시에는 부품 연구를 통해 불필요한 원가 인상 요인이 없도록 하는 것이 목적이었지만, 이제는 고객에게 가치를 줄 수 있는 혁신적 상품을 개발하고 상품화하는 공간으로 변모한 것이다. 그 결과 이 공간을 통해 많은 히트 상품이 개발됐다. 삼성전자 TV의 브랜드 파워를 세계적인 수준으로 끌어올린 것으로 평가받는 LCD 평면 TV '보르도TV'나, 한국과 달리 목조 주택에 사는 서구인의 라이프스타일을 반영해 히트 상품이 된 '퍼플(purple) 프로젝트 세탁기', 스마트폰인 '갤럭시' 등이 그 예다. 현재도 VIP센터에서는 삼성의 다음 10년을 먹여 살릴 많은 아이디어가 꿈을 꾸고 있다.

신상품의 중요성 __ 1년 365일 신상품?

최근 백화점 화장품 매장에서 여성들의 사랑을 가장 많이 받고 있는 품목은 단연 세포 재생을 돕는다는 안티 에이징 화장품이다. 피부 모세포는 약 5일 정도의 일정한 사이클을 거쳐 탄생과 죽음을 반복하는데, 세포 재생 화장품은 우리 신체가 계속 건강한 어린 세포를 만들어 낼 수 있도록 도와주는 제품이라고 한다. 그런데 만일 우리 몸이 계속 피부 세포를 재생할 수 없다면 어떤 일이 일어날까? 5일 만에 우리 몸은 죽은 세포로 뒤덮이고 결국 생존이 어려울 것이다.

기업의 입장에서 신상품은 피부 모세포와 같은 역할을 한다. 기존의 상품이 아무리 뛰어난 상품이라고 하더라도 소비자 요구에 보다 잘 맞춘 다른 경쟁 상품이 등장하면 밀려나거나 소비자의 취향이 변하면 결국 소멸하고 말 운명에 처해 있다. 이 죽은 상품을 대신할 신상품이 없다면 기업은 장기적인 생존이 불가능해진다. 그래서 모든 기업은 맑은 날 우산을 준비하는 마음으로 1년 365일 매일같이 신상품을 연구하고 있다.

기업이 지속적으로 생존하고 새로운 혁신의 원천을 만들기 위해 반드시 계속해서 신상품을 공급해야만 한다는 데는 이견이 있을 수 없다. 이 같은 이유로 성공적인 신상품을 개발하기 위해 기업들은 다양한 노력을 하고 있다. 그러나 이러한 노력들은 성공보다는 실패로 끝나는 경우가 더욱 빈번한데, 이는 신상품 개발에는 많은 위험이 따르기 때문이다. 특히 더욱 짧아지는 상품 수명 주기, 까다로운 고객 입맛, 가속화 되는 시장세분화, 급속한 기술 변화와 같은 환경의 동태성은 신상품의 성공을 더욱 어렵게 만들고 있다.

신상품의 개발 __ R&D와 C&D

신상품 개발 하면 우리는 보통 하얀 실험복을 입은 연구원들이 분주하게 과학 장비를 다루는 모습을 떠올린다. 하지만 모든 신상품이 이렇게 회사 내부에서만 개발되는 것은 아니다. 기업 내부의 고유한 신제품 개발, 타 기업과의 협력에 의한 개발, 그리고 인수 합병이나 특허 획득을 통한 개발 등 다양한 방법을 통해 신상품을 개발한다.

특히 최근에는 개발에 필요한 요소 기술들이 복잡해지고, 조직이 비대화되면서 연구개발 조직에 반드시 필요한 조직 특성인 유연성과 창의성이 제약을 받게 됐다. 이에 따라 한 기업이 단독으로 새로운 기술을 개발하는 일은 점차 줄어들고 있다. 대신 점차 많은 기업이 다른 기업과 연계해 공동으로 신상품을 개발하려고 더욱 힘을 쏟고 있다. 한 예로 최근 샴푸나 비누 등 생활용품을 생산하는 P&G나 IT 기업인 IBM은 독자적으로 기술을 개발하기보다는 기술력이 뛰어난 다른 중소기업과 협력하는 개방형 신상품 개발 모델에 더 많은 관심을 갖고 있다. 이들 회사는 점차 연구 개발을 의미하는 단어로서 연구개발(R&D: Research and Development) 대신 연계개발(C&D: Connect and Development)라는 용어를 쓰게 됐다.

고객 먼저? 기술 먼저? 시장 지향적 접근 vs. 시장 추동적 접근

신상품을 개발하는 데 고객의 역할은 무엇인지 생각해 볼 필요가 있다. 신상품 개발은 고객의 니즈에서 출발한다는 생각은 너무나 당연한 것으로, 오랫동안 별 의심 없이 받아들여져 왔다. 일찍이 토마스 에디슨은 발명 초창기부터 발명품에 대한 확실한 수요가 없으면 발명에 착수하지 않을 것이라고 결심하기도 했다. 현대에 들어와서는 신상품 개발과 같은 혁신적인 활동은 고객의 요구를 적절하게 반영해야만 성과로 이어진다는 믿음이 지배적이었다. 이 같은 믿음의 결과, 고객 니즈 분석에 따라 기회를 포착하고 상품을 개발하는 프로세스가 일반적인 신상품 개발 과정으로 확립돼 왔다. 이러한 주장을 시장 지향적(market-driven) 접근법이라고 한다.

그러나 이같이 공고했던 전통적인 믿음에 대해 다른 시각의 주장 역시 활발히 제기되고 있다. 그 배경을 보면 고객들로부터 상품 개발에 필요한 니즈에 대한 정보를 얻는 것이 매우 어려운 일이라는 사실이 일조하고 있다. 전문적인 리서치를 활용한다 해도 고객 대부분은 시장조사 자체에 무관심하며, 숨겨진 본심을 기업에게 잘 보여 주지 않는다. 예를 들면 내려 먹는 드립(drip) 타입의 원두커피만이 존재했던 미국 시장에서 뜨거운 물에 타서 바로 먹을 수 있는 인스턴트커피가 처음 등장했을 때 시장의 반응은 의외로 매우 부정적이었다. 소비자들을 대상으로 인터뷰를 해 보면 맛이나 향에 대한 불만이 매우 높았고 매출도 아주 저조했다. 이를 타개하기 위해 지속적으로 맛과 향을 개선해 봤지만 결과는 달라지지 않았다. 이에 시장조사 결과에 의구심을 품게 된 해당 기업은 간단한 실험을 하게 된다. 두 개의 소비자 집단을 대상으로 한 주부의 쇼핑 내역이 담긴 영수증을 보여 주고 이 주부가 어떤 사람인지 평가하게 한 것이다. 각각의 집단에게는 설탕, 밀가루, 휴지 등 모든 품목이 동일한 영수증을 보여 줬는데, 유일한 차이는 한 소비자 집단의 영수증에는 전통적인 원두커피가, 또 다른 소비자 집단의 영수증에는 인스턴트커피가 들어 있었다는 점이다. 결과는 놀라웠다. 원두커피가 포함된 영수증의 주부에 대해서는 성실하고 가정적이라고 응답한 반면, 인스턴트커피가 포함된 영수증의 주부에 대해서는 게으르고 책임감이 없다고 답한 것이다. 소비자들이 인스턴트커피를 외면한 이유는 맛이나 향 때문이 아니라 가족에 대한 미안함과 죄책감 때문이었던 것이다. 수많은 조사와 자료에도 불구하고 고객의 숨겨진 니즈를 파악하는 것이 얼마나 어려운지 잘 보여 주는 실험이다.

또한 하이테크 제품과 같이 아주 새롭거나 혁신의 정도가 높은 상품을 개발할 때는 고객 역할에 대한 이해 역시 과거와는 달라져야 한다. 이러한 주장을 하는 이들은 연구자들이 고객과 너무 가까이하거나 고객에게 신상품 개발의 주도권을 내

주면 소소한 개선을 이룰 수 있을지는 몰라도, 궁극적인 혁신을 불러올 수 있는 새로운 신상품 개발에는 오히려 방해가 될 뿐이라는 주장을 편다. 이들은 '고객들은 선견지명 없기로 악명 높다'라는 한마디로 요약되며 심지어 기업들은 자신의 고객을 무시해야 혁신을 이룰 수 있다고 한다. 고객들 본인조차 자신이 원하는 것이 어떤 것인지 알지 못한다는 주장이다. 그래서 고객보다는 기업의 자체적인 기술 혁신이나 사업 비전이 우선해야 한다고 주장한다. 이러한 주장을 시장 추동적(market-driving) 접근법이라고 한다.

두 개의 다소 상반된 견해 중 어떤 의견이 더 옳은 것일까? 신상품을 개발할 때 고객의 니즈에서 출발하는 것이 더 효율적일까, 아니면 기술적 혁신에서 출발하는 것이 맞을까? 아마 이 문제에는 획일적인 답이 존재하는 것이 아니라 상품의 특성, 혁신의 정도에 따라 그 답이 달라질 것이다. 예를 들어 이미 소비자들이 익숙하거나 잘 알고 있는 과자나 음료, 기타 생활용품 같은 상품을 개발한다면 소비자의 니즈에서 출발하는 것이 보다 타당할 것이다. 그러나 반도체 소자인 LED에 기반을 두어 LED 조명, LED TV, LED 통신 등을 개발한다면 이러한 기술의 특성이나 그 기술이 가져올 잠재적인 가능성에 대해서 알지 못하는 고객들에게 그들이 원하는 것이 무엇인지 물어보는 것은 아무 의미가 없을 것이다.

창의성이 발현되려면 해당 분야에서 어느 정도 이상의 지식이 갖춰져야만 한다. 이러한 기초적인 지식을 토대로 새로운 발상, 새로운 상품이 탄생할 수 있다. 만약 소비자들이 기초적인 지식이 적은 혁신적인 분야에서 새로운 상품 기회를 찾아본다면 연구원이나 마케터 등 기업 내부의 능력 또는 산업 트렌드에 대한 관찰과 분석에 의존하는 것이 보다 효율적일 것이다.

신상품 개발 프로세스 __ 아이디어 발굴부터 출시까지

우리가 발명이나 발견 하면 흔히 떠오르는 것은 매우 드라마틱하고 돌발적인 모습이다. 목욕을 하다가 우연히 부력의 원리를 발견하고 '유레카(그리스어로 '나는 해냈다'라는 뜻)'를 외치고 뛰어나온 아르키메데스의 모습이나, 떨어지는 사과를 보고 영감을 얻었다고 알려진 뉴턴의 모습과 크게 다르지 않다. 그러나 현대의 신상품 개발 프로세스는 보다 구체적이고 계획적인 모습을 띠고 있다. 이를 살펴보면 아이디어 발굴 및 선발, 콘셉트의 개발 및 테스트, 수익성 분석과 마케팅 전략 수립, 상품 개발, 테스트마케팅, 출시 등 구체적인 각 단계를 거치게 된다.

(1) 아이디어 발굴

신상품 발굴의 첫 단계는 다양한 관련 아이디어를 모으는 것이다. 아이디어 발굴 단계에서는 가능한 한 많은 아이디어를 비판 없이 수집한다. 이렇게 수집된 아이디어는 상품화될 가능성이 전혀 없는 것에서부터 향후 수십 년간 기술 발전이 있어야 가능한 것, 또는 이미 경쟁사가 시장에 내놓은 상품 등을 모두 포함하게 된다. 발굴 단계에서는 사실상 제한된 정보들을 가지고 이렇게 유용한 것과 그렇지 못한 것을 분류하거나 판단 내리는 것 자체가 불가능하며 바람직하지도 않다. 아이디어 창출 단계에서의 이러한 판단은 아이디어를 제안한 사람을 위축시켜서 결과적으로 아이디어를 끄집어내는 데 큰 방해 요인이 된다. 아무런 제약 없이 마음껏 상상력을 펼 수 있도록 하는 것이 발굴 노력의 가장 중요한 요점이다.

아이디어는 보통 기업 내부, 고객, 그리고 시장을 원천으로 수집하게 된다. 우선 기업 내부의 기술을 잘 이해하는 연구자와 시장을 잘 이해하는 마케터는 신상품 아이디어의 기본적인 자원이다. 최근에는 전 사원을 대상으로 하는 상시적인 아이디어 수집 노력이 이루어지고 있다. KT는 사내 인트라넷을 통해 직원들로부터 상시적으로 신상품 아이디어를 수집하고 수집된 아이디어에 대한 평가와 더불어 금전적 보상을 하는 시스템을 구축했다.

고객 역시 중요한 아이디어의 원천이다. AS센터나 고객 방문 등을 통해 우연찮게 상품 개선에 대한 아이디어가 들어오는 일이 많지만, 최근에는 기업 활동에 적극적인 관심을 보이는 참여형 소비자, 즉 프로슈머들을 적극 활용하고 있다. 웹사이트를 개설해 고객의 의견을 수집하기도 하고, 보다 적극적으로는 블로거를 모집하거나 상금을 수여하는 소비자 공모전을 시행하는 등 직접적인 노력을 기울이는 기업의 수도 늘고 있다.

그 밖에 시장에서의 아이디어 수집도 유용한 방법이다. 도·소매업체 같이 유통에 참여하고 있는 파트너, 경쟁사 벤치마킹, 산업 전시회 참가 등을 통해 신상품 아이디어가 창출되기도 한다. 한 예로 경쟁사의 신상품이 출시되면 이를 타 기업이 입수한 후 제품을 분해해 신제품의 기술을 밝히는 역공학(reverse engineering)은 업계의 공공연한 비밀 관행이다.

(2) 아이디어 선발

아이디어 발굴 단계의 목적이 고객, 시장, 기업 내부 등 다양한 정보 원천을 통해 많은 아이디어를 수집하는 것이라면, 그다음에 필요한 단계는 수집한 아이디어를 분류하고 아이디어의 가치를 평가해 보다 성공 가능성이 큰 소수의 아이디어로 집약하는 과정일 것이다.

아이디어 발굴이 마케팅 부서의 단독적인 노력으로 수집될 수 있었던 반면, 이 단계에서부터 신상품의 아이디어는 연구 개발, 마케팅, 판매, 생산 등 기업 내부의 관련 부서들과 협업을 통해 정제된다. 발굴된 아이디어는 각 회사의 아이디어 선발 기준을 통과하는지 여부에 따라 탈락 여부가 결정된다. 보통 수익성, 시장 성장성, 기술 구현 가능성, 개발 소요 기간, 기업 핵심 역량과의 적합성 등 복수의 기준으로 구성된다. 이러한 기준을 적용하고 평가하는 과정 역시 마케팅, 연구 개발 등 복수 부서의 태스크 포스나 다기능 협업팀(CFT)이 담당한다.

아이디어 선발 단계에서 가장 경계해야 하는 것은, 바로 집단 사고(group thinking)의 위험성이다. 집단 내 의사 결정 단계에서 대다수가 찬동하는 것은 그 사안 자체의 옳고 그름, 혹은 좋고 나쁨을 떠나서 거역해서는 안 되는 진리로 여기는 사고의 오류가 나타날 수 있다. 다수결의 보호막 뒤에 숨어서 다수의 의견을 따르는 행동은 어처구니없는 많은 사고와 재해의 원인이 되어 왔다.

비행기 운항 사고의 대부분이 기장의 실수에도 불구하고 이를 제지하지 못하고 동조하는 부기장의 집단 사고에서 온다는 통계가 있다. 일본은 미국과의 전면전이 결국 패전으로 가는 사지인 줄 확연히 알면서도 잘못된 전쟁을 수행했다. 미래학자 갈브레이스가 주장한 것처럼 큰 조직 내에서 혼자 옳은 것보다는 대다수와 같이 잘못된 편에 서는 것이 더 안전하다는 잘못된 믿음 때문이다. 따라서 아이디어

선발 과정에서도 소수의 특이하거나 특출한 아이디어를 무시해선 안 된다. 오히려 소수자의 아이디어에 대해 더 적극적으로 판단하고, 대다수와 다른 아이디어가 갖는 기회를 보도록 노력해야 한다. 창의성은 다수결로 판단될 수 없기 때문이다.

(3) 콘셉트 개발 및 테스트

선정된 소수의 신상품 아이디어는 다시 콘셉트화를 통해 보다 정교하게 정의되는 과정을 거친다. 콘셉트화 단계에 모형이나 목업(mock-up) 제작을 통해 실물의 모습을 형상화하기도 하지만 대부분 실물 제작 없이 컴퓨터 시뮬레이션을 수행하거나 콘셉트 보드를 구성하는 수준으로 진행된다. 콘셉트 보드는 신상품이 상품화됐을 때 구체적으로 어떠한 속성과 특징을 가지고 있을 것인가를 소비자의 언어로 정의하고 정리한 간략한 상품 기획안을 의미한다.

예를 들면 하이브리드카에 대한 콘셉트를 구축한다고 할 때 다음과 같은 콘셉트 보드를 제작해 볼 수 있을 것이다.

표 4-1 신차 시장의 가상적 콘셉트 보드

콘셉트안	A안	B안	C안
특 징	차종: 경차 4인승 동력: 니켈수소 연비: 28km/l 최고속도: 120m/h 가격: 2,500만 원 타깃: 경제적 소비자	차종: 대형 세단 동력: 리튬이온+가솔린 연비: 17km/l 최고속도: 220m/h 가격: 8,000만 원 타깃: 사회 지도층	차종: SUV 5인승 동력: 니켈수소+경유 연비: 20km/l 최고속도: 180m/h 가격: 3,500만 원 타깃: 출퇴근 중산층

일단 이렇게 구축된 콘셉트안은 실제로 시장조사를 통해 타깃으로 선정된 고객들에게 얼마나 수용될 수 있는지 테스트를 받게 된다. 이 같은 테스트를 통해 콘셉트를 수정, 보완해 상품성을 높이기 위한 기초 자료로 활용할 수 있다.

(4) 전략 개발 및 수익성 분석

최적의 상품안을 선정한 후에는 이 상품의 시장 출시를 가정한 마케팅 전략의 수립, 시나리오에 기반을 둔 손익 분석이 이루어진다. 마케팅 전략에는 매출, 시장 점유율, 고객의 수 등으로 표현한 상품의 시장 목표가 우선적으로 선정되고, 이러한 목표를 달성하는 데 필요한 타깃 시장, 포지셔닝 방향에 대한 상세한 서술이 추가되며, 주요한 4P 요소에 대한 전략이 제시된다.

또한 마케팅 목표의 달성 가능성을 시나리오 형태로 분석하고 각 시나리오별로 연도별 손익을 추정함으로써 상품의 단기적, 장기적 매력성을 평가하고 추리는 스크리닝 단계를 거치게 된다.

(5) 상품 개발

실제로 콘셉트가 기업에게 충분한 이익을 보장할 수 있고 시장에서 경쟁력도 있다는 판단이 들면 지금까지 서류상으로만 존재하던 상품을 실제 상품으로 구현하는 과정을 추진하게 된다. 이 과정에는 기업 내부 인력의 많은 시간과 비용, 자원이 투입돼야 한다. 특히 연구 개발 부서는 본격적인 대량생산 이전에 상품의 성능을 테스트하기 위한 목적으로 상품 프로토타입(prototype)을 개발하게 된다. 프로토타입은 상품의 성능이나 작동성을 평가하는 것은 물론 시장에서 요구하는 규제나 표준을 충족하는지 여부를 검증하기 위해 사용된다.

(6) 테스트마케팅

상품 개발을 통해 프로토타입을 확보하고, 이를 대상으로 소비자의 선호도나 태도를 측정하는 마케팅 조사를 했다 하더라도 시장에서의 성공을 장담하기란 어렵다. 프로토타입을 통한 검증은 기술적인 측면에서 완성도를 높이는 노력에 집중되기 쉽고, 시장조사 역시 경쟁사로의 정보 유출이나 비용 등의 이유로 지극히 제한적으로 이루어지기 때문이다. 신상품이 나왔는데도 실제 이를 이용하는 소비자의 반응을 사전에 확실히 알 수는 없는 것이다.

따라서 기업들은 실패에 따른 위험을 최소화하기 위해 본격적인 판매 전에 제한적인 시장이나 고객을 대상으로 실제 시장과 똑같은 환경하에서 상품을 테스트해 보기를 원하게 된다. 특히 이러한 테스트마케팅 단계에서는 단순히 제품을 테스트하는 것 외에 마케팅 전략이나 프로그램을 테스트해 볼 수 있어서 향후 전국으로 시장을 확대할 때 필요한 전략을 사전에 수정하고 개선할 수 있다.

(7) 출 시

테스트마케팅을 통해 상품 자체의 상품력은 물론이고 이를 뒷받침하는 마케팅 프로그램의 실효성이 입증되면, 기업은 이를 공식적으로 출시할 것을 고려하게 된다. 한시적이며 지역적으로도 제한적인 판매를 수행하는 테스트마케팅에 비해 공식적인 출시는 기업에게 더욱 많은 고민거리를 안겨다 준다. 안정적인 생산과 공급을 감당할 수 있는 생산 기반과 협력 파트너들을 확보해야 하며, 전국적인 유통망 역시 장기적인 관점에서 선택하고 확보해야 한다. 또한 가격은 한 번 결정하면 바꾸기 어렵기 때문에 장기적인 손익과 상품 라이프사이클을 고려하여 세심하게 책정해야 한다. 막대한 비용이 드는 광고나 판촉 활동 역시 본격적으로 진행해야 한다.

특히 최근에는 시장에 진입하는 시기(time-to-market) 역시 중요한 이슈로 작용한다. 기업은 경쟁사보다 먼저 시장에 진입해 시장을 장악하고 경쟁사를 원천 봉쇄할 것인지, 아니면 경쟁사보다 다소 늦게 진입하는 대신 경쟁사의 경험을 발판 삼아 보다 완벽한 상품과 개선된 마케팅 프로그램으로 공략할 것인지 결정을 내려야 한다.

4.3 장미에 이름이 없다면

결혼을 하고 첫 아이를 얻었을 때 느끼는 기쁨은 경험해 보지 못한 사람으로서는 가늠하기 힘든 감동이다. 그리고 이 감동 바로 뒤에는 한 아이의 일생에 영향을 미칠 중대한 결정이 기다리고 있다. 바로 작명이다. 부르기는 쉬운지, 아이들의 놀림감이 되는 것은 아닌지, 글로벌 시대에 적합한 이름인지, 혹은 사주팔자에 나쁜 영향을 미치는 것은 아닌지 등등 고민거리가 한둘이 아니다. 더구나 부모라면 누구나 자녀가 성장해 자신이 좋아하는 분야에서 이 이름을 널리 날리기를 원한다.

이름은 사람에게만 중요한 것은 아니다. 기업에게도 그들의 이름, 즉 브랜드는 많은 의미를 지니며 기업의 정체성을 알리는 동시에 사업의 성패를 좌우하는 관건이 된다. 그 결과 많은 기업이 자신의 브랜드에 관심을 쏟고 있으며, 이제 우리 주변에서 세계인들이 인정하는 한국산 글로벌 브랜드들도 늘어나고 있다.

세계적인 브랜드 컨설팅 기관인 '인터브랜드'의 조사에 의하면 2014년 삼성전자와 현대자동차는 각각 세계 7위, 40위에 올라 있으며, 삼성전자의 브랜드 가치를 금액으로 환산하면 무려 450억 달에 달하는 것으로 평가된다. 글로벌 1, 2위 브랜드인 애플(1,186억 달러)나 구글(1,074억 달러)에 비하면 갈 길이 멀지만, 이름 값 하나로는 가히 천문학적인 숫자다.

이처럼 국내 브랜드들이 빠르게 국제적 명성을 얻은 것은 결코 우연이 아니다. 전 세계적인 경쟁 격화에도 불구하고 지속적으로 새로운 사업 분야를 발굴하고 그 가능성을 실현해 나간 것이 주요한 이유이며, 고객 만족에 힘써온 결과이다. 사랑과 신뢰를 받을 수 있는 브랜드가 되기 위해 국내외 글로벌 기업들의 노력은 계속되고 있다.

브랜드의 역사 __ 그리스의 항아리부터 네슬레의 둥지까지

이처럼 기업의 강력한 무형 자산인 브랜드가 언제부터 시작된 것인지에 대해서는 정확히 알려진 바는 없지만, 마케팅이 등장하기 훨씬 이전부터 사용돼 왔을 것으로 생각된다. 브랜드(brand)라는 단어는 '불태우다'를 의미하는 고대 바이킹족의 단어인 'brandr(불에 달구어지다, 화인하다)'에서 파생했는데, 과거 자기 소유의 물건이나 가축에 낙인을 찍던 관행에서 유래했을 것으로 생각된다. 보다 가까이는 16세기 초 영국의 위스키 제조업자들이 불에 달군 쇠로 위스키 나무통 위에 인두를 찍는다는 의미의 영어인 'burned'에서 유래했다고도 한다.

그러나 여러 문헌을 살펴보면 실제 오늘날의 브랜드와 유사한 개념이 등장한 시기는 그보다 더 오래전인 BC 7세기경으로, 그리스의 상인들이 항아리에 자신의 브랜드를 부착해 사용한 것이 최초로 기록되고 있다. 그 후 중세 유럽 도시국가의 상인들이 저급한 모방 제품과 구별하기 위해 제품에 브랜드를 부착하였으며 이를 통해 자신과 고객들을 보호했다고 한다. 이처럼 브랜드의 기원은 고대의 한 통치자가 나라에서 생산한 제품에 문제가 있을 때 그 책임 소재를 분명히 하기 위해 제품에 생산자 이름을 밝히도록 한 것에서 유래했다는 것이 통설이다. 우리나라 역시 고려시대나 조선시대에도 국가가 소유한 도자기의 생산지를 알리기 위한 표식이 사용된 바 있다. 이러한 표시는 제품의 출처 즉, 제조원이나 원산지를 증명하는 것으로 특정 도공의 제품을 구매하려는 사람들에게는 중요한 정보로 작용했을 것이다.

한편 그리스와 로마시대 이전부터 브랜드를 사용해 제품을 식별하는 방법 이외에도 제품을 판촉하는 여러 가지 방법이 사용됐다. 대부분 신발을 만드는 사람, 옷을 재단하는 사람이 어느 곳에 살고 있다는 식의 단순한 메시지를 일반 대중에게 알리는 방법이었지만, 그리스인들의 경우 선박들이 특수한 화물을 싣고 부두로 들어오면 도착을 알리는 신호로써 도시 전체에 울려 퍼지는 나팔을 사용하기도 했다. 이러한 현상이 현대적으로 발전한 것이 자신의 이름이 적힌 간판을 점포에 부착하는 형태다. 또한 오늘날 브랜드 로고의 모태가 된 그림과 같은 회화적 요소도 많이 사용되었는데, 중세시대까지는 많은 잠재적 구매자가 글을 모르는 문맹자들이어서 오직 그림에 의해서만 특정 제품을 식별할 수 있었기 때문이다. 이 같은 방식이 효과적임이 밝혀져 오늘날까지 두루 쓰이고 있다. 미국의 석유회사 쉘(Shell)은 심벌마크로 조개껍질을, 네슬레(Nestle)는 새의 둥지(nestlings)를 사용하고 있다.

브랜드의 의미 __ **삼성 SM3와 닛산 블루버드**

셰익스피어는 '장미에는 어떤 이름을 붙이더라도 그 향기는 변함이 없다'라고 이야기했다. 사물의 본질이 중요하지, 이름이나 형식은 중요하지 않다는 말이다. 하지만 이 명언은 적어도 브랜드에 대해서만큼은 통용되지 않는다. 현대 마케팅의 세계에서는 똑같은 제품이라도 어떤 이름을 붙이느냐에 따라 가치가 달라지는 경우가 매우 많다. 한 예로 삼성 SM3와 닛산 블루버드는 기본적으로 거의 구분하기 힘든 디자인에 같은 차대를 사용한 쌍둥이 차지만, 가격이나 이미지는 크게 차이난다. 이처럼 브랜드는 상품에 차별적 가치를 부여하는 역할을 하고 있다.

기본적으로 브랜드는 판매자가 자신의 상품을 다른 판매자의 상품과 구별하기 위해 붙인 이름이나 문자, 기호, 도형 등의 상징물을 의미한다. 하지만 단순히 생산자가 일방적으로 강요한다고 해서 브랜드에 대한 충성도가 형성되지는 않는다. 오히려 소비자의 마음속에 그 브랜드가 어떻게 받아들여지는지가 더욱 중요한 요인이다. 제품은 공장에서 만들어지지만 브랜드는 바로 소비자의 마음속에서 만들어지기 때문이다. 즉 강력한 브랜드를 가지고 있다는 것은 고객의 마음을 강렬하게 사로잡았다는 것을 의미한다. 강력한 브랜드만 있다면 태풍이나 지진이 일어나서 공장이나 빌딩, 기계 설비 등이 모두 사라져도 기업은 자신의 브랜드를 담보로 자금을 빌릴 수도 있고 사업을 재개할 수도 있다. 무형의 브랜드는 유형의 자산보다 더 크고 오래가는 가치를 가지고 있는 것이다.

특히 최근에는 생산 시설 없이 운영하는 소위 '공장 없는 기업'이 급증하고 있다. 굴지의 전자업체인 삼성이나 LG, 소니도 점차 자체 공장을 없애거나 줄이면서 저렴한 인건비의 중국, 인도의 생산 공장에 외주를 주는 체제로 돌아서고 있다. 국내의 셋톱박스 생산 전문 기업 휴맥스도 이러한 추세에 동참하고 있다. 이들 기업들이 이런 결정을 내릴 수 있는 것은 기업의 핵심 자산이 공장이 아니라 구매를 가능하게 하는 고객의 브랜드 사랑이기 때문이다.

브랜드 자산 __ TOM 브랜드가 되어야

브랜드의 중요성이 강조되면서 브랜드를 장기적인 기업 경쟁력의 원천으로 보려는 시각이 일반화됐다. 즉 브랜드를 하나의 자산(brand equity)으로 보게 된 것이다. 소비자들이 특정 브랜드를 알고 있거나 그 브랜드에 사랑을 보내는 것이 시장 성과에 긍정적이고 차별적인 영향을 줄 수 있다는 믿음이 확산된 것이다.

광고회사 영&루비컴은 이러한 브랜드 자산을 측정할 수 있는 모델을 제시했는데, 브랜드 자산이 높아지려면 차별성(differentiation), 관련성(relevance), 지식(knowledge), 존경(esteem)이 필요하다고 한다.

우선 차별성이 중요한 이유는 브랜드는 다른 경쟁 브랜드와 비교해 두드러진 차이점이 있어야 하기 때문인데, 이러한 차이점은 상품이 제공하는 가치나 연상되는 이미지, 로고 모양 등에서 발견할 수 있다.

또한 좋은 브랜드는 소비자의 숨겨진 욕구를 충족시키는 능력이 있어야 한다. 단지 좋은 이름만으로는 좋은 브랜드가 될 수 없으며, 본원적 요구나 사회적, 심리적 욕구를 잘 충족시킬 수 있는 품질과 가치가 있어야 한다.

지식 역시 중요한 요인이다. 소비자가 해당 브랜드에 대해 많이 알면 알수록 강력한 브랜드 자산을 구축할 수 있다. 소비자에게 고려 상표군으로 자리 잡는 것은 물론이고 더 나아가 머릿속에서 가장 먼저 떠오르는 최초 상기(TOM: Top of Mind) 브랜드가 되어야 한다.

또한 기업의 사회적 책임이 중요시되면서 소비자에게 브랜드가 존경을 받을 수 있을 때 그 브랜드는 결코 경쟁자가 넘볼 수 없는 영혼적인 위치를 확보할 수 있게 됐다. 존경받는 브랜드가 되려면 고품질의 상품을 제공해야 하는 것은 물론이고 사회적 책임을 인식하고 수행하며, 높은 도덕적인 기준을 준수해야 한다. 세계의 유수 기업들은 세계에서 가장 존경받는 기업이 되기 위해 오늘도 브랜드에 영혼을 담는 다각적인 시도를 하고 있다.

브랜드 이미지 __ 써니10과 다이엔35

브랜드 자산은 주식 시장이나 기업 내부가 아니라 소비자 마음 안에서 일어나는 문제이기 때문에, 브랜드 자산이 소비자의 마음속에서 어떻게 구축되는지 이해해야 한다. 우선 소비자가 브랜드에 대해 전혀 들어본 적도 없다면 그 브랜드에 대한 이미지나 선호와 같은 것은 생길 수도 없을 것이다. 따라서 브랜드를 알고 있는 것이 브랜드 자산의 전제 조건이다. 그러나 독특하고 강력한 브랜드가 되기 위해서는 단순히 소비자가 브랜드를 알고 있는 것만으로는 충분치 않다. 그보다는 해당 브랜드가 소비자에게 얼마나 호의적인 연상을 주는지와 같은 브랜드 연상이 중요한 이슈가 된다.

제품의 품질이나 제조 국가, 광고 모델, 기대할 수 있는 혜택, 용도, 사용자, 경쟁 브랜드, 가격, 판매 장소 등 다양한 브랜드 연상이 있을 수 있다. 이들 연상 중에는 유리한 것도 있지만 불리한 것도 있다. 예를 들어 국내 장수 브랜드인 박카스는 젊음의 선택, 건강, 체력 강화 등 긍정적인 연상도 있지만 과다한 카페인, 약품, 진부함과 같은 부정적인 연상도 가지고 있다. 따라서 가능하면 긍정적인 연상을 강화하고 부정적인 연상을 감소시키는 것이 브랜드 이미지 관리의 핵심 과제가 될 것이다.

연상의 차이가 어떻게 인식의 차이를 만들 수 있는지 써니10과 다이엔35라는 브랜드를 비교해 보자. 두 브랜드 모두 10대를 타깃으로 하는 상품이다. 써니10은 10대가 좋아하는 톡 쏘는 탄산의 맛을 지녔으면서 동시에 10%의 과즙을 함유하고 있다. 그래서 써니10이다. 누구나 쉽게 연상할 수 있다. 그러나 10대를 위한 여드름 약인 다이엔35는 다소 의아한 이름이다. 35는 이름도 들어본 적 없는 '에치닐 에스트라디올'이라는 특수 성분이 35mg 들어 있다는 의미다. 이 이름은 35세를 위한 여성 의약품이라는 이미지를 강하게 풍긴다. 사실과 상관없이 그렇게 연상된다.

따라서 브랜드를 만들 때는 항상 고객의 입장에서 뒤집어 생각하는 아웃사이드 인(outside in)의 자세가 필요하다. 회사의 연구진이나 내부 개발자의 의견이 아니라 고객이 어떻게 받아들일 수 있는가의 기준에서 철저하게 고객 중심으로 브랜딩이 이루어지고 이미지가 개발돼야 한다.

브랜드 개성 __ 에쿠스를 탄 30대 샐러리맨?

그러나 좋은 연상만으로도 충분치 않기 때문에 오늘날에는 브랜드에 사람들이 좋아할 만한 인간적인 개성을 부여하는 것도 하나의 트렌드다. 이것을 브랜드 개성(brand personality)이라고 한다. 우리는 에쿠스 승용차를 생각하면 자연스럽게 성공한 중후한 연령대의 남성 사업가나 기업의 중역 이미지가 연상되고, 아반테를 생각하면 평범한 30대 샐러리맨 김 대리가 연상된다. 그런가 하면 뉴 비틀은 섬세하고 도시적인 여성 운전자를 연상시킨다. 이처럼 브랜드들은 각각 독특한 개성과 관련한 이미지를 갖고 있다.

브랜드 개성은 소비자들이 브랜드를 통해 자신의 개성을 표현할 수 있는 유용한 수단이 되기 때문에 브랜드 자산을 확장하는 데 유용한 역할을 한다. 우선 소비자들은 다양한 정보가 주어졌을 때 자신에게 익숙한 정보를 보다 잘 기억하는 경향이 있다. 만약 특정 브랜드의 개성이 자신의 개성과 유사하다면 해당 브랜드를 더 잘 기억하고 그렇지 않다면 아예 거부할 수도 있을 것이다. 표적 고객층과 일치하는 브랜드 개성을 개발할 수 있다면 그만큼 고객에게 선택될 가능성도 높아진다. 또한 소비자들은 자신과 비슷한 개성을 지닌 브랜드를 더 좋아하는 경향이 있다. 예를 들어 자신이 보수적이라고 생각하는 소비자는 보수적 성향이라고 생각되는 조선일보나 동아일보를 선호하지만, 자신이 진보적이라고 생각한다면 진보적 성향의 경향신문이나 한겨레신문을 선호할 것이다.

보다 구체적으로 제니퍼 아커(J. Aaker)는 다양한 브랜드가 크게는 5개 범주의 개성 요인을 가질 수 있다고 하면서, 브랜드의 빅(Big) 5 요인을 주장했다. 브랜드의 빅 5 요인은 진실성, 흥분성, 능력, 세련성, 강인함이다.

진실성은 전통, 가족 지향적, 정직함, 진실함, 건전함, 사려 깊음 등의 성격과 관련 있는 개성이다. 주로 가족을 대상으로 하는 제품에서 발견되는데 청정원이나 풀무원 같은 전통식품, 이마트, 소나타 등의 브랜드에서 찾아볼 수 있다.

흥분성은 과감함, 활달함, 외부 지향적임, 상상력, 현대적임 등의 성격과 관련 있는 개성이다. 주로 젊은 층을 대상으로 하는 활동적인 제품에서 많이 발견되는데 처음처럼, 엑스박스, 포르쉐, 페라리, 피닉스파크 등의 브랜드에서 찾아볼 수 있다.

능력은 신뢰성, 성공, 업적, 성취, 지적인 분위기 등의 성격과 관련 있는 개성이다. 주로 전문성이 요구되거나 성공의 상징이 되는 제품에서 발견되는데 발렌타인 31년산, 비자카드, 시티뱅크, 뉴스위크, IBM, 프랭클린 플래너 등의 브랜드에서 찾아볼 수 있다.

세련성은 상류층, 정교함, 매력적임, 도도함 등의 성격과 관련 있는 개성이다. 주로 여성적이고 고학력, 고소득과 관련한 럭셔리 제품에서 발견되는데, 샤넬, 몽블랑, 랑콤, 에르메스 등의 브랜드에서 찾아볼 수 있다.

강인함은 야외 활동, 거침, 터프함, 서부적임 등의 성격과 관련 있는 개성이다. 주로 남성적인 제품에서 발견되는데, 말보로 담배, 할리 데이비슨 오토바이, K2 등 등산장비, 코란도, 짚 등 SUV 차량의 브랜드에서 찾아볼 수 있다.

스토리가 있는 브랜드 __ 애플, 벌레 먹은 사과의 유래

브랜드가 소비자들에게 보다 친근하고 의미 있게 다가서기 위해서는 단편적인 이미지나 개성 못지않게 브랜드 특유의 스토리가 결부돼야 한다. 그래서 많은 기업이 의도적으로 브랜드 스토리를 모으거나 창출하기도 하고, 사용자들이 관련된 이야기를 상상할 수 있도록 브랜드에 미스터리를 남겨 놓기도 한다.

애플 컴퓨터의 브랜드 상징물인 벌레 먹은 사과 로고의 유래에 대해서 많은 검증되지 않은 이야기가 있다. 혹자는 독일의 암호 체계인 이니그마를 풀어 2차 대전을 승리로 이끌어 낸 저명한 컴퓨터 암호학자이면서 동시에 그 당시에 용납되지 않았던 동성애자였던 '튜링'이 청산가리를 넣은 독 사과를 먹고 자살한 사건을 기려 애플 컴퓨터 창업자들이 발상했다고 주장한다. 어떤 이들은 떨어지는 사과를 보고 만유인력을 발견한 뉴턴의 일화에서 유래했다고 주장하기도 한다. 이에 대해 애플이 공식적인 자료를 내놓은 적이 없기 때문에 어떤 주장이 맞는지는 알 수 없다. 다만 그 사과가 평범한 사과는 아닐 것이라고 생각하게 된다.

이제 한국에서도 에너지 드링크는 손쉽게 구할 수 있는 음료수이다. 단순히 갈증을 해결해 주는 것이 아니라 지친 몸에 자극과 활력을 제공해 주는 드링크류인데, 1987년 오스트리아에서 탄생한 레드불(Red Bull)은 이 분야에서 전 세계적인 베스트셀러. 처음 이 레드불이 소개됐을 때 사용자들 사이에 은밀한 소문이 돌았다. 제품 성분 중에 마약 성분이 다량 포함되어 있으며, 소의 생식기인 고환이 주된 재료라는 것이다. 그다지 좋은 내용은 아니었지만 소문이 퍼지면서 오히려 더 많은 젊은이들이 이 제품에 호기심을 갖고 구매하기 시작했다. 특히 나이트클럽에 가거나 친구들과 파티를 할 때면 일종의 의식이나 제례처럼 어김없이 콜라나 다른 탄산음료가 아닌 레드불을 찾게 된 것이다.

물론 이러한 소문은 대부분 진실이 아니다. 사실 레드불의 주성분은 국내 제품인 박카스와 대동소이하며, 다량의 타우린 성분이 들어 있을 뿐이었다. 그러나 위와 같은 소문은 끊이지 않았으며 미국이나 아시아 지역으로 시장을 확대할 때에도 큰 이슈를 불러일으켰다. 실제로 이 제품이 보따리 장사들을 통해 국내에 들어

왔을 때 마약 소동이 일기도 했다. 2009년에도 식품의약품안전청이 마약 성분인 코카인이 함유된 것은 아닌지 의심된다며 판매를 금지하고 제품 조사에 착수했는데, 결과적으로 코카인은 검출되지 않았고 브랜드에 대한 의혹과 관심만 증폭시켰다.

애플이나 레드불 모두 이렇게 떠도는 소문에 대해 공식적이고 명확한 진실을 밝히기보다는 이를 미스터리로 남겨놓고 즐기는 쪽을 택했다. 회사에서 답변을 하는 순간 미스터리는 사라지고 사실만 남게 되는데, 재미없고 지루한 역사의 한 페이지가 되기보다는 소비자들에게 수수께끼로 남겨 놓는 것이 브랜드의 생명력을 키우는 데 더 도움이 된다고 판단했을 것이다. 브랜드는 소비자의 관심이 지속적으로 유입되지 않고는 살 수 없는 '시샘쟁이'인 것이다. 이처럼 강력한 브랜드가 되기 위해서는 끊임없이 소비자의 관심과 호기심을 불러일으킬 수 있는 감성적인 스토리가 있어야 한다. 그런데 삼성, LG 같은 한국의 글로벌 브랜드들은 빠른 성장에도 불구하고 신비감을 주는 스토리가 너무 없어 아쉽다.

5장

가격이란 무엇인가?

5.1 정가도 할인도 없다

5.2 가격에 강해지는 비밀

가격은 기업과 소비자들에게 다소 다른 의미를 가지고 있다. 기업에게는 이익을 실현할 수 있는 직접적인 수단이 되지만, 소비자들에게는 지불해야 하는 비용으로서의 성격을 가지고 있다.

그래서 실제 시장에서의 가격은 양자의 이해가 모두 반영되어서 결정되는데, 그 기준이 되는 것이 바로 상품의 지각된 가치다. 똑같은 상품일지라도 소비자들이 어떤 가치를 부여하느냐에 따라 각기 다른 가격이 형성되므로 경제학에서 설명하는 일물일가의 법칙은 애당초 성립하지 않는다.

특히 소비자의 지각이 중요해짐에 따라 실제로 가격은 제조 원가보다는 소비자의 심리에 따라 다르게 인식되는 일이 빈번하게 발생한다. 기업들은 이러한 소비자의 심리적인 가격 인식을 적극 활용해 가격을 책정하고 있으며, 더 나아가 가격 전략을 통해 시장의 지배력을 넓혀 나가기도 한다.

5.1 정가도 할인도 없다

모든 숫자는 강력하고 치명적인 힘이 있다. 숫자로 제시되는 정보는 보다 쉽게 사람들의 호기심을 자극할 수 있을 뿐만 아니라 손쉽게 그들의 신뢰를 얻는다. 숫자만큼 짧고 강력한 단어는 흔치 않다. 그래서 숫자는 더욱 위험하다. 특히 상품의 가격에서 숫자는 지불해야 하는 돈 이상의 의미를 지니는 경우도 많다.

국내 화장품의 가격을 살펴보자. 노화 방지, 미백 등 특수한 효능을 내세운 화장품들이 등장하면서 가격이 천정부지로 오르고 있는데, 고가일수록 더 좋다는 소비자의 가격에 대한 생각이 이러한 현상의 주요한 원인이다. 시세이도가 국내에 출시한 한 노화 방지 크림은 작은 용량(40ml) 한 병에 그 가격이 160만 원이나 한다. 하지만 가격이 이렇게 비싼데도 하루에 20병 가까이 팔린다고 한다. 다른 경쟁 기업들도 100만 원을 넘는 고가 제품들을 경쟁적으로 내놓고 있다. 이미 화장품 한 병이 50인치 평판 TV 한 대 값을 넘은 지 오래다. 제조사들은 이들 제품에 특수 성분이 함유돼 원가가 올라 고가일 수밖에 없다고 설명하지만 가격이 지나치게 비싸다는 지적은 끊이지 않는다.

반면에 재래시장에 가면 콩나물값 100원을 깎기 위해 실랑이를 벌이는 어머니들을 그리 어렵지 않게 만날 수 있다. 대형 마트에서도 가장 손님이 몰리는 곳은 역시 세일하는 상품 코너 앞이다. 이곳에서만큼은 소비자들이 가장 민감한 것이 상품의 가격인 것처럼 보인다. 이 두 사례만 놓고 보면 도대체 싼 가격이 좋은 것인지, 비싼 가격이 좋은 것인지 일관성이 없어 보인다.

이를 이해하기 위해 우선 가격이 가지는 진정한 의미를 기업과 소비자의 입장에서 이해해야 한다. 기업의 입장에서 보면 가격은 이익을 실현하기 위한 직접적이며 구체적인 수단이다. 기업은 적정한 가격을 책정함으로써 이익을 누릴 수 있고 기업의 지속적 생존 기반을 확보할 수 있으며 상품 개발이나 광고와 같이 비용이 소요되는 다른 마케팅 활동을 가능하게 해 준다. 가격을 변경하면 기업의 수익성과 같은 성과에 즉각적으로 영향을 미친다. 또한 시장 초기에 가격을 책정하기는 쉬워도 일단 소비자들이 가격대를 인지한 이후에는 이를 철회하기가 어렵기 때문에 매우 신중하게 결정해야 한다.

그러나 소비자의 입장에서 보면 가격은 기업의 입장과 정반대로 원하는 것에 대한 대가로 지불해야 하는 비용으로서 이해된다. 자신에게 큰 혜택이나 가치를 제공한다면 보통 더 많은 비용을 지불할 마음이 있지만, 그렇지 않다면 더 적은 비용을 지불하고 싶어 한다.

이렇게 가격에 대한 기업과 소비자의 상반된 입장은 적정한 가격을 결정하는 기본적인 원리로 작용하게 된다. 가능한 한 더 많은 수익을 올리려는 기업의 노력과, 가능한 한 더 적은 비용을 지출하려는 소비자의 노력이 서로 결부되면서 가격이 형성되는 것이다. 여기서 가격을 결정하고 제시하는 것은 기업의 권한이지만 이를 수용하는 것은 소비자의 권한이다. 아무리 기업이 가격을 높게 정하더라도 소비자가 구매를 하지 않으면 그 가격은 아무 의미가 없다. 하지만 이렇게 더 많은 수익을 올리려는 기업의 노력과 더 적은 비용을 지불하려는 소비자의 노력이 항상 상반되게 작용하는 것만은 아니라는 것을 고가 화장품의 사례는 보여 주고 있다. 어떻게 이러한 현상이 가능한지를 이해하기 위해서 우선 가격의 결정 방식을 살펴보자.

가격의 결정 __ 샤넬 핸드백과 남대문시장 핸드백

세일을 하는 점포를 지나가다 보면 폭탄 세일, 50% 할인 같은 자극적인 광고 문구를 흔히 접할 수 있다. 정가에서 할인을 한다니까 저렴하긴 저렴한 것 같지만 그다지 미덥지는 않다. 저렇게 자주 세일을 하는데 애당초 정가, 즉 정해진 가격이 무슨 의미가 있을까 싶기도 하다.

가격을 결정하는 방법에는 여러 가지 대안이 있지만 흔히 사용하는 것은 크게 원가 기반 가격 결정, 경쟁 기반 가격 결정, 그리고 가치 기반 가격 결정이다.

우선 원가 기반 가격 결정에 대해서 알아보자. 보통 원가는 기업이 용납할 수 있는 가격의 하한선의 역할을 한다. 어느 기업도 원가 이하로 제품을 판매하면서 지속적으로 살아남기란 매우 어렵기 때문이다. 그래서 기업 대부분은 원가를 먼저 계산하고 나서 여기에 기업 생존에 필요한 일정 비율의 마진을 더함으로써 가격을 결정한다. 예를 들면 볼펜 하나를 제조하는 데 100원의 원가가 들어간다면 여기에 50%의 마진을 덧붙여 150원에 판매할 수 있을 것이다. 이를 원가 기반의 가격 결정이라고 한다.

이때 고려해야 하는 원가는 크게 두 가지다. 즉 고정 원가와 변동 원가인데 기업이 이 중 어느 원가를 더 많이 사용하고 있는 구조를 가지고 있는가는 가격 정책에 결정적 영향을 미친다. 고정 원가는 생산량이나 매출이 증가하거나 감소하는 것과 무관하게 계속적으로 발생하는 비용을 말하며, 건물 임대료, 정규직 직원의 급여, 기계 설비 및 장치 등을 포함한다. 반면에 변동 원가는 생산량, 매출의 증감에 따라 밀접하게 변동하는 비용들을 말하며, 재료비, 광고판촉비, 임시직 직원의 급여 등을 포함한다.

그런데 고정비의 비중이 상대적으로 큰 정유, 철강 산업과 같은 설비 기반 산업이나 항공, 철도 등 운송업 등은 수요의 증감에 따라 생산량을 조절하는 것이 쉽지 않을뿐더러 현명한 방법도 아니다. 수요가 일시적으로 줄었다고 공장을 허물거나 용광로를 멈출 순 없다. 공장이나 기계 설비 등은 매년 회계 장부상의 가치가 줄어드는 감가상각이 발생하기 때문에 가격이 싸졌거나 수요가 줄었다고 생산을 중단하고 있으면 설비나 시설에 대한 투자 비용을 회수할 수 없을 뿐만 아니라 생산 중단을 위한 모든 활동 그 자체만으로도 상당한 추가 비용이 든다. 그래서 과다한 경쟁으로 가격이 폭락하더라도 울며 겨자 먹기 식으로 계속 출혈 경쟁을 하는 일이 빈번하다. 반도체, 항공, 통신 산업 등에서도 이러한 현상이 쉽게 목격된다. 그러나 변동비의 비중이 큰 일반 소비재 산업은 보다 용이하게 생산량을 수요 증감에 맞게 탄력적으로 조절해 대응할 수 있고 원가 인상분을 손쉽게 가격에 반영할 수 있기 때문에 수요에 맞추어 비교적 안정적으로 가격을 유지할 수 있다. 샴푸, 비누, 과자 등이 그 예다.

그러나 원가에 기반을 둔 가격 결정은 전반적으로 시장에서의 고객의 반응을 무시하고 기업 중심으로만 접근한다는 한계가 있다. 또한 추가로 이익을 창출할 수 있는 기회를 놓칠 수도 있다는 약점이 있으며, 명품 브랜드와 같이 제조 원가가 비슷한데도 가격에 큰 차이가 나는 현상을 설명하기 어렵다.

두 번째로는 경쟁에 기반을 둔 가격 결정 전략을 생각해 볼 수 있다. 가격을 결정하는 데 자사의 원가보다 중요한 것이 경쟁사의 가격 전략일 것이다. 만약 똑같은 원료를 사용해 똑같은 품질의 상품을 판매함에도 불구하고 경쟁사가 더 저렴한 원료 공급처를 발굴해서 상품을 저가격에 공급한다면 자사의 일방적인 원가 기반 가격 책정은 무의미해진다. 또한 신제품을 판매할 때 경쟁에 기반을 둔 가격을 책정함으로써 적정 가격과 마진에 대한 결정을 손쉽게 내릴 수도 있다.

경쟁에 기반을 둔 가격 전략은 시장에서 크게 두 가지의 상반된 결과로 나타나기도 한다. 하나는 경쟁 중인 기업들이 암묵적인 동조나 경쟁의 회피를 통하여 가격 경쟁이 최소화되어 상당 기간 가격이 변동 없이 안정되거나 동반 인상되는 경우이고, 다른 하나는 가격 경쟁이 극대화되어서 상대방의 패배를 목적으로 한 소모적 가격 인하로 치닫는 경우이다. 우선 가격 경쟁이 최소화되는 때는 시장에 경쟁하는 기업이 비교적 소수이거나 시장이 독과점의 형태를 띠고 있는 경우일 것이다. 만일 시장에 경쟁자가 너무 많다면 이들의 가격을 일일이 확인하기도 어려울 뿐더러 가격 수준도 상이하기 때문에 특정 경쟁사를 기준으로 가격을 설정하기가 매우 어렵다. 그러나 반도체나 철강, 정유, 제분, 제지 등 경쟁자가 비교적 소수인 분야에서는 경쟁 기반 가격 설정은 기업의 이익을 보장해 줄 수 있는 은밀한 방법이 되고 있다. 보통 시장에서 점유율이 가장 높은 선두 기업의 가격을 기준으로 다른 경쟁사들이 가격을 맞추면 수요가 급감하더라도 가격이 급락하는 것을 피할 수 있으므로 안정적인 시장 구조를 형성할 수 있고 불필요한 가격 경쟁을 방지하는 효과가 있기 때문이다. 그러나 이러한 가격 전략은 경쟁하는 기업들 간에 사전에 직접적 혹은 암시적인 교감이 있었을 경우 담합이라는 명백한 불공정 경쟁 행위로 간주돼 법적, 사회적 책임과 함께 막대한 과징금 등을 면하기 어렵다. 실제로 음료, 정유, 통신 등 소수의 기업이 독과점 형태로 존재하는 사업은 가격 담합에 대한 대가로 수백 억 원의 과징금을 무는 일이 최근에도 빈번하게 발생하고 있다.

이와는 반대로 공격적이고 파괴적인 가격 정책을 통해 경쟁사를 시장에서 완전히 몰아내려는 경우도 있다. 이는 현재 시장에서의 승리가 향후 미래 시장에서 상당 기간 동안의 독점적 지위를 보장할 수 있다고 판단될 때 현재의 단기적인 이익 정도는 기꺼이 희생하려는 공격적인 성향의 기업들이 등장함으로써 발생된다. 보통 개발에는 상당한 비용이 소요되지만 개발 이후의 추가 생산에는 큰 비용이 들지 않는 인터넷 포털, 콘텐츠, 소프트웨어 등의 산업에서 흔히 발견되는 전략이기도 하다. 큰 비용을 들여서 개발해 놓고도 강력한 경쟁자의 존재 때문에 그대로 시장에서 사장되느니 무료로라도 공급하겠다는 전략이다. 일례로 공개 소프트웨어인 오픈오피스는 마이크로소프트 오피스 프로그램과 거의 완벽하게 호환되지만 무료로 공급되고 있으며, 일간지와 경쟁해야 하는 온라인 뉴스나 지하철 무가지 역시 이러한 예일 것이다.

이들이 현재 무료에 가까운 가격을 제시할 수 있는 배경에는 소비자를 자기 상품에 고착되게 하는 학습 효과에 대한 기대와 더불어 자사 상품을 산업 내 표준으로 확립하려는 의도가 있다. 일례로 리눅스를 무료로 배포해 많은 사람이 사용한다면 그들은 리눅스의 사용법이나 리눅스에서만 운용될 수 있는 소프트웨어들에 익숙해져서 결국 다른 운영체제 소프트웨어로 옮겨 가지 못할 것이다. 비록 현재에는 무료이지만 나중에 충분한 이용자 집단이 형성된 이후에는 새로운 버전을 내놓거나 유료 옵션 등을 제공함으로써 수익 모델로 전환할 가능성도 기대할 수 있다.

인터넷 비즈니스에서도 이러한 경향이 강한데, 네이버의 메일이나 지식인 등 다양한 서비스들은 현재 국내 인터넷 서비스의 표준으로 정립되고 있으며 야후나 파란 등 한때 인기 있던 서비스들은 점차 사라지고 있는 추세다. 만약 이 같은 추세가 지속된다면 네이버의 지배적인 영향력은 더욱 커질 것이고 인터넷에서 발생 가능한 광고나 유료 서비스의 수입은 대부분 표준적 서비스 사업자의 차지가 될 것이다. 이처럼 승자가 이익 대부분을 가져갈 수 있는 산업 구조를 카지노 경제(casino economy)라고 하는데, 승자 독식의 특성이 큰 시장에서 경쟁사 대비 가격 전략은 가격 파괴적인 양상을 띠게 되는 것이다. 실제로 미국 포털 시장에서는 1기가 메일 서비스, 위성사진 서비스 등 다양한 서비스를 무료로 제공하는 구글의 압도적인 독점이 지속되면서 광고 수입의 쏠림 현상이 심화하고 있다.

세 번째로는 고객 가치 기반의 가격 결정 전략이 있다. 경제학에서도 '보이지 않는 손(invisible hand)'이라는 개념이 있듯이 결국 상품의 가격은 시장에서 결정된다. 즉 품질 대비 가격이 적정한지의 여부는 소비자들이 느끼는 가치에 따라 결정된다는 것이다. 소비자들은 품질이 높으면 기꺼이 더 높은 가격을 지불할 것이다.

그런데 여기서 상품의 품질이 무엇인지 생각해 볼 필요가 있다. 과거에 품질이란 제품의 내구성, 안전성, 성능 등 물리적인 품질을 의미했지만 이제는 물리적 품질보다 디자인, 브랜드, 이미지 등 감성적 품질이 더 중시되고 있다. 즉 고객이 제품을 구매할 때 기대하는 것이 단순한 물건 이상임을 알 수 있다. 우리는 이를 가치(value)라는 다른 이름으로 부르고 있다. 즉 가격은 소비자들이 지각하는 가치를 반영해 결정해야 한다. 소비자들이 제품을 구매할 때 기대하는 혜택이 가격에 반영돼야 하며, 비록 같은 재료로 만들어져 원가가 같은 제품이라도 큰 혜택을 주는 제품은 높은 가격을, 적은 혜택을 주는 제품은 낮은 가격을 받아야 한다는 것이다.

실제로 화장품의 원가 구성 중에서 원재료가 차지하는 비중은 미미하다고 한다. 그러나 그 화장품의 브랜드가 줄 수 있는 감성적 가치에 따라 가격은 10배 이상 차이가 나기도 한다. 명품으로 유명한 샤넬의 핸드백과 남대문 시장의 핸드백의 재료는 모두 같은 소가죽이지만 가격은 백 배 이상 차이가 나기도 한다. 샤넬이라는 명품 브랜드에서 기대할 수 있는 무형의 가치가 이러한 차이를 불러일으키는 것이다. 설악산에 있는 켄싱턴스타 호텔은 단풍이 드는 성수기와 비수기의 가격이

2배 이상 차이가 나는데, 이는 같은 호텔이라도 단풍 성수기와 비수기에 소비자가 느끼는 가치에 차이가 나기 때문이다.

가치 기반의 가격 전략은 기업들에게 보다 우수한 혜택을 보장하는 상품을 개발하도록 자극하는 효과도 있다. 정해진 원가 자체는 기업의 노력으로도 인하하는 데는 한계가 있지만 가치는 얼마든지 기업의 노력으로 증대시킬 수 있기 때문에 노력하는 만큼 이익을 향유할 수 있다는 점이 큰 매력으로 작용한다. 따라서 가치 기반의 가격 결정은 고객의 가치 증대가 곧 기업의 이익 증대로 이어지는 선순환 구조를 만들어 주기 때문에 고객과 기업 모두에게 가장 바람직한 가격 전략이라고 할 수 있겠다.

정가와 할인 __ 일물일가의 법칙?

이상의 고객 가치 기반의 가격 결정 방법을 이해한다면 정가와 할인이라는 것이 얼마나 유동적이고 상대적인 개념인지 파악했으리라 생각한다. 요컨대 정가란 기업이 자신의 상품이 고객의 가치를 충족시킬 것이라고 예상한 수준을 화폐 단위로 환산한 것에 불과하다. 즉 정가는 예상된 고객 가치다. 반면에 할인이란 기업이 예상한 고객 가치가 적절하지 않게 됨으로써 다시 고객 가치를 반영하는 활동이라고 할 수 있다. 즉 할인은 조정된 고객 가치다.

계절이나 유행을 극심하게 타는 숙녀복의 예를 들어 보자. 가을 숙녀복은 보통 여름이 맹위를 떨치는 8월부터 출시된다. 이때는 아직 가을이 시작되진 않았지만 미리 가을 옷 한 벌을 준비하고 싶은 소비자들이 많기 때문에 신상품이 줄 수 있는 고객 가치는 매우 크다. 생산 원가의 두 배가 넘는 마진을 붙이더라도 판매에 큰 어려움이 없다. 그러나 막상 가을이 깊어 가기 시작하면 이제 본격적으로 그 옷을 입을 수 있는 시간은 매일매일 줄어든다. 그만큼 고객 가치도 감소하게 되고 할인 폭도 30%에서 50%, 70%로 커진다. 그러다 겨울이 오면 그 옷은 더 이상 한 벌 단위 가격으로 판매되지 않고 다른 옷과 함께 무게로 달아 판매한다. 겨울에는 가을 옷을 아무리 싸게 샀더라도 8월 말에 샀던 만큼의 가치를 느끼기는 어렵다. 즉 소비자가 딱 느끼는 그만큼의 가치만큼 가격을 받는 것이다.

경제학에서는 동일한 상품은 동일한 시장에서 하나의 가격만 존재한다는 '일물 일가의 법칙'이 있다. 그러나 일물일가의 법칙은 실제 시장에서는 존재하지 않는 다. 정가나 할인 가격이라는 것도 결국 기업이 가격에 이름을 붙인 것에 불과할 뿐 이다.

신상품의 가격 전략 __ 프리미엄 폰과 공짜폰

가격을 결정하는 것은 어려운 일인데 특히 신상품의 가격을 결정하는 것은 더 욱 어려운 과제다. 신상품은 비교할 만한 경쟁 상품도 별로 없고 아직 사용해 보지 못한 고객에게 가치를 미리 물어본다는 것도 쉽지 않기 때문이다. 이때 기업은 크 게 두 가지 가격 전략을 선택할 수 있다. 초기에 높은 가격을 제시하든지, 아니면 낮은 가격을 제시하는 것이다. 이를 각각 시장 스키밍(skimming) 전략과 시장 침 투(penetration) 전략이라고 한다.

우선 초기에 고가격을 제시하는 시장 스키밍 전략을 살펴보자. 스키밍은 우유 를 잔에 따른 후 위에 떠 있는 가장 맛있고 고소한 지방층만을 걷어 먹는 것을 의 미한다. 즉 시장 스키밍 전략은 시장 초기에 높은 가격을 책정해서 초기 구매자들 을 대상으로 고수익을 누리려는 가격 전략이다. 삼성이나 애플이 생산하는 스마트 폰의 경우 신제품의 경우 비싼 가격에 팔리지만 단통법에 따라 18개월 정도가 지 나면 일부 제품이 반 값 이하 혹은 거의 공짜폰으로 팔리는 것을 볼 수 있다. 처음 신제품이 나왔을 때에는 높은 가격에도 불구하고 구입할 의사가 있는 소수의 소비 자들을 대상으로 판매를 하고, 일단 높은 가격에 구매할 의사가 있는 소비자 집단 의 구매가 어느 정도 완료되었다고 판단될 경우에는 이보다 다소 값을 낮추어 다 음 단계의 소비자들을 차례대로 공략하는 방식을 사용하고 있기 때문이다.

그러나 모든 기업이 이러한 시장 스키밍 전략을 채택할 수 있는 것은 결코 아 니다. 경쟁사가 상당 기간 동안 넘볼 수 없는 확고한 우위가 있어야만 가능하다. 또한 고가격을 가능하게 하기 위해서는 독점적 기술 외에 강력한 브랜드 자산의 지원이 필요하다. 만일 화웨이나 샤오미같은 중국의 저가 스마트폰 생산 기업들이 삼성이나 애플에 필적하는 최신 기술이나 디자인 개발 능력을 가지고 있다면 이런 고가격 정책은 근원적으로 불가능했을 것입니다. 소비자들이 그 가격을 수긍할 만한 충분한 브랜드 프리미엄이 있어야 한다.

스키밍 전략과는 반대로 시장 초기에 매우 낮은 가격을 제시해 신상품을 확산시킨 후 점차 시간이 흐름에 따라 상품의 가격을 올리는 시장 침투 전략이 사용되기도 한다. 미국에 진출한 현대자동차는 엑셀이나 엑센트와 같이 값이 싸고 이익도 별로 나지 않는 소형 차종 중심으로 수출을 했지만 점차 주력 모델을 아반테나 소나타 같이 수익성 높은 모델로 전환했고 최근에는 제너시스나 에쿠스 같은 최고급 브랜드의 확산에 주력하고 있다. 그러나 이 브랜드들은 렉서스나 벤츠 등에 비해 인지도가 떨어지기 때문에 상대적으로 저렴한 가격으로 출시될 수밖에 없었다. 시장 침투 전략은 단기적인 이익을 과감하게 희생하는 대신 장기적인 시장점유율 확대를 추구하는 기업의 가격 전략인 것이다.

시장 침투 전략이 효과적이려면 특히 다음과 같은 조건들이 필요하다. 우선 상품을 생산하고 공급하는 데 규모의 경제(economy of scale)가 발생할 수 있어야 한다. 다시 말해 생산량이 늘어날수록 원가가 급격하게 떨어질 수 있다면 저렴한 가격에도 불구하고 판매량 증대에 따라 수익성은 점차 개선될 수 있을 것이다.

상품의 네트워크 외부성(network externality) 효과도 중요한 요인이다. 네트워크 외부성이란 그 상품을 가지고 있는 사람이 많으면 많을수록 상품 본연의 가치가 증대하는 것을 말한다. 일례로 그래험 벨이 1876년에 최초의 전화기를 발명했을 때 그 전화기로 통화할 수 있는 상대는 고작 2층에 있는 다른 전화기 한 대뿐이었다. 그러나 오늘날은 전 세계 누구와도 통화가 가능해졌고 이에 따라 전화라는 상품의 가치는 획기적으로 커졌다. 이와 유사한 네트워크 외부성 효과를 보이는 상품은 팩스, 인터넷, 이메일, 배터리 사이즈, 키보드 자판 등 매우 다양하다.

또한 초기에 시장을 장악해 향후 업계의 표준으로 정착될 수 있는 경우에는 시장 침투 전략이 효과적이다. 초기에 저렴하게 공급한 상품이 더 나은 경쟁 상품에 의해 손쉽게 대체될 수 있다면 시장 침투 전략의 의의는 퇴색될 것이다. 그래서 기업들은 가능하면 소비자들이 처음 선택한 상품을 버릴 수 없고 재구매할 때도 같은 상품만을 구매하도록 하고 싶어 하는데, 이를 가능하게 하는 것이 표준화의 힘이다. 일례로 매킨토시의 운영체제가 마이크로소프트의 윈도우 시리즈보다 여러

면에서 진보했다는 것은 모두 알고 있지만 운영체제를 바꾸면 기존의 개인 문서 등을 열어 볼 수 없고 사용법도 다시 배워야 한다는 것이 애플에게는 큰 장벽이 아닐 수 없다.

5.2 가격에 강해지는 비밀

커피를 마시는 것은 단순한 차 이상의 의미가 있다. 바쁜 현대인의 일상에서 혼자 마시는 커피는 일상 전투를 앞두고 마시는 출정식의 의미를 대신하기도 하고, 같이 마시는 커피는 사람들을 이어 주는 연결 고리가 되기도 한다. 그래서 그런지 이제는 커피를 즐길 수 있는 공간들이 주변 어디에서나 쉽게 볼 수 있을 정도로 인기다.

더욱이 커피는 판매자의 입장에서만 봐도 상당히 매력적인 상품이 아닐 수 없다. 일단 맛있는 커피를 만드는 데 그다지 특별한 기술이 필요한 것도 아니고 가격에 비해 상품의 제조 원가가 상당히 저렴하다. 또한 많은 사람이 테이크아웃을 하기 때문에 넓은 매장도 필요 없다. 들어가는 원가는 비교적 적고 고객도 빠르게 순환하는 이 상품을 패스트푸드 업체 역시 놓칠 리 없다.

최근 맥도날드 등 기존의 패스트푸드 업체들은 줄어드는 햄버거와 청량음료 수요를 대체할 수 있는 새로운 수익원으로 커피와 관련 상품을 주목하고 있다. 스타벅스 등 유명 체인에서 판매하고 있는 커피 대부분이 4,000원 이상인 점에 착안해 거의 비슷한 커피를 2,000원대의 저렴한 가격에 내놓고 있다. TV 광고를 보면 상표는 가린 채 2,000원과 4,000원의 가격표가 붙은 커피를 고객들이 직접 선택하도록 하는데, 보통 사람들은 4,000원짜리가 유명 브랜드의 커피일 것이라고 짐작하고 이 커피를 더욱 맛이 있는 커피라고 선택한다. 그리고 다음 장면에서 해설자는 2,000원짜리나 4,000원짜리나 모두 맥도날드 커피임을 알려 준다. 소비자들에게 비싼 커피나 싼 커피나 맛이 똑같다는 것을 보여 줌으로써 고가 커피를 판매하는 기존 업체들을 선호하는 소비자의 마음을 바꾸려는 것이다.

하지만 이 광고는 사실 제대로 된 비교는 아니다. 만약 실험을 엄밀히 하고자 했으면, 실제 4,000원이라고 붙은 커피는 맥도널드 커피가 아니라 경쟁사 커피여야 정확할 것이다. 아니, 조금 더 재미있는 실험을 하려 한다면 상표를 가린 채로 2,000원이 붙은 잔에는 스타벅스를, 4,000원이 붙은 잔에는 맥도널드 커피를 넣었어야 한다. 만약 이렇게 했다면 결과는 달라졌을까? 아마 사람들 대부분은 실제 커피 브랜드와 무관하게 4,000원이 붙은 맥도널드 커피를 선택했을 것이다. 아무런 상표 정보가 없을 때 인간의 감각은 믿을 만한 정보원이 되지 못한다. 맛이나 향기 같은 감각은 주관과 감정이 개입돼 있는 결과로 그다지 신뢰할 만한 것이 아니다. 반면 가격이라는 숫자는 명확하고 확고한 신념을 심어 줄 수 있다. 이런 신념은 비싼 커피가 맛있다는 정보를 실제로 뇌에 전달한다.

맥도날드의 커피 광고는 소비자가 품질을 평가할 때도 가격이 중요한 정보가 될 수 있음을 확실하게 알려 주고 있다. 실제로 아무런 품질이나 향기의 차이가 없는 커피임에도 불구하고 소비자들은 더 비싼 것이 특별하다고 생각한다. 가격이 중요한 의사 결정 기준이 되는 것이다.

그런데 기업들은 경험을 통해 소비자의 이러한 특성을 소비자 자신보다 더 잘 알고 있으며, 이를 적극 활용해 더 많은 이익을 얻으려고 노력하고 있다. 즉 가격이 갖는 심리적인 효과를 고려해 다양한 방법을 활용해 가격을 책정하고 있다.

배보다 큰 배꼽 __ 프린터가 피자 한 판 값?

최근에는 기업 간 경쟁이 치열한 것을 실감하게 된다. 인터넷 전화 가입자를 유치하기 위해 10만 원이 넘는 전화기를 무료로 주는 것은 물론이고 무료 체험 기간도 제공한다. 그것도 모자라서 가입만 하면 현금으로 수십만 원을 그 자리에서 주겠다는 판촉도 곳곳에서 등장한다. 이동통신사들 역시 값비싼 휴대폰을 무료로 주기도 한다. 멋지게 사진 인쇄까지 할 수 있는 프린터도 웬만한 피자 한 판 값 정도면 바로 살 수 있고, 신문은 구독하면 보통 일 년은 무료로 준다는 유혹을 던진다. 유가도 오르고 물가도 하늘 높은 줄 모르고 오르는데 이렇게 고마운 기업들이 있다니 감사할 뿐이다. 부담 없이 바로 카드를 긁어 주는 것이 소비자로서 합당한 도리가 아닌가 싶다.

그런데 기업의 목적은 분명 이익 창출이라고 알고 있는데 이렇게 해도 괜찮을 까 하는 생각이 든다. 혹시 여기에 내가 모르는 추가적인 가격이 숨어 있는 것은 아닐까? 이렇게 눈에 보이지 않는 가격 중 하나가 바로 종속재(captive product) 가격이다.

종속재 가격 정책이란 일단 특정 상품을 무료로 혹은 매우 저렴하게 판매한 다음 그 상품을 계속 이용하는 데 필요한 부품이나 소모품, 서비스 등을 비싼 가격에 판매해 이익을 증대하는 것이다. 대표적인 상품으로는 휴대전화, 복사기, 프린터, 폴라로이드형 즉석카메라, 정수기, 공기청정기 등이 있다. 경쟁 심화로 PC, 반도체 등 IT 제품 대부분의 수익성이 급격하게 떨어진 최근에도 프린터 사업은 10~ 30%에 이르는 고수익을 누리고 있는데, 수익 대부분은 기기가 아닌 잉크나 토너 같은 소모품 판매에서 나온다고 한다. 실제로 잉크젯 프린터는 3~5만 원 정도면 쓸 만한 상품을 살 수 있지만 컬러와 흑백 잉크를 구매할 때는 보통 프린터 한 대 가격보다 더 비싼 비용을 지불해야 한다. 이처럼 본 상품이 아니라 종속재 상품을 통해 상당한 이익을 창출할 수 있다고 판단될 때 원가 이하로 상품을 판매한다.

따라서 소비자의 입장에서는 구매 당시의 가격보다는 그 상품을 사용하는 모든 단계에서 소요되는 총비용을 기준으로 구매를 결정하는 것이 보다 현명한 방법이다. 반면에 기업의 입장에서는 판매 당시의 가격보다는 고객의 생애 주기 전 단계에서 기대할 수 있는 이익으로 환산된 생애 가치를 고려해야 할 것이다.

싸게 보이는 전략 __ 9,900원 vs. 10,000원

소비자는 상품의 가격을 분석하는 계산기나 컴퓨터가 아니다. 단지 가격을 보고 막연하게 싸거나 비싸다는 느낌이 오는 대로 지각할 따름이다. 즉 기업은 자신의 이익에 큰 손실이 없도록 가격을 유지하면서도 더 저렴하게 보이도록 심리적인 전략을 활용할 수 있다.

이 중 가장 활발하게 사용하는 방법은 자투리 가격 책정(odd pricing)이다. 즉 가격이 딱 떨어질 때보다는 그렇지 않을 때 소비자들이 실제 가격 차이보다 더욱 저렴하게 느낀다는 점을 이용한 것이다. 예를 들어 장난감 가격이 10,000원일 때에는 조금 비싸다고 느껴서 구매할 때 고민을 많이 하지만 9,900원이면 실제 가격 차이는 단 100원인데도 소비자는 크게 차이 난다고 느낀다. 100원이라는 화폐 가치가 객관적으로 갖는 가격 인하 폭보다 더 큰 인하 폭을 심리적으로 느끼게 하는 것이다. 그래서 자투리 가격 정책은 일반 소비자를 대상으로 하는 다양한 소매 환경에서 활발하게 사용하고 있다.

특히 상품 가격이 싸게 보이는 것은 소비자의 지갑을 여는 과정에서 중요한 역할을 수행한다. 런던 비즈니스 스쿨 '길리언 쿠(Gullian Ku)' 교수는 eBay와 Amazon 같은 인터넷 경매 사이트에서 어떤 방식으로 경매 가격이 결정되는지에 관하여 연구를 진행하였는데, 경매의 시작인 입찰 가격이 낮으면 낮을수록 오히려 최종 낙찰 가격은 높아지는 현상을 발견하였다. 그 이전까지 많은 사람들의 상식으로는 낮은 가격에서 입찰이 시작되면 최종 낙찰 가격도 당연히 낮은 수준에서 결정될 것이라고 생각했는데, 오히려 정반대의 결과가 나타난 것이다. 그녀는 이런 현상이 발생된 이유에 대하여 3단계의 소비자 현상으로 설명한다. 우선 첫 단계로 낮은 입찰 가격은 부담이 없기 때문에 평소보다 많은 사람들이 경매에 참여하도록 유도할 수 있다. 그리고 두 번째 단계로, 많은 사람들이 경매에 참여했다는 것은 아직 경매에 참여하지 않은 사람들에게 제품의 품질이나 인기에 대한 사회적 증거로 작용하게 된다. 그 제품에는 무엇인가 특별한 것이 있거나 인기를 끌만한 이유가 있기 때문이라고 생각하게 되고, 결국 더 많은 입찰자들이 경매에 참여하게 된다는 것이다. 마지막 세 번째 단계로, 일단 경매에 참여한 사람들은 경매에 참여하는 노력이나 투자한 시간 등을 정당화하기 위하여 계속 경매에 참여하고자 하며, 결과적으로 높은 낙찰 가격을 형성하게 된다. 이 연구의 흥미로운 점은 제품의 가격이 단순히 제조 원가나 제품의 객관적 품질 수준에 의해서만 결정되지 않는다는 점을 간명하게 보여주었다는 것이다. 오히려 가격 결정은 소비자의 주관적 심리의 문제임을 실험을 통하여 다시 한 번 보여주었다.

옵션 가격 결정(option pricing) 방식도 소비자가 지불해야 하는 진정한 비용을 효과적으로 숨겨 준다. 이는 주력 제품을 판매해서 이익을 창출하기보다는 부가적인 상품 옵션이나 서비스 옵션을 통해 수익을 창출하려는 것이다. 예를 들어 소형 승용차의 가격은 처음에는 매우 저렴한 것 같지만 오토매틱 기어, 썬루프, 에어컨,

에어백 등 다양한 옵션을 추가하면 차량 가격의 절반에 가까운 비용을 추가로 지불해야 한다. 델 컴퓨터는 온라인을 통해 다른 곳보다 저렴한 가격으로 제품을 판매하고 있지만 국내의 다른 경쟁사들이 무상으로 제공하고 있는 3년간 AS를 받으려면 16만 원에 이르는 서비스 옵션 상품을 별도로 구매해야 한다. 옵션 가격은 옵션을 제외한 최초의 상품 가격을 저렴하게 보이도록 함으로써 소비자의 구매 결정을 손쉽게 이끌어 내는 효과가 있다. 이는 발 들여놓기(foot in the door) 협상 전략의 일종이다. 처음부터 옵션을 포함한 전체 가격을 제시하면 가격에 대한 부담감이 크지만, 먼저 옵션을 제외한 작은 금액을 제시해 소비자들이 쉽게 받아들이게 한 후 추가적인 가격을 제시하면 이를 거부하기 힘들다는 점을 활용한 것이다.

이상에서 살펴본 것과 같이 가격 역시 주관적인 판단 기준일 뿐이다. 절대적으로 싸거나 비싼 가격이라는 것은 존재하지 않는다. 대표적인 예로 준거 가격(reference price)은 현재 판매하고 있는 다른 상품들의 가격을 살펴보거나 과거에 구매했던 상품의 가격을 떠올림으로써 이루어질 수 있는데, 소비자들은 대개 이러한 비교를 통해 싸거나 비싸다는 지각을 한다. 가격의 인식은 비교에 의한 상대 평가인 것이다.

이를 활용해 기업들은 소비자를 손쉽게 조정할 수도 있다. 가상의 예를 통해 준거 가격으로 인해 어떻게 타협 효과(compromise effect)가 발생하는지 살펴보겠다. 노트북을 제조하는 AA기업이 아래와 같이 두 개의 다른 모델을 팔고 있다고 가정해 보자.

모델명	품질 수준(100점)	가격 수준(원)	이익률
A형	50점	60만 원	낮음
B형	60점	70만 원	보통

이렇게 A형과 B형 두 개의 모델을 판매하고 있다면 두 모델 간에 품질 수준의 차이가 그다지 크지 않기 때문에 일반적으로 소비자 대다수는 더 저렴한 A형 모델을 선호하게 된다. 하지만 A형은 저렴하면서도 품질은 괜찮은 모델이기 때문에

이익률은 매우 낮은 제품이다. 그래서 마케팅 매니저는 이익이 낮은 A형 제품보다는 B형 제품을 더 많이 팔고 싶어질 것이다. 그렇다면 어떻게 하면 B형 제품을 더 많이 팔고 수익성을 향상시킬 수 있을까? 그 해답은 아래 표에 나와 있다.

모델명	품질 수준(100점)	가격 수준(원)	이익률
A형	50점	60만 원	낮음
B형	60점	70만 원	보통
C형	80점	100만 원	높음

기존 상품들보다 품질과 가격이 높은 C형이라는 제품을 추가로 라인업에 포함시키는 경우를 생각해 보자. 대안이 두 개에 불과했던 과거에는 B형과 비교 시 A형을 선택하는 것이 합리적인 선택으로 비쳤겠지만, 대안이 세 개로 늘면서 상황은 달라진다. 새로 등장한 C형은 품질은 좋지만 가격이 너무 비싸게 인식되는 반면, A형은 성능과 가격 면에서 가장 떨어지는 열등한 상품으로 소비자의 인식이 바뀐다.

결국 사람들은 성능과 가격 모두 적당한 중간대의 B형을 가장 합리적인 상품으로 인식하게 될 것이다. 이처럼 상품의 비교 대상을 적절히 바꾸는 것만으로도 수익이 높은 상품이 잘 팔리도록 시장을 조정할 수 있다.

손실 혐오 다른 손님이 지금 사러 오고 있다?

사람들은 선천적으로 자기에게 이익이 되는 것을 좋아하고 손해가 되는 것은 싫어한다. 이것은 비단 사람뿐만 아니라 강아지, 소, 바이러스 등 모든 생명체의 특성일 것이다. 그런데 만약 길을 걷다가 오만 원권 지폐를 잃어버렸을 때와 똑같은 오만 원권 지폐를 길에서 주워서 불로소득이 생겼을 때 언제가 더 기쁘거나 슬플까? 만약 사람의 감정의 변화를 측정할 수 있는 기계가 있다면 언제 오만 원 때문에 더 큰 폭의 감정 변화를 겪게 될까?

노벨경제학상 수상자 트버스키 교수는 전망 이론(prospect theory)을 통해 이 문제를 설명한다. 그의 주장에 의하면 같은 금액의 손실이나 이득이 기대될 때 사람들은 일반적으로 손실은 더 심하게 싫어하고 회피하고 싶어 한다고 한다. 즉 위와 같은 일이 일어난다면 생돈을 잃어버렸을 때가 공돈을 주웠을 때 기쁨을 느끼는 정도보다 더 심하게 기분이 나쁘다는 것을 발견했다. 이처럼 이득을 보았을 때의 기쁨보다 손해를 보았을 때의 상실감이 훨씬 더 크다는 것을 증명했는데, 이를 '손실 회피(loss aversion)' 현상이라고 한다.

손실 회피가 실생활에 적용되는 예를 보자. 이제는 카드 사용이 보편화됐지만 여전히 카드보다는 현금을 선호한다. 일부 점포에서는 3~5%에 이르는 카드 수수료를 이유로 현금으로 내면 추가 할인을 제공하기도 한다. 그런데 만약 아래와 같이 두 가지의 다른 표현을 사용할 수 있다면, 어떤 표현이 현금 사용을 촉진하는 데 보다 효과적일까?

점포 A : 가격 1만 원, 단 현금 사용 시 500원 추가 할인
점포 B : 가격 9,500원, 단 카드 결제 시 수수료 500원 고객 추가 부담

이미 파악했겠지만, 점포 A와 점포 B의 가격은 사실상 아무런 차이가 없다. 그럼에도 불구하고 첫 번째 점포 A는 500원의 이득이 생길 수 있다고 인식될 것이며, 반대로 점포 B는 500원의 손실이 생길 수 있다고 인식될 것이다. 그래서 소비자들은 손실을 암시하는 점포 B의 문구에 더욱 민감하게 반응할 것이다. 같은 가격이지만 손실을 혐오하는 소비자의 마음이 가격에 대한 착시를 일으키는 것이다.

손실 혐오의 원리는 숫자로 제시되는 가격 이외의 분야에서도 강력한 효과를 발휘한다. 예를 들면 영업사원들이 자주 사용하는 설득 방법을 보면 '바로 지금 안 사면 기회가 없다,' 또는 '다른 손님이 지금 사러 오고 있다'와 같이 이야기하곤 한다. 이러한 말을 들으면 바로 전까지 느긋하게 물건을 고르던 구매자 우위의 상황이 역전되고 판매자 우위의 상황으로 바뀐다. 내가 상품을 사는 상황에서 상품을 잃을지도 모르는 손실 상황으로 역전된 것이다. 이 같은 상황에 직면하면 구매자는 해당 상품이 더욱 절실하게 필요해지는 것을 느끼고 서둘러 계약을 맺거나 구

매하게 된다. 혹시라도 판매원으로부터 이런 이야기를 들으면 한 귀로 흘려보내라. 상품이 없어서 못 사는 시대는 지났다. 오늘 못 사면 내일은 더 좋은 상품이 기다리고 있을 것이지만, 조급해진 마음에 이런 생각이 들 틈은 없다.

합쳐진 손실 __ 신용카드 청구서가 매일 날아온다면

이 세상에서 가장 위험한 돈이 있다면 어떤 돈일까? 다양한 연구 결과에 의하면 소비자가 가격을 지불하는 데 사용하는 화폐 중 가중 위험한 것은 바로 신용카드라고 한다. 실제로 미국 MIT 대학에서 실험한 결과를 보면 스포츠 경기의 티켓을 경매할 때 현금이 아닌 신용카드로 결제할 때 사람들은 경매 금액을 2배 가까이 높게 쓰는 경향이 있다고 한다.

당연히 신용카드도 현금과 마찬가지로 같은 돈이지만 사람들은 신용카드를 현금과는 조금 다른 시선으로 보고 있는 것 같다. 당장 지출이 눈에 보이지 않기 때문에 비용에 다소 둔감해지고 아울러 손실 회피도 그만큼 절박하지 않게 일어나기 때문이다. 지갑에서 현금이 빠져나갈 때는 지출하는 매 순간마다 상실감이 뼈저리게 나타나지만 신용카드는 청구서가 오는 월말에 단 한 번 상실감을 경험할 뿐이다. 그래서 그런지 신용카드로 구매할 때는 비싼 상품도 선뜻 구매하기도 하고 통도 더 커지는 것 같다.

이를 트버스키 교수는 다음 한마디로 매우 효과적으로 설명하고 있다. 가능한 한 이익은 나누어서 제공하고 손실은 합쳐서 제공하라는 것이다. 소비자가 이익이라고 생각할 만한 것은 여러 번 나누어서 제공함으로써 자신에게 유리하다는 것을 강조할 수 있다고 한다. 일례로 점포에서 반액 세일을 하는 경우를 살펴보겠다.

> 점포 A : 50% 폭탄 할인
> 점포 B : 40% 폭탄 할인에 10% 추가 할인

즉 점포 B처럼 표현하는 것이 소비자에게는 더욱 큰 즐거움으로 다가온다는 것이다. 반면에 손해인 경우에는 이와 반대라고 한다. 예를 들어 운전 중 안전벨트를 미착용하고 신호를 무시해 벌금을 두 번 내게 되는 경우를 살펴보겠다.

> **상황 A** : 안전벨트 미착용 벌금 고지서를 우편으로 받은 후 다음 날 신호 위반 고지서를 다시 우편으로 받음
>
> **상황 B** : 통합 고지서를 통해 안전벨트 미착용 벌금과 신호 위반 고지서를 동시에 우편으로 받음

이때 내야 하는 벌금의 총액은 차이가 없지만 상황 B가 상황 A보다 덜 아깝게 느껴진다는 것이다.

이제는 신용카드의 맹점을 이해했을 것이다. 과거에 신용카드가 없던 현금 결제 시절에는 한 달에 50번 구매한다면 매번 현금이 지출됨으로써 손실감을 50번 느끼는 것이 정상이었지만 이제는 고작 한 달에 한 번 고지서가 올 때 한 번만 손실감을 느끼는 상황으로 바뀌었다. 신용카드로 결제할 때는 다시 한 번 현실감을 가져야 할 이유다.

6장

유통이란 무엇인가?

6.1 직거래만 있는 세상?

6.2 유통의 비밀

6.3 창업 성공의 비밀

유통의 본질은 생산자와 소비자를 연결해 주는 중개의 기능이다. 이 양자 간의 거래에 개입함으로써 생산자의 시장 접근을 도와주고 소비자의 소비 활동을 촉진하게 되는데, 이 과정 중에서 기존 상품에 다양하고 새로운 가치를 부가한다.

유통 중개상 역시 수익을 창출해야 하는 하나의 기업으로서, 경쟁사보다 많은 고객을 끌어모으고 고객들이 더욱 자주 방문하고 더 많은 비용을 구매 활동에 지출할 수 있도록 다양한 하드웨어와 소프트웨어를 개선하고 있다.

아울러 개인의 창업이 늘어나면서 유통 기관의 하나인 자영소매상이 증가하고 있는데, 이들은 업종 선택이나 점포 전략, 운영 등에서 감당하기 쉽지 않은 많은 도전을 접하고 있다.

6.1 직거래만 있는 세상?

매년 김장철이 되면 아파트 단지에서는 도시와 농촌 간의 직거래 장터가 열리곤 한다. 최근에는 이런 직거래 장터가 농민 개인과 소비자 개인 간의 연결을 넘어 국가기관이나 지방자치단체가 적극 개입하기도 하는데, 일례로 최근 한국농수산식품유통 공사는 직거래페스티벌을 벌이거나 소비자 참여형 직거래 활성화 사업을 추진하였으며 충남도를 비롯한 다양한 지자체들은 농산물 역유통 사업을 추진하기 위해 노력하고 있다. 이는 농촌에서 도시로 향하는 농산물 유통의 방향을 반대로 바꿔 도시민이 농촌을 찾아 그곳에서 농산물을 구입하도록 하는 것으로 직거래와 같은 개념이다.

충남도는 이 사업이 과도한 유통 비용을 줄이는 동시에 도시민에게 저렴하고 신선한 농산물을 구입할 수 있는 기회를 제공할 것으로 판단해 주요 생산지마다 역유통 거점 마을을 선정하고 포장 상자 개발비, 택배비, 홍보비 등을 지원했다. 또한 이와 같은 직거래가 변화한 도시민의 여가 문화 트렌드에 적합할 뿐만 아니라 저비용 유통 시스템을 구축하는 계기가 될 것으로 기대하고 있다.

최근에는 농산물에서 홍게, 전복을 비롯한 수산물 및 축산물도 직거래를 통해 살 수 있으며 시중가 대비 저렴한 것이 주요한 장점이라고 할 수 있다.

직거래의 한계 __ 직거래하면 배춧값이 싸질까?

이렇게 직거래에 대한 관심이 증대하는 이유는 농식품의 가격을 접할 때마다 생산자는 물론 일반 소비자 역시 의아해 하는 경우가 적지 않기 때문이다. 현지에서는 생산 과잉으로 가격이 폭락한다고 연일 뉴스가 나오는데 어찌 된 일인지 도시 마트에서 파는 가격은 여전히 비싸기만 하다. 이런 뉴스를 접할 때마다 농민과 소비자 사이에서 유통업자가 중간에서 폭리를 취한다는 생각을 떨쳐 버리기 어렵다. 실제로 농산물 유통 비용이 농산물 소비자 가격의 절반 이상이라고들 하는데 사실 이것은 틀린 말은 아니다. 보통 농산물 소비자 가격의 절반 이상은 유통 과정을 거치면서 불어난 가격이다. 유통업자들이 비난을 피해 가기 어려워 보인다.

하지만 유통업자들의 이야기를 들어보면 그들도 나름대로 사정과 이유가 있다. 배추, 무, 채소 등 농산물은 보통 부피도 크고 손쉽게 부패하기 때문에 유통 도중 많은 손실이 생긴다. 상품을 다듬고 보관하며 이동하는 일에 많은 인력과 차량 등이 필요할 뿐만 아니라 이 과정에서 상하거나 변질돼 상품으로서 가치가 없어지는 일도 많이 생긴다. 실제 과거 김장철에 배춧값이 어떻게 형성되는지 사례를 보자. 전북 한 시골의 농민이 가을배추를 포기당 566원을 받고 팔았다. 이를 구매한 중개 유통업자는 배추를 5톤 트럭에 실어 나르는 데 포기당 111.1원의 인건비와 159.3원의 운송비가 들었고, 운송 도중 점심값 등을 포함해 포기당 60.4원의 운영비가 들었다. 그리고 서울 가락동의 도매시장에 도착해서는 다시 배추를 트럭에서 내리는 데 포기당 22.3원, 쓰레기 부담금 11.1원, 수수료 50.0원이 들었다. 실제 도매시장에서 배추는 포기당 1,000원에 낙찰됐지만 이 중개상은 결과적으로 포기당 19.2원을 남겼다. 중간 도매인에게 낙찰된 배추는 다시 청소비 17.8원, 운송비 등 기타 비용 74.3원, 이윤 및 본인의 인건비 93.1원을 남기고 소매상에게 넘기게 됐고, 소매상은 포기당 운송비 150원, 못 팔고 남은 배추의 손실비 23.7원, 가게 임차료와 운영비 252.8원, 본인 인건비와 이윤으로 388.3원을 남기고 소비자에게 2,000원에 팔게 됐다. 산지 가격인 566원이 결국 4배 가까운 2,000원이 되어 버렸지만, 국민 모두가 공분해야 할 만큼 터무니없는 폭리를 남긴 중개인은 찾아보기 힘들다.

　　그렇다면 만약 중간에 있는 유통업자들을 모두 없애고 산지 농민과 소비자들이 직접 거래를 한다면 어떨까? 농민은 좀 더 비싼 값에 팔게 되고 소비자들은 좀 더 싼 값에 살 수 있게 됨으로써 모두 만족할 수 있지 않을까? 농민이 배추를 1,000원에 팔고 소비자가 1,500원에 직접 산다면 어떨까? 이처럼 소비자-생산자 간 직거래가 가장 좋은 답처럼 생각될 수 있다.

　　그러나 다시 이 문제를 생각해 보면 소비자-생산자 간 전면적인 직거래는 현실적으로 불가능한 몽상에 불과하다. 우선 서울에 거주하는 소비자의 입장에서 배추 몇 포기를 사기 위해 그 먼 곳까지 직접 내려가는 것이 효율적일까? 교통비, 시간 낭비 등의 비효율이 불가피할 것이다. 생산자 입장에서도 배추를 팔기 위해 수백 명의 소비자를 직접 만나 거래하고 싶지는 않을 것이다. 고객을 찾아다니는 동안 농사는 누가 짓고 못 팔고 남은 물건은 어떻게 처리할까? 물론 이벤트 식으로 직거래 장터가 간간이 열리기는 하지만 대부분의 거래가 직거래로 이루어진다면 상상할 수도 없는 소비자와 생산자 모두의 골칫거리일 것이다. 김치를 담그기 위해 필요한 새우젓은 인천에서, 배추는 영동에서, 고추는 음성에서 사기 위해 뛰어다니는 모습을 상상해 보자. 그리고 전국의 모든 장소가 생산자의 직거래 장터가 되어 버린 혼잡한 도시의 모습을 떠올려 보자. 불필요한 소비자의 부담을 가중시키는 필요 없는 유통 단계는 당연히 축소돼야 하지만, 유통이 소비자와 생산자 모두에게 필요한 역할이라는 것을 부인할 수는 없다.

유통의 가치 __ 만약 유통상이 없다면?

　　결과적으로 최종 소비자에게 직접 물건을 판매하는 직거래를 주 거래 방식으로 활용하고 있는 생산자는 거의 존재하지 않는다. 생산자 대부분은 그들의 상품과 서비스를 시장에 공급하기 위해 유통 경로에 존재하는 도매업자나 소매업자와 같은 중간상을 이용한다. 직접 판매하는 것보다 유통상을 이용함으로써 보다 효율적으로 고객에게 접근할 수 있을 뿐만 아니라, 중간상이 가지고 있는 시장이나 고객에 대한 지식, 전문성, 규모의 경제성을 활용할 수 있기 때문이다.

　　아래 그림은 직거래와 비교 시 유통상이 존재했을 때의 이점을 간단하게 보여 준다. 유통상이 없으면 3명의 생산업자가 3명의 소비자에게 상품을 팔기 위해 총 9번 거래해야 하는 반면, 유통상이 있으면 6번의 거래만으로도 충분하다. 마트에 있는 상품이 수만 가지가 넘는 점을 고려하면 거래의 간소화가 가져올 수 있는 실제적인 이점은 이러한 단순한 예와는 비교조차 안 된다. 이렇게 단축된 거래는 기업과 소비자 모두에게 거래의 복잡성을 해결해 줄 뿐만 아니라 사회 전반의 이익도 증진시켜 줄 것이다.

그림 6-1 유통상의 거래효율화 기능

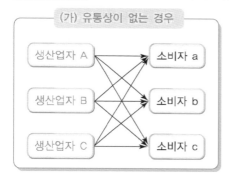
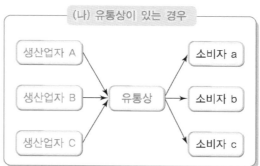

실제 유통 경로상에 존재하는 유통상들은 경로 효율성 제고 등 다양한 기능과 역할을 수행하게 되는데 이를 자세히 살펴보면 다음과 같다.

첫째, 유통상들은 제조업체를 대신해 직접 시장 정보를 수집할 수 있다. 기업이 고객 지향적인 마케팅을 하려면 반드시 고객이나 시장의 정보를 수집해야 한다. 그러나 실제 판매를 유통 대리점에 위탁하고 있는 많은 기업이 직접 고객에게 정보를 얻기란 쉽지 않다. 물론 마케팅 조사 등을 통해 정보를 획득할 수도 있지만, 상시적이고 전국적인 정보 수집의 많은 몫은 결국 판매를 담당하고 있는 유통업체의 역할이다. 또한 유통업체를 통해 시장점유율 등 경쟁사의 정보들을 확보하기도 한다.

둘째, 유통상들은 기업의 판매 활동을 도와준다. 보통 기업들은 자사의 상품을 판매하기 위해 광고나 마케팅 등 다양한 판촉 활동을 추진한다. 그러나 의외로 이러한 판촉 활동을 전국적 단위에서 스스로 할 수 있을 만한 능력이 되는 규모 있는 기업은 그다지 많지 않다. 특히 중소기업으로 갈수록 제한된 인력과 경험, 마케팅 비용 등의 문제로 효과적인 판촉을 하기 어려운 것이 일반적인데, 유통은 판매 마진을 확보하기 위해 이러한 상품들도 팔고자 스스로 노력할 수 있으며, 세일, 판촉, 이벤트, 점두 판매 등 효과적인 커뮤니케이션 전략을 개발하고 수행한다. 대기업이라고 할지라도 소매 판매 경험이 없을 경우 판매점에 판매 수량에 대한 인센티브를 지급하는 방식으로 판촉 활동을 중간상에 위탁하는 것도 일반적인 모습이다.

셋째, 유통상들은 현지 사정에 능통하고 고객을 가장 잘 이해하고 있는 장점을 활용해 고객에게 맞춤화된 상품과 서비스를 제공한다. 고객의 만족감을 극대화하기 위해서는 상품이나 서비스가 고객 개개인의 니즈에 적합하도록 조정돼야 한다. 아무리 좋은 상품이라도 소비자의 입맛에 맞추는 것은 대단히 까다로운 일이다. 일례로 닌텐도의 체감형 게임기 위(Wii)는 조작하기 쉽게 잘 만들어졌지만 여전히 많은 사람이 이 게임기를 인터넷에 연결하는 것을 어려워한다. 하지만 연간 수백만 대의 게임기를 판매하는 닌텐도가 직접 가정을 방문해 모든 설치를 도와주기란 불가능할 것이다. 대신 근처에 있는 판매 유통상이 최종 소비자의 요구에 맞도록 기기를 설치하고 인터넷을 연결할 수 있을 것이다. 유통상은 이와 같은 조정은 물론, 상품의 포장, 사용자 교육, 제품의 변경, 설치 등 다양한 맞춤화 활동을 전개해 상품의 가치를 높이기도 한다.

넷째, 유통상들은 기업을 대신해 고객과 협상을 하기도 한다. 아무리 잘 표준화된 공산품이라 하더라도 판매자와 소비자 간에는 일종의 협상이 불가피한 경우가 많다. 일례로 정가표에 가격이 쓰여 있더라도 가격 흥정을 통해 가격이 다시 정해지기도 하고, 냉장고나 자동차 같은 고가의 제품을 살 때 고객들은 으레 규정되지 않은 사은품을 요구하기도 한다. 운송 비용이 누구의 몫이냐는 물론이고, AS가 유상인지 무상인지의 여부, 보증 기간의 기한 등도 종종 소비자와 판매자 간의 협상을 통해 결정되기도 한다. 만약 이러한 협상을 생산자가 직접 수행해야 한다면 생산이라는 본연의 업무보다는 고객 협상이나 상담을 위해 더 많은 인력과 비용이 필요할지도 모르겠다. 유통은 이 같은 기능을 일차적으로 담당하고 있다.

다섯째, 유통의 큰 존재 의의 중 하나는 고객이 원하는 물건을 원하는 시간과 장소에, 원하는 물량만큼 미리 준비해 놓는다는 것이다. 이를 다른 말로 물류적 기능이라고 표현한다. 배추의 예를 다시 들어 보자. 농민이 생산한 대관령 고랭지 배추가 소비자에게 최고의 가치를 주려면 각 배추는 한때인 김장철을 중심으로 각 가정마다 그들이 원하는 포기 수만큼 공급돼야 할 것이다. 하지만 각 가정에서 원하는 수량은 몇 포기에서부터 몇 십 포기까지 매우 다양할 것이고 천 포기의 배추를 팔기 위해서는 백 가구 이상에 배달해야 할지도 모른다. 또한 배추가 모두 팔릴 때까지는 남은 배추들을 보관하고 있어야 하는데, 도심에서 이렇게 부피가 큰 배추를 며칠이고 보관할 만한 공간을 찾기란 매우 어려울 것이다. 그래서 유통상은 소비자들이 모여 있는 지역에 입지를 마련함으로써 이러한 물류 기능을 효과적으로 담당하고 있다.

유통 경로의 구성 __ 중간상을 포함시킬 것인가 말 것인가

경로 구성원의 종류를 간단히 살펴보면 크게 소매상과 도매상으로 나눌 수 있다. 우선 소매상은 상품을 최종 소비자에게 직접 판매하는 역할을 수행하는 중간상을 의미하는데, 최종적으로 고객을 만나는 접점으로서 기업의 실제 매출을 결정한다. 소매상들을 외형적인 유형으로 분류하면 물리적인 점포를 소유하고 있는가의 여부에 따라 점포형 소매상과 무점포형 소매상으로 나누어 볼 수 있다.

우선 점포형 소매상은 과거 오래전부터 있던 오일장 같은 재래시장부터 백화점, 슈퍼마켓, 편의점, 양판점, 할인점, 창고형 매장 등 다양한 형태가 존재한다. 반면 무점포형 소매상은 판매를 위해 물리적인 점포 형태를 사용하지 않는 우편 판매업체, 인터넷 소매점, 텔레마케팅, 홈쇼핑, 카탈로그, 방문판매 등이 포함된다.

반면, 도매상은 판매 대상이 최종 소비자가 아니라 주로 재판매 또는 사업을 목적으로 구매하는 사업자 고객에게 상품을 판매한다. 전형적인 B2B 거래 관계다. 도매상의 주된 고객은 소매상들인 경우가 많으며, 소매상에 비해 소수의 도매상들이 존재한다. 도매상 역시 다양한 유형이 있는데, 생산자가 소매상 접근을 목적으로 직접 소유한 제조업자 도매상, 실제 상품은 소유하지 않고 거래만을 성사시키는 브로커, 여러 생산자로부터 상품을 취합해 자율적으로 소매상에 판매하는 상인 도매상 등이 있다.

이처럼 유통 경로에는 다양한 중간상이 각자의 고유한 역할을 수행하며 존재하고 있다. 그러나 얼마나 많은 중간상이 생산자와 소비자 사이에 존재해야 하는가에 대해서는 여전히 이론의 여지가 있을 것이다. 너무 적은 수의 중간상이 존재한다면 물류나 촉진, 협상 등 중간상의 고유한 역할이 제대로 수행되지 않아 소비자의 불편이 가중될 우려가 있지만, 너무 많다면 불필요한 유통 비용이 증대해 결국 소비자의 부담으로 돌아갈 수밖에 없기 때문이다.

실제 마케팅에서 생산자에서 소비자에 이르는 수직적인 경로의 수를 보면 중간상이 거의 존재하지 않고 생산자와 소비자가 직거래의 형태를 띠고 있는 직접적 경로(예: 생산자 → 소비자)에서부터 하나 이상 복수의 중간상이 존재하는 간접적 경로(예: 생산자 → 도매상 → 소매상 → 소비자)까지 여러 가지 형태를 띠고 있다.

직접적 경로는 중간상의 참여를 최소화하면서 기업이 직접 소비자에게 상품을 판매하는 경우다. 예를 들면 다양한 공산품과 건강식품을 판매하는 암웨이(Amway)는 중간상 없이 방문판매나 온라인 판매를 통해 직접 소비자에게 상품을 판매하고 있다. 특히 최근에는 인터넷의 발전에 따라 적은 비용으로 고객들을 직접 찾아가는 것이 가능해짐에 따라 보다 많은 기업이 직거래 방식을 채용하고 있다. 반면에, 도매상이나 소매상 등 하나 이상의 경로 구성원이 참여하는 경우를 간접적 경로라고 하며 이는 아직까지 가장 일반적인 유통 경로의 형태다. 일례로 현대 자동차는 대리점이라는 중간 경로를 통해 차량을 판매하고 있고, 농심은 도매상, 소매상, 대리점 등 다양한 경로를 통해 라면 제품을 판매하고 있다.

얼마나 많은 중간상을 거래에 참여시킬 것인가의 문제, 즉 경로를 길게 가져갈 것인가 혹은 중간상을 배제해 경로를 짧게 가져갈 것인가의 결정은 기업의 전략이나 상품의 특성 등에 따라 결정된다. 때로는 마케팅 비용 절감과 독자적인 유통망 구축을 목표로 전략적으로 직판 체제를 구축하기도 한다. 우리가 잘 알고 있는 한국 야쿠르트의 야쿠르트 아줌마나 코리아나 화장품의 뷰티센터를 활용한 직판 화장품 판매 전략이 여기에 해당한다.

보다 많은 경우에 상품의 특성에 따라 경로의 유형이 결정된다. 우선 B2C 상품인가 B2B 상품인가에 따라서도 달라질 수 있다. 일반적인 소비자 대중을 대상으로 하는 B2C 상품은 판매 단위당 마진은 크지 않으며, 가능한 한 많은 고객들이 사용함으로써 시장점유율과 브랜드 명성을 높일 수 있다. 그 결과 자사의 상품을 판매대에 촘촘하게 올려놓아 소비자의 주목을 받는 것이 경쟁에 보다 유리하기 때문에 광범위한 간접적 유통 경로를 선호하게 된다. 자사의 상품 품목만을 유통할 수 있는 독자적인 전국 판매망을 구축하는 것이 비용 측면에서 효율적이지 않기 때문이다.

반면에, 소수의 한정된 고객들을 대상으로 오랜 시간에 걸쳐 다양한 맞춤 서비스를 제공해야 하며 이들과의 관계가 무엇보다 중요한 B2B 상품의 경우 항상 매장에 자사의 상품을 준비해 놓을 필요가 없다. 그것보다는 고객이 요청할 때 상품과 서비스에 대해 가장 잘 알고 있는 전문 인력이 직접 방문하여 대면 상담하고 문제를 해결하는 노력이 중요하기 때문이다. 이러한 활동을 위해서는 상품에 대한 판매원의 높은 지식과 로열티가 요구되기 때문에 사실상 직접 유통 경로 외에는 대안이 없는 경우가 많이 있다. 프린터를 판매하는 HP는 일반 가정용 제품은 도·소매상 및 온라인 등 다양한 유통망을 활용해 판매하지만 그보다 수십 배 이상 비싼 기업용 제품은 자사의 기술자와 판매 인력을 활용한 직판 체제를 유지하고 있다.

유통 경로의 갈등 __ 세븐일레븐과 GS25

기업이 이익을 창출하기 위해 경쟁 기업과 전쟁을 하듯이 각 유통업체들도 고객을 확보하기 위해 서로 경쟁적인 위치에 있다. 예를 들면 우리나라의 주유소의 경우 적정 수준은 약 8,000개 정도라고 한다. 그러나 현재 우리나라의 주유소는 12,000개를 넘어서고 있으며 무려 4천개가 넘은 주유소 공급과잉속에 살고 있다. 이는 휘발유와 같은 유류 제품을 공급하는 유통 경로간의 갈등을 초래하게 되며 서울외곽을 지나다보면 주유소마다 낮은 단가로 손님을 끌어들이기 위해 노력하는 모습을 볼 수 있다. 일본의 경우 이미 2만개에 달하는 주유소가 통폐합되었다. 우리나라에서 2위와 3위를 달리고 있는 같은 편의점 업태에 속하는 세븐일레븐과 GS25는 상호 수평적인 관계로서 주요한 도심 상권에서 24시간 직접적인 경쟁 체제에 있다. 국내 편의점의 경우 반경 수백 미터 내에 대여섯 개에 이르는 등 포화 수준에 근접했다. 이들은 거의 동일한 상품 구색에, 거의 동일한 가격으로 동일한 고객들에게 팔고 있다. 또한 할인점과 인터넷 슈퍼처럼 비록 다른 형태의 업종이지만 소비자의 선택을 놓고 간접적인 경쟁을 벌이기도 한다.

이런 경로 간 경쟁은 도매상이나 소매상과 같은 수직적인 관계에서도 존재한다. 물론 도매상과 소매상은 협력적인 관계를 맺고 있지만 이들 역시 갈등으로부터 자유롭기 어렵다. 도매상은 조금 더 자신에게 유리한 가격이나 조건으로 소매상에게 상품을 공급하기를 원하고 소매상 역시 그러하기 때문이다.

그러나 지나치게 과도한 경쟁이 발생하게 되면 유통업자들 자신은 물론이고 생산자에게까지 바람직하지 못한 결과를 초래하게 된다. 우선 생산자의 입장에서 보면 자사의 상품이 미끼 상품(loss leader)이 돼서 저렴한 세일 판매 대상이 돼 브랜드 이미지를 해치기도 하고, 유통업체들이 유통 경쟁의 결과로 지출하게 되는 상당한 인건비나 판촉비를 제조업체가 부담하도록 떠넘길 수도 있기 때문이다. 유통업체들 역시 지나친 마케팅 비용 지출로 손익에 부정적인 영향을 미칠 수 있다. 고객 역시 가격 인상 등을 통하여 장기적으로는 이 같은 비용을 일부 부담하게 될 것이다.

따라서 가능하다면 유통업체들이 적절한 수준에서 건전한 경쟁을 하는 것이 모든 시장 참여자의 장기적 이익에 부합할 수 있다. 경로상의 지나친 갈등을 방지할 필요가 있는 것이다.

6.2 유통의 비밀

편리한 쇼핑이 가능한 인터넷 쇼핑몰은 소비자를 쉽게 유혹한다. 마음에 드는 상품들을 장바구니에 하나 둘 담다보니 어느덧 예상보다 더 많은 상품들을 구매하게 된다. 마음에 드는 것을 하나만 고르려 했지만, 너무 고르기가 어려워서 결국 인터넷 창을 닫아 버리기도 한다. 인터넷 쇼핑몰은 편리성을 증대시켜주었지만 결코 소비자의 구매 결정은 쉬워지지 않았다. 이처럼 무엇을 살지 쉽게 결정을 내리지 못하는 모습은 주변에서 흔히 볼 수 있다. 상품의 종류가 늘어나면서 인간의 두

뇌로는 좀처럼 처리하기 힘들 정도의 상품 정보 과잉이 발생되었고, 소비자들은 자신의 구매 선택이 합리적인지 판단하기 어렵게 되었기 때문이다. 이처럼 무엇을 살지 결정하지 못하고 갈팡질팡하는 소비자들을 '결정장애 증후군, 혹은 '햄릿 증후군'이라고 부르기도 한다.

최근에 백화점, 마트 등 기존의 전통적인 유통은 물론이고 인터넷 쇼핑몰, 모바일 쇼핑, 소셜 커머스 등이 등장하고 해외 직구 까지 인기를 끌면서 소비자의 선택은 더더욱 어려워지게 되었다. 너무 많은 선택을 할 수 있게 되면서 소비자의 두뇌가 감당하지 못하는 현상들이 발생되게 된 것이다. '결정장애 세대'라는 책을 낸 독일의 저널리스트 '올리버 예게스'는 '소비자가 선택의 미로를 헤맬수록 경제는 활력을 잃는다'고 평가하였다.

이런 맥락에서 '소비자 큐레이션 커머스'라는 새로운 유통 방식이 등장하게 된 것은 당연한 수순이었다. 큐레이션 서비스는 '햄릿'처럼 우유부단해진 소비자들이 최적의 구매 결정을 할 수 있도록 맞춤형 정보를 엄선해 제공하는 서비스로서 기존의 오픈 마켓과 소셜 커머스의 단점을 극복한 새로운 상거래 서비스입니다. 호텔의 최저 가격을 알선해 주는 '호텔스 콤바인드'나 비교 쇼핑을 도와주는 '쿠차' 등이 국내 시장에서도 높은 인기를 얻고 있다.

유통의 비밀 __ **만남의 광장**

유통은 상품이나 광고와 같은 다른 마케팅 수단과 달리 소비자와 직접적으로 만나고 구매와 같은 즉각적인 행동을 유도할 수 있는 마케팅 전략 요인이다. 소비자의 반응을 바로 확인할 수 있기 때문에 다양한 판촉 기법이 개발되고, 매출을 늘리기 위한 다양한 아이디어가 등장해 왔다. 특히 설탕, 과자, 비누 등의 생활용품에서 보듯 소비자가 특정 브랜드에 대해 확고한 선호 이유를 가지고 있지 못하거나 농식품이나 수산물 등에서 목격하듯 브랜드 자체가 제대로 성립돼 있지 않은 경우 상품의 성패는 전적으로 구매 시점에서 고객을 설득할 수 있는 유통에 달려 있다고 해도 지나친 말이 아니다. 또한 확고한 브랜드 파워를 가지고 있는 상품이더라도 소비자의 구매를 촉진함으로써 유통은 직접적인 영향을 미친다.

최근 배달앱과 같은 형태의 새로운 유통이 생겨나고 있다. 이들 앱은 소비자들에게 음식점 정보와 주문서비스를 제공하고 배달주문, 결제를 대행하며, 음식점으로부터는 주문정보를 제공받고 대신에 수수료와 광고료를 챙기는 형태의 앱이라고 할 수 있다. 월간 이용자수가 천만 명이 넘고 있는 이러한 앱은 생산과 유통이 분리되는 현상을 보여주는 것이라고 할 수 있다. 디지털 플라자와 같은 제조사 전속 유통망에서 대형양판점과 온라인 쇼핑몰로 유통업계로 힘의 균형이 넘어가는 현상은 소비자에게 다양한 제품을 비교할 수 있는 기회를 주면서 편리하게 결제할 수 있는 정보를 제공하고 있다. 이와 같은 유통매장의 강화는 만남의 광장인 유통점이 갖고 있는 필연적인 장점이라고 할 수 있다.

시간은 잊어라 __ 백화점에 창문이 있다면?

우리의 선조들은 느긋하고 여유로운 유유자적한 삶을 즐기셨다고 한다. 우리의 옛 그림이나 건축물들을 돌아보면 오늘날의 삶과 얼마나 다른지 느낄 수 있을 것이다. 그런데 역설적으로 오늘날 외국인들이 가장 먼저 익히는 한국말 중 하나가 '빨리 빨리'라고 할 정도로 우리 생활의 속도는 변화했다. 도대체 무엇이 이런 변화를 가져왔을까? 많은 사람이 한국인의 높은 성취 욕구를 중요한 이유라고 하지만 거기에 하나 더 보탠다면 과거 70년대 수차례 시행돼 경제를 이끌었던 정부 주도의 강력한 '경제발전 5개년 계획'도 한 요인이다. 매번 5년이라는 시한을 정해 놓고 당시로서는 거의 불가능해 보였던 계획을 북한과 소련 등 적성 국가로 분류됐던 나라들의 위협 속에서 달성하다 보니 빨리 빨리 하지 않으면 절대 할 수 없다는 절박감이 한국인의 의식 속에 자리 잡게 된 것이다.

그런데 재미있는 것은 이 같은 속전속결 DNA도 쇼핑을 하러 온 순간에는 살짝 수그러든다는 점이다. 일주일에 한 번 정도 몰아서 한 주 분량의 쇼핑을 하는 미국인들이 사전에 구매 리스트를 작성해서 비교적 짧은 시간 내에 쇼핑을 계획적으로 끝내는 데 비해, 한국 소비자들은 집 근처 어디에나 있는 대형 마트나 백화점을 일주일에 여러 차례 가면서도 쇼핑 시간이 두 시간을 넘기 일쑤다. 쇼핑을 하러 온 순간 아예 시간이 멈춰 버리는 소비자도 많다.

실제로 백화점이나 마트들 역시 가능하면 소비자들을 점포 안에 오래 묶어 두기 위해서 많은 노력을 들인다. 이러한 노력은 소비자가 시간을 감지할 수 있는 계기들을 매장 안에 두지 않는 시도로 나타난다. 우선 마트나 백화점이나 어떤 쇼핑센터를 가더라도 주변에서 흔히 볼 수 있는 두 가지가 없다. 바로 창문과 시계가 없는 것이다. 창문이 없으면 조명을 위한 전기료도 더 많이 들고 환기가 잘 안 되는 등 불리한 점이 많은데도 창문을 찾아보기 어렵다. 그 흔한 벽시계도 보이지 않는다. 날이 저무는지, 주차장에서 남편이 뭘 하고 있는지, 쇼핑한 후로 얼마나 오랜 시간이 지났는지 등 쓸데없는 생각은 다 잊어버리고 쇼핑의 즐거움을 만끽하라는 의도는 아닐까? 젊은이들이 애용하는 PC방이나 노래방에 창문과 시계가 없는 것도 같은 맥락일 것이다.

반면에, 백화점에 가 보면 어느 위치나 할 것 없이 곳곳에 유난히 거울이 많다. 그냥 지나치지 말고 거울도 한번 보고, 옷도 한번 입어보고 주변에 있는 상품 진열대도 한번 보고 가게 하기 위한 장치다. 물론 여전히 무엇인가 부족한 자신의 모습을 되돌아보고 이를 해결하기 위해 오늘 무엇을 사야 하는지 상기시켜 주는 역할도 할 것이다.

진열에도 비밀이 __ 플래노그램과 웨보그램

유통점은 소비자에게 상품을 판매함으로써 이익을 얻을 뿐만 아니라 제조업체 대신 상품을 팔아 줌으로써 제조업체로부터 상당한 대가를 받고 있다. 판매한 수량에 따라 판매 장려금을 받기도 하고, 판매원이나 판촉 도구를 무상으로 지원받기도 하며, 현금성 리베이트를 받기도 한다. 그런데 그중에서 재미있는 것이 매대 비용(slotting allowance)이다. 즉 제조업체의 상품을, 매출을 올리기에 유리한 판매대에 진열해 주고 이에 대한 보상을 받는 것이다. 매대 비용이 존재한다는 것은, 바꾸어 말하면 많은 경우 소비자의 구매 행동이 진열의 위치나 형태에 영향을 받는다는 것이다. 그렇다면 매장 내 상품의 진열에는 실제 어떤 비밀들이 숨어 있을까?

우선 소비자의 보행 습관을 매장에 이용하고 있는 것을 볼 수 있다. 좌측통행이 관습처럼 정착됐을 때 자연스럽게 사람들은 좌측을 중심으로 움직인다. 일반적으로 오른손잡이의 경우 카트를 밀다보면 오른손에 힘을 주어 시계 반대방향으로 자연스럽게 이동하는 순환패턴이 발생하게 된다. 이에 따라 순환패턴에 따른 스토리 텔링식 매장배치도 고객을 유인할 수 있는 중요한 방식이라고 할 수 있다. 엘리베이터나 에스컬레이터를 내려오면 무슨 규칙이 있는 것도 아닌데 거의 대부분의 사람이 좌측으로 간 후 매장을 한 바퀴 돌아온다. 이처럼 고객의 동선을 활용해 에스컬레이터의 좌측 초입에는 대부분 소비자들이 부담 없이 살 수 있는 저가 상품이나 세일 상품 등을 진열함으로써 소비자의 지갑을 일단 연다. 만약 매장 초입에서부터 이러한 인식을 받을 수 있다면 그 매장이 전반적으로 부담이 없다는 인식을 하게 될 것이다. 그리고 또 한 가지 재미있는 사실은 대부분 마트의 쇼핑 카트는 철망으로 만들어져 있다는 점이다. 철망으로 된 카트는 무엇을 샀는지 내용물이 훤히 다 보이게 된다. 그 결과 다른 쇼핑객들은 타인이 구매한 카트의 내용물을 보고 시샘을 느껴 더 많이 사는 경쟁을 하게 된다. 아마 여러분도 남의 쇼핑카트에 무엇이 들어있는지 한두 번 살펴본 경험들이 모두 있으실 것이다.

또한 소비자가 반드시 구매해야겠다고 느끼는 의도의 정도를 진열에 활용하기도 한다. 즉 각 품목별로 계획 구매와 충동구매 가능성을 고려해 매출을 높이기 위한 진열을 한다. 대형 마트에 가 보면 반드시 사야 하는 쌀과 생수, 부식 등 생필품은 비교적 찾아가기 어렵고 거리도 먼 매장 깊숙이 진열한다. 그리고 없어도 그만 안 사도 그만인 간식거리나 과자, 아이스크림 등은 매장 입구나 계산대 가까이에 진열한다. 어차피 사야 할 것은 가능한 한 매장 깊숙이 진열함으로써 소비자들이 이 상품들을 찾기 위해 스스로 이동하게 하는 한편, 천천히 구경하면서 덤으로 당장 꼭 필요하지 않은 것들까지 구매하도록 하기 위한 장치다. 반면에 계산대 근처에 놓는 껌이나 음료수, 과자 등은 계산을 하기 위해 기다리다 별다른 생각 없이 무심결에 사게 된다. 계산을 기다리는 시간은 2~3분 정도로 짧지만 과자를 원하는 아이들에게는 부모에게 조르기에 충분한 시간일 것이다. 마찬가지 이유로 전자제품을 판매하는 양판점에 가 보면 심사숙고 끝에 구매하는 TV나 에어컨 등 쇼핑 상품은 끝 벽에 있지만 헤어드라이어, 건전지처럼 작고, 저렴하며, 충동구매가 가능한 상품은 매장 초입에 진열한다.

상품을 브랜드별로 독립적으로 진열하느냐 또는 상품 특성이나 품목별로 여러 브랜드를 섞어서 진열하느냐 여부도 매출에 영향을 미친다. 먼저 브랜드별로 진열하는 경우를 보면 소비자들은 우선 삼성, LG, 소니 중 어떤 브랜드를 살 것인지 브랜드의 선택에 대해 고민하게 되고 그다음 가격이나 성능 등을 보게 된다. 즉 소비자의 의사 결정의 1순위가 브랜드가 되고, 2순위가 성능이나 기타 요인이 되기 때문에 이러한 진열 방식은 유명 브랜드의 판매에 절대적으로 유리하다. 하지만 만약 상품을 가격대와 같은 특성별로 진열하게 되면 소비자들은 먼저 어느 가격대의 TV를 살 것인가를 1순위로 고민하고 나서, 2순위로 그 가격대에서 선택 가능한 브랜드들을 놓고 고민하게 될 것이다. 이 같은 진열 방식은 유명 브랜드보다는 가격에 강점이 있는 후발 브랜드들에게 보다 유리하다. 일반적으로 후발 브랜드의 가격이 저렴한 것을 고려할 때 저가격 상품으로 고객들의 의사 결정 요인을 옮길 수 있다면 유명 브랜드가 아니라서 선택받지 못하는 설움을 다소나마 덜 수 있는 것이다. 여러분이 만약 국내 중견 PC 제조업체의 영업사원이라면 어떤 방식의 진열을 하도록 설득할 것인가?

이처럼 진열이 매출에 미치는 영향이 커지자 이를 과학적으로 분석하고 응용하려는 노력이 등장하게 되었는데, 바로 진열관리 도면 혹은 플래노그램(planogram)이다. 플래노그램은 상점에 진열되는 제품들이 각각 어디에 어떻게 놓여야 하는지 알려 주는 지침서나 계획서, 또는 매장의 진열 지도라고 생각하면 된다. 이는 상점의 선반이나 통로마다 어떻게 제품들을 진열해야 사람들이 원래 의도보다 더 많이 사 가게 만들 수 있을지를 과학적인 데이터에 근거해 알려 준다. 이러한 연구는 고객의 습관을 추적하고 행동변화를 예측하여 보다 유통매장에서 소비자에게 효율적으로 접근하는데 그 목적이 있다. 최근에는 플래노그램의 원리를 온라인 쇼핑몰로 그대로 확장한 웨보그램(webogram)도 관심을 받고 있다.

남자와 여자의 쇼핑 DNA __ 수렵이냐 채집이냐

인간이 농경을 시작하면서 정착한 것은 인류의 역사 전체를 놓고 보면 매우 최근의 일이라고 한다. 세계에서 가장 오래된 볍씨는 충북 청원군 소로리에서 발견되었는데 약 1만 5천 년가량 됐다고 한다. 이는 400만 년에 이르는 인류 역사에 비하면 아주 최근의 일이며, 그 이전 거의 대부분의 기간을 사냥이나 어로, 채집을 중심으로 생활해 왔음을 알 수 있다. 수렵과 채집의 시대에 남성과 여성의 역할은 비교적 명확하게 구분됐다. 남성은 창과 화살을 들고 사냥을 나가서 오직 목표로 삼은 사냥감을 하루 종일 쫓아 들판을 뛰어다녔고, 한 번 사냥에 성공해 큰 짐승을 잡으면 당분간 일할 필요가 없었을 것이다. 그래서 사냥물을 따라 이리저리 옮겨 다니는 일도 일상적이었을 것이다. 반면 여성은 아이를 키워야 했고 체력도 상대적으로 약했기 때문에 집이나 마을 근처에서 머물면서 지냈을 것이다. 그리고 틈틈이 부근에서 나물이나 과일 등을 채집했을 것이다.

이러한 조상의 생활 습관은 고스란히 후손들의 DNA 속에 남아 오늘날에도 대형 마트나 백화점 등 현대의 사냥터에서 발견된다. 남성은 보통 사전에 '오늘 무엇을 사겠다'라는 명확한 사냥 목표가 있어야만 쇼핑을 하러 간다. 반면 여성들은 '그냥 무엇이 있나 둘러나 볼까?'라는 가벼운 생각만으로도 쇼핑을 한다. 이러한 생각은 쇼핑을 하는 시간에도 영향을 미친다. 남성은 원하는 것을 찾으면 서둘러 쇼핑을 마치려고 하지만, 여성은 구체적으로 원하는 것이 무엇인지는 매장에 들어온 뒤에야 결정을 하기 때문에 쇼핑 시간이 길어진다. 그래서 보통 남성과 여성이 같이 쇼핑을 한다는 것은 여러모로 현명한 생각은 아닌 것 같다. 여성이 이제 시작이라고 생각하고 있을 때 남성은 이미 끝났다고 느끼기 때문이다. 싸우지 않으려면 쇼핑은 같이 가지 않는 게 좋겠다.

이 같은 남성과 여성의 차이를 인식한다면 왜 백화점들이 주로 여성용 화장품은 1층에, 여성 의류는 2, 3층에 배치하면서 남성 의류는 3, 4층에 배치하는지 매장 구성의 원칙을 이해할 수 있으리라 생각한다. 남성은 쇼핑할 때 사냥 감각을 발휘하기 때문에 불편한 고층에 원하는 상품이 있다 하더라도 별 상관없이 엘리베이터를 타고 가 가장 빨리 매장에 도착할 수 있는 방법을 찾은 후 바로 돈을 지불하고 떠날 것이기 때문이다. 반면에 여성은 채집 감각을 발휘한다. 어떤 쓸 만한 것들이 있는지, 나온 김에 두루 둘러봐야 하기 때문에 살펴보기 편하도록 매장을 접근성이 좋은 저층에 위치시켜야 한다. 영양크림을 사러 1층에 온 여성 고객들이 별 부담 없이 둘러보도록 2, 3층에는 여성 의류가 있어야 하는 것이다. 이처럼 1층의 매장에 온 손님들이 2, 3층의 매장까지 둘러보게 되는 것을 분수 효과(fountain effect)라고 한다. 또한 채집 활동은 시간이 오래 걸리기 때문에 백화점 내에 의자나 문화센터, 커피 전문점 등 쉬어갈 수 있는 공간들을 점차 더 많이 만들고 있다.

남성과 여성과 같은 성별만아니라 연령도 유통매장의 선택에 영향을 미치고 있다. 65세 이상인구가 7%에서 21%가 되는데 일본경제가 42년이 걸린 반면 한국은 20년이 걸려 고령화가 급속화되고 있다. 고령화 사회인 일본의 경우 최근 백화점, 슈퍼마켓 매출은 감소한 반면 편의점 매출이 증가되고 있다. 일본의 편의점은 최근 고령자를 위해 간단한 반찬과 채소는 물론 커뮤니케이션 공간도 제공하고 있기 때문이다.

유혹에 약한 감각 __ 중고차에서 새 차 냄새가?

봐야 믿는다거나 직접 겪어 봐야 안다는 이야기들을 많이 한다. 자신의 감각적인 체험만큼 믿을 만한 경험이 없다는 뜻일 것이다. 그러나 사실 소비자의 감각만큼 불명확하고 유혹에 취약한 것도 없다. 실제로 맥주나 소주 등의 맛을 조사하기 위해 눈을 가리고 블라인드 테스트를 하면 웬만한 주당일지라도 참가자 대부분은 자신이 평소에 선호하는 브랜드를 제대로 골라 내지 못한다고 한다. 그럼에도 불구하고 맛이나 냄새처럼 소비자의 오감에 미치는 자극이 구매를 촉진하는 강력한 유혹의 힘을 가지고 있음을 부정하기는 어렵다.

소비자들의 감각 자극을 적절하게 이용하는 방법 중 하나가 후각에 호소하는 향기 마케팅이다. 오전 11시 즈음 배고픈 시간에 매장에서 퍼져 나오는 빵 굽는 냄새의 유혹을 극복하기란 매우 어렵다. 미국의 중고 자동차 세일즈맨은 이제 막 공장에서 나온 새 차의 플라스틱 냄새, 가죽 냄새가 나는 스프레이를 중고차에 뿌려 새 차를 탄 기분을 느끼도록 하면서 고객들을 유혹한다고 한다.

후각을 이용해 매장 내 죽은 공간을 살린 경우도 있다. 국내 어느 할인 마트를 가더라도 한 평의 진열 공간도 낭비하는 법이 없다. 하지만 오랫동안 지상과 지하를 연결하는 에스컬레이터 바로 아래의 작은 자투리 공간은 상품을 진열하거나 판매하기에 부적합한 사각 지대로 여겨져 왔다. 그러나 현재 대부분의 매장에서 이 공간을 식사 대용식인 선식과 쌀 등 곡물류를 파는 곳으로 활용하고 있다. 아무리 불편한 공간이라도 고소하게 볶은 콩과 곡물 냄새를 풍기면 소비자들이 본능적으로 찾아온다는 것을 발견하였기 때문이다. 아울러 냄새에 끌려 온 고객은 온 김에 다른 잡곡들도 사 간다고 한다. 그 결과 이곳은 현재는 매장 내 평당 수익률이 가장 높은 공간중 하나로 바뀌었다. 이처럼 직접적인 구매를 자극하기 위해 향기를 사용하기도 하지만 매장의 이미지를 강화하기 위한 향기 마케팅도 사용되고 있다. 국내 영 캐주얼 브랜드인 후아유(WHO.A.U)는 브랜드의 콘셉트가 '캘리포니안 드림'인데 이러한 이미지를 강화하기 위해 캘리포니아를 대표하는 과일인 오렌지 향을 매 시간마다 분사하기도 한다. 향기는 이제 유혹의 대명사가 되었으며 관련 상품도 대중화되고 있다. 인기 있는 향초인 양키 캔들은 처음에는 미국 유학생들을 중심으로 아는 사람들만 아는 마니아 상품이었으며, 결코 대중적인 상품은 아니었다. 하지만 양키 캔들이 2012년부터 국내 시장에 프랜차이즈 사업 형태로 들어오면서 서울 강남을 중심으로 전국적인 판매망을 갖추게 되었고 위메프 같은 소셜 커머스 사이트에서도 가장 인기 있는 핫 아이템으로 부각되었다.

향기와 더불어 촉각의 중요성도 부각되고 있다. 최근 정밀한 진동장치를 내장하는 경우 물체의 진동패턴에 따라 마치 스크린을 만지는 경우 실제 만지는 것과 같은 촉감을 자극할 수 있는 촉각을 가진 컴퓨터의 개발이 되었다. 이는 모든 물체가 고유한 진동패턴을 갖고 있기 때문인데 이와 같은 촉각 컴퓨터의 경우 온라인 쇼핑을 할 때 소재의 감촉을 확인하는 용도로도 사용할 수 있을 것으로 기대되고 있다.

식품 매장에서 진행하는 활발한 시식 행사도 미각을 자극한다. 만두, 라면, 냉면 등 다양한 식품은 시식 코너를 위해 전담 인력을 배치하고 많은 수량을 행사를 위해 소진한다. 대부분 이런 행사를 진행할 경우에 소비자들이 더 큰 관심을 보인다. 하지만 시식할 때 그렇게 맛있던 것들이 어떤 이유인지 집에 가져가면 도통 그 맛을 다시 느낄 수 없다. 시식할 때는 극히 소량을 맛보기 때문에 항상 아쉬움이 남고, 쇼핑을 하는 동안 허기도 약간 생기기 때문에 더 맛있게 느껴지는 것이다.

청각 역시 빼놓을 수 없는 마케팅 수단이다. 특히 음악을 이용해 매장을 방문한 소비자의 행동에 의도적으로 영향을 주는 것으로 알려져 있다. 손님이 적은 오전 시간이나 평상시에는 느리고 조용한 음악을 틀어서 소비자들이 오랫동안 머물도록 한다. 하지만 너무 손님이 많이 몰려 오히려 쇼핑에 지장이 생기기 때문에 고객 순환이 잘 안 이루어지는 바쁜 시간대에는 빠른 음악을 틀어주곤 한다. 빠른 음악은 소비자들을 약간의 흥분 상태로 유도해 쇼핑을 빨리 끝내도록 도와준다.

돌려야 사는 점포 __ 스타벅스 의자는 왜 불편할까?

2009년부터 미국의 경기 침체가 본격화하기 시작했을 때 스타벅스 등 미국 내 커피 전문점들은 큰 고민에 빠지게 됐다. 실직으로 오갈 곳 없게 된 실직자들이 노트북을 들고 에어컨도 있고 무선 인터넷도 무료로 쓸 수 있는 매장으로 몰려왔기 때문이다. 커피 한 잔을 시켜 놓고 하루에 서너 시간 동안 테이블을 차지하고 앉아서 일을 하거나 인터넷을 해 대는 이들 때문에 매장이 북적되기는 하지만 정작 다른 손님들이 앉을 장소가 없어졌다.

제한된 공간인 매장에 얼마나 많은 손님이 왔다 갔는지가 매출이나 이익에 결정적인 영향을 미치게 되는 음식점이나 미장원 등 서비스 업종에서, 정해진 시간에 얼마나 많은 고객이 방문했는지를 의미하는 고객 회전율은 성과를 가늠하는 중요한 지표다. 테이블이 하나뿐인 레스토랑에 온 손님이 음식 맛과 분위기가 너무 좋다고 칭찬하면서 장시간 머문다면 어떤 일이 생길까? 미국의 스타벅스 역시 고객 회전율 문제가 심해지자 매장에서 노트북 사용을 금지하는 규정까지 심각하게 고민했다고 한다.

이처럼 회전율이 중요한 점포들은 고객들이 스스로 알아서 빨리 나갈 수 있도록 다양한 장치를 매장 구석구석에 배치해 놓고 있다. 우선 버거킹이나 맥도날드 같은 패스트푸드 매장의 내부에 있는 의자나 탁자 등 집기를 살펴보자. 보기에는 귀엽고 예쁜 디자인이지만 실제 앉아 보면 딱딱하고 불편하기 짝이 없다. 의자에 앉았을 때 너무 편안하다고 느끼면 자연히 머무르는 시간이 길어지기 때문이다. 물론 너무 불편하면 고객들이 그 매장을 외면할 수도 있기 때문에 패스트푸드 매장의 의자는 딱 패스트푸드를 먹는 시간만큼 앉아 있기에는 불편함이 없지만 시간이 흐를수록 편하지 않게 만들었다. 스타벅스의 테이블 역시 이 같은 이유로 매우 협소하고 불편하다.

음악이나 실내조명 역시 이러한 목적으로 사용된다. 음악의 빠르기 여부에 따라 매장 내 고객의 행동을 조절할 수 있다. 색상이나 조명 역시 잘 조절하면 이 같은 목적으로 사용할 수 있다. 보통 따스한 색으로 알려진 오렌지색이나 노란색, 붉은색 등은 안정적이고 편안한 느낌을 줘서 같은 장소에 오래 머무르게 하고, 차가운 색으로 알려진 청색이나 회색은 그 반대의 느낌을 준다고 한다. 부유한 고객들이 매장에 오래 머무르면서 부대시설을 사용하는 것이 수익을 올리는 데 유리한 호텔이나 백화점은, 보통 자기 집 같은 분위기가 날 수 있도록 따스한 색으로 매장을 꾸미고 조명도 부드럽고 은은한 색상을 선호하는 반면, 고객 회전율이 중요한 패스트푸드나 편의점 등은 청색이나 무채색 등 차갑고 밝은 색 조명을 사용해 매장을 꾸미는 것을 선호한다.

6.3 창업 성공의 비밀

처음 창업을 할 때 누구나 막막함을 느낀다. 창업 업종을 정하는 것 자체도 큰 고민거리지만, 그 후에도 법률, 점포 인테리어, 직원 교육, 재고 관리 등 생소하고 어려운 문제가 산적해 있기 때문이다. 기술과 사업 노하우를 체계적으로 전수함으로써 이 같은 어려움을 해결할 수 있도록 도와주는 사업 형태가 바로 프랜차이즈다.

전통적으로 프랜차이즈 창업 시장에는 중장년층 퇴직자가 주로 관심을 보여 왔다. 하지만 최근에는 각 대학에도 창업 관련 학과가 생겨나고 있고 청년 취업난이 심화하면서 20대까지 창업 쪽으로 눈을 돌리고 있으며 애초부터 창업에 미래를 거는 젊은이도 늘고 있다. 이 새로운 사장님들은 도전과 패기라는 훌륭한 자산을 가지고 있지만 경험과 사업 자금은 보통 부족하기 마련이다. 그래서 단 한 번의 사업 실패라도 더더욱 견디기 힘든 경험이 된다. 그래서 실패 가능성을 최소화하기 위해 창업 전에 교육을 통해 전문성을 기르는 한편, 애당초 본인이 자신 있게 할 수 있는 업종을 고르는 것이 좋다.

서울 신사동 가로수 길에는 국내 커피 브랜드 투썸플레이스 가맹점이 있다. 이 곳의 점주는 과거 항공사에서 스튜어디스로 일한 경력이 있는 20대 여사장님이다. 평소 커피 전문점을 자주 찾았던 그녀는 커피 매장이 사람들에게 편안한 공간을 제공하는 데 매료돼 직장을 그만두고 직접 창업을 하게 됐다고 한다. 평소에도 자주 가던 브랜드였기 때문에 누구보다도 상품이나 매장에 대해 잘 알고 있었고 그만큼 자신도 있었다고 한다. 대기업 계열사라 지원이 잘될 것이라는 기대도 있었다. 특히 매장을 고를 때는 비싸더라도 젊은 층과 유동 인구가 많은 곳을 골랐다. 20~30대 젊은 여성층에 특히 인기 있는 브랜드의 특성상 임대료가 비싸지만 목이 좋은 가로수 길을 택했다.

매장 점주가 되려면 본사의 커피 마스터 자격시험을 통과해야 하는데, 2주일간 각종 메뉴의 조리법과 매장 운영 교육, 타 매장에서의 실습을 거쳤다. 이 교육은 개점한 후 큰 도움이 됐다. 실제로 이곳에서는 커피뿐만 아니라 케이크, 쿠키, 샌드위치 등 다양한 품목을 취급하고 있는데, 이들 품목이 매출에 큰 도움이 되고 있기 때문이다. 매출에서 음료가 차지하는 비중은 60%가량이며, 나머지 40%의 매출은 케이크 등이 올려 준다. 본 점포의 창업비용은 점포 임대료를 제외하고 핵심 상권의 45평 정도의 매장 기준으로 2억 5,000만 원 정도가 들어갔는데, 직원들을 관리하는 한편 고객들을 보다 잘 이해하기 위해 매장에서 직접 서빙을 하고 있다. 힘이 들긴 하지만 대출받은 투자 금액 등을 고려해 봐도 괜찮은 수입을 올리고 있다. 그렇다면 기존의 프랜차이즈가 탄탄한 경우에는 어떠한 전략이 가능할까? 미국의 'Five guys'라는 햄버거 패스트푸드점의 경우 맥도날드와 비교우위에 있는 것이 없었다. 전 세계 수만 개의 매장을 가진 맥도날드에 비해 규모의 경제를 실현할 수도 없었고, 브랜드 파워도 갖고 있지 않았다. 그리고 수십 년간 길들여진 햄버거에 우리 고객들은 이미 만족감을 느낄 수 있었다. 이에 따라 'Five guys'의 경우 그들만의 장점을 찾아냈다. 패스트푸드점이지만 가장 신선한 재료를 활용하여 즉석에서 패티를 구워서 만들어주는 건강식 패스트푸드를 제안한 것이다. 다윗이 골리앗과 싸울 때는 골리앗과 똑같은 전략을 써서는 이길 수 있을 것이다.

창업과 소매 __ 창업 인구는 얼마?

최근 그녀처럼 창업을 통해 스스로 경제활동의 주체가 된 사람이 늘고 있다. 통계청에 따르면 2015년 전체 경제활동 인구 대비한 자영업자 수는 583만 명에 달한다. 보통 창업을 통해 벤처 사업이나 제조업을 하기도 하지만 우리가 주변에서 가장 흔하게 보는 창업의 형태는 개인용이나 가정용 구매자를 대상으로 장사를 하거나 음식점 등 요식업을 하는 소매업이다.

보통 소매업이라고 하면 대부분 상점에서 상품을 판매하는 것만을 연상하기 쉽다. 그러나 실제 소매는 점포 없이 운영하는 인터넷 쇼핑몰, 야식 배달, 미장원 같은 서비스업, 치과의사의 진료 같은 다양한 영역을 포괄한다. 물리적 공간이나 상품 없는 소매업도 얼마든지 우리 주변에 존재하는 것이다.

소매는 우리 삶과 밀접한 관련을 맺고 있는 만큼 사회 다방면에 걸쳐 영향을 끼치는데 특히 고용에 미치는 영향력이 크다. 이마트 같은 대형 소매 체인에서부터 나 홀로 창업한 경우까지 포함해 많은 사람이 소매 분야에서 일하고 있다.

정부 역시 프랜차이즈 강화나 금융 지원 등을 통해 개인의 소매시장 창업 활동을 적극 지원하고 있는 실정이며, 서민의 창업을 지원하기 위한 미소 금융재단 같은 전문 금융기관도 생겨나고 있다. 이 장에서는 개인이 창업하는 소매업을 중심으로 개인 사업의 성공 요인들을 살펴보도록 하겠다.

개인 점포 전략 __ 동네 슈퍼와 익스프레스 점포

규모가 작고 인원도 적지만 개인 점포도 영리를 목적으로 하는 엄연한 기업체다. 일반 기업과 마찬가지로 개인이 운영하는 점포도 자신의 상황을 점검하고, 고객의 변화를 알아내기 위해 노력하며, 경쟁사의 활동을 지속적으로 감시해야 한다. 물론 규모가 큰 기업처럼 국내 전체나 해외의 동향 같은 광범위한 정보가 필요하지는 않을 것이다. 주로 자기 점포를 둘러싼 동일 상권 내에서 이와 같은 활동을 하게 되는데, 상권의 크기는 작게는 주변 1km 내외, 크게는 수 킬로미터에 달할 수도 있지만 비교적 그 범위가 제한적이다.

　대개 소규모의 영세한 소매업자는 별다른 전략적 고려나 미래에 대한 비전 없이 운영을 한다. 하지만 아무리 규모가 작은 점포일지라도 미래의 방향에 대한 고민 없이 변화하는 경쟁 환경에서 이겨 낼 수는 없다. 80년대에는 이른바 '만물상회'라는 것이 있었다. 세상의 모든 만물을 판다는 의미로 이곳에 가면 웬만한 것들은 모두 살 수 있었던 곳이 바로 소매점으로서의 만물상회였다. 그러나 지금은 개인이 운영하는 만물상회는 점차 자취를 감추고 있고 소비자들은 주말이면 마트를 가서 필요한 것을 사곤 한다. 실제로 과거에 어느 동네에 가더라도 쉽게 볼 수 있었던 동네 슈퍼들은 이제 동네 상권까지 진출한 유명 할인점의 익스프레스 점포나 대기업의 편의점 체인에 밀려 거의 자취를 감췄다. 이들은 과거의 영업 방식을 답습하다가 제대로 대항 한번 해 볼 틈도 없이 사라져 가고 있다. 다행히 법적 규제와 동네 슈퍼들만의 새로운 차별화 전략으로 신개념의 동네슈퍼들이 나타나고 있지만 여전히 힘든 건 사실이다. 유럽은 아직 동네 빵집이나 슈퍼, 책방들이 건재한 것을 볼 수 있다. 이들에 대한 연구가 새로운 시사점을 줄 것으로 보인다. 병원 또한 마찬가지다. 소비자들이 점차 마트와 같은 대형 점포를 좋아하고 동네 슈퍼를 멀리하는 것처럼 개인병원보다 더 큰 병원을 좋아하는 환자들이 늘고 있다. 오랫동안 같은 자리에서 터를 잡고 영업을 해 왔는데도 이렇게 손쉽게 사라질 수 있다는 것은, 대기업의 막강한 힘뿐만 아니라 그동안 자신들을 보호할 만한 전략적인 자산을 제대로 쌓지 못한 것이 큰 원인임을 보여 준다. 이는 또한 과거 사람이 중요하던 시기에서 자본에 의해 소매업의 방향이 흘러간다는 것을 의미하기도 한다.

　소매 점포들 역시 장기적인 생존에 도움이 되는 방향을 모색하고 이를 달성하기 위해 노력해야 한다. 소매점만의 생존 전략이 필요한 것이다. 소매점의 전략으로는 재무, 입지, 매장 관리, 상품, 광고 판촉, 인력 관리 등 다양한 분야가 있다. 특히 재무는 점포의 이익과 직결되는 분야로서 자산 회전율, 수익률 등 기업의 성과를 결정짓는 중요한 지표들을 이해해야 한다. 실제로 자신들이 얼마나 이익을 내고 있는지 잘 모르는 상태에서 영업을 하는 경우도 많이 있고, 심지어 손해를 보면서 영업을 하고 있는데도 이런 사실을 전혀 모르고 있는 경우도 빈번하게 발생하고 있다. 적어도 자기 사업을 운영하는 모든 주인은 숫자에 밝아야 하는 것이 첫 번째 조건임은 두말할 나위가 없다. 소매 운영에서 재무의 중요성은 아무리 강조해도 부족함이 없을 것이다.

그밖에 숫자 이외에도 입지, 매장 관리, 상품 매입 등 다양한 마케팅 상황과 관련한 의사 결정 사항이 있으며 정책적인 지원도 필요하다. 예를 들어 도서정가제 시행의 경우 여러 가지 문제점이 있음에도 불구하고 기존의 중소규모의 서점들을 살리기 위한 정책이라고 할 수 있다.

입지 전략 __ **명동 한복판부터 신당동 떡볶이 골목까지**

소매점의 성공 요인 중 가장 중요한 요인 세 가지가 무엇인가에 대해 마케팅 현자들에게 질문을 한다면 어떤 대답을 얻을 수 있을까? '첫째도 입지, 둘째도 입지, 셋째도 입지다'라고 말할지도 모르겠다. 그만큼 구매력이 있는 유동 인구가 많고 점포의 노출도가 뛰어난 점포 입지를 선점하는 것이 소매점의 성공을 위한 가장 중요한 의사 결정이 되는 경우가 많다. 실제로 음식점을 낼 때는 같은 강북이더라도 손님들이 많이 몰리는 명동이 인적이 드문 다른 동네들보다 유리한 것은 말할 필요도 없을 것이다. 그러나 불행히도 입지는 매우 제한적인 자원이다. 좋은 장소나 공간은 물리적인 한계 때문에 들어갈 수 있는 점포수에 한계가 있다. 이렇게 좋은 입지의 희소성은 필연적으로 입지 선점을 위한 경쟁을 부르고, 이에 상응하는 비싼 비용이라는 대가가 수반된다. 입지가 좋으면 좋을수록 점포 임대료나 땅값이 비싼 것이 일반적이고 들어가기도 어렵다. 국내에서 가장 비싼 것으로 알려진 명동 한복판에서는 점포 임대료가 평당 1억 원을 훌쩍 넘는 것으로 알려져 있다. 이렇게 비싼 임대료를 고려하면 무조건 좋은 입지를 찾으라고 이야기하는 것은 무책임해 보일 수도 있다. 임대료가 비싼 곳에 들어가면 유리하다는 것은 누구나 알지만, 비싼 임대료를 감당했을 때 이를 상쇄할 만한 충분한 이익을 내는 것 역시 쉽지 않기 때문이다. 따라서 어떤 입지가 매력적인지에 대해 다각도로 검토해 봐야 한다. 입지의 매력은 주로 접근성과 고객의 질적인 특성, 경쟁 정도에 따라 결정된다.

　우선 점포 입지의 접근성은 고객이 얼마나 손쉽게 소매점에 드나들 수 있는가를 의미한다. 드나든다는 것은 단순히 도보로 접근하는 것뿐만 아니라 차량의 이동까지 포함하는 개념이다. 즉 이는 점포에 도달하기까지의 실제적인 거리보다는 소요 시간과 지각된 편리성의 개념에 가깝다. 아무리 가까운 곳에 있어도 고가도로 등으로 인해 교통의 흐름이 끊겨 있거나 주차가 곤란하다면 실제 가까운 거리라도 그 매장의 접근성은 떨어지는 것으로 평가될 것이다. 접근성과 관련해서는 도로의 패턴이 중요한 평가 요인이 될 수 있다. 기본적으로 우수한 상권은 소비자들이 손쉽게 접근할 수 있는 편리한 도로와 인접해 있다. 도로가 지나치게 복잡하고 신호 체계가 미비하거나 고가도로나 펜스 같이 이동을 가로막는 장애물이 많이 있다면 이것들은 점포에 불리한 요인으로 작용할 것이다.

　점포의 외관, 주변의 교통량, 주차장, 출입 편리성 등 점포의 특성도 접근성을 결정한다. 우선 점포의 외관은 고객이 멀리서도 점포를 보고 들어올 수 있도록 식별성이 뛰어나야 하며 내외부의 시설이나 환경 역시 잘 정비돼 있어야 한다. 일반적으로 알고 찾아오는 단골 고객이 많을수록 점포 외관의 중요성은 덜하지만 신규 고객을 확보하고 이들에게 좋은 이미지를 주기 위해서는 점포 외관이 중요한 역할을 한다. 이마트는 점포를 개설할 때 보통 멀리서도 잘 보이는 요충지를 중심으로 점포를 선정하는 것은 물론이고, 크고 명확한 사인과 간판을 사용해 손쉽게 점포를 찾을 수 있도록 도와주고 있다.

　주변의 교통량 역시 중요한 입지 요인이다. 그러나 교통량이 많은 것이 좋은지 적은 것이 좋은지는 상황에 따라 달라질 수 있다. 일반적으로 교통량이 많다는 것은 유동 인구가 많다는 의미이므로 유리한 조건이지만, 교통 정체가 극심해서 오히려 점포에 접근하는 것을 방해할 수도 있다. 집 근처 가까운 곳에 맛있는 만두가게가 하나 있더라도 출퇴근 정체가 심한 지역이라면 아예 고객이 갈 생각을 접을 가능성도 있는 것이다. 주차 시설의 양과 질 역시 중요한데 주차 공간이 충분치 않거나 매장에서 너무 멀리 떨어져 있으면 어느 고객이라도 가기 싫어할 것이다. 특히 최근에는 승용차 보급이 일반화돼 채 1km도 안 되는 가까운 거리도 차로 이동하는 라이프스타일이 보편화함에 따라 편리한 주차 설비의 구비 여부가 점포 선택의 결정적 요인이 되기도 한다.

　고객의 질은 관할 상권 내 얼마나 많은 고객이 존재하는가와 같은 양적 지표와 더불어 이들의 구매력이 얼마나 좋은가와 같은 질적 지표에 의해서도 결정된다. 점포의 매출은 고객의 수와 함께 다른 지역과 비교한 상대적인 구매력의 크기에 따라 결정되는 것이다. 가전제품을 판매하는 대리점을 운영한다면 영등포와 압구정에 사는 소비자들의 연간 소득이나 소비 수준은 다르며, 이러한 차이는 바로 이들 소비자의 구매력 차이로 나타난다. 또한 구매력은 상권 내 소비자의 연령과 직업 등에 의해서도 영향을 받는다. 신촌 등 대학가의 식당들은 저렴한 메뉴로 손님들을 끌지만 30대 직장인이 몰려 있는 여의도는 조금 더 비싼 메뉴들을 내놓을 수 있다. 일반적으로 소매점들은 가장 높은 구매력을 가진 입지에 점포를 두고 싶어 한다.

　동일 상권 내에서의 경쟁 정도 역시 중요한 요인이다. 일반적으로 주변에 경쟁 점포가 많이 존재하고 있는 것을 부정적인 상황으로 인식하기 쉽다. 그러나 단순히 경쟁 점포의 숫자만으로 상권을 평가하는 것은 다소 판단하기 미묘한 문제를 제기한다. 보통 경쟁이 미약한 경우에는 고객 선택의 여지가 별로 없기 때문에 자신의 점포에 독점적인 기회가 될 수 있지만 해당 지역의 상권 전체가 고객 흡인력이나 생명력을 잃어버리기도 하기 때문이다. 그래서 적정 수준의 경쟁이 존재할 때 오히려 더 큰 기회가 생기기도 한다. 실제 유사 업종 여러 곳이 밀집돼 있으면 비록 점포 간의 경쟁은 치열해지지만, 그 상권 전체를 하나의 명소로 만들어서 보통 오지 않았을 먼 거리의 고객까지 모으는 집객 효과가 나타난다. 예를 들어 서울 장충동의 족발 거리, 신당동 떡볶이 골목, 충남 병천의 순대 골목, 인천 소래의 회센터, 용산의 전자센터, 동대문의 아동복 상가 등이 있다. 이곳들은 해외를 포함한 전국 각지의 먼 거리에서 다양한 목적의 구매자가 몰려오는 현상을 보이고 있다. 이는 다수의 동일 업종 점포가 밀집함으로써 가능해진 풍부한 구색과 경쟁적인 서비스 노력 등이 고객 흡인력을 극대화해 상권 자체를 확장시킨 긍정적인 예일 것이다. 이러한 전문 상가 대부분은 자연 발생적으로 하나둘 점포가 모여 형성되지만, 최근 도심 근교의 아웃렛 같이 개발 초기부터 기획되는 사례도 늘고 있다.

　물론 이러한 현상을 모든 상권에 일반화시킬 수는 없다. 일반적으로 상권의 크기나 수용 가능한 고객 수에 비해 과잉 경쟁이 일어나고 있는 포화된 상권은 피하는 것이 좋을 것이다. 상권 내 거주하는 소비자들의 가처분 소득은 한계가 있기 때문에 너무 많은 점포가 동일 입지 내에서 경쟁하고 있다면 점포 대부분은 충분한 수익을 얻을 수 없기 때문이다.

매장 분위기 __ **무대로 변신하는 쇼핑 공간**

오늘날 백화점에서는 거의 똑같은 브랜드와 상품을 판매하고 있다. 그런데도 소비자들은 특정 백화점을 선호하기도 한다. 과거에는 상품이나 브랜드가 중요한 차별화 포인트가 되었지만 최근에는 점포 자체가 중요한 차별화 포인트가 되고 있기 때문이다. 특히 인터넷으로 구입할 수 있는 동일한 상품을 굳이 점포에까지 나가서 구매하는 행동에는 그 나름대로의 이유가 있을 것이다.

오늘날 많은 점포는 소비자에게 더 긍정적인 경험을 제공하기 위해 점포를 하나의 작은 무대나 극장처럼 생각하고 운영한다. 점포 배치를 통해 매출을 증대하고 소비자에게 호감을 얻고자 노력하는 것이다. 잘 구성된 진열대의 진열 방식이나 점포의 배치는 고객들이 점포를 손쉽게 이리저리 둘러보면서 당초 계획한 것보다 더 오래 머물고 더 많이 구매하도록 유인하는 힘이 있다. 점포 대부분은 충동적으로 구매를 해도 별 부담이 없는 저가 상품들을 계산대 앞으로 가져가고, 크고 비싸며 보통 사전에 구매가 계획되는 상품들은 점포 깊숙한 곳에 진열한다. 아무리 엄격하고 강한 의지를 가진 부모들이라도 아이들이 좋아하는 과자나 음료수, 아이스크림 등을 사지 않고는 지나치기 힘들도록 쇼핑 경로를 구성하는 것이다.

점포의 분위기 역시 소비자의 경험을 결정하는 중요한 요인이다. 매장 내의 조명이나 색상, 음악, 향기 등은 고객의 감성적인 감각 기관을 자극해 구매 행동에 영향을 주기 마련이다. 우선 시각적으로 점포의 이미지에 맞는 간판이나 인테리어 디자인을 채용하며, 구매에 필요한 적절한 정보를 매장 내 디스플레이 등을 활용해 제공한다. 조명 역시 단순히 어둠을 밝히는 용도보다는 상품을 돋보이게 하고 점포에 좋은 인상을 줄 수 있도록 계획적으로 사용된다. 적절한 조명은 고객이 점포에 들어왔을 때 즐거운 분위기를 느끼도록 도와주는 한편, 매장의 흠이나 진부한 인테리어 등을 가릴 수 있는 용도로 사용되기도 한다. 청소년들에게 특히 인기가 많은 아베크롬비의 경우 일부 논쟁의 소지는 있지만 매장 내 조명에 있어서 어두운 분위기를 연출한다. 멋진 남성과 여성 도우미들이 있는 이곳에서 클럽과 같은 분위기를 연출하는 것 외에 밝은 조명은 팔고자 하는 상품에 초점이 맞춰있어 주목도를 높이는 시도를 한다.

음악은 색상이나 조명과 더불어 점포의 분위기 조성에 도움을 줄 수 있다. 또한 음악의 장르나 템포 등을 조정해 고객의 기분을 조절하기도 한다. 예를 들어 국내의 할인점들은 폐장 시간이 가까워 오면 빠른 음악을 내보내 고객들이 쇼핑을 정리하도록 유도한다. 또한 최근에는 매장 내 향기를 이용한 마케팅도 활성화하고 있다. 특정 브랜드를 연상시키는 브랜드 향이나 구매를 자극하는 냄새들을 적극 활용하고 있다. 성공적인 점포 분위기를 형성하기 위해서는 인간의 감각을 자극할 수 있는 방안들을 매장 곳곳에 심어 놓아야 하는 것이다.

상품의 매입 __ 훌륭한 공급 파트너를 찾아라

일부 소매 점포 브랜드(private brand)들이 존재하고 있지만, 소매상 대부분은 스스로 상품을 만드는 제조의 역할을 수행하기보다는 공급업체로부터 공급받은 상품을 마진을 붙이거나 재가공해 판매하는 역할에 보다 집중하고 있다. 슈퍼마켓에서 판매하는 공산품은 말할 것 없고 갈비 전문점이나 빵집 같은 음식점의 식재료 역시 대부분 외부에서 가공돼 들어온다. 따라서 상품 공급업체와의 관계나 상품이나 원재료의 매입과 관련한 문제는 유통에서 매우 중요한 이슈다. 업종을 불문하고 소매업체는 공급업체와의 원활한 파트너십 없이는 성공할 수 없다. 소매업체는 생존을 위해 좋은 가격과 충분한 광고, 판촉 지원을 해 주는 공급 파트너가 필요한 것이다. 공급업체와 지속적이고 신뢰성 있는 관계를 유지하는 소매업체는 그 보답으로 핵심적 경쟁 우위를 확보할 수 있다. 정기적인 매입과 판매의 약속 이상의 것이 소매업체와 공급업체 간에 존재하고 있어야 하는데, 이같이 전략적인 파트너십은 상호 신뢰는 물론이고 공유된 목표 의식, 의사소통, 재무적인 결속을 요구한다. 한 예로 유명한 한우 갈비집이나 설렁탕집들은 횡성 등 한우 유명 산지의 축산물 공급업체와 계약해 고품질의 재료를 안정적으로 공급받고 있다.

일부 점포는 기술 제공 및 운영 노하우를 본사가 책임지는 프랜차이즈 시스템에 가입함으로써 이러한 상품의 매입 문제와 관련한 불확실성을 해결하기도 한다. 프랜차이즈란 가맹 본부가 가맹점에 상품 공급이나 조직, 영업 등의 노하우를 브랜드와 함께 제공해 공동으로 사업을 운영하는 것을 말하는데, 많은 프랜차이즈 시스템은 상품의 매입과 관련해 편의를 제공하고 있다. 일례로 우삼겹살을 주 메뉴로 판매하는 '본가' 프랜차이즈에 가입하면 고기는 물론이고 채소, 반찬, 내부 인테리어, 홍보물, 조리법 등 점포 운영에 필요한 일체를 본사로부터 체계적으로 지원받을 수 있다.

휴먼 관리

대부분의 소매 업종에서 종업원의 역할은 중대하며 이들이 고객의 점포 경험에 미치는 영향은 지대하다. 이들은 고객들을 맞이하고 거래를 진행하며 판매를 성사시키고 궁극적으로는 고객의 만족에 영향을 미치는 존재들이다. 현장에서 매일 고객과 대면 접촉하는 종업원이야말로 단골 고객 만들기를 좌우함으로써 소매의 성패를 좌우한다. 그러나 일반 기업들에 비해 낮은 수준인 소매업의 급여와 복지, 직업의 불안정성, 열악한 대우 때문에 훌륭한 인재를 선발하거나 교육하기가 매우 어렵다.

특히 소매업에 종사하는 종업원들은 판매는 물론이고 조리, 기술, 컨설팅, 서비스 등 일정 수준 이상의 기술이 있기 때문에 적지 않은 보상을 요구한다. 바람직한 종사원 관리는 이들이 열심히 일하고 자신의 전문성을 발휘할 수 있도록 금전적, 비금전적인 동기를 부여하고 생산성을 향상하는 것이다. 이러한 측면에서 최근 청년들의 열정에 근거한 종업원 관리는 성공의 밑거름이 되고 있다. 경복궁역 금천교시장 안의 26명의 청년들이 의기투합해 만든 감자요리를 파는 가게의 경우 가게가 6개 이상으로 늘었으며 열정에너지를 판다는 신념하에 자신의 일을 해나가고 있었다. 이 시장에서는 이와 비슷한 청년들이 창업을 하고 있으며 열정이 더해진 소매업체들은 번창해나가고 있다. 이와 같은 매장의 특징은 직원들이 성실하며 협력적이고, 긍정적 사고를 가져 이곳에서 일하는 사람들이 즐겁게 일할 수 있는 분위기를 만드는 것에 있다.

그 외 종업원에 의한 부정적인 영향도 관리할 필요가 있다. 종업원의 사무 착오로 인한 손실, 태만, 그리고 도난 등의 문제가 발생할 가능성도 있기 때문에 선발 과정에서 우수한 인재를 선발해야 하는 것은 물론이고 종업원에 대한 적절한 관리나 시스템 구축도 필요해질 것이다. 이런 부정적 영향력은 종업원에 대한 교육으로도 상당 부분 해소할 수 있지만, 그보다는 근본 원인을 제거하거나 자연스럽게 업무의 일부로 인식되도록 프로세스의 일부로 확립하는 것이 보다 효과적이다. 일례로 백화점 화장실의 청소 점검표는 매 시간마다 청소 후 담당자가 이상 유무를 점검 카드에 기록하게 돼 있는데, 사람이 아닌 상황에 초점을 맞춘 이런 시스템적인 접근 방법이 청소를 깨끗이 해야 한다고 교육이나 지시를 하는 것보다 더 효과적일 수 있다.

그러나 이런 노력들보다 더욱 중요하고 본원적인 것은 종업원들이 점포를 나의 가게라고 느끼고 충성심을 높일 수 있도록 노력하는 일일 것이다. 이를 위해 종업원을 고용인이 아니라 또 하나의 고객, 즉 내부 고객으로 인식하는 자세가 필요하다.

7 장

커뮤니케이션이란 무엇인가?

7.1 고객 커뮤니케이션

7.2 360도 마케팅과 대안적 마케팅

냉담한 부부, 방에 틀어박혀 게임만 하는 자녀, 서로 인사도 안 하는 직장 동료 등 대화가 단절된 관계는 결코 오래갈 수 없다. 끊임없이 이야기를 주고받는 건강한 관계는 기업과 소비자 사이에도 필요한데, 광고나 촉진 같은 커뮤니케이션 활동이 이에 해당한다.

전통적으로 기업들은 TV, 라디오, 신문, 잡지 등 전통적인 매체를 활용해 신상품 홍보, 브랜드 구축, 판매 촉진 등의 목적을 달성하기 위한 커뮤니케이션 활동을 전개해 왔다

그러나 최근에는 보다 쌍방향의 적극적인 대화가 가능해진 인터넷, 모바일, 소셜 네트워크 등 새로운 매체가 등장함에 따라 커뮤니케이션의 양상도 변화하고 있다. 또한 소비자 주변을 둘러싼 모든 가능한 수단을 커뮤니케이션에 활용하고자 하는 360도 마케팅, 게릴라 마케팅 등 새로운 시도도 활발히 이루어지고 있다.

7.1 고객 커뮤니케이션

광고! 현대 사회를 돌이켜 볼 때 방송, 신문 등 매스미디어와 더불어 항상 우리 주변에 존재하면서 강력한 영향력을 행사해 온 낯설지 않은 이름이다. 짧고 단순하면서도 강력한 메시지를 전달하는 광고. 기업의 마케팅은 물론이고 예술, 기술, 문화, 영화 등 다양한 영역과 서로 영향을 주고받으며 성장해 온 광고는 기업이 고객과 대화하는 언어로서 마케팅의 핵심적인 역할을 담당하고 있다. 그리고 광고와 더불어 기업들은 판매라는 보다 직접적인 목적을 달성하기 위해 판촉, 이벤트 등 기타 다양한 커뮤니케이션 수단을 발전시켜 왔다.

마케팅 커뮤니케이션 __ 광고, PR, DM 그리고 IMC

마케팅의 본질은 회사에 이익을 줄 수 있는 수익성 있는 고객들을 찾아낸 후 장기적이고 호의적인 관계를 구축하는 것이다. 그런데 좋은 관계란 자연스럽게 만들어지는 것이 아니라 장시간에 걸쳐 인위적으로 가꾸어지는 것이며, 치열한 경쟁을 고려할 때 소비자보다는 기업 측의 관계 구축 노력이 더욱 절실하다. 특히 관계 구축에 가장 기본적인 필요조건은 원활한 의사소통, 즉 커뮤니케이션이라고 할 수

있다. 가정불화의 가장 큰 이유가 가족 간 대화 단절인 것과 마찬가지로 기업과 고객 간 대화는 매우 중요하다.

기업은 소비자들에게 자사의 상품이 제공할 수 있는 고객 가치를 잘 전달하고 호의적인 관계를 구축하기 위해 광고, 판매 촉진, PR, 인적 판매, 직접 마케팅 등 다양한 커뮤니케이션 수단을 사용해 왔다.

그중 가장 대표적인 마케팅 커뮤니케이션 형태로 광고(advertising)가 있다. 이는 상품이나 아이디어를 판매하고자 하는 광고주가 비용을 지불하고 집행하는 비대면적인 활동이다. 보통 광고주는 기업이나 기타 영리, 비영리 조직인 경우가 많으며, TV, 라디오, 신문, 잡지 등에 광고를 내보내기 위해 상당한 비용을 지출해 광범위한 소비자들에게 일방적인 메시지를 전달하게 된다.

또한 소비자들에게 직접 구입을 권유하거나 판매를 촉진하기 위해 기업은 현장 할인, 이벤트, 경품 제공, 게임, 콘테스트, 쿠폰 등 다양한 단기적인 유인을 제시할 수 있다. 이를 판매 촉진(sales promotion)이라고 한다. 그 외 광고와 유사성이 많지만 비용을 지불하는 광고주가 없다는 점에서 큰 차이가 있는 PR(Public Relation)이 있다. 즉 신문이나 방송에 자사의 기업이나 상품과 관련한 호의적인 기사가 나갈 수 있도록 하는 홍보와 같은 기업 활동을 의미한다. 이를 통해 기업의 이미지를 강화하고 부정적인 소문 등에 대처할 수 있다. 소비자들 역시 광고보다는 PR 정보를 보다 신뢰할 만하다고 믿는 경향이 있다. 그렇지만 PR도 기업이 관리하는 마케팅 활동의 일부임을 잊어서는 안 된다.

인적 판매(personal selling)는 영업사원, 판촉 사원과 같은 회사의 마케팅 인력이 고객 관계 구축을 위해 직접적인 대면 접촉으로 수행하는 모든 활동을 의미한다. 보험이나 자동차 판매에서 쉽게 발견되는 방식인데, 인건비 등 많은 비용이 소요되므로 주로 가격이 높거나 구매에 상당한 설득이 필요한 상품들을 판매하기 위한 목적으로 사용된다.

마지막으로는 직접 마케팅(direct marketing)이 있다. 광고의 효과는 바로 나타나기보다는 오랜 시간에 걸쳐 느리게 발생한다. 광고를 통해 호의적인 태도를 형성했다고 하더라도 이런 태도가 구매로 이어지기까지는 상당한 시간이 필요할 것이다. 반면에 직접 마케팅은 소비자들의 즉각적인 반응이나 구매를 이끌어내기 위해 전화, 우편, 케이블TV 판매, 인터넷 등의 수단들을 사용한다.

위에서 간략하게 살펴보았듯이 각각의 커뮤니케이션 수단들은 각기 다른 용도와 장단점이 있다. 광고는 여러 번의 반복된 노출을 통해 효과가 비교적 서서히 발생하므로 직접적이고 단기적인 판매 목표보다는 브랜드 이미지 등 커뮤니케이션 목표 달성에 유리하다. 판매 촉진이나 인적 판매는 즉각적인 판매 증진 효과는 있지만 지리적, 시간적으로 제한된다는 단점이 있으며, 단기적인 매출 효과에 비해 장기적인 브랜드 자산 구축 등에는 적합하지 않다. 따라서 기업의 목적을 달성하기 위해서는 직접적인 수단과 간접적인 수단, 그리고 단기적인 수단과 장기적인 수단을 상황에 적절하도록 고루 혼합하는 것이 가장 효과적일 것이다. 이처럼 한두 개의 커뮤니케이션 수단에 전적으로 의존하기보다는 다양한 커뮤니케이션의 최적 배합을 통해 커뮤니케이션 효과를 극대화하려는 노력을 통합적 마케팅 커뮤니케이션(IMC: Integrated Marketing Communication)이라고 한다.

특히 최근에는 인터넷, 트위터, 이동통신, 옥외광고, 미디어 폴(media pole) 등 새로운 미디어가 계속 등장하고 있는데, 기업 입장에서는 어느 커뮤니케이션 수단 하나라도 소중하지 않은 것이 없다. 특히 이 중에서도 가장 오랜 역사를 가지고 있으며, 기업의 커뮤니케이션 비용 지출 기준으로 가장 많은 부분을 차지하고 있는 광고 활동에 대하여 우선 상세히 살펴보도록 하겠다.

광고의 역사 __ 파피루스에서 인터넷까지

광고의 출발점은 판매자의 이기적인 경쟁심이었다. 경쟁자보다 더 많이 팔고 더 많은 고객을 끌어들이기 위해서는 가만히 서 있기보다는 무엇인가 해야 했는데, 바로 이 무엇인가가 광고의 시초인 것이다. 그 결과 광고와 관련된 흔적은 오랜 시간을 거슬러 올라가 세계 곳곳의 다양한 문헌과 유물에서 발견되고 있다. 고대 그리스에서는 해외에서 진귀한 상품을 싫은 배가 들어오면 장사꾼은 음악을 연주하는 악대까지 대동해 상품을 알렸다고 전해진다. 로마 시대에 멸망한 폼페이의 유적지에 가 보면 당시 술집의 간판이나 광고 등을 아직도 손쉽게 볼 수 있다. 알려진 것 중 가장 오래된 광고는 기원전 1,000년경 고대 이집트의 수도였던 테베에 뿌려진 파피루스에 쓰인 전단 광고인데, 이는 도망간 노예를 붙잡아 달라는 일종의 현상 수배 광고였다.

만약 이 시대에 파피루스라는 종이 매체가 없었다면 많은 사람에게 알려야 하는 광고의 기본적인 임무는 수행되지 못했을 것이다. 즉 광고는 불특정 다수를 대상으로 하는 비인적인 커뮤니케이션이기 때문에 메시지를 효과적으로 전달해 줄 수 있는 매체의 중요성이 매우 크며, 실제 광고의 역사는 매체 발전의 역사와 같이 발전해 왔다.

요즈음 우리나라에도 다양한 커피전문점들이 들어서면서 커피열풍을 불러일으키고 있는데 300년전에도 커피가 유럽을 휩쓸었다. 당시 카페하우스의 유행속에 '음악'은 하나의 광고 마케팅 수단이 되었다. 이에 따라 바흐의 경우 커피열풍이 부는 라이프치히에서 그의 연주단 콜레기움 무지쿰과 함께 커피를 위한 커피찬가를 만들었다. 그 내용 또한 커피를 많이 마시는 아버지가 딸에게 "커피를 많이 마시면 마르고 시집을 안 보내겠다"고 하니 딸이 "절대 포기 못해", "미래의 남편에게 커피를 마셔도 된다는 각서를 받아야지" 하는 내용으로 커피 칸타타가 만들어졌으며 이 또한 음악을 이용한 광고의 한 차원이라고 할 수 있다.

서양에서 금속활자가 도입된 후 일상생활에서 본격적으로 활용하기 시작한 19세기부터 광고는 신문과 잡지라는 미디어의 성장을 보게 됐다. 광고를 위한 별도의 지면이 마련되고 사진이나 그림이 사용되면서 광고는 소비자의 이해를 돕는 효과적인 방법으로 발전해 왔다. 특히 20세기 들어와 발명된 라디오와 TV는 보다 많은 소비자를 이들 기기 앞으로 끌어 모았고, 음성과 영상을 활용하게 됨으로써 광고의 영향력이 극대화했다. 최근 성장한 인터넷과 모바일 역시 광고의 새로운 가능성을 열고 있다.

광고의 필요성 __ 소비에서 예방까지

TV나 신문, 잡지, 건물의 간판 등 어디에서나 흔히 광고를 접할 수 있게 됐다. 이렇게 광고의 홍수는 광고 공해라는 비난을 받기도 한다.

그런데 만약 어느 날 갑자기 광고라는 것이 우리 생활에서 사라진다면 어떤 일

들이 벌어질까? 새로운 제품이 나와도 소비자는 알 길이 없고, 상품에 대한 가격
비교 같은 것도 쉽지 않을 것이다. 광고에 대한 비난에도 불구하고 현대사회에서
광고가 담당하고 있는 긍정적인 역할이 적지 않음을 부정하기는 어렵다.

광고는 기업의 마케팅 활동 차원은 물론이고 사회적 차원에서도 일정한 역할을
수행하고 있다. 우선 마케팅 활동에서 살펴보면 기업은 광고를 통해 제품에 대한
호감도를 증대하거나 브랜드명을 알리는 등 반응을 도출하고 상품을 차별화할 수
있다. 또한 특정 상품에 대해 직접적인 구매를 유도하는 기능도 수행하고 있다.

또한 광고는 사회 전반에 걸쳐 직간접적인 영향을 미치기도 한다. 사회적 이슈
광고로 유명한 베네통의 경우 기아, 반전, 평화, 질병 예방 등의 캠페인을 벌여왔
으며 최근에는 청년실업문제까지 다루어 좀 더 실질적인 주제들을 다루고 있다.
국내에서도 인크루트의 청년실업을 다룬 소비자 중심의 광고뿐 아니라 음주운전
예방, 인터넷 악성댓글 예방, 학교폭력예방 등 공익을 위한 광고 캠페인도 쉽게 목
격할 수 있다.

그러나 광고가 과소비를 조장하고, 과장이나 허위 정보를 제공하는 것처럼 부
정적인 영향을 미치는 경우도 있음을 생각해 볼 필요가 있다. 예를 들어 어린이의
경우 광고를 보기 전까지는 특정한 장난감에 대해 관심이 없다. 그러나 TV를 통
한 어린이 광고에 수차례 노출되고 난 후에는 관심이 없던 장난감을 사달라고 조
르기 시작한다. 이러한 사실은 광고가 소비를 조장하는 역할을 한다는 것을 보여
주는 것이라고 할 수 있다.

광고의 실패 __ BC카드의 향기카드

많은 비용을 지불하고 광고를 집행하는 광고주 입장에서 좋은 광고란 어떤 광
고를 의미할까? 많은 사람이 좋아하고, 재미있어야 하며, 오랫동안 기억되기만 하
면 좋은 광고일까?

지금도 많은 사람이 기억하는 광고 중에 '따봉'을 외치던 델몬트의 오렌지 주스
광고가 있었다. 이미 20여 년이 넘은 오래된 광고지만 아직도 많은 사람이 이 유
행어를 기억하고 있다. 그러나 정작 이 광고에 나오는 주스가 어떤 브랜드였는지

는 지금은 물론이고 당시에도 잘 기억하지 못했다. 광고 자체는 잘 알려졌지만 정작 광고의 핵심이라고 할 수 있는 상품이나 브랜드는 잘 기억되지 않는 이런 광고는 대표적인 실패작이라고 할 수 있다.

또 다른 실패 사례를 보면 BC카드사에서 진행한 향기 카드를 들 수 있다. 광고 모델이나 음악은 많은 호감을 줬지만 정작 광고에서 주장했던 향기라는 콘셉트는 크게 공감을 얻지 못했다. 신용카드를 선택하는 데 카드에서 향기가 난다는 것이 일반 소비자들에게 얼마나 큰 의미가 있었을까?

이상의 예에서 볼 때 광고의 실패는 광고 자체가 알리고자 하는 상품이나 브랜드가 제대로 부각되지 않았거나, 상품 자체가 가지고 있는 매력이나 혜택의 호소력이 적을 때 발생할 수 있다. 광고 자체가 아니라 광고 속 상품에 호감을 갖도록 하는 광고가 필요한 것이다.

광고의 콘셉트 __ 나이키의 Just Do It과 다시다의 고향의 맛

광고가 소기의 목적을 달성하려면 좋은 광고 콘셉트와 더불어 이를 뒷받침해 줄 수 있는 창의적인 광고, 즉 크리에이티브(creative)가 필요하다.

광고의 콘셉트란 광고를 통해 '무엇을 말할 것인가?'에 대한 해답을 찾는 것이다. 즉 광고를 통해 소비자에게 전달하고자 하는 중심적인 메시지를 결정하는 일이다. 훌륭한 광고들은 대부분 명확한 콘셉트를 갖고 있다. 나이키의 'Just Do It', 다시다의 '고향의 맛', 볼보의 '안전(Safety)' 등이 그 예이다. 이러한 성공적인 광고 콘셉트들의 공통된 특징을 살펴보면 몇 가지 공통 조건이 있다.

첫째, 싱글 콘셉트(single concept)의 법칙이다. 즉 여러 가지 장점을 백화점식으로 잡다하게 나열하기보다는 단 한 가지 콘셉트에 집중해 강조하는 것이다. 기업 입장에서 볼 때 자신의 상품이나 브랜드는 너무나 소중하고 잘난 자식과 같은 존재일 것이다. 어떻게 해서든 다양한 장점과 특징을 하나라도 더 자랑하고 알리고 싶은 마음이 드는 것은 너무나 당연한 일이다. 하지만 이는 기업의 생각일 뿐 소비자 입장에서는 자신의 상품이 그저 그런 유사한 수많은 상품 중 하나에 불과하다는 현실을 직시해야 한다. 비슷한 상품의 광고가 TV나 신문 등에서 쏟아져 나올 때 소비자들이 우리 상품의 다양한 특성을 모두 기억하리라 기대하는 것은 애당초 무리다. 한 가지라도 제대로 기억한다면 다행인 것이다. 그래서 소비자들에게 가장 큰 인상을 남길 수 있는 하나의 콘셉트를 선택하고 이를 반복적으로 알리는 것이 매우 중요한데, 적어도 광고가 기억되려면 소비자들이 동일한 광고에 적어도 3번 이상 반복적으로 노출돼야 한다. 즉 광고 콘셉트에는 선택과 집중이 필요하다. 보통 이런 핵심적인 콘셉트는 기존의 상품이 추구하는 이미지나 핵심적인 고객 가치 중의 하나로 선택된다.

둘째, 단순 명료성의 법칙이 중요하다. 광고가 실리는 TV나 라디오 등은 수동적인 매체다. 소비자들이 애써서 보기보다는 가볍게 보고 넘기는 매체다. 특히 TV 광고는 15초 정도가 흐르면 바로 지나가 버리기 때문에 다시 검토하는 것도 쉽지 않다. 신문이나 잡지를 볼 때는 보다 집중하는 경향이 있지만, 이들 매체에도 각종 다양한 정보와 광고가 항상 넘쳐 나기 때문에 여간해서는 주의를 끌기가 쉽지 않다. 그래서 광고 콘셉트는 이해하기 쉽고 직관적으로 다가올 수 있어야 한다. 소비자가 단 한 번을 보더라도 그 광고의 내용과 의미를 바로 이해할 수 있어야 한다.

셋째, 리마커블(remarkable)해야 한다. 세스 고딘은 『보랏빛 소가 온다(Purple cow)』에서 남들과 다르지 않으면 주목할 만한 가치가 없다고 주장한다. 그러나 리마커블한 것이 단순히 다르다는 것만을 의미하지는 않는다. 리마커블은 타 제품과 달리 독특하면서도, 그 독특함이 소비자들 간에 이야기할 만한 가치가 있다는 것을 의미한다. 삼성전자가 보다 밝고 전력도 덜 먹는 새로운 LED TV를 시장에 내놓았을 때 사실 LED 기술이라는 것은 이미 오래전부터 사용돼 온 것으로 그다지 리마커블한 것은 아니었다. 그러나 벽에 착 붙일 수 있을 만큼 세상에서 가장 얇은 2.8cm의 두께는 리마커블한 것이었다. 광고의 콘셉트를 정할 때는 제품 자체의 특징이든 브랜드의 이미지든 간에 이런 보랏빛 소를 잘 찾아야 한다. 소비자에게 주목받지 못하는 광고는 자원의 낭비이자 죄악이다.

넷째, 소비자의 예상을 빗나가는 반전이나 의외성이 있어야 한다. 안전한 것이 가장 위험한 것이다. 누구라도 이미 알 만한 이야기에는 귀를 잘 기울이지 않는다. 아직까지 알려지지 않은 것, 또는 사람들의 이목을 끌 만한 진기한 경험을 찾아내 콘셉트를 통해 이야기하고, 그 내용이 고객들에게 의미 있는 것임을 알리고 설득해야 한다. 그런데 시장에 후발 주자로 들어온 상황이라면 대부분 이미 좋은 콘셉트나 포지셔닝은 경쟁사들이 다 차지하고 난 후일 것이다. 이때는 상품에 새로운 가치를 부여하거나 새로운 용도를 찾음으로써 난관을 돌파해야 한다. 신출내기들이 시장에서 유리해질 수 있을 때는 기존의 규칙이 바뀔 때뿐임을 명심해야 한다. 태권도 초단이 공식적인 태권도 시합에서 10단을 이길 순 없다. 하지만 장기나 바둑으로 종목을 바꾸어 도전한다면 태권도 초보자가 태권도 금메달리스트를 이기는 일도 얼마든지 가능하다. 이런 바꿔 보기는 시청자들에게 새로운 자극이 되기도 한다. 지적인 혹은 감성적인 서프라이즈를 줄 수 없는 광고는 재미도 없고 성과도 없다.

광고 크리에이티브 __ 이성 · 감성 · 공포 · 성적 소구

광고 콘셉트를 결정한 후에는 이 콘셉트를 어떻게 하면 효과적으로 소비자들에게 알릴 수 있을까 하는 고민이 뒤따른다. 공부를 잘 안 하는 아이의 성적을 올리기 위해 매를 들 수도 있지만 반대로 사탕을 줄 수도 있는 것처럼 콘셉트를 알려야 한다는 목적은 하나지만 이 목적을 달성할 수 있는 방법은 여러 가지가 있을 수 있다. 이 중에서 가장 효율적인 방법을 창안해 내는 것이 크리에이티브의 목적인 것이다.

크리에이티브를 결정하는 중요한 고려 요인 중 하나는 소비자에게 호소할 수 있는 소구(appeal) 방식을 결정하는 일이다. 이성적으로 소비자들을 설득하거나 희로애락과 같은 감정을 자극하는 감성적 소구 방법이 주로 사용되고 있다.

첫째, 이성적 소구 방법을 살펴보자. 이는 소비자의 논리적 측면에 어필하는 방법으로서 주로 비교 광고나 증언 광고 등이 사용되고 있다. 우선 비교 광고는 경쟁 관계에 있는 브랜드들을 직간접적으로 비교함으로써 자사의 우위를 강조하는 방법이다. 일반적으로 1등 기업 보다는 2등 이하의 기업들이 주로 많이 사용한다. 일례로 마이크로소프트사의 서피스가 출시되었을 때 이미 시장에는 애플의 아이패드가 태블릿 시장을 장악하고 있었다. 서피스는 타이핑과 호환성, 저가격 등을 통해 아이패드와 차별화 하려고 하였다. 증언 광고는 신뢰할 만한 모델이 등장해 제품의 장점이나 혜택을 구체적으로 제시하는 광고 방법이다. 광고 모델로는 보통 소비자들이 믿고 신뢰하는 유명 인사나 해당 분야의 전문가가 등장하기도 하지만, 소비자들이 자신의 이야기처럼 느낄 수 있도록 하기 위해 일반인들이 광고에 등장하기도 한다. 따라서 증언광고에서는 모델의 신뢰성, 전문성, 매력성이 상당히 중요한 요인이라고 할 수 있다.

둘째, 감성적 소구 방법이다. 이는 소비자의 정서에 호소하는 방법으로서 주로 온정 소구, 유머 소구, 공포 소구, 성적 소구 등 다양한 방법이 사용되고 있다. 온정 소구는 소비자의 마음속에 숨어 있는 따스하고 애틋한 감정을 일깨움으로써 소비자의 마음을 사로잡는 크리에이티브 방식이다. 대표적인 국내 광고로는 장기간 지속돼 온 초코파이의 '정' 시리즈 광고가 있다. 주로 정이나 사랑, 우정, 가족, 어머니, 고향, 믿음 등 감성적인 자극이 사용된다. 유머 소구는 광고를 보는 동안 소비자들에게 즐거움과 재미를 줌으로써 이들의 관심을 끌고자 노력한다.

공포 소구는 소비자에게 특정한 행동을 하지 않았을 경우 나타날 수 있는 부정적인 결과를 보여 줘 겁을 주는 방식이다. 담배를 끊지 않는다면 암에 걸린다든지 우리 회사 제품으로 손을 씻지 않으면 신종 플루에 걸린다는 것과 같이 소비자의 두려움을 유발한다. 이와 같은 광고를 접한 소비자는 광고로 인해 느끼게 된 불편한 감정이나 잠재적인 위험을 제거하기 위해 광고의 주장에 따르게 될 것이다. 일례로 P&G의 헤드앤숄더 샴푸는 비듬이 많은 불쾌한 모습을 보여 줌으로써 성공적으로 시장에 포지셔닝할 수 있었다. 공포 소구는 금연 캠페인, 마약이나 범죄 방지, 환경 보호 등 공익 광고 분야에서 많이 쓰이고 있다. 그러나 너무나 강렬한 공포는 오히려 소비자가 광고를 외면하거나 거부감을 보이는 등 역효과를 보일 수도 있다.

성적 소구는 성을 상품화한다는 측면에서 많은 비난과 규제를 받기도 하지만 소비자들에게 강렬한 이미지를 남길 수 있는 것으로 알려져 있다. 주로 패션이나 화장품, 향수 등의 품목에서 자주 사용되고 있다. 그러나 적절한 목표 고객을 대상으로 상품과 연관성을 갖고 진행되는 것이 아니고, 간혹 아무런 목적 없이 단지 주의를 끌기 위해 무책임하게 이 기법을 사용하는 광고가 늘어나는 것은 바람직하지 않다는 비판이 있다.

광고 모델 __ EXO 와 3B

적절한 콘셉트, 크리에이티브와 더불어 중요한 것은 누가 메시지를 전달할 것인가 하는 문제다. 일상생활에서도 많이 경험해 봤을 테지만, 같은 이야기를 하더라도 누가 하는가에 따라 그 이야기에 실리는 무게감이나 신뢰감이 달라진다. 그래서 메시지를 잘 전달할 만한 좋은 광고 모델을 선발하는 일이 중요하다.

그렇다면 누가 좋은 모델일까? 소녀시대나 빅뱅, EXO처럼 단지 많은 사람이 좋아하는 유명 연예인이나 잘생긴 미남 미녀가 좋은 모델의 절대적인 조건은 결코 아니다. 좋은 모델의 조건은 모델 자체의 매력성과 신뢰성에서 우선적으로 결정된다.

모델의 매력성이란 소비자들이 모델에 대해 느끼는 호감도나 친숙성 등을 말한다. 소비자들이 모델에 대해 호의적인 감정을 느낀다면 그 모델이 광고하는 상품이나 브랜드에 대해서도 비슷한 호의적인 감정이 옮겨 가는 감정 전이가 일어난다고 한다. 따라서 가능하면 매력적인 광고 모델을 찾아서 소비자들이 주목하게 하고 브랜드에 대한 호감을 극대화하려고 한다. 그래서 주로 유명인이나 주위에서 볼 수 있는 일반인이 광고에 등장하는데 특히 3B가 효과적인 모델로 알려져 있다. 즉 미인(Beauty), 아기(Baby), 동물(Beast)이 등장하는 광고가 소비자의 호감을 끌어내는 측면에서 효과적이라는 것이다.

모델의 신뢰성이란 모델이 얼마나 전문성 있게 보이는지, 얼마나 진실성 있게 보이는지를 말한다. 예를 들어 전문 약품의 광고는 일반인보다는 전문 지식이 있으리라 생각되는 약사나 의사가 등장해야 보다 큰 믿음을 줄 수 있을 것이다. 일반적으로 전문가들은 해당 분야에 대한 많은 지식과 경험을 갖고 있는 것으로 믿기 때문에 권위가 있으며, 이러한 권위 있는 주장에 소비자들은 보다 쉽게 동조하는 경향이 있다. 실제 상품을 써 본 고객이 모델로 나서기도 하는데, 이들 역시 소비자에게 신뢰성 있는 모델로 받아들여질 수 있다. 예컨대 암보험의 경우 실제로 보험회사의 도움으로 암 투병을 이겨 낸 일반인 모델의 주장이 유명인 모델보다 호소력이 높은 것으로 알려져 있다.

7.2 360도 마케팅과 대안적 마케팅

2014년 한국에는 매우 무겁고 귀여운 손님이 한 마리 찾아왔다. 바로 1톤이나 나가는 고무 오리인 '러버덕'이다. 러버덕은 네덜란드 출신의 세계적 공공미술작가인 '플로렌타인 호프만'씨가 전 세계를 돌며 전시하고 있는 무게 1톤, 높이 16.5m의 거대한 설치 예술작품으로서, 이미 한국에 오기 전에 16개국에서 20회 이상 전시를 한 작품이다.

이 작품이 한국에 설치되자 곧바로 많은 인기와 관심을 끌게 되었다. 러버덕의 설치 과정, 바람빠진 러버덕 등 모든 모습들이 소셜 네트워크에서 큰 화제가 되었고, 100만명이 넘는 사람들이 직접 러버덕을 보기 위해서 잠실을 다녀가기도 하였다.

그리고 러버덕은 곧바로 마케팅에 굶주린 많은 기업들에게도 높은 관심의 대상이 되었다. 전시중의 한 에피소드로, 러버덕이 소주와 에너지 음료수를 마시는 사진이 공개되어 많은 소비자들에게 웃음을 주었고 해당 제품에 대한 관심을 불러일으켰다. 처음처럼 브랜드로 소주를 생산하는 롯데와 다국적 에너지 드링크 기업인 레드불 역시 각각 러버덕을 이용한 마케팅을 했다. 물에 떠 있는 러버덕이 팩 소주와 에너지 드링크를 마시고 있는 모습을 연출하여 촬영한 것인데, 이를 소셜 커머스 사이트에 올리면서 소비자의 관심을 받은 것이다.

사실 잠실 석촌 호수에 설치된 러버덕은 광고물이 아니라 설치 미술품이며 광고와 같은 상업적 활동과는 무관하다. 하지만 많은 소비자들은 이 사진들을 재미있어 하면서 자신의 트위터나 페이스북에 앞다투어 퍼 날랐고 두 회사는 단 한푼의 광고비용 없이도 많은 광고 효과를 얻을 수 있었던 것이다.

마케팅 매체의 변화

전통적으로 광고나 판촉 등 고객과의 대화는 흔히 4대 매체라 불리는 TV, 라디오, 잡지, 신문을 중심으로 이루어져 왔다. 그러나 최근에는 전통 매체의 영향력이 점차 감소하고 있는 추세가 두드러진다. 그 이유는 여러 가지를 찾을 수 있지만 우선 이들 매체에 대한 신뢰성이 떨어지고 있다. 과거 1970~1980년대에는 TV 드라마에서 악역을 하면 밖에 나가서 밥 사 먹기도 힘들었다고 한다. TV를 현실 속 모습으로 착각한 시청자들의 비난 때문이다. 그만큼 많은 사람이 대중매체가 이야기하는 내용을 아무런 여과 없이 받아들이던 때가 있었으며 그만큼 TV 광고도 손쉽게 고객들을 설득할 수 있었다. 그러나 이제는 TV가 진실만을 말하지 않는다는 것을 누구나 알고 있다. 또한 이러한 대중매체들로는 마케팅에서 이야기하는 명확한 고객 세분화가 어려운 경우가 많다. TV를 볼 때 내가 좋아하는 나만의 방송 프로그램을 보기보다는 대부분 가족이 모여서 같이 본다. 또한 소비자들이 점차 기존 매체에 익숙해져 무덤덤해지고, 야외에서 보내는 시간이 늘어나면서 기존 대중매체의 영향력은 급격히 약해졌다. 광고의 범람 역시 소비자의 외면을 초래했다. 15초짜리 광고가 한 개의 지상파 방송에서 대략 450개에서 500개 정도의 광고를 한다고 하였을 때 인터넷, 케이블, 인쇄매체, 길거리의 또다른 상점들을 고려한다면 소비자들이 노출되는 광고의 양은 매일 어마어마하다고 할 수 있다. 이러한 광고의 범람은 소비자들로 하여금 15초짜리 광고에 집중하지 못하는 현상이 나타나 이른바 선택적 주의만이 발생하게 된다.

새로운 매체들의 급격한 부상도 기존 매체에게는 큰 위협이 되고 있다. 인터넷과 모바일을 통한 PC 이외의 휴대폰, 태블릿 PC등과 같이 고도의 상호작용이 가능한 개인화된 매체의 출현은 기업의 광고 활동에 변화를 불러오게 됐다. 더 이상 기존의 4대 매체에만 의존하지 않고 소비자 주위에 있는 모든 사물과 공간을 광고 메시지를 실어 보낼 수 있는 매체로 인식하기 시작한 것이다. 소비자를 360도 둘러싸고 있는 모든 활용 가능한 수단을 광고 미디어로 활용한다는 생각은, 광고에 대한 기존의 생각을 크게 바꾸어 놓았다. 실제 성공적인 대안적 마케팅 커뮤니케이션의 사례들을 보면서 360도 마케팅에 관해 이해해 보자.

360도 마케팅

전통적으로 빌딩이나 건물의 옥상에 설치된 대형 옥외광고인 빌보드는 이미 오래전부터 사용돼 온 친숙한 광고 매체다. 옥외광고는 대부분 이동 중 보게 되기 때문에 카피는 최소화하고 가능한 한 크고 특징이 강하도록 만들어 왔다. 최근에는 이러한 옥외 광고를 변형해서 광고 효과를 극대화하려는 시도가 늘고 있다.

그 중 하나가 건물의 한 벽면이 무너져 내린다. 그리고 무너진 벽에서는 나비와 식물이 살고 있다. 이 안에서 다시 꽃들이 피어나고 무너진 건물이 다시 물로 채워지더니 금붕어가 살고 있던 어항의 채워졌던 물은 다시 흘러나오고 마지막에는 삼성의 로고가 나타난다. 삼성 디스플레이의 현실감을 나타내는 이 건물을 이용한 옥외 광고는 네덜란드 암스테르담에서 있었던 이야기 이다. 건물의 외벽 또는 스크린에 강력한 빛을 투사하여 파워풀한 입체감을 생성하는 이러한 '3D 프로젝션 매핑 기법'은 혁신적인 기술을 통해 극적인 방법으로 제품의 성능을 과시하는 한편으로 예기치 않은 공간에서 특별한 체험을 제공하고 있고 본질적인 기업의 혁신 DNA를 잘 나타내고 있다. 에어프랑스는 스크린과 건물을 넘어서 하늘의 구름을 스크린으로 활용하여 자신들의 런던 밤하늘의 구름에 항공기와 이벤트 메시지를 수놓아 공간의 한계를 뛰어넘는 시도를 보여주기도 하였다.

그림 7-1 이코노미스트의 빌보드

또 다른 예로 영국의 유력한 경제지 이코노미스트(Economist)의 옥외광고다. 이 광고판은 평소에는 평범한 옥외광고이지만 사람의 움직임을 포착하는 동작 감지 센서가 있어서 사람이 지나갈 때마다 대형 전구에 불이 들어온다. '빙고!' 독자를 깨워 주는 경제지의 특징을 효과적으로 전달하고 있다.

영국의 한 항공사는 옥외광고와 현실을 절묘하고 조합하였는데 옥외광고판에는 Look It's flight BA475 from Barcelona.

라는 문구와 함께 어린 아이가 나오고 이 어린아이는 하늘을 날아가는 비행기를 향해 손짓을 하면서 날아가는 비행기를 잡으려고 한다. 여기서 중요한 것은 어린이의 손짓과 잡으려는 행동이 실제 현실에서의 하늘을 날아가는 비행기 시간에 맞춰서 일어난다는 것이다. 즉 하늘을 날아가는 비행기가 나타날 때 우리에게 이 비행기는 작게 보이고 광고판의 어린이는 이 작은 비행기를 잡으로 걸어가는 모습이 나타나는 것이다. 이 광고는 깐느 광고제에서 상을 탔던 Aerolineas Argentinas (아르헨티나 항공사)의 광고에서 모티브를 빌려온 것이기는 하지만 옥외광고에서는 일반적으로 구현하기 어려운 조합을 가져와 멋지게 나타내고 있다.

또한 독일의 한 치과 병원은 볼링 레인에 구강 구조의 광고물을 부착함으로써 전혀 새로운 유형의 효과적인 미디어를 창출했다.

최근 이렇게 다양한 미디어에 대한 관심이 늘고 있으며 국내 기업들도 여러 가지 미디어를 매우 적극적으로 활용하고 있다. 일례로 삼성전자와 마찬가지로 현대차는 액센트의 해외 론칭에 있어서 3D 프로젝션 매핑기법을 활용하여 장안의 화제가 되었다. 제주항공의 경우 공항을 모티브로 해서 AK플라자 분당점의 1층을 출국장으로 하여 각 층에는 항공기를 부탁하는 등하여 옥외광고에서 소비자가 체험할 수 있는 형태로 변화를 꾀했으며 최근에는 인터랙티브를 강조한 '인터랙티브 무비'를 이민호를 모델로 하면서 만들어 소비자들이 주인공이 되면서 상호작용을 중요시하였다. 특히 옥외광고의 경우는 기존의 매체에 비해 소비자 도달률이나 반응에 대해 확인하기가 어려웠던 단점을 갖고 있었으나 최근 SNS의 발달과 디스플레이 기술의 발달은 이와 같은 옥외광고의 단점을 상당부분 해결하고 있다.

그림 7-2 치과 병원의 볼링장 빌보드

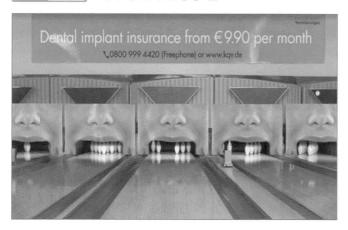

게릴라 마케팅 __ **동아시아 출판사의『Love & Free』마케팅**

이처럼 이용 가능한 모든 수단을 광고에 활용하는 변화의 흐름이 비단 광고에만 국한되는 것은 아니다. 최근에는 기존의 전통적인 마케팅 활동 역시 시시각각 변화하는 상황에 빠르게 대응하고 보다 다양한 방식으로 전개될 필요성이 있다는 인식이 확산되고 있다. 그 결과 새롭고 기발한 마케팅 활동들이 인기를 얻고 있다. 이제는 과거에 시행해 왔던 평범하고 일상적인 마케팅 활동만으로는 고객의 눈길을 끄는 것조차 어렵기 때문이다. 이러한 경향의 대표적인 예가 바로 게릴라 마케팅의 유행이다.

게릴라 마케팅은 막강한 마케팅 예산과 유명한 광고 기획사를 거느린 골리앗과 같은 거대 기업에 맞서는 작은 중소기업들이 즐겨 사용하는 마케팅 전략이다. 1940년대 중국 공산당의 승리에서 시작해 월남전, 그리고 최근 아프가니스탄의 탈레반 세력 등 역사에서 작은 힘으로 큰 적을 괴롭히는 게릴라 전술의 위력은 유감없이 발휘됐는데, 마케팅에서도 마찬가지 효과를 보이고 있다. 일반적으로 게릴라 마케팅은 짧은 시간에 예고없이 출현하였다가 사라지는 이벤트로 상품. 기업의 이미지를 강하게 각인시키는 마케팅 방식이다. 베네통의 경우 다양한 이슈마케팅과 게릴라식 마케팅으로 유명한데 이들이 펼친 UNHATE 캠페인의 경우 서로 다른 신념, 문화, 사람의 입장에 대한 평화적인 이해를 바탕으로 이들 간의 친밀감을 고취시키고자 하였으며 김정일 위원장과 이명박 대통령을 비롯한 각국 정상들이 키스하는 모습을 합성사진으로 연출하여 세계 곳곳에서 게릴라성으로 포스터를 펼쳤다가 사라지는 형태의 기획도 진행되었다. 캐나다의 TD은행 또한 미국의 커머스은행을 인수한 후 브랜드 이미지를 고심하였는데 불특정 고객에게 생활용품을 불시에 무료료 제공하기도 하였다. 예를 들어 비가 올 때는 우산을, 그리고 크리스마스에는 포장지를 주는 등의 활동을 통해 꼭 필요한 때 필요한 제품을 제공한다는 이미지를 쌓기 위해 노력했다. 또한 그다지 잘 알려지지 않은 '동아시아'라는 작은 출판사는『Love & Free』라는 책을 출간한 후, 이 책을 홍보하기 위해 일주일간 오후 2시부터 5시까지 직원 25명이 2호선 지하철의 동일 차량에 동시에 탑승해 일제히 창 쪽을 향해 책을 읽는 기발한 홍보 활동을 펼쳤다. 지하철 한 칸에서 25명이 같은 책을 읽는 희한한 광경을 통해 사람들의 호기심을 유도했고, 자신도 모르는 사이에 책에 관심을 갖도록 하는 데 성공했다. 영세한 동아시아 출판사 입장에서는 적은 마케팅 비용으로 홍보에 대한 거부감을 일으키지 않으면서 자연스럽게 책의 잠재 고객을 확보하고 구전을 퍼트리는 효과를 얻게 된 것이다. 이렇게 고객들이 밀집된 장소에서 광고나 홍보에 대한 거부감을 최소화하고 자연스럽게 인지도를 확보하거나 구매 욕구를 자극하는 마케팅 전략이 바로 게릴라 전술을 실전에 응용한 게릴라 마케팅이다. 일반적으로 후발 기업이 시장에서 경쟁력을 확보하기 위해 선두 기업들이 진입하지 않는 틈새시장을 공략하거나, 적은 마케팅 비용을 활용해 고객에게 밀착형 마케팅을 펼칠 때 활용한다.

게릴라 마케팅의 분화 __ 스텔스, 래디컬, 매복, 장난기 마케팅

최근에는 게릴라 마케팅이 보다 다양하게 분화하면서 스텔스 마케팅(stealth marketing)이나 래디컬 마케팅(radical marketing), 매복 마케팅(ambush marketing), 장난기 마케팅(mischief marketing) 등 여러 가지 전술로 나타나고 있다. 이러한 게릴라 마케팅들이 구체적으로 어떻게 구성돼 있는지 실제 사례와 함께 살펴보도록 하겠다.

첫째, 스텔스 마케팅이다. TV나 신문 등 이미 잘 알려진 광고 매체에 식상해 있는 소비자들의 관심을 끌기 위해 소비자들의 생활 속에 파고들어 사람들이 알아채지 못하는 사이에 제품을 은밀하게 홍보하는 마케팅이다. 사람들이 많이 몰리는 대학가나 지하철 등에서 특정 제품에 대한 이야기를 나누거나, 사진을 찍어 달라고 부탁하면서 신상품인 디지털 카메라를 건네 제품에 대한 호기심을 유도하는 등 제품 홍보라는 본래 목적을 은밀하게 숨겨 고객에게 거부감을 최소화하면서 은연중에 구매 욕구를 자극하는 방법이다. 스텔스 마케팅은 소비자들이 전통적인 방식의 마케팅에 대해 점차 무관심해지고 있는 상황에서 고객에게 신선한 느낌으로 다가서고 상품에 대한 인지도를 비교적 쉽게 확보할 수 있는 방법으로 각광 받고 있다. 실제로 새로 아파트 단지를 짓는 건설사들이 지하철이나 증권가에 인력을 투입해 특정 지역의 땅값이 오를 것이라고 소문을 내기도 한다고 한다.

그러나 스텔스 마케팅이 기업 마케팅 활동의 일환이라는 것이 알려졌을 때 고객의 극심한 거부감과 반발을 초래할 위험도 있다. 한 예로 2003년 미국에서는 다섯 살 난 성난 암소의 인터넷 일기가 화제가 된 적이 있다. 자신의 고향을 떠나 농장주 밑에서 일을 하는 냉소적인 성격의 소가 자신의 블로그에 매일 농장에서 일어나는 일들을 불평 섞인 말투와 유머를 담아 일기를 쓰는 형식이었는데, 당시 네티즌들은 이 블로그에 열광했으며 검색 순위 1위까지 오르기도 했다. 하지만 이 블로그가 일반 아마추어의 블로그가 아니라 세븐업의 신제품 출시를 홍보하기 위한 상업적인 목적으로 의도적으로 개설됐다는 사실이 드러났고 네티즌들은 속았다는 반응을 보이며 불매 운동까지 펼쳤다. '비도덕적이다', '역겹다'라는 네티즌들의 반응에 세븐업은 결국 해당 블로그를 폐쇄하고 사과를 해야만 했다.

둘째, 래디컬 마케팅이다. 래디컬은 '과격한', '급진적인' 등의 뜻을 가지고 있는 단어다. 말 그대로 기존의 마케팅 상식을 뛰어넘는 급진적이고 기발한 아이디어를 개발하여 최소한의 마케팅 인력이나 자원으로 고객에게 깊은 인상을 심어 주는 방식이다. 때로는 일반적인 시장조사에 의지하기보다는 마케팅 고위 관리자가 직접 일선 현장을 발로 뛰어다니며 마케팅 활동을 전개해 고객과 속마음을 터놓을 수 있는 깊은 연대감을 구축하는 것이 목표다. 일례로 다양한 이벤트를 자주 하기로 유명한 '버진 애틀랜틱 항공'은 운항하는 동안 기내에서 생일 파티를 열기도 하고, 기장이 방송을 통하여 승객들에게 농담을 하기도 한다. 또한 비행기가 연착하거나 문제가 발생하면 브랜슨 회장이 현장에 직접 나와 공항 게이트에서 고객에게 사과하고 무료 항공권이나 백화점 상품권으로 직접 보상을 하기도 했다. 유명 팝가수인 레이디가가의 충격적인 의상과 안무 역시 래디컬 마케팅의 일부로 볼 수 있다.

셋째, 매복 마케팅 또는 앰부시 마케팅은 게릴라전에서 매복을 통해 기습적으로 적을 공격해 혼란에 빠뜨리는 전술을 마케팅에 응용한 것이다. 특히 올림픽이나 월드컵 등의 행사에서 그 효과를 극대화하기 위해 사용되는데 공식스폰서가 아닌 기업들이 자신들의 태생적인 한계를 뛰어넘기 위한 마케팅 방법이다. 대표적으로 지난 2002년 열렸던 한일 월드컵에서 국내 공식 스폰서는 KTF(현재의 KT)였지만, 실제로 광고 효과를 크게 본 곳은 SK텔레콤이었다. SK텔레콤은 공식 스폰서가 아니어도 활용할 수 있던 한국 대표팀 응원단 붉은 악마를 이용해 효과적으로 'Be The Reds' 광고 캠페인을 전개함으로써 많은 소비자가 월드컵 공식 스폰서를 SK텔레콤으로 오인하도록 했으며, 월드컵 특수까지 누렸다. 또한 앰부시 마케팅을 통해 오히려 공식 스폰서인 KT 등 경쟁사보다 더 큰 효과를 얻은 것은 물론, 경쟁사의 마케팅까지 효과적으로 제지했다. 공식 스폰서가 아닌데도 공식 스폰서인 것처럼 위장한 마케팅을 전개해 고객에게 혼란을 줌으로써 경쟁사에게 치명적인 타격을 준 것인데, 이것이 바로 앰부시 마케팅의 예다.

넷째, 마케팅 예산과 자원이 충분하지 못한 상황에서 끊임없는 고객의 관심을 유도하고 상품을 홍보하기 위해 상상을 초월한 기발한 마케팅을 전개하기도 한다. 진실인지 판단하기 모호한 사실에 기초해 계속 이야기가 될 만한 이슈나 화젯거리를 만드는 마케팅 방법으로서, 장난기 마케팅 혹은 노이즈 마케팅(noise marketing)이라고도 하고 익살스러운 마케팅으로 불리기도 한다. 주로 자극적이고 특이한 뉴스나 내용을 퍼트림으로써 소비자의 입에 오르내리게 하고 단기적인 반짝 효과를 노린다. 국내의 영화나 음반 사업자들의 경우, 홍보를 목적으로 촬영이나 녹음 중 귀신이 목격되거나 기이한 목소리가 녹음되었다는 괴담을 퍼트리기도 하고 소속사 멤버 간의 불화설 등을 퍼트리기도 한다. 이처럼 화제성에 급급하다보니 바람직하지 못하거나 진위가 검증되기 힘든 내용들인 경우가 많고, 장기적으로는 부정적인 이미지로 굳어질 위험마저 있지만 소비자들의 관심을 아예 받지 못하는 것보다는 이런 소란들이 매출에 도움이 된다는 인식이 퍼져 있다. 상품의 수명이 고작 몇 주에 불과한 극장용 영화 혹은 한두 달에 불과한 음반처럼 유통 기간이 짧은 상품 특성을 고려할 때, 장기적인 영향력은 종종 무시되고는 한다.

광고에 있어서도 앰비언트(Ambient) 광고와 같은 게릴라식 광고가 있다. 이는 톡톡튀는 아이디어로 무장하여 소비자들의 일상속으로 뛰어든 광고로서 소비자들의 일상속으로 뛰어드는 것을 의미한다. 건물이나 차량전체를 광고로 둘러싼 래핑 광고나 좌석 바로 위에 설치된 광고물이 아래에 앉은 승객을 광고모델로 만드는 광고, 특히 길거에 설치된 불특정 다수를 대상으로 체험을 강조하는 이러한 광고는 인터넷의 발달로 인해 메시지의 증대효과가 뛰어나다.

이런 다양한 형태의 변칙적인 마케팅은 사실 서로 명확하게 구분되기보다는 새로운 대안적 커뮤니케이션 방법들에 대한 다양한 이름으로 이해할 수 있다. 이들은 공통적으로 자원의 한계 때문에 불특정 대중을 상대로 하기보다는 의사 결정권을 가진 잠재 고객이 밀집한 지역을 위주로 마케팅 활동을 전개해 고객에게 깊은 인상을 심어 주어 구매를 유도한다.

8장

생활 속 마케팅

8.1 인터넷으로 간 마케팅

8.2 고객 로열티와 닷컴

8.3 스토리가 된 마케팅

8.4 극장으로 간 마케팅

8.5 축구장으로 간 마케팅

8.6 공간으로 간 마케팅

8.7 하이테크로 간 마케팅

8.8 사회로 간 마케팅

8.9 소비자 역할의 진화

8.10 세상에 돈보다 중요한 것들

지금까지 마케팅의 등장 배경과 기업 전략으로서 마케팅의 역할, 그리고 4P로 요약되는 구체적인 마케팅 실행 전략들을 기업과 소비자의 입장에서 살펴보았다.

최근에는 마케팅의 중요성에 대한 인식이 사회 각 방면으로 확산되면서, 마케팅이 단순한 기업 관리의 영역에서 경제, 사회, 문화 등 다방면으로 확장되고 있다. 바야흐로 우리 생활 속 구석구석에서 마케팅이 꽃피우고 있는 것이다.

기존의 전통적인 시장을 대체하고 있는 인터넷은 물론이고 문화, 예술공연, 스토리, 스포츠, 공간, 기술, 사회복지 등 각 분야에서 마케팅의 고객 중심 사상과 전략적 사고는 기존 패러다임의 변화를 초래하고 있다.

그러나 확장돼 가는 마케팅의 영향력과 별도로 마케팅의 부작용에 대한 우려도 커지고 있는 것이 사실이다. 근본적으로 이익을 추구하는 마케팅의 사회적 책임에 대한 논의가 심도 있게 제기되고 있다.

8.1 인터넷으로 간 마케팅

2014년은 중국의 힘이 인터넷 세상에서도 다시 한 번 강력하게 확인된 한 해였다. 바로 다양한 이슈를 몰고 다니며 국내외 이목을 집중시킨 중국의 인터넷 쇼핑몰인 알리바바의 이야기이다. 2014년 뉴욕 증권거래소에 성공적으로 안착하여 역대 최대 규모인 250억 달러(약 27조5,000억 원)를 조달해 전 세계의 주목을 끌었으며, 하루 매출 10조원을 돌파하며 무서운 상승세를 보이고 있는 인터넷의 기린아이다. 알리바바의 창업자인 마윈(馬雲) 회장은 중국 최고 부자가 됐고 알리바바 시가총액은 애플 등 글로벌 기업을 위협하며 세계 10위권에 진입하였다.

알리바바는 대체 무슨 일을 하는 기업이길래 단돈 2,000달러로 시작해 전 세계 최고를 노리는 거대기업으로 빠르게 성장할 수 있었을까? 마윈이 2,000달러로 알리바바를 창립하던 1999년만 해도 전자상거래, 온라인 쇼핑이라는 개념은 중국인에게 너무나도 낯선 것이었으며, 인터넷 유통을 시작한다는 마윈의 노력은 당연히 모두의 비웃음을 샀다. 그러나 중국 경제의 빠른 성장과 중산층 비중 확대, 컴퓨터와 인터넷의 빠른 확산에 힘입어 알리바바는 그야말로 '잭팟'을 터뜨리게 된 것이다.

중국 IT 연구센터인 CNIT-리서치에 따르면 2013년 중국 인터넷 사용 인구는 6억 1,800만 명, 그 중에 온라인 쇼핑을 이용하는 인구는 무려 3억 200만 명에 육박할 정도이다. 관련 중국 전자상거래 시장 규모는 약 1,745조 원으로 추정되는데 일각에서는 2020년 중국 전자상거래 시장이 미국·일본·영국·독일·프랑스 등 선진 5개국 시장을 합친 규모도 넘어설 것이라는 예상을 내놓고 있다. 진정한 중국 시장은 인터넷에서 열리고 있는 것이다.

인터넷 환경의 등장 __ 온라인에서 어떻게 살아남을 것인가?

이미 대부분의 사람들이 TV 대신 인터넷을 하며 시간을 보낼 정도로 인터넷이 새로운 미디어로서 각광을 받는 시대에 들어섰다. 2014년 '모바일인터넷이용실태조사' 조사결과에 따르면 스마트폰 이용자의 일일 평균 스마트폰 이용 시간은 2시간 51분이나 되며 이중 모바일 인터넷 이용빈도 및 시간은 일평균 12.8회, 1시간 44분에 이르는 것으로 나타났다[1]. 이제 인터넷은 전 세계 각지의 컴퓨터를 연결하는 기술적인 차원의 네트워크라는 의미를 벗어나 지리적, 물리적, 시간적 경계를 초월하는 비즈니스 도구로 자리 잡게 되었으며, 마케팅의 새로운 영역으로 인식되고 있다. 쇼핑, 교육, 게임 등 많은 사업이 이제 온라인상에서 활발하게 이루어지고 있다. 인터넷상의 사업들은 웹에서의 거래를 통해 수익을 창출하고자 하는 단순한 전자 상거래에서 점차 그 영역을 확장하고 있는 것이다.

온라인상의 새로운 비즈니스들은 여러 가지 측면에서 기존의 전통적인 오프라인의 비즈니스들과 차이가 있다. 특히 온라인상의 비즈니스는 인터넷이라는 가상공간을 통해 전 세계 인터넷 사용자를 대상으로 직접적인 마케팅이 가능하다는 것을 보여 주었다. 실질적으로 영토와 국경의 제약으로부터 자유롭기 때문에 마케팅 환경을 급속하게 글로벌화하는 동인이 되기도 했다.

하지만 이같이 급속한 변화는 국가 간 세금이나 글로벌 브랜딩, 콘텐츠의 현지화 등 기존의 마케팅과 다른 여러 가지 문제를 야기할 가능성이 있다. 즉 온라인상에서 어떻게 효율적으로 살아남을 것인가의 이슈는 거대한 환경 변화에 직면한 대

---

1) 한국인터넷진흥원, '2014 모바일인터넷이용실태조사'

다수 기업의 공통 관심사일 것이다. 이에 기존의 마케팅 개념들이 온라인 환경하에서 어떻게 적용되고 확장될 수 있는지 살펴보도록 하겠다.

인터넷 마케팅의 특성 __ 상호 작용성부터 측정 가능성까지

인터넷 마케팅이란 인터넷이라는 새로운 미디어를 활용해 이루어지는 생산자와 소비자 간 상품이나 서비스의 흐름을 다루는 상업적 행위라고 말할 수 있겠다. 특히 인터넷이라는 미디어는 기존의 전통적인 미디어와 차별화되는 몇 가지 특성이 있는데, 이 같은 특성들로 인해 인터넷 마케팅에 대한 새로운 이해가 필요하다. 그 특성들을 구체적으로 살펴보면 상호작용성, 개인화, 실시간성, 유연성, 측정 가능성 등을 들 수 있다.

첫째, 상호작용성은 인터넷을 통해 기업-고객 간 혹은 고객-고객 간에 정보를 교환하고 자신의 의견을 피력하는 것이 가능해짐을 의미한다. 사용자 간에 커뮤니티나 소셜 네트워크를 형성하고 구매한 제품에 대한 의견을 교환하거나 긴밀하게 협조하는 모습을 손쉽게 찾아볼 수 있다. 최근에는 인공지능의 발달로 웹 서비스-개인 간 직접적인 상호작용이 가능한 기계 상호작용성도 증대하고 있다.

둘째, 저렴한 비용으로 고객 개개인의 욕구를 맞출 수 있는 개인화도 큰 특성이라 할 수 있다. 과거 오프라인에서는 소비자의 개인적인 욕구를 알고 있더라도 시간과 비용상의 문제로 이를 충족시킬 수 없는 경우가 많았다. 일례로 서점의 단골손님이라고 하더라도 이 손님이 좋아하는 책만으로 매장을 꾸미는 것이 불가능했다. 하지만 온라인 서점에서는 거의 추가적인 비용 없이도 나만의 서재를 꾸밀 수 있다.

셋째, 고객과 기업 간의 상호작용이 거의 실시간으로 이루어질 수 있는 것도 큰 장점이다. 고객은 자신의 의견이나 경험을 메신저나 게시판 등을 통해 실시간으로 기업에 알릴 수 있고, 이를 바탕으로 온라인 기업들은 보다 개선된 고객 서비스나 상품을 공급할 수 있다.

넷째, 서비스나 상품 역시 고객의 욕구에 맞추어서 매우 유연하게 변경될 수 있고 광고 등 마케팅 수단 역시 다양하게 적용할 수 있다. 일례로 과거에 광고는 일방적으로 전달되는 방식이었지만 인터넷에서는 고객 개개인의 이름을 친근하게 불러 주는 것은 물론이고 각 고객의 취미, 좋아하는 색상 등을 고려하여 광고를 내보내고 있다.

다섯째, 측정 가능성 역시 큰 장점이다. 최근 인터넷 기술은 고객 개개인의 클릭이나 반응을 데이터로 기록하여 저장할 수 있는 '쿠키'와 같은 웹 기술들을 개발하였고, 그 결과 누가 언제 얼마나 자주 광고를 보았는지, 어떤 상품들에 대해 보다 호의적으로 반응했는지 등을 거의 실시간으로 확인할 수 있게 됐다. 최근에는 빅데이터와 같은 형태로 소비자들의 데이터를 활용하여 이를 그래프, 수치화 하여 보여주는 시도들이 있다.

온라인이 가져온 이런 변화들은 전통적인 마케팅 활동들을 과거와 다른 양상으로 바꾸어 놓았다. 이를 구체적으로 살펴보면 다음과 같다.

표 8-1 전통적 마케팅과 온라인 마케팅

구 분	전통적인 마케팅	온라인 마케팅
광 고	TV, 신문 등 일방향의 대중적인 매체를 이용해 제한적인 정보만을 제공함	실시간 피드백이 가능한 쌍방향 매체의 특성을 이용하며, 클릭이나 하이퍼링크 등을 통해 원하는 경우 상세한 정보 제공이 가능함
판 매	고객에 대한 정보가 없는 경우가 많으며 직접 찾아가서 판매를 하게 되므로 판매 가능한 고객 수는 제한적임	고객의 상세한 DB와 구매 패턴을 바탕으로 맞춤 판매가 가능하며, 이메일 등을 통해 전 세계 모든 고객들과 접촉할 수 있음
서비스	제한된 운영 시간에 한정해 서비스 제공이 가능하며, 실제적으로 문제를 해결하기 위해서는 서비스 요원들이 고객 현장을 방문해야 함	이론적으로는 하루 24시간 제한 없이 고객 서비스를 제공할 수 있으며, 원격으로 문제 해결 가능함

그러나 인터넷의 등장이 긍정적 효과만을 가져온 것은 아니다. 인터넷 보안이나 스팸과 같은 과도한 마케팅, 소비자 사생활 침해 가능성과 같은 사회적, 윤리적 문제 등을 야기하기도 했다.

소비자 변화

인터넷은 소비자들의 변화도 불러오고 있다. 특히 과거 상대적으로 우위를 점했던 기업의 힘이 점차 약화되고 소비자의 힘이 강화되고 있는 권력의 이동 현상을 볼 수 있다. 인터넷상의 소비자, 즉 네티즌들은 전통적인 의미의 소비자들보다 더 커뮤니티 지향적인 특성이 있어서 손쉽게 뭉치는 경향이 있고, 새로운 상품이나 정보에 대한 사랑이 남다르다. 소비자의 변화를 보다 상세히 살펴보면 다음과 같다.

첫째, 소셜 네트워크의 등장과 이용자들의 결속 현상이다. 최근 들어 인터넷이 PC에서 스마트폰 등 모바일 환경으로 변화하고 있으며, 모바일 커뮤니티를 통한 소비자와 기업 간의 관계 강화가 중요한 마케팅 수단이 되고 있다. 이들은 전통적인 소비자보다 더 공동체 지향적인 특성이 있으며, 이 공동체를 통해 필요한 정보를 얻을 뿐만 아니라 자신들이 스스로 창출하고 확보한 정보를 매스미디어나 타인이 일방적으로 제공한 정보보다 더 신뢰하는 경향이 있다. 상호작용성을 기반으로 하는 온라인의 특성상 네티즌 간의 의견 교류는 자유로우며, 전파 속도 역시 매우 빠르다. 이런 특성 때문에 온라인상의 구전의 중요성이 강조되고 있으며 최근 기업들은 카카오톡이나 페이스북 같은 소셜 네트워크 서비스에 기업용 페이지를 구축함으로서 소비자와 관계를 강화하고 있다. 대표적 햄버거 프랜차이즈인 맥도널드와 버거킹은 카카오톡 페이지를 통하여 브랜드 스토리 전파, 할인 쿠폰 제공, 신메뉴 소개 및 체험 기회 제공을 함으로서 고객의 충성도를 강화하고 있다.

둘째, 소비자 중심의 역시장의 형성을 들 수 있다. 역시장(reverse market)은 고객이 상품 판매자보다 오히려 더 많은 정보를 가지고 있고, 이를 바탕으로 고객 스스로 자신을 만족시킬 수 있는 판매자를 손쉽게 찾을 수 있게 됨으로써 나타난, 혹은 나타날 새로운 시장이다. 즉 판매자가 가격이나 거래 조건을 결정하는 것이 아니라 고객 스스로가 자신에게 최적의 조건을 제시할 수 있는 판매자를 온라인 네트워크의 힘을 빌려 찾아 나서는 시장이 생겨난 것이다. 옥션(auction.com) 같은 전자 상거래 사이트를 통해 수백 명에 달하는 판매자 중 자신이 원하는 판매자를 고를 수 있고, 역경매를 통해 원하는 가격을 먼저 제시하거나 가격 흥정을 하는 것도 가능해졌다.

셋째, 창조적이고 능동적인 프로슈머의 등장이다. 프로슈머(prosumer)란 생산자를 의미하는 프로듀서(producer)와 소비자를 의미하는 컨슈머(consumer)의 합성어로서, 이제는 소비자가 동시에 스스로 생산자가 된다는 개념이다. 온라인 가상사회에서 더 이상 고객은 피동적이지 않고 스스로 생산에 참여하고 가치를 창출한다는 의미다. 많은 기업이 고객 체험단이나 상품 아이디어 수집 등을 통해 프로슈머를 활용하고 있는데, 그중에서도 특히 온라인 게임업계의 노력이 활발하다. 게임 개발 단계에서부터 유저들의 의견을 수렴하기도 하고 어느 정도 게임이 완성된 후에는 베타 테스트를 통해 게임의 완성도를 높이기도 한다.

온라인 브랜드

강력한 브랜드 자산을 가진 기업은 경쟁사보다 우위를 차지할 수 있으며 성공적인 브랜드 확장의 기회, 경쟁 기업에 대한 저항, 고마진 실현, 판촉 효율성 강화 등의 이점을 갖게 되는데, 이는 온라인 브랜드도 마찬가지다. 인터넷 브랜드들은 네이버나 다음처럼 닷컴 비즈니스의 시작과 더불어 탄생된 도메인 형태의 브랜드들도 있고, 피자헛이나 신세계처럼 기존의 오프라인에서 존재하던 브랜드들이 그대로 온라인으로 넘어온 경우도 있다.

온라인 브랜드에서 도메인 이름의 중요성 역시 간과할 수 없다. 도메인 이름은 인터넷상의 컴퓨터 위치를 확인하고 사용자들이 쉽게 찾아갈 수 있도록 설정한 주소 체계로 시작해, 이제는 브랜드의 일부로 자리 잡았다. 도메인이 좋은 브랜드가 되려면 도메인은 가능한 짧고, 기억하기 쉬우며, 해당 사이트의 핵심 특성이나 사업을 손쉽게 연상시킬 수 있어야 한다. 이러한 측면에서 온라인 여행 사이트 웹투어(webtour.com), 트립 어드바이저(Trip advisor)는 기억하기 쉬우며 누구나 손쉽게 여행 예약을 연상할 수 있는 좋은 이름이라고 할 수 있다.

인터넷 판매 활동 __ **탈중개화 현상**

경매, 공동 구매, 쇼핑몰 등의 확산과 더불어 유통 경로에도 인터넷의 영향력이 빠르게 확장하고 있다. 인터넷은 이론적으로는 생산자와 소비자를 직접 연결하고 중간의 유통업자들을 배제함으로써 유통 비용을 0에 가까운 수준으로 떨어트릴 수 있는데, 이처럼 인터넷의 등장으로 중간상이 사라지는 것을 탈중개화 현상이라고 한다.

특히 인터넷을 통해 거래하면 직접 상점을 방문하지 않아도 쉽게 원하는 상품을 빠른 시간 안에 찾을 수 있으며, 365일 24시간 동안 상시 접근할 수 있고, 집에서 간단하게 클릭 한 번만으로 가격이나 성능을 비교할 수 있다는 명확한 장점이 있다. 매장 운영자 역시 실제 물리적인 매장을 구축할 필요가 없어 비용을 절감할 수 있으며, 광고나 판촉비도 상대적으로 저렴하다는 이점을 누릴 수 있는데, 활성화된 인터넷 경매 시스템이나 가격 비교가 가능한 비교 구매 사이트의 등장은 인터넷을 통한 판매를 보다 활성화하는 원인이 되고 있다. 노트북을 사고자 하는 고객이 에누리닷컴(www.enuri.com)이나 네이버 지식 쇼핑과 같은 가격 비교 사이트를 이용할 경우, 수백 개 점포에서 판매하고 있는 수백 가지 상품의 가격을 실시간으로 검색할 수 있게 됐다.

또한 인터넷은 가장 기본적인 배너 광고에서부터 동영상, 이메일, UCC, 메신저 등 다양한 광고, 판촉 수단을 제공하고 있다. 특히 기존 전통적인 매스미디어 광고와 비교 시 광고 비용이 상당히 저렴하기 때문에 보다 많은 기업이 저비용 고효율 매체인 인터넷상의 커뮤니케이션에 관심을 기울이고 있다.

그러나 간혹 개인 정보의 남용이나 지나치게 빈번한 메일 송신 등 온라인 마케팅이 부정적인 영향을 미치기도 한다. 그래서 이메일을 보낼 때 사전에 소비자의 허락을 받아야 한다는 퍼미션 마케팅(permission marketing) 개념이 등장하기도 했고, 배너 광고에 대한 소비자의 관심이 급격히 줄어 온라인 광고의 효율성에 대한 의구심도 커지고 있다. 이는 인터넷 마케팅이 활성화되기 위해 향후 해결해 나가야 할 숙제일 것이다.

8.2 고객 로열티와 닷컴

인터넷은 무섭다. 잊을 만하면 빈번하게 발생하는 해킹과 개인 정보 유출 사고 때문이다. 특히 이런 사고를 일으키는 사이트들이 수백만 명 이상의 회원을 가지고 있는 대형 사이트들이다 보니 그 파장 역시 결코 작지 않다. 2014년 1월에는 국민카드, 롯데카드, 농협카드에서 1억 건에 달하는 개인정보가 유출되었으며 이로 인해 피싱, 스미싱, 파밍 등 신종 금융사기 건수는 1년 사이 5배가 급증하고 피해액도 75억이나 늘었다.[2] 국내 대표 쇼핑몰을 자처하는 오픈마켓 옥션도 지난 2008년 2월 발생한 해킹 사고로 천만 명 이상의 회원 개인 정보가 고스란히 유출된 바 있다. 개인 아이디와 주민등록번호 등 소중한 정보를 막지 못한 옥션은 피해 회원들에게 관련 내용을 알리는 이메일을 보내는 한편, 홈페이지 공지 사항을 통해 개인 정보 유출 여부를 확인할 수 있게 했지만 회원들의 걱정과 분노를 막을 수는 없었다. 경찰과 협력해 유출 정보가 유포되는 것을 막고 조속히 범인을 검거하겠다고 약속했지만 네티즌들은 부실한 개인정보 보호로 이 같은 사태를 불러온 옥션 측에 경악을 금치 못했다. 일부 옥션 회원은 집단 손해배상 청구 소송을 냈으며, 다른 피해자들과도 연대해 소송이 줄을 이었다. 그 후 다른 사이트들의 개인 정보 유출에 대해서도 네티즌들은 해당 사이트에 대한 강력한 비판은 물론이고 회원 탈퇴, 소송 등 강력한 행동을 보여 주었다. 기업의 경영 환경이 온라인으로 확대되면서 소비자의 새로운 불만과 우려가 등장하게 된 것이다.

온라인과 로열티 __ 온라인 쇼핑몰의 허와 실

그간 급속한 성장으로 승승장구해 오던 온라인 쇼핑몰들에 고객들이 불신의 눈길을 보내고 있다. 국내 온라인 쇼핑몰 시장 규모는 매년 20~30%대에 달하는 급속한 성장을 이루면서 2014년 PC기반 온라인 쇼핑 시장규모는 31조 9,600억 원으

---

2) SBSCNBC, 2015.1.6.

로 큰 성장을 이루었고 최근에는 모바일 쇼핑으로 그 성장이 이어지고 있다. 그러나 PC, 스마트폰 등을 통한 상품 구매와 함께 고객을 불안하게 하는 사건, 사고가 끊이지 않았기에 의구심 또한 강하다. 특히 최근에는 해외직구를 활용하여 구매하는 알뜰 소비자들도 늘고 있어 이는 국내 온라인 기업에게도 큰 골칫거리가 아닐 수 없다. 대내적인 불신과 대외적인 위협은 기업들에게 단기적인 매출 하락을 피할 수 없게 된 것은 물론, 그간 온라인 쇼핑몰들이 오랜 기간 공들여 쌓아 온 고객의 로열티도 심각한 손상을 입게 되기 때문이다.

특히 보안과 관련하여서는 일부 쇼핑몰의 허술한 보안 체계가 직접적인 원인이 돼 사고가 발생하고 있지만, 결과적으로는 포털, 커뮤니티 등 온라인상에서 사업을 영위하는 다양한 기업 전반에 걸친 취약한 고객 로열티의 문제를 다시 생각하게 하는 계기가 되고 있다.

e-로열티의 중요성 __ 네이버, 다음, 옥션은 진정한 로열티를 구축했는가?

한때 급속한 성장을 지속해 온 유명 포털과 유명 커뮤니티 서비스들이 성장 한계에 봉착하고 있다. 이런 일련의 사태와 온라인 서비스의 성장 정체는 인터넷 서비스의 기술적 취약점 극복, 기존의 비즈니스 모델 1.0을 대체할 만한 새로운 비즈니스 모델 2.0 발굴 등 공급자 측면에서 해결해야 할 숙제들을 던져 주고 있다. 하지만 무엇보다도 고객들이 이런 온라인 기반 서비스들에 대해 갖고 있는 로열티, 즉 e-로열티가 급속한 외형 성장과 비교할 때 상대적으로 취약한 것이 아닌가 하는 의문이 제기된다.

통상적으로 고객 로열티는 브랜드, 제품, 서비스, 점포 등 특정 대상에 대해 애착을 가지고 반복 구매 등 지속적으로 관계를 형성하고자 하는 고객의 성향을 말하는데, 최근에는 신규 고객을 확보하는 비용이 오프라인은 물론 온라인에서도 점차 증가하는 추세이기 때문에 기존 고객을 유지하는 로열티에 대한 관심이 커지고 있다.

온라인상에서도 오프라인과 마찬가지로 특정 인터넷 쇼핑몰이나 블로그 등 웹 서비스를 지속적으로 이용하고자 하는 e-로열티가 존재한다. 즉 특정 사이트를 즐겨찾기 하거나 시작 페이지로 설정하고 자주 방문하는 등 해당 웹 서비스에 대한 높은 수준의 애정과 밀착도를 보일 수 있는 것이다. 더 나아가 다른 사람들에게도 그 사이트를 우호적으로 구전하고, 추천하고자 하는 태도를 형성하거나, 직접 커뮤니티의 운영에 참여하는 등 보다 적극적인 행동 양상을 보일 수 있다.

온라인 기업들은 이러한 e-로열티를 높임으로써 단골 고객의 확보를 통해 고객 생애 가치를 극대화하고 아울러 수익성의 향상을 기대할 수 있을 것이다. 즉 오프라인 기업과 마찬가지로 온라인 기업에서도 e-로열티는 마케팅 비용과 노력을 절감하고 수익성을 올릴 수 있는 중요한 요인인 것이다.

그간 네이버, 다음, 옥션 등 성공적인 온라인 기업 대부분은 인터넷이라는 강력한 상호작용 미디어를 활용해 고객의 e-로열티를 단기간에 성공적으로 구축해 온 것처럼 보였다. 하지만 기존의 노력들로 구축한 것이 정말 진정한 고객 관계 혹은 e-로열티였는가에 대해서는 의문이 제기된다. 단지 이메일을 보내도 좋다는 허락, 즉 퍼미션을 많은 고객에게 받았거나 가입 회원 수가 많다는 것만으로 좋은 관계를 맺었다고 치부하고 자부하거나, 오프라인보다 저렴한 가격상의 이점만을 보고 습관적으로 방문한, 가격에 민감한 고객들을 자사의 튼튼한 충성 고객이라고 오해한 것은 아니었을까 하는 의구심이 드는 것이다. 특히 최근에는 소셜커머스의 성장에 따라 기존의 지마켓, 옥션, 네이버 등과는 다른 경쟁양상을 보이고 있다. 소셜커머스는 2010년 음식점 등 지역 상권을 중심으로 할인 쿠폰을 파격적으로 제시(50% 이상)하면서 많은 기업들이 생겨났고 최근에는 쿠팡, 티몬, 위메프 등의 세 개기업으로 압축이 되었다. 특히 스마트폰을 통한 모바일 구매가 활성화 되면서 이들 소셜커머스 기업들의 성장 또한 지속적으로 이루어지고 있다. 특히 기존의 오픈마켓이 상품판매자와 구매자를 연결하는 중개플랫폼이었다면 소셜커머스 기업들은 회사가 직접 상품을 선별하여 추천하는 큐레이션 방식으로 소비자들을 끌어 모으고 있다. 따라서 기존의 e-로열티는 기존의 지식쇼핑을 비롯한 오픈마켓과 소셜커머스가 뒤섞여 있는 만큼 소비자들의 전환비용을 가능한 높여 소비자의 브랜드 스위칭 가능성을 낮추는 것이 중요하다고 보인다.

e-로열티 구축 __ 가짜 로열티와 진짜 로열티

현실을 보다 냉정하게 직시해 보면 정보 탐색 비용이 매우 낮고, 점포의 전환 비용이나 방문 시간 등도 큰 장애가 되지 않는 온라인상에서 사용자들이 특정한 사이트와 장기적이고 정서적인 유대를 형성해야 할 어떤 절박한 이유를 찾기란 어렵다. 그렇기 때문에 온라인상에서의 로열티 구축은 결코 간단한 문제가 아니며, 오프라인보다 로열티 확보가 더욱 어려운 과제다. 특히 온라인상에서 효율적인 e-로열티를 구축하기 위해서는 오프라인과는 다른 인터넷이라는 새로운 온라인 미디어의 환경을 이해하고 관련 인프라를 적절히 활용해야 한다. 이러한 견해를 바탕으로 e-로열티를 효과적으로 구축하기 위한 방법과 시사점을 찾아보고자 한다.

첫째, 먼저 오프라인과 온라인의 차이점을 이해해야 한다. 우선 눈에 띄는 가장 큰 차이점은 상호작용성인데, 상호작용성은 인터넷의 가장 큰 특성 중의 하나로서 기업과 사용자 간의 양방향 커뮤니케이션을 의미한다. 게시판, 이메일, 연락처 등을 통해 실시간으로 상호작용이 가능한 사이트에 대해 사용자는 높은 만족도와 로열티를 보인다. 따라서 온라인 기업들은 이 같은 상호작용 수단을 통해 고객과 항상 대화할 수 있는 채널을 확보하고 고객의 목소리를 적극적으로, 그리고 실시간으로 듣기 위해 노력해야 한다. 최근 오프라인 기업들이 이러한 목적을 달성하기 위해 온라인 미디어들을 적극 활용하려는 노력을 기울이고 있는 데 비해, 오히려 온라인 기업들은 늘어나는 고객들로 인해 응답 속도나 내용 면에서 반응성이 떨어지는 역설적인 모습을 보이고 있다.

둘째, 기본에 충실해야 한다. 일본의 품질 관리 연구자인 카노 노리아키는 고객의 만족에 영향을 미치는 요인으로 기본 요인, 흥분 요인, 성능 요인을 제시한 바 있다. 기본 요인은 충족되지 않을 경우 불만을 일으키는 최소한의 요구 사항으로, 충족되거나 초과될 경우에도 고객을 만족시키지는 못하는 요인이다. 반면에 흥분 요인은 고객에게 전달될 경우 만족이 높아지지만 그렇지 않더라도 불만을 야기하지 않는 요인들이다. 즉 흥분 요인은 고객에게 놀라움을 주고 기쁨을 창출한다. 성능 요인은 성능이 높으면 만족을, 낮으면 불만족을 야기한다. 이 모델에서 배울 수 있는 점은 고객의 불만족을 해소하거나 만족도를 제고하기 위해서는 각각 별도의 노력이 필요하다는 점이다. 즉 보안이나 안전과 같은 기본 요인들은 화려한 콘텐츠처럼 만족에 직접적인 영향을 미치지는 못하지만 불만족을 방지하기 위해 반드시 달성해야 할 목표인 것이다. 이렇게 본원적인 품질을 확보하려면 어떤 비용과 노력이라도 감수해야만 로열티 감소라는 부정적 결과를 막을 수 있다.

셋째, 유사 로열티와 진정한 로열티를 구분해야 한다. 인터넷 쇼핑업체의 저렴하고 공격적인 가격 제시는 온라인 쇼핑의 가장 큰 혜택임을 부정할 수 없다. 중간 상의 배제, 물리적 점포 및 재고 필요성의 감소, 경매나 역경매 같은 고객과의 실시간 협상 가능성은 인터넷 쇼핑업체들이 유연한 가격 전략을 구사할 수 있게 한다. 그러나 단순히 저렴한 가격으로 형성된 반복적인 거래 관계를 진정한 로열티로 이해해서는 곤란하다. 가격 비교 사이트 등의 등장으로 저렴한 가격 자체만으로는 고객을 록인(lock-in)하거나, 장기적인 로열티를 기대하기 어렵기 때문이다. 따라서 고객에게 가격 외에도 서비스, 체험, 오프라인 콘텐츠와의 결합, 브랜드 자산 등 새로운 가치를 제공해야 한다.

넷째, 기술에서 감성으로 소구 방향을 바꾸어야 한다. 플래시, 메뉴 등 사이트의 효율적인 구조와 디자인과 같은 기술적 요인들은 당연히 e-로열티에 영향을 미친다. 그러나 전체적인 분위기와 사이트 디자인이 고객을 중심으로 조화를 이루고 있다면 그 영향력은 더욱 커질 것이다. 이런 감성 요인과 관련해 디자인 및 감성적 사용자 경험(UX: user experience)의 중요성이 커지고 있다. 예를 들어 애플의 아이폰이나 안드로이드폰 등처럼 감성적 유저 인터페이스(UI)를 강조한 제품들이 큰 인기를 모았으며 온라인 서비스도 예외는 아니다.

다섯째, 고객의 참여를 유도해야 한다. 최저 가격을 제시함으로써 구축한 로열티는 결코 오래갈 수 없겠지만 경매, 역경매, 공동 구매 등 고객이 참여할 수 있는 가격 흥정은 즐거운 과정을 제공하는 것으로서 고객에게 새로운 로열티의 원천이 될 수 있다. 이처럼 고객의 참여 행위는 개인에게 특별한 의미와 경험이 될 수 있다. 같은 맥락에서 고객이 제작한 다양한 UCC 콘텐츠를 많이 확보한 온라인 기업역시 로열티 확보에 유리하다. 고객들은 참여를 통해 해당 사이트에 자신의 노력이 이미 많이 투입됐다고 느끼게 됨에 따라 해당 사이트에 대해 보다 관여도가 높아지기 때문이다.

여섯째, 하지만 지나친 상호작용으로 고객을 지치게 해서는 안 된다. 자칫 지나치게 고객의 참여를 유도하면 고객이 지루해 하고, 결국 정서적 소진(burn out) 상태를 불러와 고객 이탈, 사이트 방문 회피 등 부정적 행동을 유발할 위험이 상존한다. 이는 기업의 마케팅 노력은 투입이 늘어남에 따라 성과가 늘어나는 선형 관계가 아니라, 성과가 극대화되는 적정 수준이 존재하는 비선형 관계라는 것을 의미한다. 지나치게 다양하고 많은 정보를 제공하고, 사용자 메뉴가 복잡하거나, 내비게이션 구조가 복잡하고 댓글 등을 강제하는 장치가 과하면 정서적 소진을 불러온다. 구글은 아무런 정보나 요청 사항 같은 군더더기 없는 깔끔한 초기 화면만으로도 세계 제일의 검색 서비스로 성장할 수 있었고, 트위터는 140자 미만의 짧은 게시글만 허용되는 간결함으로 기존의 페이스북같은 쟁쟁한 경쟁자들과 경쟁할 수 있었다. 온라인 쇼핑몰인 우트(www.woot.com)는 이베이 등 다른 쇼핑몰들이 수십만 가지 상품을 동시에 판매하는 것과 다르게 매일 하루에 단 하나의 상품만 초저가에 판매하는 단순한 판매 방식으로 새로운 비즈니스 모델을 제공하였다.

일곱째, 고객의 이탈 방지 장벽을 세워야 한다. 개인화를 통해 고객들이 인터넷 사이트에 깊은 애착을 느끼도록 해야 하는 것이다. 개인화란 고객 개개인에게 맞춰진 상품, 서비스, 콘텐츠 등을 제공하는 전략이다. 개인화는 고객들의 흥미를 자극하고 자신이 정당하게 대우받는다는 정서적 만족감을 충분히 제공함으로써 e-로열티를 제고한다. 또한 훌륭한 개인화는 고객들이 스스로 추가적인 개인 정보를 제공하도록 유도함으로써 그 자체가 하나의 이탈 방지 효과를 내기도 한다.

여덟째, 통합적으로 로열티 문제에 접근해야 한다. 온라인 기업들의 로열티 프로그램은 온라인과 오프라인을 통합할 수 있는 방향으로 육성돼야 한다. 많은 오프라인 기업이 브랜드 커뮤니티를 활성화하는 등 로열티를 육성하기 위한 수단으로 온라인에 관심을 보이고 있는 것과 마찬가지로, 온라인 기업들은 오프라인의 마케팅 수단에 관심을 기울여야 한다. 오프라인과 연계된 멤버십 포인트 프로그램, 제휴 프로그램 등은 온라인 기업에도 유용한 수단이 될 것이다.

아홉째, 수시로 모니터링하고 관찰하는 노력이 필요하다. 로열티는 결코 일회성 이벤트로는 구축되지 않는다. 장기적이고 계획된 노력의 산물이다. 따라서 현재의 수준과 문제점을 진단하고 이를 바탕으로 개선하려는 노력이 지속돼야 한다. 이를 위해서는 소비자 만족도 조사나 고객의 소리(VOC: Voice of Customer) 추적 같이 체계적이고 지속적으로 시장의 변화를 감지하기 위해 힘써야 한다.

열째, 이러한 다양한 노력에도 불구하고 비 오는 날은 예고 없이 온다는 점을 잊어선 안 된다. 위기관리 프로세스가 필요한 것이다. 불행하게도 어떤 노력에도 불구하고 보안이나 해킹, 금융 사고 등 위험 요인은 도사리고 있을 수밖에 없다. 환경 관리는 위험 요인을 완전하게 제거하는 것보다는 이를 최소화하고 발생 시 효과적으로 대응하는 데 초점이 맞춰져야 한다. 개인 정보 누출 시 사태를 악화시킨 것도 해킹 사건 그 자체보다는 사건에 대한 만족스럽지 못한 기업의 사후 대응이라고 할 수 있다. 위기 발생 시 이에 효과적으로 대응할 수 있는 체계적인 위기관리 프로그램이 사전에 확립돼야 하는 것이다. 신속하고 신뢰감 있는 대응을 통해 고객의 불신을 최소화하고 고객에게 발생한 문제가 바람직한 방향으로 해결될 수 있으리라는 믿음을 고객에게 심어 줄 필요가 있다. 이런 노력들은 고객 접촉 부서에 있는 직원 개개인의 판단이나 CEO의 지시가 아닌, 기업의 업무 프로세스로 규정되고 수행돼야 한다.

고객의 e-로열티 구축은 오랜 시간과 마케팅 노력을 요구하며 수시로 발생 가능한 환경적 위험에 대응해야 하는 세심한 과정이다. 특히 오프라인 기업의 온라인 통합 전략, 온라인 업체 간 경쟁 격화는 고객의 e-로열티를 온라인 기업의 장기적인 생존을 좌우하는 핵심 요인으로서 부각하고 있다. 이제 e-로열티는 선택이 아닌 필수적인 경쟁 우위 요인임을 인식하고, 이를 육성하기 위한 노력을 통해 더욱 강화해 나가야 할 것이다.

8.3 스토리가 된 마케팅

나는 가끔 메모를 하기 위해 파커51 만년필을 사용한다. 아니, 다시 이야기해 보자. 내가 메모할 때 사용하는 펜은 내 나이보다 훨씬 오래전인 1941년에 나온 파커51 만년필인데, 여전히 잘 써지고 필기감도 좋다. 아니, 이것도 아닌 것 같다.

다시 한 번 해 보자. 42년 전, 베트남 전쟁에서 젊은 날을 보냈던 삼촌이 아직 젖먹이였던 내게 언젠가 필요할 것이라는 다소 황당한 이유로 베트남 미군 PX에서 선물로 파커51 만년필을 사 오셨다고 한다. 그동안 두 번의 이사를 다니면서 잃어버렸다가 어느 날 갑자기 서랍장 한구석에서 나오기도 하고, 더 비싸고 멋진 필기구에 치여 내동댕이쳐지기도 했지만 요즘 찾기 힘든 수수함과 희귀 아이템이라는 매력에 이끌려 다시 내 친구가 됐다. 파커51은 회사 창립 51주년인 1941년에 처음 등장했는데, 확인하지는 못했지만 2차 대전 종전 협정 때 아이젠하워 장군이 나치를 굴복시킨 조인식에서 이 만년필을 사용했다고 한다. 음, 이제 스토리가 아까보다는 조금 더 그럴듯해 보인다.

스토리와 마케팅 __ 아이폰의 스토리텔링 마케팅

내가 아는 한 친구의 친구는 신혼여행으로 아직 그다지 발전하지 못한 아시아의 한 나라로 여행을 갔다. 호텔에서 즐거운 시간을 보내고 귀국하기 전 하루 정도 여유가 남자 이 신혼부부는 시간도 때우고 선물도 살 겸 외곽 변두리에 있는 재래시장에 들어갔다.

몇 군데 점포를 돌던 중 아내가 옷가게를 둘러보겠다고 해 각자 쇼핑을 했다. 아내는 옷집이 몰려 있는 쪽으로 걸어갔고, 그것이 친구가 기억하는 마지막 장면이었다. 끝내 아내는 돌아오지 않았고, 도무지 그녀를 찾을 길이 없던 친구는 혼자 귀국할 수밖에 없었다. 그렇게 몇 년의 시간이 흐르고 그 사건이 사람들의 기억 속에서도 차차 잊혀 갈 때, 그 친구는 다른 동료와 함께 다시 그 나라로 출장을 가게 됐다.

출장을 마치고 마지막 날, 남은 시간도 보낼 겸 내키지는 않았지만 친구와 동료는 그 지역의 유명한 서커스를 구경하기로 했다. 오토바이 회전, 줄타기 등 다양한 묘기를 보고 있었는데, 오늘의 구경거리인 인간 화분의 차례가 돌아왔다.

"두두둥…, 진짜 화분 속에서 먹고사는 인간 화분이 등장합니다."

이윽고 무대의 커튼이 쳐졌다. 작은 화분 속에서 팔다리도 없이 소리도 못 내고 몸통만 꽂혀 있는 인간 화분이 등장했을 때, 이 친구는 거의 기절할 듯이 경악하고 말았다. 그 인간 화분은 바로 몇 년 전 이곳에서 잃어버린 자신의 아내였던 것이다. 아내는 옷가게에서 옷을 입어 보려고 탈의실에 들어가 문을 잠그는 순간, 갑자기 탈의실 반대쪽 벽면이 열리면서 납치됐고, 도망가지 못하도록 이렇게 잔혹한 일을 당한 후 서커스단에 팔려 왔다고 한다.

아마 누구나 한 번쯤은 어디선가 이와 비슷한 이야기들을 들어봤을 것이다. 다행히도 이 이야기는 사실이 아니다. 도시 전설(urban legends)이라고 불리는 근거 없이 떠도는 괴담 중 하나다. 그런데 어떻게 이런 황당하기 그지없는 이야기들이 누구나 한두 번은 들어봤을 만큼 빠르고 광범위하게 퍼진 것일까? 그리고 단지 한두 번 들어봤을 뿐인데 왜 잊히지 않고 기억 속에 오래 남아 있는 걸까? 억지로 외우고 또 외우던 영어 단어나, 어제 봤지만 도무지 기억나지 않는 광고와 완전히 비교된다.

경쟁이 심화하고 소비자들이 변덕스러워지면서 기업들이 체감하는 시장 상황은 점점 더 어려워지고 있다. 하지만 이러한 힘든 시장 여건에서도 굳건한 브랜드 파워를 자랑하며 여전히 잘나가는 브랜드들이 있다. 전 세계 오토바이 마니아들의 드림 머신인 할리 데이비슨은 1903년도에 창업하여 100년이 넘는 세월을 최고의 브랜드로 버텨왔으며, 애플은 회사의 아이콘이자 회사 그 자체이기도 했던 스티브 잡스가 2011년 사망한 이후에도 지속적으로 소비자들의 사랑을 받고 있다. 불황 속에서도 이처럼 놀라운 소비자의 사랑을 받는 브랜드들의 비밀은 무엇일까? 물론 히트 상품이 되려면 기본적으로 상품 자체가 매력적이고 혁신적인 면모를 갖춰야 한다. 그러나 세계적으로 기술이 평준화되고 있는 상황에서 단순하게 품질만으로 승부할 수 있는 기업이나 시장은 이제 어디에도 존재하지 않는다. 지금은 고품질이 너무나도 당연시되는 시대이며, 이제는 감성적 요인이 중요한 성패의 분수령이 된다는 것을 간과해선 안 된다.

특히 최근에는 감성 요인 중에서도 브랜드와 관련한 스토리텔링이 광고, 마케팅의 영역에서 주목받고 있다. 애플 아이폰의 성공에는 CEO 스티브 잡스가 디지털 혁명가로서 겪었던 역경과 굴곡의 스토리, 새로운 아이폰을 먼저 사기 위해 일주일 전부터 텐트를 치고 기다리는 이해할 수 없을 정도로 열성적인 마니아들의 이야기 등이 결합돼 있다.

이처럼 강력한 브랜드에는 하나같이 브랜드의 힘을 뒷받침해 주는 강력한 브랜드 스토리가 있다. 물론 그 뒤에는 브랜드 스토리를 효과적으로 소비자들에게 전달하고자 하는 기업들의 치열한 스토리텔링 노력이 숨어 있다.

스토리의 역사 __ 스토리텔링과 마케팅의 밀월

왜 새삼 마케팅에서 스토리가 주목을 받게 됐을까? 스토리는 인류가 배우고 커뮤니케이션하는 가장 기본적이고 오래된 방법이며, 인간이 상업적으로 스토리를 활용하기 시작한 역사 역시 그 기원을 알기 어려울 만큼 오래됐다. 최초로 스토리가 상업적인 용도로 활용되기 시작한 때는 원시적인 시장 기능이 생기기 시작한 것과 거의 동시대일 것으로 추정된다. 이처럼 인간은 정보나 문화적 가치, 경험 등을 전달하기 위해 오래전부터 스토리를 활용해 왔으며, 스토리에 기반을 둔 스토리텔링은 자연스럽게 소비자의 행동이나 심리를 이해하는 데 핵심적인 역할을 해왔다.

현대인들이 삶의 일부로 체득하고 있는 명절, 결혼, 생일, 졸업이나 입학 등 소비 의례(ritual) 역시 스토리와 밀접한 관련을 가지고 발전해 왔다. 이 같은 소비 의례는 밸런타인데이 초콜릿 이벤트, 성년의 날 등의 형태로 스토리와 함께 마케팅에 활용돼 왔다.

그 결과 이제는 보다 많은 기업이 주요한 마케팅 수단의 하나로서 스토리텔링에 관심을 기울이고 있으며, 독특하고 재미있으며 호감 가는 브랜드 스토리를 창출함으로써 고객들을 자사의 브랜드에 묶어 두려고 노력하고 있다. 제품의 장점이나 기능을 설명하는 것 같이 소비자를 논리적으로 설득하는 것이 일종의 푸시(push) 마케팅이라면, 스토리텔링은 설득을 하는 기업이 약속한 바람직한 결과를 소비자가 스스로 상상하게 함으로써 고객을 끌어들이는 풀(pull) 마케팅이다. 이처럼 스토리텔링은 고객 중심의 마케팅 기법이기 때문에 보다 바람직한 방식으로 여겨지며, 스토리텔링과 마케팅의 밀월은 앞으로도 지속될 것으로 보인다.

왜 스토리텔링이 필요한가? __ BMW와 아우디의 스키마

스토리텔링을 정의하자면 '교훈, 복잡한 사상, 개념, 그리고 인과관계를 커뮤니케이션하기 위한 목적으로 고안된 이야기나 일화 등을 통해 지식과 경험을 교환하는 과정'으로 정리할 수 있다. 위에서 말했듯이 스토리는 오랜 기간 인류와 친밀한 관계를 맺어 왔다. 가장 전형적이고 오래된 스토리텔링의 한 양식인 신화나 동화는 어느 민족에게나 전해 내려오면서 다양한 인간관계에서 강력한 도구가 되어 왔다. 문맹률이 높던 시절, 글을 읽지 못하는 사람들이 커뮤니케이션하는 유일한 방법은 서로 알고 있는 이야기들을 구두로 교환하는 것이었다.

스토리텔링 기법은 사람들이 복잡한 이슈나 교리를 매우 쉽게 이해하도록 도와왔으며, 이는 오늘날에도 여전히 유효한 것으로 보인다. 그 증거로, 소비자들은 오늘날에도 끊임없이 상품이나 서비스를 지렛대로 활용해 이와 관련한 스토리를 만들어 내고 있는 것을 볼 수 있다.

스토리텔링은 다음 네 가지 측면에서 소비자의 마음을 깊이 이해하는 데 핵심적인 역할을 한다.

첫째, 사람들은 천성적으로 이야기 형태로 생각하거나 생각을 정리하는 경향이 있다. 스토리가 가장 이야기하기 편한 형태의 콘텐츠이기 때문에 이미 사람들은 이러한 스토리 방식에 자연스럽게 적응되어 있다.

둘째, 또한 이미 기억 속에 저장한 기억들도 상당 부분 스토리와 유사한 기억의 연결 형태로 저장돼 있다. 사람들은 머릿속 기억들을 그물처럼 엮어서 저장하고 있다. 일례로 'BMW' 차를 보면 누구나 독일 차, 고성능, 제임스 본드, 비싼 가격, 경쟁 제품 아우디, 빠른 스피드 등 제품과 관련한 다양한 것을 쉽게 연상할 수 있다. 이 같은 연상 구조를 스키마(schema)라고 하는데 스키마 구조는 스토리와 많이 닮아 있다.

셋째, 스토리를 보고 읽고 듣는 것은 그 자체만으로도 소비자들에게 즐거운 경험이 되곤 한다. 어렸을 때 들었던 콩쥐팥쥐, 인어공주 등 다양한 이야기를 생각해 보자. 어떤 보상을 바라고 그 이야기를 들었던 것이 아니다. 단지 재미있어서 들었고, 아직도 기억하고 있는 것이다. 만약 브랜드가 이렇게 흥미로운 이야기를 전해 줄 수 있다면, 그 브랜드는 장기간 소비자의 기억에 남을 것이다.

넷째, 일부 브랜드는 소비자의 의식 속에 존재하는 신화나 역사와 같은 인류 공통의 잘 알려진 원형(archetype)을 차용함으로써 소비자에게 쉽게 기억되곤 한다. 이런 원형들은 소비자들이 이미 익숙하게 알고 있기 때문에 그만큼 그 의미를 이해하기도 쉽다. 다음은 클라우스 포그(Klaus fog), 크리스티안 부츠(Christian budtz), 바리스 야카보루(Baris yakaboylu)가 쓴 『스토리텔링의 기술(Storytelling in Business)』이라는 책에 실린, 미국의 한 다국적 IT 기업에서 실제 일어난 일이다.

"…여느 때와 마찬가지로 미국 최고의 IT 기업에 출근하기 위해 직원들이 정문을 통과하고 있었다. 이때 한 대의 거대한 리무진이 현관 앞에 멈추어 섰다. 그리고 이 회사의 전설적인 창업자 중의 한 명인 CEO가 차에서 내렸다. 그는 평상시처럼 중앙 현관으로 올라가고 있었다. 그가 막 현관을 통과하려고 하자 경비가 그를 불러 세웠다. "죄송하지만 ID카드 없이는 출입을 할 수 없습니다." 이 경비원은 어떤 감정적 동요도 없이 CEO를 똑바로 쳐다보았다. CEO는 할 말을 잊어버렸다. 그날따라 ID카드를 집에 두고 온 것이다. 경비원을 다시 쳐다보더니 턱을 만지작거리다 차로 돌아갔다. 그 경비원은 바로 그 다음 날 자신이 경비 총책임자가 될 것이라는 것도 알지 못한 채 다시 자기 업무로 돌아갔다… "

이 사례는 아직도 그 회사에서 유명한 이야기로 전해 내려오고 있는데, 이 이야기의 원형은 전형적인 작은 영웅의 이야기다. 우리가 잘 알고 있는 다윗과 골리앗, 로빈 후드, 홍길동 같이 거대한 힘에 굴복하지 않는 작은 영웅의 이야기를 원형으로 차용해 누구나 쉽게 이해할 수 있는 구조를 갖추고 있다.

이처럼 효과적인 스토리텔링은 이야기의 원형을 차용하여 누구나에게 친밀하게 인식됨으로써 소비자의 이해에 지대한 영향을 미칠 수 있고, 브랜드 관리는 물론 광고, 판촉 등 마케팅 전반에 매우 효과적으로 사용할 수 있다.

스토리와 브랜드 __ **나이키의 수난**

스토리텔링의 의미 전달 기능을 통해 브랜드의 가치를 보다 효율적으로 고객에게 설득할 수 있으며, 고객이 브랜드에 대해 호감이나 만족을 표시하도록 유도할 수 있다. 소비자들의 호감이나 만족은 브랜드에 대한 사랑과 강한 관계를 맺고 있어서 소비자와 브랜드 간 관계를 강화하는 효과를 보여 준다. 하지만 만일 특정 브랜드가 소비자들과 스토리를 통한 대화에 실패한다면 그 결과는 부정적으로 나타날 것이다.

나이키가 그 예다. 전통적으로 나이키가 들려주는 스토리는 나이키 운동화와 스포츠 장비를 갖추고 올림픽 같은 게임은 물론 일상 속 경쟁에서도 최고를 추구하는 사람들의 이미지에 초점을 맞춰 왔다. 그러나 나이키의 상품들이 동남아시아 후진국 아동의 노동력을 착취해 생산된 것이 알려지자, 나이키의 브랜드 스토리는 심각한 실망과 비난을 감수해야 했다. 나이키는 오늘날까지 이를 극복하기 위한 노력을 계속 하고 있다. 한국에서 한때 큰 이슈가 됐던 미국산 소고기 파동 역시 부정적인 브랜드 스토리텔링의 파급 효과를 잘 보여 주는 예다. 이처럼 스토리는 브랜드 자산을 구축하고 관리하는 데 기회 요인이 되는 동시에 위험 요인이 되기도 한다.

스토리텔링의 활용

그렇다면 스토리텔링을 통해 이러한 위험을 회피하는 동시에, 자사 브랜드의 핵심 역량을 발굴하고 브랜드 파워를 강화하기 위해선 어떤 노력을 기울여야 할까? 스토리텔링을 강화하기 위한 세 가지 단계를 제안하면 다음과 같다.

첫째, 우선 자기 브랜드와 자기 회사의 스토리가 무엇인지 파악하는 것이 가장 중요하다. 스스로도 모르는 스토리를 소비자가 알 수는 없다. 브랜드와 관련한 스토리를 발굴해 선별하고 독특한 판매 소구점으로 삼으려는 노력이 필요하다. 이런 스토리는 단순히 캐치프레이즈나 광고 메시지를 의미하는 것이 아니다. 브랜드의 철학과 핵심 메시지를 담아야 하며, 소비자들이 왜 그 회사의 상품을 구매해야 하는지 명확한 이유를 제시할 수 있어야 한다. 『보랏빛 소가 온다』로 유명한 세스 고딘은 좋은 스토리의 조건으로 일관성이 있을 것, 진정성이 있을 것, 고객과의 약속을 바탕으로 신뢰를 줄 것, 소비자의 상상을 자극할 수 있을 것, 소비자의 세계관과 일치되는 내용일 것을 주장했다.

최근에는 코카콜라 등 세계 최고 수준의 브랜드 자산을 가진 기업들이 소비자가 중심이 되는 스토리를 발굴하기 위해 본격적으로 나서고 있다. 코카콜라는 라스베이거스에 관광객들을 위한 특별한 시설인 '월드 오브 코카콜라(World of Coca-cola)'를 설치했는데, 여기에는 극장, 박물관, 점포가 복합적으로 구비돼 있고, 엘리베이터로 올라가야 하는 30미터 높이의 코카콜라 병을 형상화한 모형 탑이 설치돼 있다. 이 거대한 탑 안에는 자신만의 브랜드 스토리를 녹음할 수 있는 작은 스튜디오가 있어서, 방문객은 코카콜라와 관련한 자신만의 스토리를 이야기하고, 녹음할 수 있게 되어 있다. 여기서 녹음된 이야기는 극장에서 다시 이야깃거리로 사용되게 설계돼 있다.

둘째, 누가 우리의 스토리를 듣고 스토리를 확산해 줄 것인지, 즉 목표 청중이 누구인지 파악하는 것이 중요하다. 스토리텔링의 특징 중 하나는 다양한 연령, 다양한 세분 시장의 수많은 소비자가 청중이 된다는 점이다. 따라서 효과적인 스토리는 반드시 목표 청중의 니즈에 부합해야 하며, 원래 의도한 바대로 전해지도록 노력해야 한다. 때때로 소비자들은 자사의 브랜드가 이야기하고자 하는 것과는 다른 스토리를 원할지도 모른다. 이때 그들이 자사의 타깃 고객층인지 아닌지를 판단함으로써 스토리텔링 전략의 수정 여부를 결정할 수 있다. 모든 사람을 만족시키는 스토리란 실재하기 어려우며, 브랜드의 개성이 강할수록 그 어려움은 배가된다. 보수적인 학부모 중 상당수는 할리 데이비슨의 카우보이 스토리에 공감하기보다는 걱정과 불안을 표하겠지만, 이들은 할리 데이비슨의 목표 청중이 아니기 때문에 큰 장애로 간주되지 않는다.

또 한 가지 명심할 것이 있다. 자사의 브랜드가 관계를 맺고자 하는 핵심 고객, 그리고 중요하지만 눈에 보이지 않는 고객이 누구인지 파악하고 대응해야 한다. 특히 최근 인터넷을 통해 구전이 확산되는 것에서 볼 수 있듯이 타깃 고객이 창출한 브랜드 스토리는 빛의 속도로 일반 소비자 대중에게 전파될 수 있다. 따라서 기업의 이야기를 기꺼이 이야기해 줄 스토리텔러가 될 브랜드 앰배서더(brand ambassador: 브랜드를 적극적으로 알려 주고 옹호해 주는 일반 소비자)를 파악하는 것은 매우 중요한 프로세스의 하나다. 하지만 핵심 영향자를 어떻게 선정하고 공략할 수 있을까?

최근 기업에서 가장 활발하게 사용되는 방법은 고객 체험단을 활용하는 것이다. 유아용 블록 완구를 만드는 업체로만 인식됐던 레고는 자사 제품을 좋아하는 열성 고객들의 인터넷 활동을 적극 장려해 유아용 완구의 이미지를 탈피하고, 더 나아가 보다 수익성이 높은 10대들 사이에서 뜨거운 인기를 얻는 데 성공했다. 국내의 진로 참이슬은 새롭게 소주를 마시기 시작한 20대 시장을 확보하기 위해 청주대학교, 상명대학교 등 전국 주요 대학들과 협동으로 참이슬 클래스라는 산학협동 마케팅 프로그램을 개설한 후 적극적으로 대학생 스토리텔러들을 확보하려고 노력하고 있다.

셋째, 스토리를 고객에게 적극적으로 전해야 한다. 스토리를 전달하는 방법은 매우 다양하다. 신문, 방송 등 전통적인 미디어를 통한 광고 형태로 전달할 수도 있고, 인터넷, 소셜 미디어, 모바일 등 디지털 미디어를 활용할 수도 있다. 경우에 따라서는 게릴라 마케팅이나 구전 등 현장의 소비자를 참여시킬 수도 있다.

발굴된 좋은 브랜드 스토리가 소비자들 사이에서 화제가 되기 위해서는 이야기의 전개, 도입, 놀랄 만한 결론 등 구조적인 측면도 필요하지만, 그에 못지않게 소비자와 브랜드 간 정서적 연결이 필요하다는 점을 잊어서는 안 된다.

결론적으로 위에서 언급한 각 전략을 적절히 운영함으로써 고객들에게 자신의 브랜드를 사야 하는 이유를 명확하게 제시하는 동시에, 경쟁 브랜드와 효과적으로 차별화할 수 있다.

8.4 극장으로 간 마케팅

국력이나 국격은 경제력만으로 평가되는 것은 아니다. 그보다는 다양한 방법으로 인류에 기여할 수 있는 국가의 능력이나 품격으로 평가될 수 있는데, 최근 젊은 예술인들의 활약은 문화적인 측면에서도 대한민국이 성장하고 있음을 느끼게 한다.

금호아시아나는 문화 예술 진흥을 위한 후원 사업을 가장 두드러지게 펼쳐 온 기업 중 하나인데, 국제 콩쿠르에서 우승한 김선욱, 권혁주 등 어린 음악 유망주들을 발굴해 장학금을 주는 것은 물론, 소장하기에는 너무 값이 비싼 악기를 무상 대여하고 해외 연주를 지원하는 등 다방면으로 후원자 역할을 하고 있다. 또한 2003년에는 금호 월드오케스트라 시리즈를 만들어 뉴욕 필하모닉, 필라델피아 오케스트라, 베를린 필하모닉, 파리 오케스트라 등 세계 유수 오케스트라를 국내 무대에 초청해 소개하고 있으며, 클래식 연주전용 공간인 금호 아트홀을 개관하기도 했다

과거 재능 있는 예술가 중 풍족한 여건에서 꿈을 키워 온 사람은 매우 드문데, 그런 예술가들의 거의 유일한 버팀목이 바로 예술적 안목과 이해, 그리고 돈을 가진 부유한 후원자들이었다. 르네상스 시절 레오나르도 다빈치나 미켈란젤로 역시 당대 세력가 메디치가의 후원을 받았으며, 그 후로도 대가로서 명성을 얻은 예술가 중에는 무명 시절 세력가의 도움을 받은 경우가 적지 않다. 다행히 오늘날은 문화 예술의 저변이 크게 넓어지고 있으며, 일반 대중도 여가를 즐길 목적으로 문화 상품을 찾아 나서고 있다. 그로 인해 문화에 대한 일반 대중의 관심이 극적으로 올라갔고, 이제 예술가들은 탁월한 능력과 매력적인 작품만 있다면 얼마든지 대중의 마음과 명성, 그리고 부를 사로잡을 수 있게 됐다.

21세기를 문화의 시대라고 지칭하는 것도, 사실 문화가 가진 엄청난 영향력에 주목하기 때문인데, 문화가 경제와 만났을 때 그 대중적인 영향력은 가히 대단하다. 최근 화두로 떠오른 컬처노믹스(culturenomics)라는 개념도 문화가 곧 돈을 벌 수 있는 경제적인 수단이 된 시대가 왔음을 간파한 것이다. 그러나 컬처노믹스의

시대는 기업들에게 위기이자 기회의 두 얼굴로 받아들여지고 있다. 그저 좋은 물건이나 서비스를 만들어 고객 앞에 내놓기만 하면 팔린다는 오랜 고정관념에 머물러 있는 전통 기업들은 기회를 잃을 수도 있는 기로에 섰지만, 품질과 디자인에 더해 문화를 적극적으로 활용할 줄 아는 높은 문화 지능지수를 지닌 기업들은 새롭게 펼쳐지는 기회의 땅에 들어서고 있는 것이다.

저명한 미래학자 롤프 옌센은 저서 『드림 소사이어티(Dream Society)』에서 '정보화 사회는 지났으며 이제 소비자에게 꿈과 감성을 제공해 주는 것이 차별화의 핵심이 되는 드림 소사이어티 시대가 온다'라고 갈파했다. 문화의 시대에 문화를 파는 것은 더 이상 선택이 아닌 숙명으로 다가오고 있는 것이다.

문화와 마케팅 __ 맥도널드의 힘

일찍이 시장의 거시적 외부 환경 중 일부로 이해되어 온 문화는, 지식이나 신앙, 예술, 도덕, 법률, 관습 등 인간이 사회의 구성원으로서 획득한 능력 또는 습관의 총체로서 사회 구성원에 의해 공유되고 학습된 행동적 특성을 의미한다. 문화의 일반적인 하위 범주에는 미술, 음악, 공연, 영화, 전시문화 등이 포함된다. 인류는 스스로를 문화인으로 자부할 만큼 문화는 현대인에게 중요한 의미가 있다. 그러나 기업의 마케터 입장에서 문화는 마케팅과 접목하기 까다로운 측면이 있는 것도 사실이다.

과거에 생산이 소비를 따라가지 못했던 생산 중심의 경제에서는 일반 대중의 소비 활동이 문화와 접목될 이유는 없었을지도 모른다. 결핍을 채우기 위해 혹은 생존을 위해 상품을 구매하던 시기에는 마케팅에 문화가 개입될 여지가 없었을 것이다. 하지만 공급의 과잉과 소비자의 기호 변화로 더 이상 과거와 같은 무차별적인 대량생산을 통해 기업이 이익을 창출하거나 생존하기가 어려워지고 있다. 무엇인가 특별한 상품이나 서비스가 아니면 소비자의 주목을 끌지 못할뿐더러 선택되지 않는 시대가 찾아온 것이다. 그 결과 과거 품질이나 가격, 기술적 우위 등이 소비자의 주요한 상품 선택 기준이었다면, 오늘날에는 감성이나 문화와 같은 소프트한 특성이 더욱 중요한 요인으로 등장하고 있다. 아울러 마케팅에서 차지하는 문화의 중요성이나 영향력에 대한 기업의 인식도 달라지고 있다. 일례로 맥도날드 햄버거는 단순한 패스트푸드가 아니라 미국의 풍성하고 통속적인 대중문화를 상징하고 있으며, 이런 문화를 선호하는 소비자들에게 강력하게 어필하고 있다.

이처럼 문화의 영향력이 커지는 것과 다르게 상품 고유의 기능과 품질의 격차는 줄어들고 있으며 소비자들의 소비 수준은 높아지고 있다. 문화에 대한 이해 없이는 효과적인 마케팅 활동을 기대하기 어려운 시기에 들어선 것이다.

문화 마케팅의 구분 __ 현대카드의 슈퍼콘서트

문화 마케팅은 크게 문화 자체를 상품으로 이해하고 이를 마케팅하는 문화 상품의 마케팅과, 기업이 자사의 상품을 판매하기 위한 수단으로 문화를 이용하는 마케팅의 문화화라는 두 가지 형태로 구분할 수 있다

첫째는 공연, 전시, 연극, 영화, 음악, 미술 등과 같이 여러 가지 문화 상품을 목표 고객에게 판매하기 위한 문화 상품 마케팅 활동이다. 문화가 사회의 중요한 산업의 한 축으로 성장한 것은 이미 오래전 일이다. 한류 붐을 타고 <가을동화> 등 다양한 한국의 드라마나 영화가 일본, 중국 등 아시아의 소비자에게 오래전부터 소비되기 시작한 것만 봐도 문화 역시 하나의 상품임을 알 수 있다. 최근에는 <별에서 온 그대>라는 프로그램이 중국 시장에서 큰 성공을 거두었다.

문화를 즐기는 층이 더욱 두껍고 다양해졌지만 문화 상품 간의 경쟁 역시 치열해진 것도 사실이다. 영화를 보면, 과거 한국 영화중에는 1,600만 명이 보았던 '명량'이나 1,300만 명이 보았던 '괴물'과 '도둑들', '7번방의 선물' 같은 흥행 대작들도 있었지만, 대부분의 다른 한국 영화들은 매우 미미한 흥행 성적을 거두거나, 아예 극장에서 상영될 기회조차 잡지 못하고 사라지기도 하였다. 또한 영화는 음악회나 공연, 전시, 뮤지컬 등 크리스마스라는 특수를 놓고 다른 장르와 경쟁을 벌이기도 한다.

이렇듯 문화 상품 간의 치열한 경쟁 상황 속에서, 문화 마케팅은 자신의 상품을 선호하는 고객들을 확인하고 이들에게 효과적으로 문화적인 가치를 전달함으로써 수익을 창출하는 노력들로 요약할 수 있다.

둘째는 기업이 마케팅 활동을 수행할 때 문화를 접목하고 제반 활동의 효과성을 높이고자 하는 문화 이용이다. 비교적 동질한 특성의 고객들이 대규모로 모이는 문화 행사는 기업들에게 더할 나위 없는 마케팅 기회가 되고 있다. 일례로 해외 팝 스타의 콘서트에 몰려든 고객들은 비교적 연령과 취미, 소득 수준이 비슷하다고 할 수 있기 때문에 이들을 타깃으로 하는 기업들에게는 놓치기 아까운 기회일 것이다. 이와 같은 경우 기업이 문화를 어떤 방식으로 활용하는가에 따라 5가지 유형으로 나누어 볼 수 있는데, 이를 앞 글자를 따서 5S 전략이라고 한다. 5S는 곧 문화 판촉(Sales), 문화 지원(Sponsorship), 문화 연출 합성(Synthesis), 문화 기업 스타일(Style), 문화 후광(Spirit)을 의미한다.

우선 문화 판촉은 문화를 광고나 판촉의 수단으로 활용하는 것이다. 문화 지원 스폰서십은 자사를 홍보하거나 이미지를 개선하는 방법으로 문화 활동이나 단체를 지원하는 것이다. 문화 연출 합성은 상품에 문화 이미지를 결합시킴으로써 차별화하는 것이다. 문화 기업 스타일화는 새롭고 독특한 문화를 상징하는 기업으로 스스로를 새롭게 포지셔닝하는 것이다. 문화 후광효과 전략은 국가의 문화적 매력을 기업 마케팅 활동의 후광으로 이용해 혜택을 향유하는 것이다.

국내 기업 중 문화 마케팅을 가장 활발하게 펼치고 있는 현대카드는 '슈퍼매치·슈퍼콘서트'를 개최해 비욘세, 플라시도 도밍고, 어셔, 스티비 원더에서 2014 City break 콘서트까지 세계 최고의 스포츠 스타와 팝 뮤지션들을 초청하고 문화 행사 전후의 모든 사항을 총체적으로 디자인함으로써, 이를 기업 브랜드와 소비자 간에 공유하는 새로운 경험으로 승화시키고 있다. 그 결과 현대카드의 프리미엄 이미지는 효과적으로 강화됐다.

문화 마케팅의 유형 __ 독립운동 자금을 댄 활명수

기업의 문화 마케팅 형태는 다양하게 나타나지만 크게 아래와 같이 4가지 유형이 있다.

첫째, 메세나(mecenat) 마케팅 유형이다. 고대 로마 시대 때부터 문화는 정치가나 재력가로부터 후원을 받아서 성장해 왔는데 이를 메세나라고 한다. 오늘날 많은 기업이 메세나를 자처하며 각종 문화 행사나 이벤트를 후원하는 일이 일반화되고 있으며, 그 대가로 광고 등에 후원 기업을 표시하거나 영화나 연극, 공연 등에 자사의 상품을 등장시키는 PPL(Product Placement)을 통해 간접적으로 홍보 효과를 거두고 있다. 기업은 특정한 문화 행사에 재정적인 후원을 하거나 편의를 제공해 줌으로써, 기업이 공익적인 면이나 사회적 책임을 다함을 부각할 수 있고, 동시에 문화를 존중하는 품격 있는 기업임을 어필할 수 있다. 문화나 예술 자체는 고급스러운 이미지로 인식되기 때문에 기업은 해당 문화 예술의 감성을 자사의 브랜드나 기업 이미지에 덧입힐 수도 있다. 기업의 문화 예술 지원은 소비자들에게 기업과 브랜드를 효과적으로 인식시킬 수 있는 기회를 제공하는 것이다.

둘째, 아트(art) 마케팅 유형이다. 예술이나 문화 분야에 대한 경영의 일환으로서, 문화 자체의 활성화나 촉진을 위한 경영과 마케팅 노력들이다. 전통 공연을 하는 예술가를 위해 기업과 접촉해 후원이나 광고를 받아오거나 광고를 섭외하기도 한다. 더 나아가 사내 직원들을 위한 공연 프로그램을 조직하거나 소외 지역이나 주민들을 위한 공공 예술 기획 등을 하기도 한다. 문화 후원이 기업 입장에서의 문화 연계 활동이라면, 아트 마케팅은 문화나 예술 종사자 입장에서의 기업 연계 활동이라고 할 수 있다.

셋째, 상업적 문화 창출 유형이다. 기업이 제공하는 상품이나 서비스를 핵심적인 매개체로 활용해 소비자들에게 새로운 소비문화를 제시하기도 한다. 맥도널드나 코카콜라, 디즈니 등과 같은 이른바 문화 기업들은 이미 단순한 기업이 아니라 미국 사회와 문화의 일부로 편입된 것을 볼 수 있는데, 이처럼 상품이나 브랜드 자체에 특정한 문화적 코드를 담아 새로운 트렌드를 형성함으로써 소비자들이 소비를 통해 새로운 문화에 익숙하도록 하는 전략이다. 일례로 스타벅스가 등장하기 전까지 미국인 대부분에게 커피는 아메리카노 한 가지만을 의미했다. 그러나 스타벅스는 커피 바리스타를 도입하고 다양한 종류의 커피를 즐길 수 있는 메뉴와 공간을 창출함으로써 미국에 커피 문화라는 새로운 소비문화를 만들어 냈다. 최근에는 중국 시장에 진출해 녹차만을 먹던 중국 소비자에게 커피라는 문화를 확대 생산하고 있다.

넷째, 문화 스토리텔링을 활용하는 유형이다. 기업이나 상품, 브랜드의 탄생 배경이 특정 문화와 깊은 관련이 있다면 이 역시 좋은 마케팅 소재가 될 수 있다. 국가 브랜드 이미지 역시 이런 문화적 배경에 기인하고 있다. 일례로 프랑스가 가지고 있는 예술적인 이미지는 프랑스라는 국가적 배경으로 인해 생겨난 것인데, 와인, 향수, 화장품, 보석 등 프랑스에서 생산하는 모든 상품은 이 때문에 전 세계 어디에서나 그 문화적인 가치를 인정받고 있다. 세계 최고의 샴페인 돔 페리뇽은 처음 수도사가 우연히 샴페인을 발견한 계기를 스토리로 만들어서 독특한 와인 문화를 창출해 브랜드에 접목했다. 활명수는 오랜 브랜드 역사 속에 감춰진 '독립운동 자금을 댄 활명수'라는 이야기를 끄집어냄으로써 활명수의 전통을 강조하고 있다.

문화 마케팅의 특성 __ 와인처럼 마케팅하기

앞서 살펴본 바와 같이 기업의 문화를 마케팅에 활용할 때, 다른 경쟁사들이 모방하기 어려운 강력한 자산이 형성될 수 있다. 그러나 모든 기업이 문화 마케팅에 성공할 수 있는 것은 아니다. 문화 마케팅을 잘 활용하기 위해서는 우선 다음과 같은 문화 마케팅의 기본적인 특성을 잘 이해해야 한다.

첫째, 문화 마케팅은 김치나 와인처럼 시간을 두고 숙성해야 한다. 역사와 전통을 통해 전승되어 오는 문화의 특성상 하루아침에 새로운 소비문화를 만들거나 자사의 브랜드를 특정 문화와 연결하는 일은 대단히 어렵고 시간도 많이 걸린다. 따라서 문화 마케팅에는 장기적인 전략적 관심과 이를 후원할 수 있는 최고 경영진의 관심과 의지가 필요하다.

둘째, 문화 마케팅은 고객의 감성을 터치하고 이들이 체험을 하도록 해 주면서 은근하게 숨어서 하는 체험·감성형 마케팅이라고 할 수 있다. 문화와 마케팅이 결합할 때 소비자가 지나친 상업성을 지각하게 되면 오히려 소비자의 반발이나 외면 같은 역효과가 나타날 우려가 있다. 일반적인 마케팅이 소비자에게 상품을 판매하는 것이라면, 문화 마케팅은 이미지, 환상, 느낌 같은 특별한 경험을 판매하는 것인데, 이러한 느낌이 조작되는 것을 좋아할 소비자는 없다.

셋째, 문화 마케팅을 실행하기 위해서는 소비자들이 문화를 어떻게 바라보는지 소비자에 대한 이해가 선행돼야 한다. 특히 국내 브랜드가 해외로 진출할 때 낯선 문화 속에서 성공적인 문화 마케팅을 하려면 그 나라의 언어, 역사, 전통, 관습 등 다양한 문화를 먼저 이해해야 한다. 문화는 과거와 연속성이 있기 때문에 소비자에 대한 적절한 이해 없이 지나치게 새로운 발상이나 파격을 강조한다면 오히려 소비자의 거부감을 불러올 수 있다.

넷째, 기업이 문화 마케팅을 하기 위해서는 문화를 일회용 판촉물처럼 간단하게 다뤄서는 안 될 것이다. 기업의 뼛속부터 문화에 대한 이해나 확산이 이뤄지지 않고 시행되는 문화 마케팅은, 소비자로부터 공감을 얻지 못할뿐더러 기업 내부에서도 지지를 받기 어렵다. 소비자에게 맞는 문화 마케팅을 차별적으로 시행하려면 최고 경영자부터 일선 판매 직원까지 모든 종사원이 자신의 기업이 추구하는 문화를 이해하고 지원해야만 할 것이다.

문화 마케팅에 대한 기업의 관심도 크고, 마케팅 효과도 적지 않지만 아직 대부분의 기업들에게 문화는 여전히 낯설고 어려운 마케팅 수단이며, 그 효과에 대한 확신도 서지 않은 상태다. 그래서 아직 문화에 대한 기업의 투자는 미흡하고, 광고나 판촉 활동에 문화를 활용하는 일도 드문 편이다.

그러나 현재 문화 마케팅이 필요하다는 데 공감대가 형성되고 확산돼 가는 것은 분명한 변화다. 확실하게 입증되기까지는 아직 더 많은 시간이 필요하지만 브랜드 인지도 및 가치의 제고, 공익을 추구하는 사회적 책임 이미지의 확산, 종업원의 만족 등에 문화가 더욱 유용한 수단이라는 인식이 확산되고 있다. 또한 다양한 문화 상품이 자신의 시장을 확산하고, 나아가 해외 시장까지 확대하기 위해서는 마케팅 개념을 필요로 하는 것 역시 사실이다. 향후 이런 이유로 문화와 마케팅은 더욱 밀접한 관계를 맺으며 발전해 나갈 것이다.

8.5 축구장으로 간 마케팅

에너지 드링크 기업인 레드불의 스포츠마케팅은 글로벌 어떤 기업들보다도 체계적이고 효과적으로 진행되고 있다. 한때 스포츠음료가 주도하던 음료시장에서 에너지드링크의 붐을 일으킨 것도 과감하고 영리한 마케팅 전략이 효과를 봤기에 가능했다. 레드불의 스포츠마케팅은 일반적 글로벌 기업들과 사뭇 다르다. 이들이 집중하는 분야는 올림픽·월드컵과 같은 대형스포츠 이벤트 보다는 마니아 층이 두터운 익스트림스포츠(X스포츠)이다. 레드불이 지원하고 있는 X스포츠는 BMX, 클리프다이빙, F1, WRC, FMX 등 너무나 다양한데, 레드불 홈페이지에 들어가면 제품이야기 보다 자신들이 후원하는 스포츠와 스포츠 선수, 문화이벤트 등에 대한 정보가 더 많을 정도이다.

　매년 5조개가 넘는 음료를 전 세계에 판매하는 레드불의 스포츠마케팅 전략은 '선택과 집중'이라는 가치에 기반을 두고 있다. 일반적으로 대부분의 기업들은 올림픽과 같은 범 글로벌 스포츠 후원에 집중하거나 전 세계적으로 큰 관심을 끌고 있는 축구·야구 등 대중적인 스포츠에 집중하는 경향이 강하지만, 레드불은 특정 스포츠, 그것도 몇 몇 마니아들에게만 집중적인 관심을 갖는 X스포츠를 집중적으로 후원했으며, 결과는 대성공이었다.

　성공의 이유로서, 레드불의 스포츠마케팅은 에너지 음료의 주 소비층인 20~30대를 타깃으로 하고 있는데, 특히 개성을 표현하기 좋아하는 이들에게 어필할 수 있는 X스포츠야 말로 최적의 마케팅 콘텐츠였기 때문이다. 일반적인 음료시장에서 에너지 음료야 말로 개성 넘치고 유니크한 제품이라는 점에서 X스포츠의 자유·도전·젊음 이라는 이미지와 딱 맞아 떨어졌던 것이다.

　레드불의 스포츠마케팅 중 가장 유명하게 알려진 것은 2012년 진행된 스트라토스 프로젝트이다. 2007년부터 5년여의 준비를 거친 이 프로젝트는 오스트리아 스카이다이버인 펠릭스 바움가르트너가 12만8,000피트 상공에서 자유낙하로 초음속을 돌파한 전무후무한 시도였다. 레드불은 이 프로젝트를 위해 6,500만달러(690억원)를 투자했고, 당시 바움가르트너의 자유낙하를 인터넷을 생중계 했다. 전세계 800만명이 동시접속으로 그 광경을 봤는데, 레드불은 이 역사적인 프로젝트로 400억달러의 마케팅 효과를 얻은 것으로 추산되고 있다. 레드불의 광고는 '바이럴 마케팅'이란 무엇인지 확실히 보여준 사례로 꼽히고 있다.

스포츠 마케팅이란? __ **코카콜라부터 김연아까지**

세계 공통의 언어는 바로 몸으로 하는 언어, 바로 스포츠일 것이다. 스포츠는 인종, 언어, 종교, 국경을 초월해 세계에서 가장 인기 있는 오락거리로 일찌감치 자리를 잡았다. 위성방송의 영향으로 전 세계 모든 시청자가 실시간으로 경기를 시청할 수 있게 됨으로써 스포츠의 영향력은 더욱 강화됐다.

기업들은 안정적이고 지속적인 이윤 추구를 위해 보다 효과적인 광고 수단을 찾아 왔는데, 이러한 측면에서 TV 같은 매스미디어를 통해 전 세계 시청자의 이목을 집중시킬 수 있는 스포츠 경기는 오래전부터 주목을 받아 왔다. 1980년대 들어서부터 기업은 스포츠를 마케팅에 적극 활용함으로써 기업과 기업 상품에 대한 인지도를 높이거나 이미지를 개선하는 것과 같이 마케팅의 목표를 달성하기 위한 총체적인 노력을 기울여 왔다. 스포츠 마케팅의 시대가 열린 것이다.

스포츠 마케팅의 정의는 마케팅 활동의 주체가 누구인가에 따라 달라질 수 있다. 스포츠 마케팅은 나이키나 아디다스와 같이 스포츠 의류나 용품을 생산하는 기업에게는 매출과 직결되는 마케팅 활동으로, 프로야구팀이나 축구팀과 같은 경기 단체에게는 보다 더 많은 관중과 스폰서를 확보하기 위한 홍보 활동으로, 삼성이나 소니 같은 일반 후원 기업들에게는 강력한 광고 수단이자 커뮤니케이션 기회로 이해될 것이다.

이처럼 스포츠 마케팅은 각자의 입장에 따라 다른 의미로 이해될 수 있는데, 크게는 스포츠 자체의 마케팅과 스포츠를 마케팅의 보조 도구로 활용하는 두 가지로 구별할 수 있다. 우선 스포츠 자체의 마케팅은 보다 많은 관중이 게임을 관람하거나 참여하도록 촉진하는 활동, 혹은 스포츠와 관련한 산업 분야에서 스포츠 용품이나 시설 및 교육 프로그램을 판매하기 위한 마케팅 활동이며, 각종 스포츠 단체의 입장에서는 경기 활성화에 필요한 재원을 확보하기 위한 대외적인 마케팅 활동을 의미할 것이다.

프로야구 등 극히 일부 인기 종목을 제외하고 우리나라 스포츠 경기의 가장 큰 문제점은 저변이 넓지 못해 평소 관중이 적다는 것이다. 관중이 많아야 수익도 늘고 경기의 흥미도 배가될 뿐만 아니라 경제가 활성화되어 지역사회의 발전에도 기여할 수 있다는 점을 고려한다면, 관중 수의 증대는 각 스포츠 운영 구단의 일차적인 과제가 아닐 수 없다. 이런 중대한 과제를 해결하는 데 바로 마케팅이 안타를 칠 수 있다.

반면에, 스포츠 이벤트를 이용한 마케팅은 기업이 스포츠 경기의 후원을 통해 광고나 홍보 효과를 높이고자 하는 활동이라 할 수 있다. 스포츠를 처음 마케팅 수단으로 이용한 것은 미국의 뉴잉글랜드 철도회사로 1852년 하버드대학교와 예일대학교의 대항전을 위해 선수들에게 철도 교통편을 무료로 제공한 것이 시초로 알려져 있다. 이후 많은 철도회사나 운송회사가 프로야구팀과 제휴해 그들에게 이동상의 편의를 제공하는 한편 회사를 선전하는 기회로 삼아 왔다. 동계 올림픽의 영웅 김연아 역시 국내 항공사로부터 상시 사용이 가능한 연간 무료 항공권을 제공받았다.

스포츠 이벤트가 국제화되면서 기업의 후원 규모 역시 커지게 됐는데, 월드컵 같은 국제적인 대형 스포츠 게임에 처음으로 후원을 한 기업은 코카콜라로 알려져 있다. 코카콜라는 1928년 암스테르담 올림픽에 출전한 미국 선수들을 위해 콜라 1,000박스를 공수해 무상으로 제공한 것이 계기가 돼 그 후 오랜 기간 동안 올림픽이나 월드컵 같은 대형 행사를 후원해 왔다.

이처럼 스포츠 후원은 기업이 현금이나 물품 또는 노하우, 조직적 서비스를 제공함으로써 스포츠 스타, 팀, 연맹 및 협회, 스포츠 행사 등을 지원해 마케팅 커뮤니케이션의 여러 목표를 달성하기 위한 기획, 조직, 실행, 통제 등 모든 활동을 의미한다.

스포츠 마케팅의 특징 및 장점 __ 삼성은 왜 첼시를 후원할까?

스포츠 마케팅은 기존의 전통적인 마케팅에 비해 여러 가지 장점이 있다. 이를 간략히 살펴보면 다음과 같다.

첫째, 방송 및 언론 관련법에 나타난 기존 광고에 대한 규제를 자연스럽게 회피할 수 있다는 점이다. 일례로 TV 방송 중 광고를 내보낼 수 있는 시간과 횟수에 대해서는 법률적인 제약이 있는데, 스포츠 게임을 통해 간접적인 광고를 할 경우 이런 제약을 피할 수 있다. 축구 경기장의 입간판 광고는 전·후반 90분간 충실한 광고판 역할을 해 준다.

둘째, 특정 스포츠에 대한 관심을 활용해 보다 쉽게 시청자나 고객들에게 접근할 수 있다. 소비자들은 일반적인 광고에는 주목하지 않지만 자신이 좋아하는 경기나 선수에는 애정을 보내기 때문이다. 영국 프리미어 리그의 첼시 구단을 좋아하는 국내 팬들은 적지 않은 가격에도 불구하고 이들 구단의 공식 유니폼을 사서 입곤 하는데, 이 유니폼에는 삼성전자 등 다양한 후원 기업의 로고가 붙어 있어 움직이는 광고판과 다를 바 없다.

셋째, 고객들이 광고를 접하게 되는 때가 비상업적인 상황이므로 광고에 대한 경계심이나 거부감을 풀게 할 수 있다. 경기에 몰입하는 과정에서 자연스럽게 광고에 노출되기 때문에 보다 손쉽게 메시지를 받아들일 수 있으며, 각종 후원은 인위적으로 실시하는 광고와는 다르기 때문에 광고를 기피하는 대중에게도 거부감 없이 자연스럽게 받아들여진다.

넷째, 스포츠의 이미지와 스포츠에 대한 관심을 기업 커뮤니케이션의 목적에 이용할 수 있다. 자신이 좋아하는 프로 팀에 대한 긍정적인 이미지가 해당 기업이나 브랜드의 이미지로 전이될 수 있는 것이다.

다섯째, 스포츠 마케팅은 지역 경제 활성화에도 긍정적인 영향을 미치는 것으로 알려져 있다. 아직 국내에서는 이런 대규모 스포츠 게임의 가치가 제대로 평가받지 못하고 있지만, 다른 선진국의 사례를 보면 지역 경제에 미치는 경제적 효과가 상당하다. 일례로 2000년 미국에서 열린 인디애나폴리스 자동차 경주대회는 관광, 숙박, 쇼핑 등과 관련해 4,000억 원 이상의 경제적 부대 효과를 냈다. 특히 올림픽이나 월드컵 같은 대형 스포츠 이벤트는 국가 경제나 이미지에 지대한 영향을 미친다.

스포츠 마케팅의 사업 영역 __ 스폰서십부터 이벤트 기획까지

실제로 스포츠 마케팅의 사업 영역은 다양하게 존재하는데 이를 구체적으로 살펴보면 스폰서십 영업, 방송 중계권 사업, 캐릭터 상품화 사업, 스포츠 매니지먼트, 경기 이벤트의 기획과 실행 등이 있다.

첫째, 스포츠 스폰서십이란 기업의 상업적인 목적을 달성하기 위해 스포츠 활동에 재정적 혹은 이에 상응하는 현물을 지원하는 것을 말한다. 그리고 그 대가로 행사 타이틀이나 휘장 사용권 등을 얻기도 하고 경기장 안의 담장이나 플로어, 전광판, 인쇄물 등에 특정 기업의 광고를 게재하기도 한다. 2005년부터 영국 프리미어 리그의 축구 명문 첼시FC를 후원해 오고 있는 삼성은 후원 이후 유럽 시장의 매출이 2004년 135억 달러에서 2008년 247억 달러로 83%나 늘었다. 또한 한 시즌 평균 영국에서만 400만 파운드(800억 원) 이상의 광고 효과를 거둔 것으로 판단하고 있다. 이 같은 성과를 감안해 삼성전자는 첼시에 대한 후원을 2013년까지 추가로 연장했다.

둘째, 방송 중계권 사업은 TV의 발전과 함께해 왔다고 해도 과언이 아니다. 일례로 월드컵 TV 중계방송은 1958년 스웨덴 대회부터 시작됐는데, 1970년 멕시코 월드컵부터는 인공위성을 활용한 전 세계 동시 방송이 가능해지면서 중계 사업의 가치가 더욱 부각됐다. 그 결과 1978년 아르헨티나 월드컵 당시 1,289만 달러였던 TV 중계료 판권은 2006년 독일 월드컵에 이르러서는 10억 달러 이상으로 확대됐다.

셋째, 박찬호가 메이저리그에서 선풍을 일으킨 당시, 누구나 LA 다저스가 새겨진 야구 모자 하나 정도는 가져 본 경험이 있을 것이다. 이처럼 특정한 팀이나 선수의 캐릭터 혹은 로고를 상품화하는 사업은 스포츠 마케팅의 주요한 수입원 중 하나다. 대부분 각 리그나 팀, 대회의 로고나 상표의 사용을 허가함으로써 이들 팀이나 선수들은 일정한 비율의 수수료를 받을 수 있다. 수수료 비율은 상품마다 다르지만 일반적으로 매출액의 3~5% 정도인 것으로 알려져 있다.

이 같은 상품화 전략에는 자사 제품 광고에 특정 선수, 팀, 단체를 등장시키는 광고 옹호인(advertising endorsement), 선수나 팀, 단체명, 사진, 사인 로고, 심벌 등을 제품에 부착해 판매하는 제품 옹호인(product endorsement) 등이 있다. 삼성전자는 휴대폰과 에어컨의 광고 모델로 피겨스케이팅 선수 김연아를 등장시키면서 광고 옹호인 전략을 성공적으로 활용했다. 김연아는 은퇴 후에도 여전히 광고모델로서의 인기를 꾸준히 누리고 있다.

넷째, 선수의 라이프사이클을 관리하는 스포츠 매니지먼트 역시 중요한 영역이다. 인기 있는 스포츠 선수의 몸값은 얼마나 될까? 세계적인 스포츠 선수는 걸어 다니는 기업이라고 할 수 있다. 2014년 미국 ≪포브스(Forbes)≫지가 발표한 스포츠 스타의 고수익 순위를 보면, 1위는 플로이드 메이웨더(복싱)로 1억 500만 달러, 2위는 크리스티아누 호날두(축구)로 8,000만 달러에 달한다. 이처럼 연봉이 수백만 달러가 넘는 프로 선수가 즐비한 미국이나 유럽에서 스포츠 마케팅은 선수에 대한 매니지먼트 사업에서부터 시작했다고 해도 과언이 아니다. 이 선수들은 웬만한 중소기업의 매출을 뛰어넘는 1인 기업이라 할 수 있다. 스포츠 매니지먼트 사업은 선수들을 대상으로 연봉 협상, 광고 출연, 스케줄 관리, 이미지 관리 등 종합적인 관리 서비스를 제공하는 것이다.

다섯째, 아직까지 국내에서는 스포츠에 특화한 이벤트나 행사 기획이 초창기 단계이며, 이제 주요 광고대행사들이 관련된 스포츠 마케팅팀이나 이벤트팀을 갖춰 나가고 있는 실정이다. 하지만 미국 등 스포츠 마케팅 선진국의 경우 많은 스포츠 이벤트 전문 회사가 이미 성업 중이다. 이들은 주로 각 스포츠 종목별로 전문화된 경기나 이벤트를 기획하고, 적절한 후원이나 협찬 기업을 확보하고 성공적으로 행사를 치르는 일을 담당한다.

이와 같은 스포츠 마케팅을 통해 기업들은 다양한 혜택을 기대할 수 있다. 특히 스포츠 마케팅을 통해 브랜드에 대한 호감도나 기업에 대한 인지도를 효과적으로 높일 수 있다. 특히 스포츠 마케팅은 소비자들이 아직 자사의 브랜드에 익숙하지 않은 해외 시장이나 신흥 시장에서 브랜드를 알리는 데 유용하다. 각국마다 존재하는 인기 스포츠를 후원함으로써 고객에게 빠르게 다가갈 수 있는 것이다. 미국에서 가장 시청률이 높은 스포츠 이벤트는 슈퍼볼 경기인데, 2009년 경기에서는 9,870만 명 이상이 동시에 시청을 했다고 한다. 현대자동차는 자사의 고급 이미지를 알리기 위해 30초 광고 단 한 편에 40억 원을 지불하고 이 기간 중에 광고를 집행했다.

스포츠 마케팅은 직접적인 매출 신장에도 영향을 주고 있다. 미국의 유명 농구 선수 마이클 조던을 소재로 해 나이키가 만들어 낸 농구화 시리즈는 20만 원이 넘는 고가에도 불구하고 모든 청소년이 가지고 싶어 하는 아이템으로 큰 인기를 끌었다. 실제로 삼성전자는 2007년 중국 시장에서 14.7%에 불과하던 휴대폰 시장점유율이 베이징 올림픽을 후원한 이후 21%까지 급상승했다.

스포츠 마케팅은 이 같은 효과적인 성과에도 불구하고 한계와 제약점이 있다. 스포츠 경기의 속성상 경기의 흐름을 중단할 수 없기 때문에 대부분 간접적인 형태로 스포츠 마케팅이 이루어진다. 따라서 기업이 원하는 대로 광고를 집행하기가 어려우며, 모델이 되는 운동선수들 역시 전문 모델처럼 능숙하게 기업의 의도를 전달할 수 없다. 또한 경기의 승패 여부가 광고 효과에 미치는 영향 역시 아직 명확하게 알려진 바가 없다. 광고 효과 역시 스포츠와 관련이 있는 기업인지 아닌지에 따라 큰 차이가 있을 수 있다. 특히 기업의 제품이 가지고 있는 콘셉트가 역동적인 스포츠 마케팅의 내용과 잘 부합하지 않는다면 오히려 역효과가 날 가능성도 있을 것이다.

그러나 스포츠는 국민 소득과 여가 시간이 늘어남에 따라 더욱 활성화되고 있기 때문에 앞으로 더 사랑받을 것이다. 또한 삶의 질 개선이라는 측면에서도 스포츠는 소비자에게 더욱 가깝게 다가설 것이며, 이와 관련한 스포츠 마케팅 역시 발전해 나갈 것이다. 향후에는 기업들이 스포츠를 어떻게 마케팅에 활용하는가에 따라 큰 성과 차이를 보일 수도 있다. 특히 스포츠 마케팅은 이미 국내 브랜드가 낯선 글로벌 시장에서 브랜드를 알리는 데 효율적인 수단이 되고 있다. 이 분야에 대한 기업과 소비자의 보다 큰 관심이 필요한 이유다.

8.6 공간으로 간 마케팅

원하는 상품을 한 곳에서 모두 구매할 수 있고, 이와 더불어 영화 관람이나 식사까지 가능한 대형 쇼핑몰은 이제 유통업의 중요한 트렌드가 됐다. 이 같은 쇼핑몰은 이제 주요 도시 대부분의 요지에서 건설되고 있다. 그런데 이들 간에도 명암이 엇갈리고 있다. 초대형 복합쇼핑몰 타임스퀘어와 가든파이브가 그렇다. 영등포의 타임스퀘어는 분양 초기에 이미 점포 대부분이 임대가 완료된 반면, 송파구 문정동의 가든파이브는 극히 저조한 분양률로 개점이 여러 번 미뤄진 끝에 2010년이 돼서야 간신히 개장할 수 있었다.

서울시가 SH공사를 통해 코엑스몰의 6배, 63빌딩의 5배에 달하는 동양 최대의 복합 쇼핑단지를 목표로 야심차게 준비한 가든파이브의 초기 분양 지연은 높은 분양가에 대한 논란과 청계천 재개발의 대체 상가로 입주 약속을 받았던 청계천 이주 상인들의 반발도 한 원인이 되었지만, 전문가들은 보다 근본적으로는 상권 활성화에 대한 확신 없이 하드웨어만을 강조한 분양 전략을 더 큰 문제점으로 지적했다. 높은 임대료와 권리금에도 불구하고 명동이나 강남 상권이 인기를 끄는 이유는 소위 장사가 된다는 확신 때문인데, 가든파이브는 입주 예정자들에게 그런 확신을 제대로 심어 주지 못했던 것이다. 다시 말해 상권 활성화 계획, 상가 운영 비전 등을 잘 보여 주지 못한 것이다.

이처럼 최대의 시설과 하드웨어가 곧 성공을 보장하지는 않는다. 전문가들은 특정 장소가 성공하기 위해서는 구축된 탄탄한 하드웨어를 기반으로 상권 형성을 위한 업종 선택 및 고객을 모으기 위한 전략, 구체적인 상권 활성화 방안 등이 필요하다고 입을 모은다. 벽돌로 만든 건축물이 아니라 뛰어난 마케팅 전략이 필요한 것이다.

장소 마케팅의 개념 __ 맨체스터시의 변신

가든파이브의 사례는 사람들을 매혹할 수 있는 공간이 단지 크고 멋진 건축물이나 시설 등 외적인 하드웨어만으로 구성되는 것은 아니라는 것을 보여 준다. 최근 작게는 상가나 주택에서 크게는 도시, 국가 등 우리 주변에 존재하는 다양한 공간이 사람들을 매혹시키고 끌어들이는 흡인력과 관련해 어려움을 겪고 있다. 이 장에서는 오늘날 다양한 장소나 공간이 겪고 있는 문제들을 살펴보고 마케팅이 이들에게 어떤 도움을 줄 수 있는지 알아보도록 하겠다. 즉 '장소의 마케팅(place marketing)'에 대해 살펴보자.

장소 마케팅이란 특정한 지역이나 도시, 혹은 장소를 상품화하는 전략이다. 지방정부나 민간 차원의 협력을 통해 지역이 가지고 있는 특정 이미지나 시설을 개발함으로써 장소 자체를 하나의 매력적인 상품으로 정립하고 해당 장소가 추구하는 소기의 목적을 달성하려는 활동을 의미한다.

비록 그 나라에 가본 적은 없지만 유명한 도시들은 확고한 이미지와 연상물이 있다. 누구나 파리를 떠올릴 때 자연스럽게 에펠탑과 센(Seine) 강을, 뉴욕 하면 ESB(Empire States Building) 같은 마천루들과 자유의 여신상이 자연스럽게 연상된다. 이와 같이 유명하고 매력적인 장소는 많은 방문객을 끌어들이는 효과가 있으며, 결과적으로 마케팅에서 상품을 판매해 이익을 창출하듯이 장소를 팔아 이익을 창출하는 효과를 발휘한다. 관광을 통한 수익처럼 직접적인 영향을 미치기도 하며, 원산지 효과 등을 통해 간접적으로 영향을 미치기도 한다. 이처럼 장소나 도시를 대상으로 하는 마케팅의 필요성을 느낀 세계 각지의 국가와 도시, 지역, 장소들은 해당 지역을 널리 알리고 이미지를 높이는 장소 마케팅 활동에 적극 뛰어들게 됐다.

그러나 사실 장소 마케팅이라는 개념 자체가 새로운 것은 아니다. 일례로 이미 오래전부터 올림픽을 유치하기 위해 세계 주요 도시들이 직접적인 경쟁을 벌여 온 것을 들 수 있다. 그러나 최근 장소에 대한 마케팅이 다시 각광을 받는 이유는, 특정 장소가 가지고 있는 좋은 이미지가 단순히 이벤트나 스포츠 게임의 유치에만 영향을 주는 것이 아니라 지역 활성화와 수익 창출, 관광 산업 육성, 국가 이미지 제고, 글로벌 브랜드 육성 등 다방면으로 크게 영향을 미칠 수 있음을 인지했기 때문이다.

최근에 가장 성공적으로 장소 마케팅을 활용한 지역을 살펴보면, 도박의 도시 라스베이거스와 박지성 선수가 활약하고 있는 맨체스터 유나이티드의 고향이기도 한 맨체스터(Manchester)시가 있다.

많은 사람에게 도박은 재미와 더불어 환락과 타락을 의미한다. 강원도 정선에 있는 도박장은 파산, 가정 파괴와 같은 부정적인 뉴스의 단골 소재로 등장한다. 미국의 도박 도시 라스베이거스 역시 과거에는 그런 이미지를 벗어나지 못했었다. 그러나 오늘날 라스베이거스는 부정적인 이미지를 벗어 버리고 온 가족이 가 볼 만한 고급 관광지로 탈바꿈하는 데 성공했다. 많은 방문객에게 라스베이거스는 자기 동네에서는 감히 상상도 할 수 없는 색다른 경험을 제공하는 환상적인 장소다.

많은 미국인들에게 라스베이거스는 곧 성인만의 자유 공간을 의미한다. 방문객들은 밤새 먹고 마시고 슬롯머신을 당기면서 자유와 일탈을 만끽한다. 라스베이거스는 새롭고 자극적인 경험을 의미하는 도시이자 브랜드 그 자체가 됐다.

또 다른 예인 맨체스터는 현재는 문화, 금융 등 첨단 서비스업의 중심지로서 런던에 다음가는 도시가 됐지만 한때는 쇠락한 공장들이 즐비한 한물간 도시였다. 18세기 산업혁명의 발생지로서 일찍이 전 세계의 산업을 주도했고, 20세기 들어서는 중공업의 발달로 영국에서 가장 중요한 도시가 됐지만 2차 대전 이후 불어온 중공업 산업의 쇠퇴는 맨체스터시를 빈 공장과 창고들만 남아 있는 을씨년스럽게 퇴색한 도시로 만들어 가고 있었다. 하지만 맨체스터시는 변화하는 시대에 발맞춰 기존의 산업 도시 이미지를 상업과 금융, 보험, 문화 산업의 이미지로 변모시키기 위해 도시와 주민들이 합심해 노력하였고, 덕분에 현재의 맨체스터시는 로열 익스체인지(Royal Exchange) 등 빅토리아 시대의 다양한 중세풍 건축물과 현대식 빌딩이 잘 어우러진 새로운 도시로 탈바꿈했다. 또한 영국인은 물론이고 세계인이 열광하는 구단 중 하나인 맨체스터 유나이티드와 맨체스터 시티 팀의 고향으로서 스포츠 중심 도시라는 역동적인 이미지를 잘 구축했고, 이런 열광적인 축구 열기에 힘입어 많은 기업이 새롭게 투자를 모색하고 있는 가장 매력적인 브랜드 도시로 거듭났다.

장소 마케팅 전략 __ 두바이의 기적

코틀러, 하이더, 레인(Kotler, Haider, Rein)은 『장소의 마케팅(Marketing Places)』이라는 저서에서 특정 장소를 대상으로 마케팅을 강화할 수 있는 구체적인 방안들을 제시하고 있다. 구체적으로는 이미지 마케팅, 명소 개발, 인프라 개발, 사람 등 다양한 방안이 있다.

첫째, 이미지 마케팅(image marketing)의 활용이다. 많은 도시나 지역은 광고 전문가들을 고용해 자신들의 장소에 강력하고 긍정적인 이미지를 부여하고 이를 개발하기 위해 노력하고 있다. 특히 이 방법은 광고 등 커뮤니케이션을 위주로 비용이 쓰이기 때문에 다른 방법들에 비해 가장 저렴하고 손쉽게 사용되고 있다. 이들 도시나 지역에 좋은 이미지를 부여하기 위해 주로 광고 슬로건이 개발돼 사용되고 있는데, 가장 성공적인 광고 슬로건으로는 뉴욕시의 'The Big Apple' 캠페인을 꼽을 수 있을 것이다. 빅 애플이라는 슬로건은 자동차의 번호판에서 관광 상품 등 뉴욕시 전역에서 광범위하게 사용됐고 뉴욕의 이미지를 강화하는 데 효과적인 역할을 했다.

그러나 모든 지역이 뉴욕시처럼 마음에 드는 훌륭한 슬로건을 확보할 수 있는 것은 아니다. 광고 슬로건을 만드는 작업은 그 도시의 과거와 현재, 미래를 모두 포괄해야 하면서 동시에 긍정적인 이미지를 극대화해야하는 어려운 작업이다. 최근 장소 마케팅이 국내에서도 화두가 되면서 많은 지방자치단체가 앞 다투어 영문화된 슬로건을 만들어 사용하고 있다. Hi Seoul, Dynamic Busan, Fly Incheon, Colorful Daegue, Ulsan for you, Aha! Suncheon 등이다. 그러나 실제로 이런 슬로건들을 접하게 되는 대한민국 국민이나 외국인들 모두 이 슬로건들을 잘 기억하지 못할 뿐만 아니라 제대로 이해조차 못하고 있다고 한다. 이처럼 호의적인 이미지를 만들고 알리기란 매우 어렵다. 각 도시의 정체성을 잘 표현해야 함은 물론이고 미래에 대한 영감과 비전을 직관적으로 전달해야 하며, 무엇보다도 잘 기억되기 위해서는 광고 등 커뮤니케이션 노력에 막대한 비용과 시간을 투입해야 하기 때문이다.

둘째, 명소의 개발이다. 단순히 좋은 이미지를 개발하는 것만으로는 충분치 않다. 매력적인 장소가 되기 위해서는 그 장소에 거주하는 사람들이나 외부인들의 니즈를 충족시켜 이들을 끌어들일 수 있는 뭔가 특별한 것이 필요하다. 사람들을 끌어들이는 힘은 다양한 형태로 존재할 수 있다. 그랜드캐니언과 같이 하늘이 내린 아름다운 자연일 수도 있고, 홍콩의 쇼핑가처럼 인공적인 명소일 수도 있다. 혹은 이집트나 그리스처럼 선조들의 찬란한 업적과 유산일 수도 있다.

그러나 이런 유산이나 자연경관이 없다고 하더라도 아직 실망하기에는 이르다. 오늘날 도시나 상가 등 많은 곳에서는 자신들의 장소를 매력적인 명소로 만들기 위해 다양한 인위적 노력을 하고 있다. 그중 최근 가장 주목받았던 것은 바로 '두바이의 기적'이다. 두바이는 인구가 채 30만 명에 못 미치는 작은 사막 도시였지만, 지도자인 셰이크 모하메드의 비전과 리더십에 힘입어 세계에서 가장 매력적인 도시로 변모했다. 세계 최고층 빌딩인 버즈 두바이, 세계 최고급 호텔인 버즈 알 아랍, 해안선을 늘린 인공 섬 팜 아일랜드, 해저 호텔 하이드로폴리스 등 온갖 상상력과 창의력의 산물이 사막의 모래 언덕 위에 들어서 관광객과 투자자를 유혹하는 새로운 도시로 다시 태어나게 됐다.

셋째, 장소의 인프라스트럭처 역시 중요한 요인이다. 장소는 단순히 차가운 콘크리트 건물의 집합체는 아닐 것이다. 생명을 가진 사람들이 살아가는 공간으로서 쾌적하고 안전하게 이용할 수 있어야 한다. 이를 위해 사람들이 편안하게 생활할 수 있는 기본적인 하부 구조인 인프라스트럭처를 잘 조성해야 한다. 이런 하부 구조와 관련해 고려할 요인은 많이 있지만 대표적인 것들을 살펴보면 교통, 에너지, 교육, 치안, 안전, 오락 등을 들 수 있다. 최근에는 부동산 경기가 과거보다 침체된 상태지만, 강남 지역의 집값이 여전히 국내 최고 수준으로 높은 것은 이 지역이 뛰어난 인프라를 갖추었기 때문이다. 높은 교육열과 편리한 교통, 코엑스 등 주변 놀거리 등이 강남을 특별하게 만들었다. 반면 서울 인구의 분산을 목적으로 동백이나 수지, 김포, 판교 등 최근에 등장한 신도시 지역들은 강남을 대체하기에는 아직은 이런 인프라들이 부족하다는 평가를 듣고 있다.

넷째, 그 장소에 거주하는 사람들은 장소를 구성하는 한 요소로서 작용하며, 장소 마케팅에 중요한 영향을 미칠 수 있다. 건물이나 시설들이 장소의 하드웨어라고 한다면, 사람들은 이 하드웨어를 움직이게 만드는 소프트웨어라고 할 수 있다. 그만큼 장소의 매력을 결정짓는 데 거주민이나 방문객 등 사람들의 역할이 중요하다.

극단적인 예로, 미국 드라마에서는 소위 잘나간다는 클럽에서는 입구에서 고객을 선별해 입장시키는 모습을 종종 보여 주곤 한다. 사람들이 미치는 영향은 때로는 긍정적이기도 하고 때로는 부정적이기도 하다. 매력적이고 호감이 가는 사람들이 모여 있는 장소는 매력적으로 인식되지만 그렇지 못한 경우에는 장소마저 왠지 매력이 떨어지는 것처럼 느껴진다. 일례로 일반적인 미국 사람들이 생각하는 뉴욕 사람들은 건방지고 불친절하고 냉정하지만, <섹스앤드더시티>나 <가십걸> 같은 미국 드라마를 통해 멋진 뉴요커만을 봐 온 한국인 대부분은 뉴욕 사람들을 트렌디하고 패션에 민감한 멋진 사람들로 인식하고 있다. 많은 한국 유학생이 가장 유학을 가고 싶은 도시로 뉴욕을 꼽는 것도 이런 뉴욕 사람들에 대한 이미지와 깊은 관련이 있을 것이다.

이미지의 강화 __ 『론리 플래닛』에 비친 한국

서울 하면 가장 먼저 어떤 이미지가 떠오르는가? 자랑스러운 대한민국의 수도, 월드컵을 치러 낸 역동적인 도시, 경복궁과 남산? 그러나 한국인이 아닌 아웃사이더들에게 비치는 한국의 모습은 다소 다를 수도 있다. 이제 전 세계 여행자들의 교과서가 되어 버린 『론리 플래닛(Lonely Planet)』 2009년판 한국 편을 통해 외국인 관광객 눈에 비춘 한국이나 서울의 모습은 어떤지 조금은 다른 시각으로 살펴보자.

"한국의 일하는 시간은 길고 지루하며, 주 5일제가 서서히 도입되고는 있지만 자동차 정비공은 토요일 밤 9시까지 가게 문을 열어 놓고 중·고등학생들은 너나 할 것 없이 새벽 2시까지 공부한다."

"소름 끼칠 정도의 삭막한 고속도로와 옛 소련 스타일의 콘크리트 아파트 빌딩이 도시 전체에 확장되고 있으며, 끔찍하게 오염돼 영혼이나 정신이 스며들 틈이 없다. 너무나 무미건조함으로 억눌려져 있어 국민 전체가 술을 좋아하고 알코올 중독이 되어 간다."

"정치인들 간에 현금이 들어 있는 사과 박스를 주고받는 전통이 있다."

물론 책에는 긍정적인 내용도 많이 있지만 외국인들의 눈에 비친 한국의 이미지가 그다지 아름답기만 한 것은 아님을 알 수 있다. 하지만 만일 외국인 대부분이 이런 이미지를 가지고 있다면 한국에 오고 싶은 마음이 생길까?

장소가 가지고 있는 이미지는 사람들이 특정한 장소를 좋아하거나 방문하게 하는 결정적인 원동력이 된다. 그러므로 각 장소들은 좋은 이미지를 갖기 위해 노력해야 하며, 이를 위해서는 방문한 사람들에게 좋은 인상을 주는 것과 동시에 영감을 줄 수 있어야 한다. 패션의 도시 파리, 최고급 백화점 갤러리아, 깨끗한 도시 동경, 쇼핑의 천국 홍콩, 커피 문화와 바리스타의 스타벅스 등은 좋은 인상을 주는 장소의 예일 것이다. 오대산 월정사의 템플 스테이, 루브르 박물관, 히말라야의 트래킹 코스 등은 좋은 영감을 주는 장소의 예일 것이다.

최근 서울시도 외국인 방문객들에게 호감과 영감을 주기 위해 다양한 노력을 하고 있다. 경복궁 등 문화유산을 보존하고, 해외 유명 건축가의 힘을 빌려 강남 주요 빌딩들의 외관을 개선하고 있다. 우리나라의 대표성이 강하고 많은 시민들이 이용하는 광화문에서는 외국인들과 함께하는 '서울김장문화제', '한글날 기념 한글 배우기' 등의 체험행사와 아세안의 화합과 평화를 상징하는 '아세안의 보석' 설치 등의 노력을 통해 서울의 이미지를 긍정적으로 강화하기 위해 노력하고 있다.

그러나 단순히 좋은 이미지를 확보하는 것 이상으로 중요한 것은 이를 널리 알리는 일이다. 특히 장소에 관련한 커뮤니케이션이 매우 중요하다. 이 같은 이유로 과거 상품을 광고하던 TV나 신문, 잡지 등의 매체들이 점차 특정한 장소나 지역을 알리는 매체로 활용되고 있다.

장소 마케팅 성공 전략 __ 캐나다의 웨스트 에드먼튼 몰

장소 마케팅이 성공하기 위해서는 우선 장소가 사람들에게 특색 있게 기억될 수 있는 장치가 필요하다. 특히 쉽게 기억되기 위해서는 다른 곳에서는 볼 수 없는 그 장소만의 독특한 상징물이 있어야 한다. 예를 들어 북경을 생각하면 천안문을, 서울 하면 63빌딩이나 남산타워가 떠오른다. 이처럼 도시나 특정 지역을 대표할 만한 기념비적인 장소를 랜드마크라고 부른다. 랜드마크는 특정한 장소의 정체성을 하나의 개념으로 압축해 주는 장소의 브랜드 역할을 수행하기도 하는데, 랜드마크가 없다면 그 장소는 쉽게 기억되거나 연상되기 어려울 것이다.

그래서 많은 장소가 자신만의 독특한 랜드마크를 갖기 위해 노력하고 있다. 1980년대에 서울은 63빌딩을 지었고, 최근에는 런던의 런던아이, 두바이의 버즈 두바이, 북경의 CC-TV 사옥 등 새로운 랜드마크가 전 세계 곳곳에서 속속 등장하고 있다. 보통 랜드마크는 이처럼 계획적으로 건설되는 경우가 많은데, 눈길을 잡아 끌 정도로 크고 높게 짓는 것이 가장 일반적인 방식이다. 어느 곳에서나 보이면 이정표나 상징물로서 역할을 충실히 수행할 수 있기 때문이다. 오늘날에도 전 세계 주요 도시들이 모두 앞 다투어 세계 최고층 빌딩을 짓기 위한 경쟁을 벌이는 것도 이런 맥락에서 쉽게 이해할 수 있다. 또 다른 방법은 그 장소에 깃들어 있는 역사나 전통을 활용하는 것이다. 서울의 광화문, 파리의 몽마르트 언덕, 일본의 교토, 이집트 피라미드 등이 이런 예일 것이다. 혹은 교통의 요지나 사람들의 집결지가 랜드마크로 활용되기도 한다. 서울의 광화문 서울광장이나 서울역, 뉴욕의 JFK 공항 등이 이런 예일 것이다.

장소를 더욱 가치 있게 만드는 방법은 그 장소에 얽힌 이야기나 전설을 활용하는 것이다. 랜드마크와 같은 외형적인 거대함, 화려함만으로는 방문객의 진심 어린 감동을 창출하기에 부족하다. 방문객들의 관심과 참여, 그리고 장소에의 몰입을 끄집어낼 수 있는 그 장소만의 독특한 이야기가 있어야 하며, 이런 이야기를 들음으로써 사람들이 매혹될 수 있어야 한다. 실제로 독일의 로렐라이 언덕에는 슬프고 아름다운 전설이 있다. 강물에 뛰어들어 죽은 로렐라이가 아름다운 강의 요정이 되어 배가 지날 때마다 금발을 휘날리며 노래를 불러 뱃사람들을 유혹하고 배를 난파시킨다는 전설이다. 이 전설은 오늘날까지 많은 사람을 매혹시키고, 실제 별다른 볼거리가 없는 시골의 하천 언덕으로 사람들을 불러 모은다고 한다. 일본의 시부야 역에는 주인이 죽은 뒤에도 그를 마중 나오기 위해 매일 역으로 나왔던 충견 하치의 이야기가 동상으로 남아 있고, 할리우드에서 영화로 제작되기도 하였다.

랜드마크가 되는 건물이나 빌딩은 매년 더 크고 더 높게 지어짐으로써 영원한 차별성을 주기는 어렵지만 이처럼 흡인력이 강한 스토리는 남들이 모방하기 힘든 독특한 가치가 있다. 최근 주요 도시나 장소들은 이런 스토리의 가치에 주목하고 스토리를 발굴하거나, 만들어 내기 위해 많은 노력을 기울이고 있다. 드라마 <모래시계>를 찍었던 정동진이나 <겨울연가>의 배경이 됐던 춘천, 용평 등은 이를 활용해 명소로 거듭나고 있다.

또한 최근에는 상업적인 목적으로 활용했던 장소가 자신의 매력성을 강화하고 있는 추세다. 체험 공간 혹은 복합 공간으로 자신의 모습을 바꾸고 있는 것이다. 일례로 과거에는 쇼핑몰이 단순히 구매를 위한 공간으로만 인식되었지만, 최근에는 새로운 경험을 제공하는 복합 공간으로 빠르게 변모하고 있으며, 규모 역시 급속한 대형화가 이루어지고 있는 추세다. 새로운 경험을 제공한다는 것은 장소가 놀랍고 재밌는 경험의 공간이 돼야 한다는 것을 의미한다. 즉 구매라는 목적 없이도 방문이 가능하고, 방문하는 동안 오랫동안 머물며, 머무는 동안 체험이나 경험을 위해 지출을 하는 공간들이 늘어나고 있다.

실제로 이런 개념들이 실현되고 있는 장소들이 많아지고 있다. 세계 최대의 쇼핑 공간 중 하나로 꼽히는 캐나다의 '웨스트 에드먼튼 몰(West Edmonton Mall)'은 57만 평방미터에 달하는 방대한 면적의 쇼핑 공간 내에 800개의 점포들과 19개의 영화관, 아이스링크, 워터파크, 동물원, 수족관, 식당가 등이 모두 갖춰져 있어 방문객들이 원하는 모든 경험을 제공할 수 있다. 이런 다양한 경험과 방대한 규모는 매년 많은 국내외 방문객을 끌어들이고 있는데, 이를 보면 규모가 중요하다는 말의 의미를 실감할 수 있다.

이보다 규모는 작지만 일본 후쿠오카의 커널 시티 역시 흥미로운 장소 개발 사례가 되고 있다. 커널 시티는 '도심 속의 도시'라는 독특한 개념을 가져와 호텔, 오피스, 오락 시설, 상가, 극장 등 다양한 시설로 작은 상가 건물 내 작은 도시를 만들고 이 도시를 관통하는 운하까지 만들어 명실상부하게 잠들지 않는 도시를 만들어 냈다. 즉 이런 개념을 통해 꼭 쇼핑과 같은 목적이 아니더라도 한번 방문해 보고 싶은 매력적인 장소를 만들어 내는 데 성공하였고 후쿠오카라는 도시를 일본은 물론이고 한국, 중국의 관광객이 찾아오는 새로운 명소로 만들었다.

8.7 하이테크로 간 마케팅

최근 전 세계 스마트폰 시장에는 흥미진진한 전투가 여러 곳에서 벌어지고 있다. 전통적인 라이벌인 애플과 삼성의 경쟁도 관심이지만, 더 큰 관심은 샤오미나 화웨이 같은 중국의 스마트폰 업체들이 향후의 어떤 마케팅을 하고 어떻게 성장할까이다. 특히 단기간에 판매 대수 기준으로 볼 때 세계적 스마트폰 생산업자가 된 샤오미는 삼성이나 LG 같은 한국 기업들에게 경계의 대상이 아닐 수 없다. 폭발적인 성장세를 기반으로 2014년 인도 시장에 진출한 샤오미는 단 5초 만에 준비하였던 '샤오미 노트 4G' 모델 5만대를 완판하는 저력을 보여주었다. 샤오미 노트는 10만원에 불과한 저렴한 가격을 강점으로 순식간에 스마트폰 시장의 강자가 되었다. 삼성전자는 이에 대응하기 위하여 국내 시장과 달리 인도 시장에서는 30만 원대의 중저가 폰을 공급하고 있다.

이처럼 스마트폰을 제조하는 IT 기업은 서로 상대방을 벤치마킹하면서 경쟁하고 있다. 애플의 아이폰이 삼성의 스마트폰에 깊은 영향력을 주었다는 것은 반박하기 어려운 사실이며, 샤오미 역시 공공연하게 '삼성전자를 배울 필요가 있다'고 공공연하게 말한다. 삼성을 롤 모델로 하는 샤오미와 삼성의 대결을 그래서 앞으로 더욱 흥미로울 것이다.

신기술 시대의 도래 __ **최초의 전화기부터 스마트폰까지**

최근의 기술 발전 속도는 과거 그 어느 때보다도 빠르게 이루어지고 있으며, 사물 인터넷, 빅 데이터, LTE 기술 등 생소한 기술 용어가 신문 지면을 차지했다. 도대체 이런 변화들은 시장과 마케팅에 어떤 변화를 불러오고 있는 것일까?

현재 이루어지고 있는 기술 변화를 단적으로 이야기하기는 어렵지만 시장의 변화와 더불어 산업의 변화, 사회적 변화를 초래하고 있다고 할 수 있다. 한 예로 전화기의 역사를 생각해 보자. 20세기 초 그래험 벨이 최초로 전화기를 발견한 이후 비록 형태나 크기는 다양하게 개선돼 왔지만, 탄소판을 이용해 음성을 전달하는 전화기의 원리는 100여 년의 세월 속에서도 오랜 기간 동안 변함이 없었다. 즉 제품 혁신을 불러일으킬 만한 결정 기술(defining technology)의 변화는 없었던 것이다. 그러나 최근 20여 년 사이 전화 기술은 CDMA 등 무선통신 기술의 비약적 발전과 카메라폰, DMB폰, 스마트폰 등 새로운 킬러 애플리케이션을 등장시켰고 유선전화기를 역사의 뒷길로 거세게 몰아내고 있다. 이렇듯 장기간 안정적인 기술을 바탕으로 점진적인 개선을 취해 오던 전자제품들이 최근에는 과거와는 다른 속도로 시장 단계를 점프해 차세대 제품으로 바뀌고 있다. TV 시장에서 PDP, LCD, LED, 그리고 3D 기술의 연속적인 등장은 이런 현상을 대변하고 있다.

또한 기술과 상품의 변화로 인해 시장에서의 기업 간 협력과 경쟁의 양상도 바뀌고 있다. 특히 전자제품 같은 하이테크 기업들은 여러 측면에서 전통적인 굴뚝 산업보다 큰 위험에 직면할 수밖에 없다. 흔히 카지노 경쟁 혹은 승자독식(winner takes all) 경쟁으로 비유되듯이 향후 글로벌 시장의 미래에는 각 분야에서 선도적

위치를 점한 한두 개 기업만이 살아남을 것이라는 예측이 타당성을 얻고 있기 때문이다. 그래서 기업 간 경쟁이 더욱 치열해지는 것은 물론이고, 경쟁력 향상을 위한 인수 합병도 빈번하게 이루어지고 있다.

이 같은 기술, 상품, 산업의 변화는 궁극적으로 소비자들에게까지 영향을 미치고 있으며, 사회적 변화의 양상으로도 나타나게 됐다. 특히 주목할 만한 것은 과거 혈연, 지연으로 국한됐던 관계가 해체되고 새로운 공동체가 형성되고 있다는 점이다. 세계에서 유래를 찾을 수 없을 정도로 빠른 초고속 인터넷과 이동통신 서비스의 확산은 기존의 수직적, 정적인 공동체를 수평적, 역동적인 공동체, 즉 가치 지향적인 커뮤니티로 변모시켜 나갔다. 익명성이 보장된 온라인을 보면 나이와 지위 등 현실에 존재하는 벽이 없이 남녀노소가 비교적 대등한 관계를 형성하고 있다. 나이 어린 학생이 자기 관심 분야에서는 어른들에게까지 큰 영향력을 행사하기도 한다. 시장의 주도권 역시 점차 기업에서 고객으로 이동하고 있는 실정이다.

하이테크 시대의 고객과 기회 __ IBM과 HP가 주목하는 총 소유비용

다양해지는 고객의 욕구를 적절하게 충족해 주는 제품과 서비스만 있다면 그 기업은 경쟁 기업보다 우위를 차지하고 있다고 할 수 있다. 그러나 실제로 그런 경쟁 우위를 달성한 기업은 극소수에 불과하다. 많은 기업이 동일한 목표를 표방하지만 대부분 성공적이지 못하다. 그 이유는 무엇일까?

다양한 이유가 있지만 가장 먼저 생각해 봐야 되는 점은 욕구 충족 단계의 처음이라고 할 수 있는 문제 정의에 대한 부분이다. 사회학적인 관점이 아닌 마케팅적 관점에서 고객의 문제를 정의하기 위해서는 먼저 어떤 고객에게 기업이 관심을 가지고 있는지, 목표 고객이 누구인지에 대한 명확한 타깃 설정이 필요하다. 이들 고객에게 집중함으로써 최소의 노력으로 고객의 문제에 대한 깊이 있는 성찰이 가능하고 그들로부터 체계적인 고객의 소리(VOC)를 수집할 수 있다.

고객의 문제를 해결하기 위해 중요한 과정은 고객으로부터 그들의 문제를 듣는 것이다. 그러나 하이테크 제품과 관련해서 고객의 목소리를 듣기란 그리 쉽지 않다. 기업이 필요한 목소리를 듣고 제품화하는 데는 몇 가지 장애 요인이 존재하기 때문이다.

첫째, 흔히 발생하는 경우로 고객의 소리와 제품 개발자, 마케팅 기획자 등 소비자와 기업 간의 불일치다. 흔히 제품 담당자는 고객과 시장에 대해 잘 알고 있다고 생각하지만 그들의 지식이 실제 고객의 요구와 일치하지 않는 경우 역시 빈번하다. 특히 기술 지향적인 일부 기업은 하이테크 제품 개발에 고객의 소리는 불필요하다고 생각한다. 우수한 제품이 나오면 고객들의 구매로 연결할 수 있다고 생각하는 것이다. 이는 고객 대부분이 제품이나 기술에 대해 잘 알지 못하기 때문에 일견 타당하게 들리기도 한다. 그러나 제품 확산에 결정적인 역할을 하는 시장 선도자나 기술 애호가 집단과의 면접이나 시장조사, 사용 행위 관찰 등을 통해 기업은 보다 시장 지향적인 제품을 만들 수 있을 것이다.

둘째, 보다 빈번하게 나타나는 문제점으로 전자제품 등 하이테크 제품의 경우 실제로 고객들이 자신들이 무엇을 원하는지에 말로 잘 표현하지 못하곤 한다. 제품에 대한 막연한 불만이나 더 좋은 제품이 나올 수 없을까에 대한 의구심은 있지만 이를 손쉽게 시장조사자들에게 표현하지는 못한다. 이런 잠재된 고객의 욕구를 찾아내는 것이, 고객의 문제를 해결하는 것을 넘어서 고객에게 새로운 가치를 제공하는 첫걸음이 될 것이다.

이런 어려움을 극복하고 제품의 타깃이 될 대상 고객으로부터 그들이 원하는 표면적인 욕구와 표현하지 못하는 잠재적인 욕구를 해결해 준다면, 고객들은 그 제품을 자신들의 문제 해결에 유용한 솔루션으로 인식하게 되고, 결국 그 제품은 시장에서 환영받게 될 것이다.

전자제품과 관련해서 고객들이 느끼는 표현된 혹은 잠재된 욕구는 실로 다양하다. 예를 들어 제품에 대한 신뢰, 납기의 정확성, 포장, 설치, 사용 편리성, 요금, 판매 후 관리 등 실로 다양한 욕구가 있다. 이를 체계적으로 정리하면 하이테크 상품과 관련해서는 크게 품질, 가격, 요구의 반응 속도, 가치 제공 정도의 4가지 측면에서 문제 인식을 하고 있는 것으로 파악된다.

첫째, 품질이다. 고객 입장에서 품질은 크게 당연 품질, 성과 품질, 환상 품질로 구분될 수 있다. 당연 품질은 너무나 당연해서 고객들이 기업에 요구하거나 표현하지는 않아서, 제공되더라도 별로 만족도가 올라가지 않지만 달성되지 못했을 경우 불만이 고조되는 가장 기본적인 품질이다. 에어컨이 시원하더라도 고객은 당연하게 느끼겠지만 그렇지 않다면 불만이 높아질 것이다. 성과 품질은 제공되었을 경우에는 만족도가 올라가고 그렇지 못할 시에는 만족도가 내려가는 품질 요인이다. 세탁기가 절전 기능이 뛰어나다면 만족도가 올라가지만 그렇지 못할 경우에는 만족도가 내려갈 것이다. 반면에 환상 품질은 고객이 인지하지 못하는 잠재적 욕구를 충족해 줄 수 있는 혁신적인 가치를 제공함으로써 고객 만족을 극대화할 수 있는 품질 요인이다. 에어컨에 대해 고객이 표현하는 욕구는 냉방력, 공기 정화 정도일 것이지만 공조기라는 특성을 고려하면, 고객이 에어컨이 제공할 수 있을 것이라고 미처 생각하지 못한 다양한 가치를 제공함으로써 환상 품질을 제공할 수 있다. 고객들이 느끼는 품질 요구는 시간이 지남에 따라 높아지고, 환상 품질은 성과 품질로, 성과 품질은 당연 품질로 인식하게 된다. 따라서 기업들은 지속적으로 가치 혁신을 추진해야 한다.

둘째, 가격의 문제다. 과거 기업은 가격에 대해 일차원적인 고민을 했다. 즉 제품의 판매가를 얼마로 할 것인가가 고민의 축이었다. 그러나 하이테크 상품에서 가격과 관련해 중요한 이슈는, 시간의 흐름 관점에서 본 총 소유비용(TCO: Total Cost of Ownership)의 관점에서 다뤄야 한다는 것이다. 대형 수요를 발생시키는 기업은 물론, 개인도 점차 단순한 구매 가격보다는 총 소유비용의 관점에서 가격을 바라보는 일이 많아지고 있다. 실제로 인터넷 서비스를 제공하는 서버 제품군을 판매하는 IBM이나 HP 같은 대형 IT 기업은 서버 판매보다는 유지 보수, SI(System Integration) 등 고객이 사용하면서 발생하는 시장에서 더 큰 수익을 올리고 있다. 일반 소비재도 프린터, 정수기, 냉장고 등 총 소유비용과 관련해 의사 결정을 하는 것이 보다 타당한 제품이 늘고 있다. 최종 소비자가 총 소유비용을 절감할 수 있는 제품이 보다 환영받는 시대가 오고 있는 것이다.

셋째, 요구에의 반응 속도다. 제품 기획 단계에서 제품 개발, 판매, 사후 관리 등 전 과정에 걸친 요구 관리가 필요해진다. 이런 요구에 효과적으로 대처하는 기업을 진정한 시장 지향적 기업이라고 할 수 있을 것이다. 인터넷의 등장으로 최근에는 고객의 요구가 양적으로나 질적으로 풍부해지고 있는데 이런 다양한 요구에 대한 적절한 대응이야말로 기업이 환경을 관리하고 효과적으로 시장을 관리할 수 있는 경쟁력의 원천일 것이다.

넷째 총체적인 가치의 제공이다. 총체적이라 함은 앞서 말한 품질, 가격, 반응 속도가 모두 적절히 동시에 제공됨으로써 고객이 느끼는 가치의 정도가 달라진다는 의미이며, 동시에 고객과 기업이 상호작용하는 과정에서 파생되는 기업의 모든 활동이 가치 지향적으로 재구성돼야 함을 뜻한다.

완전 완비 제품

고객의 문제는 단지 고객의 문제만으로 끝나지 않는다. 고객의 문제는 바로 기업의 위기 요인이자 동시에 기회 요인이 될 수 있다. 고객이 당면한 문제를 쉽고 빠르게 해결할 수 있는 차별적인 솔루션을 제공할 수 있다면 기회가 되기도 하지만 이런 문제를 제대로 해결하지 못하거나 경쟁사보다 대응이 느리다면 이는 곧 위기의 원인이 되기도 한다. 그렇다면 이런 고객의 문제 해결하기 위한 구체적인 솔루션은 어떤 모습이어야 하는가?

이에 대한 해답으로 고객의 문제에 주목한 성공적인 기업들의 사례를 찾아볼 수 있다. 다양한 종류의 스마트폰을 판매하는 삼성전자의 고객은 초등학생부터 노년층까지 폭넓게 분포되어 있다. 이중 노년층은 스마트폰을 구입하고 나서도 사용 방법을 제대로 익히지 못하여 전화통화만 이용하는 등 여러 가지 애로 요인들이 있었다. 삼성전자는 고객들의 고충을 해결하기 위하여 SK텔레콤과 공동으로 노년층들을 위한 스마트폰 초급 강좌를 무료로 개최하고 있다. 나이에 상관없이 스마트폰의 다양한 기능을 제대로 활용할 수 있도록 기업이 지원함으로서 삼성전자의 스마트폰은 제 기능을 백퍼센트 발휘하는 완전한 상품에 한발 더 가까워지게 되었다. BMW, 닛산 등 국내에 진출한 수입차 업체들은 신차를 구매한 고객들을 대상으로 바이백(buy back) 프로그램을 운영하고 앞 다투어 운영하고 있다. 바이백 프로그램은 향후 고객이 사용하던 차량을 매각할 때 중고차 가격을 일정 금액 이상 보장해 주는 방법이다. BMW는 신차 구매 후 3년이 경과해서 타던 차량을 판매할 때 신차 가격의 60%를 중고차의 가격으로 보장해 준다. 비록 중고차 매매 업체는 아니지만, 중고차 가격 하락에 대한 고객의 미래 불안까지 해결해 주는 노력을 기울이고 있다.

하버드 경영대학원의 명예 교수인 테오도르 레빗 교수는 이처럼 단지 물리적 제품에 국한된 것이 아니라, 고객의 잠재적인 문제까지 철저하게 분석한 후, 완벽하게 해결해 주려고 노력하는 제품들을 완전완비 제품(whole product)이라고 칭하였다. 완전완비 제품은 특정 제품이 추구해야 하는 품질, 서비스, 평판, 가격 등 모든 유무형의 가치들을 소비자의 관점에서 조합하여 제시함으로서 목표시장의 고객들이 가지고 있는 문제에 적절한 해답을 제시해주고, 아울러 최종 소비자들이 구매해야 하는 강력한 이유를 제시해준다. 특히 소비자들의 기술에 대한 이해 부족, 높은 초기 구입 가격 등 제품 확산에 많은 문제가 상존하는 하이테크 제품의 차별화 전략으로서 완전 완비 제품 전략의 중요성이 강조되고 있다. 즉 이제 단순한 제품 판매의 시대는 끝이 나고, 고객의 문제를 해결할 수 있는 여러 개의 제품이나 서비스로 이루어진 가치를 제공하는 시대로 가고 있는 것이다. 따라서 기업들은 고객들에게 판매자가 무엇을 생산하는가를 알리는 것 이상의 활동, 즉 고객이 원하는 것이 무엇인지를 파악하고 이를 제공하는 마케팅 활동으로 전환해야 한다.

시스템이 복잡하고 고객의 요구가 다양할수록 운영프로세스, 애플리케이션, 관리, 교육, 유지 보수 등 더욱 소프트한 서비스가 필요하다. 완전 제품이란 이와 같이 제품에 고객이 요구하는 서비스를 구현할 수 있는 제품이라고 할 수 있으며, 완전 제품의 제공 능력은 하이테크 기업의 경쟁력과도 일치될 수 있다.

플랫폼 전략 결정 기술과 윈텔

제품의 플랫폼 전략은 공통된 기술 요소를 바탕으로 다양한 복수의 제품을 가지고 있는 하이테크 기업의 기본적인 제품 전략으로, 최종적으로 시장에 나오는 제품의 원가 구조, 제품 성과, 차별화에 영향을 미친다. 또한 기업은 플랫폼 전략을 이해함으로써 기업이 가장 주력해야 할 제품 관리의 핵심 이슈를 파악할 수 있다. 제품 플랫폼은 단순한 제품과는 다르며 다양한 제품의 범위에 걸쳐 구현돼 있는 기반 결정 기술(defining technology)의 공통적이고 핵심적인 구성 요소를 의미한다.

하이테크 기업의 제품 실패 대부분은 기업이 잘못된 의사 결정을 하거나 중요한 구성 요소의 무지나 인식 부족 등 제품 플랫폼의 잘못된 관리에서 비롯된다. 심지어 많은 기업은 제품 플랫폼이 자사의 제품 라인 내에 존재하는지에 대해서조차 무지하며 제품 라인 관리에만 치중한다.

제품 플랫폼의 속성은 각 산업과 제품별로 다양하게 존재한다. 예를 들어 자동차에서의 플랫폼 전략은 동일 차대를 기반으로 얼마나 다양한 차종과 모델을 제작하는가를 의미한다. 반면에 PC 제품의 플랫폼은 애플이나 윈텔(윈도우+인텔)과 같이 마이크로프로세서와 운영체계(OS)를 의미하기도 한다. 물론 PC는 이 두 가지 외에 램이나 VGA 카드, 파워 서플라이 등 다양한 부품으로 구성돼 있지만 마이크로프로세서와 운영체계가 PC 플랫폼의 가장 기반이 되는 결정 기술이라고 할 수 있다. 비록 시장에는 다양한 형태와 가격대의 PC 제품군이 존재하지만 결국 어떤 프로세서와 운영체계를 탑재했는가가 가장 결정적인 차별화 기술이 된다. 결국 특정한 제품 플랫폼을 기반으로 수많은 관련 제품이 개발되고 제품 라인이 형성되는 것이다.

수확 체증과 표준화 전략 __ MS와 구글, 삼성전자

하이테크 산업의 경쟁에서 자사의 제품이나 서비스를 해당 시장의 표준으로 정착시키는 노력은 시장의 성패와 미래를 좌우하는 중요한 역할을 한다. 표준화의 중요성을 이해하기 위해서는 우선 하이테크 산업이 타 산업과 다른 차별점들을 알아보아야 한다.

하이테크 산업의 경쟁에서 가장 큰 특징은 바로 '신경제', 이른바 뉴 이코노미(new economy)에서 찾아볼 수 있다. 과거의 전통적인 경제학적 관점에서 볼 때 기업 환경은 수확 체감의 환경이었다. 수확 체감이란 시간이 지날수록 기업이 획득할 수 있는 이익은 점차 줄어든다는 개념으로 마샬이 주창한 경제학의 기본적인 개념이었다. 대표적인 산업은 광산업일 것이다. 제한된 부존자원을 계속 채취하다 보면 결국 광물 부존량이 바닥을 드러내고 획득 가능한 광물의 양은 점차 줄어든다. 제조업도 마찬가지다. 처음에는 신제품을 개발해 독점적인 지위를 누리고 시장 판매량도 증가하지만 경쟁이 치열해짐에 따라 시장점유율이 감소하게 된다. 결국에는 경쟁으로 인해 경쟁에 참여하는 모든 기업이 수익이 감소하는 제로섬(zero sum) 게임에 직면하게 되는 것이다.

이런 이론은 과거 전통적인 굴뚝 산업이 주력 산업이었던 시기에는 매우 통찰력 있는 법칙이었다. 그러나 하이테크 산업에서는 그 반대인 수확 체증의 법칙을 주장한다. 수확 체증 세계의 가장 큰 특징은 선도 기업의 이점이라고 할 수 있을 것이다. 과거에는 선도 기업이라고 하더라도 보다 높은 효율과 생산성을 가지고 있는 후발 기업이 등장해 시장을 장악한 사례가 많이 있었다. 일례로 과거 VTR이나 브라운관 방식의 TV 시장을, 후발 업체인 일본 기업들이 선발 기업인 미국 기업들을 제치고 전 세계 시장을 석권한 것을 들 수 있다. 그러나 최근에는 구조적으로 후발 기업들이 선발 기업을 따라잡기 어려워진 경우가 빈번하게 발생하고 있다. 대표적인 예로 윈도우를 생산하는 마이크로소프트와 CPU를 생산하는 인텔을 들 수 있다. 애플, 리눅스 등 다양한 도전자가 있었지만 마이크로소프트의 윈도우 제국은 20여 년이 넘도록 굳건하게 유지되고 있다. 물론 최근 PC를 제외한 스마트폰과 태블릿 PC의 OS 시장에서는 마이크로소프트사의 OS가 맥을 못추고 있지만 PC 시장에서는 아직까지 마이크로소프트사의 아성은 쉽게 무너뜨리기 어려워지고 있다. 구글은 PC시장에서도 그 영역을 넓히기 위해 클라우드 서비스 등을 활용하는 방식을 도입하고 소비자들에게 다가가고 있다. 최근에는 삼성전자 역시 반도체 분야 등에서 확고하게 선두를 다져 가고 있는 실정이다.

이처럼 수확 체증의 법칙은 하이테크 산업을 대표하는 경쟁 원리로 자리 잡고 있는데, 그렇다면 도대체 수확 체증이 왜 발생하는가에 대해서 의문을 가질 수 있다. 그 답을 찾아보면 다음과 같다.

첫째, 과중한 초기 투자 비용 때문에 후발 기업들이 손쉽게 시장에 들어오기 어려운 점을 들 수 있다. 단순한 TV 조립 공장을 만드는 비용에 비해 반도체나 LCD 생산 공장의 건설 비용은 천문학적인 선투자를 요구한다. 후발 기업으로서는 선도 기업을 따라잡을 수 있다는 상당한 확신 없이는 회사의 운명을 건 이런 대규모 투자를 감행하는 것이 곤란한 것을 발견하게 될 것이다.

둘째, 학습 효과의 발생이다. 숙련된 노동자나 기술자일수록 제품 1개를 만드는

데 필요한 시간인 제조 단위당 시간이 현저하게 적다. 따라서 생산 경험이 많은 선도 기업은 비교적 높은 원가 우위를 차지할 수 있으며, 이를 이용한 가격 전략이나 물량 조절로 경쟁사를 적절하게 관리할 수 있는 우위를 점하게 된다.

셋째, 네트워크 외부성 효과의 발생이다. 동일한 제품을 사용하는 고객이 많을수록 장점이 있다. 비록 그래픽에 있어서 맥북이 일반적인 PC보다 뛰어나다고 인정하지만, 만약 기존 PC 사용자가 맥북으로 전환한다면 그는 자기가 만든 워드 파일이나 파워포인트를 회사 내에서 동료들과 공유할 수 없을 것이다. 이것이 외부성 효과다. 사용자가 그 제품을 구성해서 제품을 사용하는 네트워크에 참여함으로써 전체 네트워크의 가치는 배가되는 것이다.

넷째, 정보재의 수확 체증 특성이다. 특히 인터넷 콘텐츠나 게임 등을 처음 개발하는 작업에는 상당한 비용이 들지만, 일단 개발이 완료된 이후 추가로 생산하는 데 드는 비용은 사실상 거의 0에 가깝다. 이런 제품의 시장을 석권한 기업은 경쟁사가 경쟁할 수 없는 저렴한 가격으로 제품이나 서비스를 공급하더라도 사실상 계속적으로 시장에서 수확의 증대가 가능한 것이다.

다섯째, 기술의 연관성이다. 제품의 디지털 및 컨버전스화는 제품 상호간에 관련성을 증대시켰다. 따라서 이미 A라는 제품을 성공적으로 시장에 내놓았던 기업은 B라는 제품을 보다 저렴한 비용으로 개발하고, 생산하며, 고객에게 판매하는 데 유리한 입지를 차지하게 되는 것이다. LED 소자와 관련이 깊은 반도체 시장을 석권한 삼성전자는 이 기술을 활용해 세계에서 가장 빠르게 LED TV나 아몰레드(AMOLED) 방식의 휴대폰을 내놓을 수 있었다. 과거 브라운관 TV에서는 소니의 방식이 가장 뛰어났지만 디지털 기술의 발달은 디스플레이를 대체하였고 이는 주변 기술로 연결되어 삼성과 LG와 같은 기업들이 디스플레이 시장에서도 우뚝 설 수 있게 되었다.

하이테크 경쟁에서 이런 수확 체증의 원리는 시장에서의 경쟁을 일종의 카지노 방식의 경쟁으로 변모해 놓았다. 즉 초기 시장을 석권하기 위해 기업들이 전력투구하게 된 것이다. 모 아니면 도식의 가입자 유치 전쟁, 무료를 불사하는 가격 정책, 위험성이 높은 투자와 제품 개발이 보다 빈번하게 이루어지게 된 것이다.

표준화 경쟁의 승자 테키를 만족시켜라

그 결과 하이테크 산업의 마케팅에서 누가 시장의 표준을 장악하느냐가 성패를 결정하게 됐다. 표준을 더 잘 이해하는 기업, 표준을 석권하는 데 유리한 기업들이 승자로 등장하고 있다. 최근에 등장한 표준화 경쟁의 승자들을 보면 구글, 네이버 등의 기업들이 손꼽히는데, 표준화 경쟁에 유리한 기업들은 몇 가지 공통적인 특징이 있다.

첫째, 완벽보다는 스피드를 중시하는 기업이 경쟁에 유리해진다. 완벽한 제품을 출시하는 데 오랜 시간을 들이기보다는 먼저 제품을 출시해 시장을 장악하고, 제품이 지닌 미비점들은 향후 더 높은 버전을 제공하거나 사용자의 이용 경험을 활용해 해결하는 기업들이 늘고 있다. 삼성전자는 다른 기업들이 주저할 때 가장 먼저 LED TV를 상용화해 시장을 석권했고, 마이크로소프트는 새로운 운영체제를 내놓아 시장을 묶어 두고 계속 버전을 올리는 방식을 활용하고 있다.

둘째, 개방적인 플랫폼이 있는 기업들이 선전하고 있다. 표준이 되기 위해서는 보다 많은 사람이 관심을 가질수록 유리하기 때문이다. 일례로 애플의 아이튠즈나 구글의 플레이스토어 등은 자사의 제품에 대한 기술을 상당 부분 개방해 많은 프로그래머들이 스스로 필요한 프로그램이나 애플리케이션을 개발할 수 있도록 지원해 큰 성공을 거두었다. 기존에 이미 mp3 플레이어나 음원을 다운로드할 다양한 장치는 있었으나 복잡하고 비용이 비싸 그렇게 대중화되지는 못하였다. 그러나 아이튠즈와 플레이스토어는 앱이라는 형태의 보다 소비자 친화적이고 직관적인 방법을 통해 중단 단계가 생략화되었고 이러한 성공에는 개방적인 플랫폼이 가장 큰 역할을 해주었다. 이런 트렌드에 힘입어 개방과 공유를 기반으로 하는 웹 2.0 패러다임이 적극적으로 도입되고 있다.

그러나 이런 시간 기반 경쟁이나 개방성 역시 지속적인 혁신을 할 만한 충분한 기술력이 뒷받침되지 않고는 효과를 보기가 어려울 것이다. 특히 하이테크 상품은 시장에 처음 출시할 경우 이를 구매하는 계층은 매우 제한적이다. 보통 기술 애호가 혹은 테키(techy)라고 불리는 계층이 구매를 시작하고, 이들의 호의적인 구전이나 추천에 의해 다른 대중에게까지 상품이 확산되게 되는데, 이들 테키들을 만족시키기란 매우 어려운 일이다. 기술적인 우월성은 물론이고 뛰어난 디자인, 혁신적인 상품 콘셉트의 제시 등이 요구된다. 하이테크 시장에서 경쟁사보다 먼저 진입해 경쟁 우위를 구축하기 위해서는 무엇보다도 높은 혁신이 요구되는 이유다.

8.8 사회로 간 마케팅

과거 할리 데이비슨의 크고 묵직하고 굉음을 뿜어대는 오토바이는, 주로 근육질의 폭주족이나 갱단을 자연스럽게 연상시켜 왔다. 영화 <터미네이터 2>를 보면 검정색 가죽점퍼와 선글라스, 샷건으로 무장한 험상궂은 무리가 바이크를 타고 와 사막 근처 바에서 맥주를 마시며 떠드는 모습, 미국 드라마 <선 오브 아나키>에서 마약 거래와 총격전을 일삼는 오토바이 갱단이 바로 과거 할리 데이비슨 이용자의 전형적인 이미지였다. 그래서 할리의 라이더들은 보통 지옥의 천사로 불렸다. 할리는 이런 브랜드 이미지로는 보다 고수익이 보장되는 전문직이나 부유층을 대상으로 마케팅을 할 수 없다는 것을 깨닫게 됐고, 성장을 위해서 기존의 이미지를 개선해야 했다.

할리는 점차 근육이 마비돼서 결국 거동조차 불가능해질 수 있는 근무력증 환자를 체계적으로 지원하고 후원하는 사회적 마케팅을 수행하기로 결정했다. 할리는 이들 환자를 돕기 위한 모금 자선 파티를 후원했으며, 길거리 퍼레이드에는 많은 환자들이 휠체어를 타고 같이 참가해 자신들의 권익을 주장하도록 도왔다. 마음대로 몸을 움직일 수 없는 환자들이 자유의 극적인 상징물인 할리 오토바이와 같이하는 모습은 큰 대조를 이루며 많은 반향을 불러일으켰다. 자유를 갈망하는 이들의 모습은 근무력증 치료법 개발을 위해 한 보다 적극적인 사회적 관심과 투자가 필요하다는 점을 성공적으로 각인할 수 있었다. 할리 역시 과거 폭력적인 이미지에서 벗어나 보다 책임감 있고 존경받는 브랜드로 이미지를 바꿀 수 있었다.

비영리 기관의 이해 ___ **사회적 기업 위캔**

우리가 지금까지 다루어 왔던 마케팅 개념은 명확하게 이윤 추구를 목적으로 하는 기업을 대상으로 하였지만, 모든 조직이 이윤 추구를 목적으로 하는 것은 아니다. 일례로 UN이나 사랑의 열매, 적십자, 그린피스 등의 단체들은 조직의 존재 목적이 영리 추구가 아니다. 이처럼 영리나 이익을 목적으로 하지 않는 조직들을 통틀어서 비영리 기관이라고 한다. 실제로 비영리 기관들은 종류나 숫자 면에서 일반 기업에 필적할 만큼 수없이 많다. 정부나 국회와 같은 공공 기관, 대학 등의 교육 기관, 각종 자선 및 종교 단체, NGO 등의 사회운동 단체, 도서관 등 공공 서비스 등이 이 유형에 속한다.

특히 최근에는 사회적 기업(social enterprise)에 대한 관심도 커지고 있다. 사회적 기업은 일반 영리 기업과 다르게 영리 추구와 더불어 사회적인 공익 달성을 우선적인 최대 목표로 하는 사업체로서, 영리 기업과 비영리 기관의 중간 형태다. 사업을 통해 창출된 기업의 수익은 주주와 소유자의 이익을 극대화하기 위해서가 아니라, 취약 계층을 대상으로 하는 일자리 창출, 공익적인 서비스 제공 등을 위해 재투자된다. 사회적 기업은 특히 노동 능력이 제한돼 일자리를 얻기 어려운 장애인이나 노약자 등 취약 계층에게 일자리를 제공해 이들의 자활 의지를 높이기 위한 목적으로 설립되는 경우가 많은데, 지적 장애가 있는 장애인 40여 명의 직업 재활을 위해 설립된 제과 제빵 사업체 위캔(Wecan)은 그 예다.

이와 같은 비영리 기관이나 사회적 기업은 비록 그 형태는 다르지만 몇 가지 공통점이 있다.

첫째, 다양한 이해관계자 집단과 관계를 맺고 있다. 일반적으로 비영리 기관들은 주주나 고객들이 있는 일반 기업들 못지않게 다양한 사람들과 관계를 맺음으로써 존재한다. 즉 비영리 기관들이 제공하는 서비스를 이용하는 고객, 비영리 기관을 다양한 방법으로 지원해 주는 후원자라는 집단들이 존재한다. 다시 말해 후원자들이 제공하는 인력이나 자금을 지원받아 고객들에게 서비스를 제공한다. 일례로 사회복지 재단들은 개인이나 기업 후원자들로부터 자금을 후원받고 자원봉사자들로부터는 인력을 제공받는다. 이러한 자금이나 인력을 서비스로 전환해 복지 서비스가 필요한 사람들인 자신의 고객들에게 제공한다. 그 외에 자금을 지원하는 동시에 규제, 감시를 맡은 정부, 지역 주민, 기타 연구소 등과도 밀접한 관계를 맺고 있다.

둘째, 조직의 활동이 공공의 감시를 받는다. 사회적 이익을 창출하기 위해 존재하는 비영리 기관들은 다양한 측면에서 일반 기업들보다 많은 혜택과 지원을 받는다. 정부로부터 운영에 필요한 보조금을 받기도 하며, 수입 대부분은 면세 혹은 감세 혜택을 받는다. 또한 이들이 받는 정부 보조금은 기본적으로 국민의 세금으로 충당된다. 즉 사회적으로 바람직한 일을 한다는 전제하에 특혜를 받고 있기 때문에 일반 기업과 비교될 수 없는 높은 수준의 도덕성이 요구된다. 그 결과 이런 비영리 기관들은 후원자나 정부 등 직접적인 이해관계자는 물론이고 일반 대중으로부터 광범위한 감시를 받게 된다.

셋째, 고객에게 제공하는 것은 일반적으로 무형의 서비스다. 환경 친화 제품이나 에너지 절약 상품을 홍보하는 것처럼 유형의 상품을 공급하기도 하지만 근본적으로는 교육, 건강, 종교, 평화, 환경, 사회운동 등 전반적으로 공공의 이익을 위한 신념이나 사상을 전파하는 것이 주목적이기 때문에 기본적으로 서비스가 무형적인 것이다.

마케팅의 필요성 __ 비영리 기관의 존재 목적은?

마케팅의 목적 중 하나인 영리 추구를 하지 않는 비영리 기관에도 과연 마케팅이 필요한가 의문이 들 수 있다. 그간 마케팅은 주로 이익 창출을 위한 기업의 활동 영역으로 이해돼 왔기 때문이다.

그러나 마케팅은 비영리 기관에도 여전히 유효하다. 마케팅은 기본적으로 생산자와 소비자 간 교환 관계를 의미하며, 가능하면 수익성이 높은 우량 고객들을 찾아서 이들과 장기적인 관계를 형성하기 위한 노력으로 이해된다. 이런 큰 개념적 틀은 복지 시설이나 그 밖의 비영리 기관이라고 예외일 수는 없다. 비영리 기관의 사명이나 사업 이념에 대한 외부인의 호응이나 재정적 후원 없이는 비영리 기관이 존재하기 힘들다. 비영리 기관의 마케팅은 바로 이런 후원자나 동조자들과 장기적인 관계를 맺기 위한 공익적인 마케팅 영역이다.

과거에 비영리 기관과 후원자 간의 관계는 일방적으로 후원자가 재정적 지원을 하는 자선의 영역으로 접근되어 왔다. 그러나 일방의 계속적인 지원과 헌신만으로는 장기적인 관계 형성이 불가능할 뿐만 아니라 결국에는 협력에도 한계가 오게 된다. 자금 확보에 어려움을 겪고 사회적인 무관심이 증대하는 것은 후원자만의 문제가 아니라 일부는 비영리 기관 자신이 초래한 것이라고 생각할 필요가 있다. 이제는 비영리 기관과 후원자 간의 관계가 자선이 아니라 동등한 위치에서 이루어지는 교환으로 재정의되어야 하며, 기업이나 후원자들에게 충분한 가치를 제공해야 할 시점이 된 것이다. 여태껏 일일이 찾아다니면서 후원을 요청하기 위해 노력했다면, 이제는 기업이 자발적으로 후원할 수 있도록 비영리 기관 스스로의 매력성을 높여야 한다.

비영리 기관이 교환 과정에 제대로 참여하기 위해서는 상대방에게 제공할 수 있는 구체적인 혜택이 있어야 한다. 그러나 이런 혜택을 발굴하는 것은 쉬운 일이 아니다. 구체적인 유형의 상품이나 서비스를 판매하는 일반 기업들과 달리 비영리 기관이 제공할 수 있는 것은 매우 제약적일 수밖에 없기 때문에 결국에는 눈에 보이지 않는 심리적인 만족감이나 욕구를 충족시키는 것에 중점을 둬야 한다. 일반적인 상품들이 이성적 가치나 감성적인 가치를 제공하고 있다면 비영리 기관은 마케팅에 대한 기본적인 개념들을 사회적 영역으로 확장하고 윤리적인 가치를 제공하는 '영혼이 있는' 마케팅을 해야 하는 것이다.

비영리 마케팅의 유형 __ 아이디어, 인물, 장소 마케팅

비영리 기관의 마케팅은 본질적으로 공익을 달성하는 것을 목적으로 하며, 조직의 활동을 사회적 이슈나 명분에 전략적으로 연계하기 위한 포지셔닝과 마케팅 도구들을 활용하고 있다. 구체적으로는 후원자 유치, 명분 확산 등의 목적을 달성하기 위한 비영리 기관의 마케팅은 다양한 형태로 나타나고 있다. 그중 몇 가지 주요한 예를 보면 다음과 같다.

첫째, 아이디어 마케팅이다. 이는 우리 모두가 관심을 가져야 하는 주요한 사회적 이슈에 대해 주위 사람들의 관심을 높여 궁극적으로는 비영리 기관이 의도하는 방향으로 사람들의 참여나 행동을 유발하는 마케팅이다. 그린피스의 환경보호운동이나, 보건소의 금연 금주 캠페인, 교통안전공단의 안전벨트 착용 캠페인 등이 그 예다.

그러나 보통 비영리 기관이 주장하는 사상이나 의견이 모든 사람들에게 일반적으로 받아들여지는 것은 아니다. 대개 반대하는 의견이 꼭 있다. 금연 운동에는 흡연 찬성파의 반대가 있고, 환경보호 운동에는 개발우선주의의 논리가 등장하는데, 이 같은 반박 주장을 효과적으로 설득하는 제반 활동에 마케팅이 효과적인 도움을 줄 수 있다.

둘째, 인물 마케팅이다. 특정 인물을 활용해 사람들의 주의를 끌고 호감이나 지지를 이끌어 내기 위해 사용한다. 일례로 대통령이나 국회의원 선거 때 정치인들을 대상으로 한 정치 마케팅이 활성화하고 있다. 선거철마다 각 후보 진영에는 선거 마케팅을 담당하는 정치 전문 마케터인 스핀 닥터(spin doctor)들이 참여해 후보의 연설문을 유권자 입맛에 맞게 고치거나 정치인들의 이미지 메이킹을 한다.

셋째, 장소 마케팅이다. 갈수록 관광산업이 중요해지면서 각 국가는 물론 시·도, 지방자치단체 등에서 장소 마케팅을 활성화하고 있다. 이들은 자신이 속한 지역의 장점이나 강점을 홍보하면서 관광이나 투자, 행사를 유치하기 위한 노력을 기울이는데, 이때 특히 특정 장소가 갖고 있는 이미지가 중요한 역할을 하며 이러한 이미지를 쇄신하거나 강조하기 위해 애를 쓴다.

비영리 마케팅 전략 __ 크리스피크림의 CRS

그동안 비영리 기관들이 마케팅을 전혀 해 오지 않았다고 할 수는 없다. 그러나 이미 마케팅 개념이 확산된 문화, 예술, 스포츠, 패션 등 타 영역에 비하면 여전히 초기 수준에 머물러 있다. 따라서 공익적 영역에 대한 마케팅 개념이 확산돼야 하며, 이를 위해서는 그간 마케팅 개념의 확산을 저해했던 요인들을 살펴보고 개선하려는 노력이 선행돼야 한다.

비영리 기관의 마케팅 도입 지연과 관련해 가장 먼저 언급될 수 있는 것은 마케팅 마인드의 부재다. 마케팅 마인드를 갖는 방법은 다양할 수 있지만, 이익에 대한 진솔한 애정과 태도 없이는 시작할 수 없다. 돈을 사랑하지 않는 사람이 궁극적으로 이익을 추구하는 마케팅 지향적 사고를 하기는 어렵다. 비영리 기관 역시 보다 원활하게 사회적 서비스를 제공하기 위해서는 재정적인 여유가 반드시 뒷받침돼야 한다. 그런데 많은 비영리 기관들은 기관의 영리 추구라는 목적에 대해 명확한 비전이 없다. 성공적인 운영과 생활인들의 복리 향상을 위해서는 적극적으로 후원금을 모집하고, 수익성 있는 사업 모델을 개발해야 하지만, 이에 대한 공개적인 논의는 활발하지 못하다. 이익 없이는 자생력을 갖출 수 없을 뿐만 아니라 생활인의 행복도 보장하기 어렵다. 최근 많은 비영리 기관들이 사회적 기업으로 전환하는 데 관심이 있지만, 사회적 기업의 목적이 단순히 소외 계층에게 일자리를 제공하는 차원의 서비스로 제한적으로 인식되는 경향이 있다. 그러나 모름지기 기업이라는 이름을 붙이려면 종업원들에게 그에 걸맞은 목표나 비전을 제시해야 한다. 최저 생계비 수준에도 못 미치는 임금을 주는 것을 목표로 하는 기업을 기업이라 부를 수는 없다.

경쟁력 측면에서도 새로운 관점이 필요하다. 비영리 기관이 본격적으로 영리사업에 뛰어들면 들수록 일반 기업이나 상인들과 불가피하게 충돌하거나 경쟁할 수밖에 없다. 일례로 제빵 제과 사업을 하고 있는 사회적 기업 위캔은 사실상 지역 상권 내에서 파리바게뜨, 뚜레쥬르 등 기존 제과점들과 직접적인 경쟁 관계다. 그러나 이런 강력한 브랜드들과 전면적으로 경쟁하기란 쉽지 않다. 사실 복지 시설이나 사회적 기업들에 대해 일반 소비자들이 가지고 있는 이미지는 그다지 긍정적이지 않으며, 이렇게 비우호적인 이미지들은 그대로 이들이 제공하는 상품이나 서비스 이미지에 투영돼 경쟁력을 떨어뜨리는 원인을 제공하기 때문이다.

사실 여부와 상관없이 많은 사람은 이런 비영리 기관이 운영하는 시설들에 대해 두렵거나 비밀스럽고, 신뢰하기 힘들다고 생각하고 있다. 기본적으로 사람들은 자신과 유사할수록 친근하게 느끼는 경향이 있는데, 시설이 수용하고 있는 생활인들은 기본적으로 자신과는 처지나 상황이 다르다고 생각하며, 나에게 일어날 일도 아니라고 여긴다. 또한 그간 매스미디어를 통해 간혹 불거져 나오는 비영리 기관의 비리나 파행적인 운영 등 극단적인 사건들 역시 이런 이미지를 조성하는 데 크게 일조했다. 이렇게 부정적인 이미지를 가지고 있다면, 선뜻 도움의 손길이나 관심을 얻기 어려운 것은 너무나 당연한 일이다. 그런데, 왜 사실과 상관없이 이런 이미지들이 생겨나게 되었을까? 외부인의 편견과 더불어 가장 큰 원인은 스스로 만든, 외부 세계와 격리한 눈에 보이지 않는 담장이다. 즉, 일부 기관들의 후원자나 지역 주민들과 충분한 대화와 접촉이 이루어지지 못한 것이 가장 큰 원인이다. 일반적인 기업들은 고객과의 만남을 소중하게 여기며, 가능한 한 모든 접점에서 고객들의 목소리에 귀를 기울일 것을 요구한다. 도넛을 판매하는 크리스피크림 (KrispyKreme)은 아예 전문적인 고객관계 관리자(CRS: Customer Relationship Specialist)라는 직책을 두고 있다. 이들의 주 임무는 전국에 산재한 각 매장을 돌아다니면서 고객들을 만나고 그들의 이야기를 들음으로써 상품과 서비스 개발에 필요한 정보를 수집하는 것이다. 이런 적극적인 노력에 비교할 때 비영리 기관의 고객이라 할 수 있는 후원자들은 무관심하게 방치돼 있다. 후원을 요청하는 아쉬운 소리를 해야 할 때를 제외하고는 별로 접촉하거나 이야기를 나눌 기회가 많지 않다. 이를 바꾸어 보다 적극적으로 그들에게 먼저 다가가야만 비영리 기관의 이미지가 바뀐다. 적극적으로 대화에 참여하고 만남을 이끌어 갈 필요가 있는 것이다.

이제까지 문제점에 대해서 살펴보았는데, 항상 해결 방안은 문제 안에 이미 있게 마련이다. 문제를 파악하면 답이 보이는데 문제 해결은 항상 고객으로부터 출발한다. 우선 이들 시설과 비영리 기관들에게 중요한 고객이 누구인지 살펴보면, 정부 기관, 지역사회, 후원 기업, 그리고 일반 후원자들이다. 이 중 정부 기관은 복지에 대한 법률, 재정적 지원 등 국가적 정책을 결정함으로써 거시적인 영향력을 미친다. 1987년 영국의 보건부 장관은 공익적 마케팅을 노동당의 새로운 비전으로 제시하였고, 이는 이후 토니 블레어 수상의 복지 정책인 '제3의 길(Third way)'의 근간이 된다. 기업들 역시 PR 효과를 극대화하기 위해 정부가 참여하는 사업이나 캠페인에 공동으로 참여하는 것을 보다 선호하는 경향이 있기 때문에 국가가 미치는 영향력은 실로 지대하다. 그러나 정부의 정책은 사실상 일개 시설이 관리하거나 영향을 미칠 수 있는 환경적 요인이 아니라, 적응해야 하는 거대 트렌드에 가깝다.

그래서 실제 스스로 시작한 변화를 이끌어 내기 위해서는 기업이나 일반인, 지역사회 등 다른 고객들에 대한 관심과 이해가 절실하다. 과거 비영리 기관들은 이들에게 일방적인 후원이나 지원을 요청하는 일회성 관계에서 벗어나기 어려웠다. 상호간에 가치를 주고받는 동반자 관계는 아니었던 셈이다. 그러나 이 같은 일방적인 관계는 바뀌어야 한다. 비영리 기관도 기업이나 일반 후원자들에게 돌려줄 수 있는 것을 갖고 있어야 한다. 서로 지속적으로 거래를 하지 않고서는 마케팅이라는 개념 자체가 존재할 수 없기 때문이다. 그래서 각 복지 시설은 후원이나 도움을 받은 만큼 돌려줄 수 있는 자신만의 제공물을 개발해야 한다.

특히 대규모로 후원하는 기업 후원자에게는 상생의 기회를 제공하는 비즈니스적 접근법이 필요하다. 기업의 본질이 이익 창출과 지속적인 생존임을 고려할 때, 이런 목적에 도움이 안 된다면 협력은 반복되지 않는다. 불우 청소년들의 일자리 창출이 목적인 미국의 사회적 기업 주마 벤처스(Juma Ventures)는 아이스크림 체인점 벤앤드제리스(Ben&Jerry's)와 제휴해 사회적 기업의 새로운 성공 모델을 제시했다. 벤앤드제리스는 점포 운영에 필요한 입지 선정, 시장 분석, 매장 설비와 인테리어, 직원 교육, 운영 노하우, 홍보 및 광고 등을 라이선스 비용 없이 무상으로 제공하였고, 주마는 이를 활용해 샌프란시스코 등 미국 내 여러 지역에 체인점을 개설했다. 그 결과 연간 청소년 100명이 새롭게 직업 훈련을 받을 수 있었으며, 200명에 달하는 고용 효과를 볼 수 있었다. 이를 통해 벤앤드제리스는 단순한 현금성 후원과 달리 시장 지배력을 키우는 마케팅적 효과를 거둘 수 있었을 뿐만 아니라 브랜드에 대한 존경과 애정, 지역사회와의 밀착 등 가시적인 효과를 거뒀다. 이 기업은 최근에는 폭력적이 비디오 게임을 아이스크림으로 바꿔갈 수 있는 평화 캠페일을 실시하는 등의 지속적인 사회발전에 노력하고 있다.

훌륭한 포지셔닝 이미지를 개척하고 선점하는 노력 역시 소홀히 해서는 안 된다. 사실상 비영리 기관들은 사회적 관심과 후원이라는 제한된 자원을 획득하기 위해 유사한 시설, 기관들과 서로 경쟁해야 하는 처지에 있다. 경쟁 관계에 있는 시설보다 먼저 좋은 이미지를 선점함으로써 인식의 싸움에서 우위를 차지해야 한다. 동남아, 아프리카의 고아나 어린이들에게 새로운 기회를 제공하기 위해 노력하는 기관은 굿네이버스, 유니세프 등 다양하다. 그러나 많은 사람의 머릿속에는 우선적으로 월드비전 하나만 떠오른다. 이 비영리 기관은 매스미디어의 방송 프로그램과 유명 옹호인을 통해 꾸준하게 해외 아동 돕기 활동과 자사를 반복적으로 연계해 왔을 뿐만 아니라 해외 아동을 돕자는 간단명료한 메시지를 전달함으로써 인식의 전쟁에서 이겼기 때문이다. 또한 차별화를 위해 후원자와 후원 아동 간에 인간적 유대를 형성하는 데 많은 노력을 쏟았다. 정기적인 서신 왕래는 물론 원할 경우 직접적인 방문도 가능하게 했다. 특히 후원 아동의 편지에는 주로 후원금으로 양과 염소를 사고 꿈을 키워 가고 있다는 이야기가 담겨 있는데, 이런 스토리를 접한 후 후원을 중단한다는 것은 인간적으로 생각하기 힘든 일이다. 인간이 가장 취약한 부분인 정서를 자극해 차별화에 성공한 것이다.

그리고 마케팅 개념에 입각해 과거 일회성 거래를 장기적인 관계로 발전시켜야 한다. 매년 가을이면 잘 익은 사과가 출하된다. 그런데 과일이나 야채 같은 농산물들은 태풍 혹은 풍부한 일조량 등 자연적 요인 때문에 매년 생산량이나 가격이 일정하지 않아 생산자에게 고민거리를 안겨다 준다. 지나치게 풍작이면 가격 하락과 더불어 소비도 정체된다. 생산량만큼 안정적으로 소비시킬 방안이 필요한 것이다. 독일 알테스란트의 사과 생산자 조합은 근교 학교들과 '스쿨 애플(School Apple)' 운동을 전개했다. 학교 급식으로 우유를 배달하는 것처럼 사과를 배달함으로써 위에서 언급한 문제를 해결한 것이다. 이 같은 사례를 교훈 삼아, 후원 역시 금액이 크고 적으냐보다는 후원 기간이 얼마나 안정적으로 긴가에 초점을 맞춰서 관리돼야 한다. 특히 이제 사회관과 가치관이 형성되는 초·중·고 학생과 대학생을 대상으로 다양한 후원 프로그램을 개발해야 한다. 이들이 적으나마 금전적인 후원 관계를 맺거나, 다양한 재능이나 시간을 기부할 수 있도록 해야 한다. 이들은 현재로서는 재정적 후원 능력이 미약하지만 시간이 지나 졸업과 취업을 하고 스스로 가계를 꾸려 나감에 따라서 미래에 더 큰 후원자가 될 수도 있기 때문이다. 당장의 고객이 아니라 미래의 고객으로 이들을 인식하고 가꾸는 '경작형' 마케팅을 해야 하는 것이다.

가치와 혜택의 제공 __ 평범한 자갈을 어떻게 팔지?

교환이 성공적이기 위해서는 비영리 기관 역시 그럴듯한 가치의 반대급부가 필요하다. 그러나 실제로 무엇을 제공할 수 있을지 살펴보면 그다지 번듯한 것이 없다. 복지 시설 등 비영리 기관 대부분은 상품이나 서비스라고 할 만한 것은 아예 갖고 있지도 않을뿐더러, 그나마 상품을 판매하는 사회적 기업을 운영하는 경우에도 일반 기업에 비해 브랜드 가치가 현저히 낮고 디자인이나 상품성 등도 열세다.

강가나 길가에서 흔히 볼 수 있는 자갈을 돈 받고 비싸게 파는 것만큼이나 어려운 일이 또 있을까. 그런데 이런 자갈을 성공적으로 판 사례가 있다. 미국에서는 자갈을 애완용 돌로 설정해 성공적으로 판매했다. 그냥 평범한 돌이지만 이 돌을 사면 사용 지침서가 따라오고 거기에는 돌과 인사하기, 돌과 대화하기, 돌을 사랑하기 등 다양한 방법이 적혀 있다. 또한 일본 동경에 가면 소원을 이루어 주는 돌로 팔기도 한다. 그냥 평범한 자갈이지만 매일 밤 정성을 들이겠다는 서약을 해야만 판매한다. 그런데 어느 정도 파악했겠지만, 사실 이들이 돈을 받고 판매한 것은 단순한 돌이 아니다. 돌에 개인이 부여하는 특별한 의미를 판매한 것이다. 비영리 기관 역시 이처럼 자신들이 제공할 수 있는 가치와 혜택에 대해 기존의 고정관념을 버리고 생각의 틀을 바꿔야 한다.

첫째, 비영리 기관이 사업 목적으로 내세우고 있는 사업 목표와 철학 등 고귀한 아이디어를 팔 수 있다. 공정 무역(Fair Trade) 운동은 가난한 제3세계 생산자들과 직거래를 함으로서 이들에게 적정 이윤을 제공하고 궁극적으로 부의 공정한 분배를 실천한다는 명분을 제시함으로써, 결코 싸지 않은 가격인데도 많은 고객을 모을 수 있었다. 이같이 대의명분에 기반을 둔 마케팅은 도덕적으로 우월한 측면도 크지만, 구매자 스스로 심리적 만족감을 느끼게 함으로써 구매 욕구를 자극한다는 데 더 큰 의의가 있다. 간단히 말해 '착한' 마케팅이 성공할 수 있는 것이다.

둘째, 일반인을 대상으로 도덕적인 경험, 영혼이 있는 체험을 팔 수 있다. 실제로 국내의 성공 사례로 손꼽히는 사회적 기업 위캔은 제과, 제빵 사업과 더불어 일반인들이 참여할 수 있는 프로그램도 판매하고 있다. 일정 금액을 기부하면 직접 과자나 빵을 만들고 이를 집으로 가져갈 수 있는데, 이 경우 판매 비용이나 광고비 등이 들어가지 않아 수익성에 큰 도움이 되고 있으며, 시설을 홍보하는 부수적인 효과까지 거두고 있다. 이런 체험 프로그램은 기업의 신입사원 연수나 기업 내 동호회 등과 연계해 단체가 참여하는 경험으로 판매할 수도 있으며, 상업성을 배제하고 순수한 봉사를 중심으로 체험 프로그램을 개발할 수도 있다. 만약 위캔의 쿠키 만들기 체험 후 쿠키를 개인이 가져가는 것이 아니라, 다시 다른 시설이나 복지 법인에 기부하도록 한다면 더 강렬한 경험이 될 것이다.

셋째, 비영리 기관만의 스토리를 효과적으로 포장해 팔아야 한다. 재미있거나 감동적인 이야기는 마음속에 끈끈하게 달라붙어 강력한 힘을 발휘한다. 비영리 기관들은 자신의 역사나 활동, 생활인들의 개인적 이야기 등 다양한 스토리들을 개발해 소개하고 공감을 이끌어 내야 한다. 특히 인간은 고난을 같이 겪을 때 더 단단히 결속하는 속성이 있기 때문에 어려움을 이겨낸 고난 극복 스토리들은 공감할 수만 있다면 더욱 강력한 힘을 발휘한다. 이 같은 스토리를 전파하기 위해서 구전, 인터넷 등 다양한 기회를 확보하는 것도 잊지 말아야 한다. 특히 최근 많은 이들의 관심을 끌고 있는 블로그나 트위터 등 다양한 소셜 네트워크 서비스를 활용한다면 스토리의 전파력을 크게 높일 수 있다. 때로는 후원 기업이 주목할 만한 스토리를 직접 개발해 만들어 주는 것도 시설의 역할이다. 매력적인 스토리텔링을 먼저 제공할 수만 있다면 많은 도움의 손길을 스스로 만들어낼 수 있다.

넷째, 경제적인 만족으로도 채워지기 힘든 인간의 고 차원적인 욕구를 적극 개발해 팔아야 한다. 여전히 많은 비영리 기관들은 후원을 요청하면서 사랑의 열매, 사랑의 자선행사 등 사랑이라는 단어를 슬로건이나 표어로 애용한다. 그러나 심리학자 매슬로우의 주장에 따르면 사랑이 결코 인간의 최상위 욕구가 아니라고 한다. 그에 의하면 인간의 욕구는 가장 낮은 수준인 생리적 욕구에서 시작해 안전 욕구, 애정 욕구, 존경 욕구, 그리고 가장 높은 수준인 자아실현의 욕구를 순차적으로 거친다. 그런데 여전히 비영리 기관들이 호소하는 욕구는 중간 단계에 불과한 애정 욕구에 머물러 있다. 보다 풍요로워진 사회에서는 사람들의 욕구도 더 고차원으로 올라갈 수밖에 없기 때문에, 향후에는 존경 욕구나 자아실현 욕구를 제대로 건드리지 않고는 획기적으로 후원을 확대하기가 어렵다. 이를 위해서는 후원자의 활동이 신문이나 보도 매체에 잘 확산돼 후원자에 대한 사회적 존경이나 자신에 대한 만족감, 자부심으로 이어지도록 홍보 활동을 강화해야 한다.

그러나 비교적 영세한 비영리 기관이 매스미디어를 홍보 매체로 활용하기란 결코 쉽지 않다. 만일 매스미디어를 활용한 홍보가 어렵다면, 보다 손쉽고 효과적으로 접근할 수 있는 미디어들을 활용해 볼 필요가 있다. 적어도 후원 기업의 사보나 기업 홈페이지 등과 같은 사내 매체를 활용해 후원 프로그램의 담당 부서, 담당자의 업적과 활동이 사내에 알려지도록 도와줘야 한다. 그리고 시설이 발행하는 간행물이 있다면 보다 많은 지면을 후원에 대한 감사로 채우고, 이 간행물을 고객의 손 위에 고스란히 전달해 주어야 한다. 경우에 따라서는 이 정도만의 노력으로도 후원자의 무한한 신뢰를 얻을 수 있다.

영혼이 있는 마케팅 __ 국제유방암퇴치기구의 핑크리본 캠페인

비영리 기관이나 복지 시설이 마케팅을 하기 위해서는 기본적으로 기존 사업에 대한 발상의 전환과 새로운 사고가 필요하다. 후원자들에게 자선을 요구하는 것이 아니라 당당한 교환 관계로 변모해야 하며, 후원자들이 후원을 하면 할수록 본인이나 기업에도 이익이 되고 돈이 된다는 확신을 심어 줘야 한다. 이와 같은 목적을 달성하기 위해서는 비영리 기관 스스로도 다양한 사업 영역에서 상대방이 관심 있어 할 만한 공동 영역을 찾아내 선별하고 이에 우선적으로 접근하는 전략적인 사고방식이 필요하다. 현재 하고 있는 비영리 기관의 다양한 활동 중에서 외부 후원자의 협조를 구하기 용이한 것이 무엇인지 파악하지 못하고서는 매력적인 제안을 할 수가 없다.

일례로 국제 유방암 퇴치기구는 에이븐(Avon)이라는 화장품 업체에 유방암 여성에게 희망을 주자는 캠페인을 제안했는데, 여성용 화장품 업체가 이런 제안을 거절하기란 거의 불가능한 일이었다. 그 결과 양자는 수천만 달러에 달하는 기금을 성공적으로 모은 핑크리본 캠페인을 진행할 수 있었다. 미국 국립암센터가 건강을 위해 하루에 5번 과일을 섭취하자는 '5-a-day' 스티커를 돌(Dole)이 생산하는 바나나에 붙이자고 제안했을 때 마케팅 담당자는 아마 뛸 듯이 기뻤을 것이다. 미국의 긴급 구호 단체인 세인트존 앰뷸런스는 보험회사인 노위치(Norwich)와 함께 긴급 구호를 위한 모금 캠페인을 전개했는데 이 둘은 사고나 위험으로부터의 보호라는 공통된 관심사가 있었다. 단순한 자선 사업 형태로 기업이 참여하는 일회성 이벤트가 아니라 장기적인 캠페인을 발굴하고 싶다면 이처럼 서로 도움이 될 수 있는 공동 영역을 발굴해야만 한다.

이처럼 성공적인 캠페인은 기관과 기업 양자 모두 탁월한 마케팅 마인드를 가지고 있을 때만이 가능할 것이다. 양자의 마케팅 전문가들이 모여서 계획을 수립하는 초기 단계부터 같이 기획하고 상대방의 장점을 끄집어낼 수 있는 노력이 필요하다. 또한 공동의 노력을 기울여 캠페인의 성과를 분석하고, 대외적인 홍보를 한다면 브랜드나 기관의 이미지를 더욱 개선할 수 있을 것이다.

그러나 이와 같은 활동을 하기에는 현재 비영리 기관의 역량은 한계가 있다. 무엇보다도 마케팅적 사고를 갖춘 마케팅 전문가가 일선에 부족하다는 점이다. 일반 기업에는 마케팅 활동을 총괄하는 CMO(Chief Marketing Officer, 최고마케팅경영자)라는 직책을 두고 있는데, 비영리 기관 역시 마케팅 교육을 하고 마케팅 인력을 확보해야 한다. 마케팅에 대한 기본적 지식을 갖춘 인력이 업무에 집중해 효과적인 프로그램들을 개발할 수 있도록 지원해야 한다.

결론적으로, 복지나 공익의 영역에서 마케팅 개념을 도입하면 기존의 한계를 극복하고 새로운 기회를 찾을 수 있다. 모든 조직의 존재 목적인 생존과 번영을 위해 비영리 기관 역시 보다 수익성 있는 운영체로 탈바꿈해야 하며, 이는 기관이 가장 잘할 수 있는 영역을 선택하고 여기에 노력을 집중하는 데서 출발해야 한다. 그리고 체험, 스토리 등 새로운 가치를 계속 발굴하고 후원자와 장기적인 관계를 발전시켜 나감으로써 새로운 성장을 도모할 수 있을 것이다.

8.9 소비자 역할의 진화

소비자의 역할의 변화 __ 소비자에서 생산자를 넘어 투자자로의 변화

마케팅이 지금처럼 발달하고 4P라는 개념이 나타나기 전, 기업들이 가장 고려하고 있던 사항들은 무엇보다 생산효율성을 높이는 것이었다. 포드로 대표되는 이 시기에는 소비자들 모두 수용할 수 있는 가격으로만 제품의 가격이 낮춰지면 살 것이라는 믿음에 이른바 분업과 대량생산을 통해 모든 소비자들이 같은 제품을 원하였으며 소비자의 역할은 기업이 생산한 제품을 소비하는 역할에 그쳤다고 볼 수 있다. 소비자의 역할이 말 그래도 소비 그 자체에 머물러 있었다면 현재와 같은 마케팅 역할의 강화는 없었을 지도 모른다. 그러나 소비자의 역할은 단순 소비의 역할을 넘어서고 있다. 소비자의 역할이 단순 소비를 넘어선 개념으로 많이 언급되는 것이 이른바 생산참여자(co-producer)로서의 역할이다. 소비자들이 제품을 생산하는데 있어서 자신들이 제안한 방식으로 제품을 만들 수 있으며 때로는 소비자들이 광고주체로서 등장하기도 한다.

드라마의 스토리라인상 주인공의 행복한 결말을 맺지 않도록 하는 것이 원작가의 의도였으나 드라마 게시판을 통해 나타나는 시청자들의 요구에 따라 결말이 바뀌기도 한다. 또한 냉장고, 세탁기와 같은 가정전자제품의 새 제품을 기획하는데 있어서 주부평가단과 같은 소비자들을 대상으로한 아이디어 제안 등을 통해 신제품의 새로운 아이디어를 받기도 하는 등은 이미 널리 알려진 사실이다. 그러나 이러한 경우 여전히 제품을 만들고 구성하는데 있어서의 주도권은 기업에게 있었으며 소비자들은 일부 참여의 개념으로 그 역할이 한정되어 있었다.

그러나 최근에는 집단지성이라는 개념을 이용하여 소비자들이 한정적인 참여가 아닌 보다 주도적인 참여를 통해 신제품 개발에 접근하기도 한다. 크라우드 소싱(crowd sourcing)이라고 불리는 이러한 소비자 집단을 통한 접근법을 통해 혁신적인 제품이 탄생하기도 하고 사업의 어려움을 극복하기도 하는 등 소비자의 생산자로서의 역할은 보다 확대되고 있다.

생산자로서의 역할 뿐만 아니라 최근에는 제품의 생산전 투자자로서의 역할을 하는 형태도 나타나고 있어 소비자 역할의 진화가 어디까지 이어질지 놀라울 뿐이다. 투자자의 역할과 관련하여서는 크라우드 펀딩(crowd funding)이 새롭게 나타나고 있다. 예를 들어 1980년 5 · 18 광주 민주화 운동을 주제로 2012년 상영된 영화 '26년'은 제작비를 소수의 전문 투자가 아닌 이른 바 크라우드 펀드를 통하여 조성하였다. 크라우드 펀딩이란 수백 명에서 수천 명에 이르는 다수의 일반 소비자들이 제품이나 서비스의 제작에 투자형태로 참여하는 것이다. 우리나라보다 크라우드 펀딩이 발달한 미국에서는 크라우드 펀딩에 대하여 '전문적인 자본가가 아닌 일반적인 개인들로부터 기부, 후원, 투자와 관련된 약정을 얻어내기 위하여 온라인 커뮤니티 등을 활용하는 것'으로 정의한다.

소비자의 역할이 1970년대까지의 제품 소비의 기능적인 역할에서 1990년대 주요 정보 제공자로서시장의 지향성이라는 개념으로서 소비자를 중심으로 바라봐야 한다는 시장 오리엔테이션(market orientation) 역할, 그리고 제품의 개선에 참여하고 광고에 참여하는 공동생산자(co-producer), 공동 파트너의 관계를 넘어서 2000년대 후반의 공동 창조자(co-creator)로서 변해왔으며 2010년대에는 소비자의 역할은 최근 '크라우드 펀드'와 같은 서비스 플랫폼을 활용한 투자와 같은 적극적인 형태의 참여가 생성되고 있다. 그리고 관련 상품도 영화, 공연, 문화 지도 등 문화상품 및 IT 제품, 기타 프로젝트 등 다양한 영역으로 확산되고 있다.

신제품 생산에서의 집단지성의 역할 __ 쿼키를 통해 바라본 집단지성의 역할

쿼키(Quirky)라는 기업의 구성은 아이디어 개발자와 제품개발자를 비롯해 수십 명에 지나지 않았다. 그럼에도 쿼키를 통해 매일 수백, 수천 개의 아이디어가 들어오거나 평가받고 있다. 도대체 이러한 일은 어떻게 가능한 것일까? 쿼키는 이른바 온라인을 이용한 집단지성을 통해 아이디어를 발전시켰다. 2009년 뉴욕에서 창업한 쿼키는 아이디어 상품을 설계, 제작, 판매하는 회사로서 회사의 직원 수는 백여 명에 불과하다. 그러나 쿼키는 수십만 명의 회원들의 아이디어를 통해 수백 종류의 제품을 생산해 내고 있다. 특히 쿼키의 대표 신제품 중 하나인 휘어지는 멀티탭(extension cord) '피봇파워'는 2012년 제품디자인 부문 레드닷 디자인상을 수상하였으며, 수많은 아이디어를 모으는 집단 지성 플랫폼으로서의 역할을 수행하였다. 특히 쿼키는 일반 소비자들이 제품 개발자로 참여하게 하고 모든 제품의 포장에는 참여자 전원을 기재함으로써 자신의 아이디어가 현실화되었다는 보람과 명예심을 느끼게도 해준다. 다수의 일반인들이 갖고 있는 작지만 가치 있는 아이디어를 모으는 플랫폼은 소비자가 마케팅 활동에 보다 적극적으로 참여할 수 있도록 기여하고 있다. 우리나라에서도 이른바 'K-크라우드'라는 형태로 크라우드 소싱 플랫폼이 창조경제혁신센터에 도입이 되고 있다. 소비자들의 자발적 참여를 얼마나 이끌어 내느냐가 이와 같은 플랫폼의 성공에 가장 중요한 요인으로 판단된다.

킥스타터에서 시작된 크라우드 펀딩의 열풍 __ 투자자인가 기부자인가? 크라우드 펀딩

크라우드 펀딩의 시작은 킥스타터와 같은 해외로부터 시작되었다. 아이디어와 기술력이 있지만 전문적인 펀딩 업체로부터 소유권을 비롯한 다양한 이유로 투자를 받지 못한 일부 기업인들이 온라인을 통해 자신의 아이디어를 올리고 이에 대한 인터넷 유저들의 응원과 도움에 의해 시작되었다. 국내에서도 2015년 크라우드 펀딩과 관련된 법이 통과되면서 크라우드 펀딩의 역할과 중요성이 강화될 것으로 예상된다. 크라우드 펀딩은 대중적인 소비자의 역할을 소비자에서 제품 투자자로 변화시키는 것으로써 소비자가 지각한 가치에 따라 크라우드 펀딩의 활성화가 확대될 것으로 예상된다. 크라우드 펀딩은 기부형에서부터 수익을 나눠 갖는 형태를 비롯해 다양한 형태로 운영이 가능하다. 크라우드 펀딩에서 중요한 사항은 기부형이라면, 주제가 갖고 있는 중요성이 얼마나 소비자에게도 중요하다고 느껴지는지, 수익을 나눠 갖는 형태는 소비자가 투자한 금액만큼 적정 수준의 보상을 제공하는지가 중요한 성공요인이라고 할 수 있다. 크라우드 펀딩은 대부분 적은 금액을 모금을 하고 때로는 크라우드 펀딩을 통해 소비자의 반응을 확인할 수 있으므로 수요예측 및 가격 결정 등에 있어서 시제품의 형태로 활용이 가능하고 소비자들에게 광고할 수 있다는 장점을 갖고 있다. 이에 따라 앞으로 광고의 형태로 그리고 일부 투자금 확보의 목적으로도 크라우드 펀딩은 지속적으로 증가할 것이다. 다만 국내 크라우드 펀딩을 주도하는 사이트가 17개에 달하는 등 시장을 주도하는 크라우드 펀딩 기업이 나타나지 못하고 있다. 향후 시장의 주도적 기업이 등장하는 한편으로 세분화된 형태의 크라우드 펀딩 기업이 강화된다면 소비자의 투자에의 참여는 더욱더 강화될 것으로 예상된다. 중국의 경우도 http://www. demohour.com 등의 IT 기기 전문 크라우드 펀딩 사이트가 활성화되고 있다. 생활 속의 아이디어에서부터 전문적 제품/서비스로의 크라우드 펀딩의 확대는 다양한 계층의 소비자들이 투자자로서 참여할 수 있는 기회를 제공할 것으로 예상된다.

8.10 세상에 돈보다 중요한 것들

과거 프랑스, 영국 등 유럽의 주요 국가들은 광고, 신문, 잡지 등에 실리는 여성 모델 사진을 포토샵 등의 프로그램을 이용해 완벽하게 조작하거나 가공하지 못하도록 제한하는 법안을 추진하였다. 영국 자유민주당의 조 스윈슨 의원은 10대 등 여성들이 가공된 사진을 보고 스스로 불행하다고 잘못된 감정을 느낄 위험이 있기 때문에 컴퓨터로 수정한 사진에는 반드시 가공했다는 표기를 하도록 강제해야 한다고 주장한다. 자유민주당은 그의 제안을 당론으로 채택하고, 16세 이하 어린이가 보는 광고에는 아예 포토샵을 완전히 금지하는 법안을 검토 중이다. 이러한 가공적인 사진에 대한 반대로 도브(Dove)에서는 수년째 "Real beauty(진정한 아름다움)" 캠페인을 실시하고 있기도 하지만 여전히 우리주변에서는 가공된 사진이 넘쳐난다.

프랑스에서도 여당인 대중운동연합(UMP)은 광고 목적으로 출판되는 모든 가공 사진에는 경고 문구를 넣어야 하고 이를 위반하면 3만 7,500유로(약 6,600만 원) 혹은 광고비의 최대 50%에 달하는 금액을 벌금으로 부과하는 법안을 제출했다. 이 같은 움직임은 여성들이 광고 속 모델들의 완벽한 몸매와 피부를 보고 자신의 외모에 불만을 느끼고 거식증에 걸리거나 지나친 다이어트에 빠져들고 있다는 우려가 커지는 가운데 나온 것이다.

이에 대해 광고 및 패션 업계는 사진을 약간 수정하는 것은 불가피하다며 반발하고 있다. 사진작가 드렉 허드슨은 보도사진에서조차도 색깔이나 윤곽 보정은 흔히 사용된다고 주장하면서 손대지 않은 패션, 미용 사진은 본 적도 없고, 앞으로도 볼 수 없을 것이라며 반발했다.

그러나 전 세계의 광고, 심리학 전문가들은 포토샵 처리로 모델들의 마른 몸을 보여 주는 것은 어린 소녀들에게 살을 빼야 한다는 생각이 들게 하며, 이로 인해 사춘기 10대 소녀 대다수가 몸무게 등 때문에 우울, 스트레스, 죄책감, 수치심, 불만족 등의 문제를 안고 있다고 주장한다. 또 이런 상업적인 사진들이 결국은 자기 몸에 대한 불만족과 건강하지 않은 식습관을 야기한다고 주장한다.

마케팅에 대한 비판 __ 다단계 마케팅과 편법 판매

어떤 아름다운 미사여구를 갖다 붙인다고 하더라도 결국 기업의 궁극적인 목적은 이익 창출을 통한 기업의 생존이며, 이를 수행하는 가장 강력한 수단이 바로 마케팅임을 부인하기는 어렵다. 아니, 이를 부인해서도 안 된다. 그러나 이런 사실이 마케팅이 이익 창출을 위해서라면 무슨 일을 해도 좋다는 의미는 결코 아닐 것이다. 사회라는 큰 환경 시스템 속에서 가치에 기반을 둔 이익을 추구하는 합리적인 마케팅 활동만이 사회적으로 용인될 수 있으며, 장기간 지속될 수 있을 것이다.

그러나 일부의 경우이긴 하지만 부정적인 사회적 파장을 불러일으키는 마케팅 활동들도 여전히 신문 지상에 오르내리는 것을 보면 모든 기업의 마케팅 활동이 이런 기준을 지키는 것은 아닌 것 같다. 예를 들면 국내에서 법적으로 금지된 다단계 마케팅이 여전히 음지에서 횡행하고 있으며, 노인 등 사회적 약자들을 대상으로 한 고가 제품의 편법 판매도 사라지지 않고 있다. 또한 국민 건강에 직접적인 위해를 줄 수 있는 불량 식품이나 담배 등의 광고도 경계해야 할 대상이다.

노이즈 마케팅 또한 자신들의 상품을 각종 구설수에 휘말리도록 함으로써 소비자들의 이목을 집중시켜 판매를 늘리려고 하는 데 이러한 방법 또한 윤리적으로 옳은지에 대해서는 판단의 여지가 있다. 특히 연예인들의 일부 열애설이나 광고 등의 지나친 선정성, 일부 오디션 프로그램에서 출연자들을 구설수에 오르게 만드는 일들에 대해서는 어디까지 소비자들이 수용하고 당사자가 피해를 받지 않는가에 대한 확인등이 필요하다고 할 수 있다. 노이즈 마케팅에서 주목해야 할 사실은 시간이 지남에 따라 메시지의 원천과 메시지가 분리되는 슬리퍼 효과(sleeper effect)가 존재하기 때문에 때로는 사회심리적 효과를 활용하여 이러한 노이즈 마케팅이 강화되기도 한다는 점이다.

마케팅의 악용과 부정적 영향 __ 쏟아지는 광고부터 신종 범죄 피싱까지

그 결과 마케팅의 부정적인 영향력에 대한 다양한 우려가 존재하고 있는데, 이들의 우려는 일부 타당한 측면이 있다. 이들의 주장을 살펴보면 다음과 같다.

첫째, 소비자 부담의 가중이다. 마케팅으로 인해 궁극적으로 소비자가 부담해야 하는 가격이 필요 이상으로 증대되고 있다는 비판이다. 이런 주장의 배경에는 생산자와 소비자 사이에 불필요하게 많은 도·소매상이 개입해 가격이 불필요하게 인상되고 있다거나, 쉴 틈 없이 쏟아지는 광고나 판촉물 등이 결국 소비자가 지불해야 하는 부담으로 돌아간다는 생각들이 있다.

기업들의 계획된 진부화로 인해 멀쩡한 제품을 사용하지 못하고 버리거나 새로 사야 하는 경우들도 생기고 있다. 계획된 진부화란 신상품을 판매하기 위해 기존의 제품들을 빨리 도태시키는 것인데, 일부러 수명이 짧거나 내구성이 낮은 재료를 사용하거나 수리에 꼭 필요한 부품을 의도적으로 단종시키는 등의 방식이 사용되기도 한다.

둘째는 부정적 소비문화의 확산 가능성이다. 광고, 판촉 등 판매 증대를 위한 마케팅 활동이 결과적으로 불필요한 과소비의 원인이 되고 있으며, 이로 인해 에너지와 자원이 낭비되고 사회문제까지 일으킨다는 비난이다. 특히 이런 물질만능주의와 더불어 아름다운 얼굴과 날씬한 몸매의 모델을 기용함으로써 미에 대한 그릇된 관념을 전파하고 외모지상주의의 전파자가 됐다는 비판이다. 아울러 비속한 언어의 사용이나 패스트푸드의 확산, 무분별한 외래문화의 도입도 비판의 이유가 되고 있다.

셋째는 소비자를 기만할 우려다. 기업들이 소비자의 가치 제고라는 본분을 망각하는 소비자들을 대상으로 비도덕적인 행위를 하는 경우들도 종종 보고되고 있다. 가장 대표적인 예가 소비자들로 하여금 가치가 낮은 제품을 가치가 높다고 인식시키려는 과도한 행위 혹은 실제로는 비싼 가격을 심리적으로 싸게 느끼게 하려는 기만적 행위들일 것이다. 물론 기업은 소비자가 지각하는 가치에 적정 수준의 마진을 부여함으로써 생존에 필요한 이익과 자원을 확보할 수 있지만, 이런 행위들이 상식 수준에서 이해할 수 있는 수준을 넘어 이루어지거나, 해당 소비자들이 이런 사실을 제대로 인지하지 못하도록 은밀한 방법들이 동원됐다면 이 같은 비난으로부터 자유로울 수 없을 것이다. 일례로 피라미드 영업을 하는 많은 불법 업체들은 불가능한 수익률을 제시해 터무니없는 가격으로 물건을 구매하도록 유도함으로써 사회적인 문제를 야기한 바 있다.

넷째, 판매하는 상품의 결함 및 문제 발생이다. 간혹 기업의 부주의와 실수로 상품에 결함이 발생하거나 불량, 기타 위해 요인이 포함된 상태로 판매되기도 한다. 특히 자동차, 식품, 약품 등 상품의 결함이 소비자에게 치명적인 영향을 미치는 상품들의 경우 그 문제의 심각성은 더욱 커진다. 따라서 이런 문제가 발생할 경우 기업들은 적극적으로 소비자에게 문제를 알리고 이를 해결하기 위한 노력을 기울여야 한다.

도요타는 지난 2009년 미주 지역에 판매된 11만대 이상의 툰드라 트럭을 리콜을 한 바 있다. 이처럼 상품에 문제가 있을 때는 리콜 등 적극적인 조치를 취해 문제를 해결하기도 하지만 그렇지 못한 경우도 있다. 상품의 문제점을 알면서도 이를 묵인하거나 은폐하려는 경우도 발생되고 있는 것이다. 따라서 소비자들은 보다 광범위하고 포괄적으로 이런 위험으로부터 보호받을 권리가 요구되고 있다. 2002년부터 시행된 제조물 책임법(PL법)은 기업의 고의나 과실이 없는 경우에도 소비자를 보호할 것을 요구함으로써 판매자의 의무를 강화하고 있다.

또한 상품 자체의 속성상 위험을 내포할 수밖에 없는 담배나 약물 등의 상품과 관련한 규제의 목소리도 높다. 법적으로 광고가 제한된 이들 제품들이 간접적인 광고를 하는 경우 혹은 허용되지 않은 성분을 포함하고 있는 경우들이다.

다섯째, 담합 및 불공정 행위의 발생 가능성이다. 더 나은 가치와 서비스를 제공해야 하는 경쟁 기업들이 고가격과 과다한 이익을 유지하기 위해 결속하는 담합 행위는 기업 간에 공정한 경쟁을 못하게 함으로써 결과적으로 소비자의 이익을 저해할 수 있다. 담합하는 기업에 대해서는 법률을 통해 과징금 등 다양한 규제를 가하고 있지만 에너지, 음료, 주류, 시멘트 등 다양한 분야에서 담합에 대한 뉴스가 계속 나오고 있다.

여섯째, 기업 활동이 개인 사생활을 침해할 가능성이다. 기업의 과도한 판매 목표 설정과 지나친 판매 압력은 결국 소비자에 대한 강매 행위로 나타나는 경우도 많다. 판매원이 자신에게 할당된 판매량을 채우기 위해 구매를 강요하거나 소비자에게 거짓 약속을 하거나, 환불 등 소비자의 정당한 권리가 무시되기도 한다. 특히 최근에는 노약자나 어린이와 같이 계산과 판단 능력이 상대적으로 떨어지는 사회적 약자를 대상으로 고가의 물건을 강매해 큰 사회적 파장을 불러일으키기도 했다.

또한 텔레마케팅 등이 발달하면서 개인의 전화번호, 주소, 주민등록번호와 같이 지극히 사적인 정보들이 기업의 마케팅 수단으로 거래되는 문제들도 등장하고 있다. 개인 정보의 오용 및 사생활 침해로 인해 소비자들은 불필요한 상업적 이메일, 계속 울려 대는 콜센터 전화, 가입 권유 등에 시달리기도 하고, 심한 경우 피싱(phising)과 같은 신종 범죄에 무방비로 노출되기도 한다.

마케팅 활동에 대한 감시와 규제 __ CSR의 시대

현대사회에서 마케팅의 중요성과 영향력이 커져 가는 만큼 부정적인 측면에 대한 우려도 같이 증대하고 있다. 그 결과 경제와 사회, 문화 전반에 걸쳐서 해로울 수도 있는 마케팅 활동을 감시하고 개선하기 위한 노력들이 소비자 스스로 혹은 정부 주도하에 여러 가지 형태로 나타나고 있다. 이런 움직임 중에서 소비자 보호 운동과 기업 활동의 감시는 주목할 만하다.

우선 소비자 보호 운동이란 소비자와 기업 간 거래에서 발생하는 여러 가지 문제들을 소비자 권익 보호 차원에서 주체적으로 해결하려는 사회운동을 말한다. 사실 소비자 보호 운동의 역사는 현대 마케팅의 역사에 필적할 만큼 오래된 것이다. 1891년 뉴욕에 소비자연맹이 결성됨으로써 최초의 소비자 운동이 시작했는데 이후 1898년 전국소비자연맹(The National Consumers' League)이 발족해 주로 식품과 같은 상품을 대상으로 품질 향상을 요구하는 운동을 벌였다. 특히 1936년 소비자동맹(CU: Consumers' Union)이 발간하기 시작한 ≪컨슈머 리포트(Consumer Report)≫는 소비자들에게 상품에 대한 올바른 정보를 제공하고 기업을 감시하는 역할을 오늘날까지 성실하게 수행하고 있다.

특히 현대의 소비자 운동과 관련해 미국 소비자 운동의 대부인 랠프 네이더라는 인물을 빼놓고 이야기하기는 어렵다. 네이더는 1964년 자동차 안정성과 관련한 '기업 고발 운동'이라는 새로운 형태의 소비자 운동을 시작했는데, 이를 네이더리즘(Naderism)이라고도 한다.

한국에도 한국소비자보호원, 한국소비자연맹, 소비자 문제를 생각하는 시민의 모임 등 다양한 단체가 소비자 보호 운동에 앞장서고 있다.

소비자의 권익 보호와 더불어 기업 활동에 대한 감시 운동도 마케팅 활동에 영향을 주는 주요한 사회적 규제 활동의 하나다. 그 결과 환경보호, 에너지 절약, 안전 제품과 친환경 제품 개발, 사회적 약자를 배려하는 상품 등 다양한 측면에서 기업의 마케팅 활동은 일반 소비자들과 이들이 구성한 비영리 조직들의 감시를 받고 있다.

특히 전 세계적으로 기업의 영향력이 커짐에 따라 이들 기업들이 보다 사회적 책임감을 통감해야 한다는 주장이 힘을 받고 있다. 즉 기업의 사회적 책임을 의미하는 CSR(Corporate Social Responsibility)의 시대가 오고 있다. 즉 기업은 사회적 기능인 생산을 효율적으로 수행해야 할 사회성, 공공질서를 지켜 다른 업체나 집단, 소비자에게 피해를 주지 않는 공공성, 특정 집단에 대한 봉사를 넘어서 이해관계자 모두의 이익을 증대시키는 공익성의 책임이 있다는 것이다. 유해 식품 및 위험 상품의 거래나 상품의 불공정한 이익을 목표로 하는 매점 매석, 담합 등은 사회성에 대한 위반이며, 그 외 고객 착취, 사기, 허위 및 과대광고는 공공성 위반이다. 또한 효율성 제고를 위한 끊임없는 내부 노력 부족의 결과로 초래되는 자원의 낭비, 기회주의에 편승한 가격 인상 등은 공익성에 대한 위반이기 때문에 기업은 이런 위반을 저지르지 않도록 주의하면서, 주어진 사회적 책임을 다할 의무가 있다. 우리나라의 기업들은 해외 진출해서도 이러한 CSR 활동을 활발히 펼치고 있는데 중국에서 해외기업 중 삼성은 1위, LG전자는 3위, 포스코는 6위, 현대차는 7위를 기록하여 닛산, 도요타, GM 등 해외 다른 대기업들보다 훨씬 높은 수준의 CSR 활동을 수행하고 있다. 앞으로도 이러한 CSR에 대한 전세계적인 요구는 강해질 것으로 예상된다.

마케팅의 책임 __ 가장 존경받는 브랜드가 되는 길

이익을 극대화하는 것이 목표 중 하나인 현장 마케터들에게 동시에 윤리와 책임을 항상 준수하도록 강조하는 것이 쉬운 일은 아니다. 그러나 아무리 큰 이익이 걸려 있는 사안이더라도 사회적 통념과 제도가 허락하는 한도 내에서 마케팅 활동이 이루어져야 한다는 경계선을 잊어버려서는 안 될 것이다. 마케터의 최소한의 직업윤리이자 사회적 책임감인 것이다.

그러나 이런 노력은 마케터 개개인의 주의나 인식만으로는 한계가 있다. 그보다는 기업 차원에서 시스템적으로 윤리성 확보가 가능하도록 제도와 인센티브를 도입해야 한다.

기업의 입장에서도 마케팅의 책임을 인식하는 것은 기업의 생존에 큰 도움이 될 수 있다. 첫째, 기업의 경영 활동이 예상치 못한 위험에 빠질 가능성을 줄여 줄 것이다. 기업의 경영에서 나쁜 뉴스는 예상하지 못한 갑작스런 변수의 발생이고, 더 나쁜 뉴스는 그 변수가 부정적인 변수라는 점인데, 정도 경영은 이런 돌발 위험의 가능성을 줄여 준다. 둘째, 브랜드 자산을 강화하는 효과를 기대할 수 있다. 사회적으로 존경받는 브랜드는 소비자들의 신뢰와 사랑을 받으며, 이를 기반으로 매출이나 이익과 같은 성과에도 긍정적인 영향을 기대할 수 있다. 또한 호의적인 브랜드 이미지나 연상과 같은 간접적인 효과도 기대할 수 있다. 실제로 미국 시장에서는 브랜드를 관리할 때 가장 중요시하는 지표 중 하나가 '가장 존경받는 브랜드(World's Most Admired Companies)'가 되느냐 여부다. 이처럼 브랜드 존경 지수를 높이기 위해 삼성전자는 사회봉사, 기부 등 다양한 활동을 해 왔는데, 국내 기업으로는 유일하게 2014년 포춘지 선정 미국의 존경받는 브랜드 21위로 선정됐다. 2013년 35위에서 14단계에 올랐으며 1위는 애플, 그 뒤를 이어 아마존, 구글, 해서웨어, 스타벅스, 월트디즈니 등의 기업들로 1위에서 10위까지가 모두 미국기업들이었다. 포춘의 기업순위 평가 기준은 사회적 책임 수행, 혁신, 인적관리, 자산운용 효율, 재무건전성, 서비스의 질, 글로벌 경쟁력 등의 항목에 걸쳐서 점수를 측정한다.

이제 마케팅은 단순히 이익을 창출하는 기업의 도구라는 제한적인 인식을 벗어나, 사회적 책임을 다하면서 고객의 가치를 창출하고 더 나은 상품과 서비스를 공급해 사회 전반의 효용을 증대한다는 소명 의식(sense of mission)이 요구되고 있는 것이다.

<h1>참 / 고 / 문 / 헌</h1>

가와시마 고헤이(2009), 미디어 브레인 옮김, 고객의 마음을 사로잡는 웹 심리학,
　　라이온북스

강영식(2002), 인터넷 시대의 혁신적인 신상품 개발, 구민사

강효석, 이원흠, 조장연(1997), 기업가치평가론, 홍문사

권민(2008), 거리에서 브랜드를 배우다, 고즈윈

김병도(2003), 코카콜라는 어떻게 산타에게 빨간 옷을 입혔는가, 21세기북스

김상훈(2011), 하이테크 마케팅, 박영사

김정만, 전찬수(2009), 스포츠 마케팅 커뮤니케이션, 대한미디어

김정원(2009), 사회적기업이란 무엇인가?, 아르케

김현철(2004), 일본 기업 일본 마케팅, 법문사

김훈철, 장영렬, 이상훈(2008), 브랜드 스토리텔링의 기술: 강력한 브랜드는 스토리가
　　만든다, 멘토르

니콜라스 디폰조, 프라산트 보르디아(2007), 신영환 옮김, 루머 심리학, 한국산업훈련
　　연구소

다지마 요시히로(1989), 김명근 옮김, 인스토어 머천다이징, 한언

데이비드 에이커(1992), 마케팅커뮤니케이션연구회 옮김, 브랜드 자산의 전략적 관리,
　　나남

도넬슨 포시스(1996), 서울대학교 사회심리학 연구실 편저, 집단 심리학, 학지사

로버드 차일디니(2008), 이현우 옮김, 설득의 심리학, 21세기북스

리처드 와이즈먼(2008), 한창호 옮김, 괴짜 심리학, 웅진지식하우스

말콤 글래드웰(2010), 김태훈 옮김, 그 개는 무엇을 보았나, 김영사

메리언 살츠먼, 이라 마타시아, 앤 오릴리(2005), 이현주 옮김, 남자의 미래, 김영사

매트 헤이그(2003), 브랜드 괴담, 지아이지오

문소영(2014), 그림 속 경제학, 이다미디어

박지영(2003), 유쾌한 심리학, 파피에

박찬수(2013), 마케팅원리, 법문사

박찬욱(2002), 모바일 마케팅: 움직이는 고객, 움직이는 마케팅, 시그마 인사이트

박형진, 양석준(2008), **역발상으로 성공한 창의적 마케터들**, 비즈프라임

번트 슈미트(2002), 박성연, 윤성준 홍성태 옮김, **체험 마케팅**, 세종서적

시부야 쇼조(1997), 이규원 옮김, 즐거운 일상을 만드는 심리실험 이야기, 일빛

신강균(2002), **앞서가는 광고인의 비밀문서**, 컴온프레스

스티븐 브라운(2006), 엄주영 옮김, **포스트모던 마케팅**, 비지니스북스

안광호, 이유재, 유창조(2010), **광고관리: 이론과 실제가 만나다**, 학현사

양원석(2005), **사회복지 브랜드 전략**, 나눔의 집

여준상(2004), **회사의 운명을 바꾸는 역발상 마케팅**, 원앤원북스

요네다 키요노리(2003), 정종식, 이호건, 최현민 옮김, **에어리어 마케팅**,
    엑스퍼트컨설팅

요시모토 요시오(2007), 홍성민 옮김, **스타벅스에서는 그란데를 사라**, 동아일보사

우노 다카시(2015), 김영주옮김, **장사의 신: 실전편**, 쌤엔파커스

우제형(2001), **유통영업 사례분석**, 한언

유병선(2007), **보노보 혁명: 제4섹터, 사회적 기업의 아름다운 반란**, 부키

유필화, 로버트 돌란, 헤르만 지몬(1998), **가격경쟁전략**, 한언

올리버 예게스(2014), 강희진 옮김, **결정장애 세대**, 미래의 창

이유재(2008), **서비스 마케팅**, 학현사

이원준(2008), **브랜드 파워와 스토리텔링의 힘**, 월간 마케팅, 8월호

임종원, 김재일, 홍성태, 이유재(1994), **소비자 행동론: 이해와 마케팅에의 전략적 활용**,
    경문사

임종원, 박형진, 강명수(2001), **마케팅조사방법론**, 법문사

임종원, 이한석, 송상연(2008), **한국 전자산업의 마케팅 발전과정**, 서울대학교 출판부

장영렬(2007), **이벤트 천재를 만드는 33가지 비밀**, 다산북스

정상수(2010), **스매싱: 아이디어가 막힐 때 돌파하는 힘**, 해냄

조앤 쉐프 번스타인(2007), 임연철, 이구슬, 이지향, 한민호 옮김, **문화예술마케팅**,
    커뮤니케이션북스

존 브룩스(2015), 이충호옮김, **경영의 모험**, 쌤엔파커스

존 케네디 갈브레이드(1988), 김태선 옮김, **불확실성의 시대**, 기린원

조서환, 추성엽(2005), **대한민국 일등상품 마케팅 전략**, 위즈덤하우스

최인철(2005), **돈 버는 심리, 돈 새는 심리**, 랜덤하우스 중앙

최인철(2007), **프레임: 나를 바꾸는 심리학의 지혜**, 21세기북스

츠바키 이사오 외(2003), 김은주 옮김, 마케팅은 숫자싸움이다, 이코북

클라우스 슈메(2005), 박규호 옮김, 1등 기업을 무너뜨린 마케팅전략 33, 21세기북스

클로테르 라파이유(2007), 김상철 옮김, 컬쳐코드, 리더스북

파코 언더힐(2002), 신현승 옮김, 쇼핑의 과학, 세종서적

패트리샤 월리스(2001), 황상민 옮김, 인터넷 심리학, 에코리브르

필립 코틀러(2007), 남문희 옮김, 필립 코틀러의 CSR 마케팅, 리더스북

포크, 부츠, 야카보루(2008), 스토리텔링의 기술, 멘토르

타나카 히로시(2007), 애드리치 마케팅전략연구소 옮김, 강한 원칙, 강한 마케팅,
    커뮤니케이션북스

토머스 하인(2003), 김종식 옮김, 쇼핑의 유혹, 세종서적

토머스 네이글, 존 호건(2006), 송기홍 옮김, 프라이싱 전략: 수익성을 가져다주는
    가격결정 가이드, 거름

토르스텐 하베너(2010), 신혜원 옮김, 나는 네가 무슨 생각을 하는지 알고 있다,
    위즈덤피플

하대용(2014), 고객지향적 마케팅, 학현사

해미쉬 프링글, 마조리 톰슨(2006), 김민주, 송희령 옮김, 공익마케팅: 영혼이 있는
    브랜드 만들기, 미래의 창

홍성용(2007), 스페이스 마케팅, 삼성경제연구소

황순영(2003), 우리만 모르고 있는 마케팅의 비밀, 범문사

황주성 외(2002), 사이버문화 및 사이버 공동체 활성화 정책방안 연구, 정보통신정책연
    구원

찾 / 아 / 보 / 기

ㄱ

가격	80, 122
가장 존경받는 브랜드	267
가치	90
가치 공학	13
가치 제안(value proposition)	69
감성적 소구	178
감성형 마케팅	217
개인화	55, 192
게릴라 마케팅	185
게임	171
결정 기술(defining technology)	235, 240
경로 간 경쟁	148
경작형 마케팅	18
경품 제공	171
계획된 진부화	263
고객관계 관리자	251
고객 로열티	198
고객 생애 가치(lifetime value)	18
고객 회전율	157
고려 상표군(consideration set)	66
고정 원가	122
공감 능력	17
공동 창조자(co-creator)	259
공포 소구	178
관계 마케팅(relation marketing)	15
광고 옹호인(advertising endorsement)	223

광고 콘셉트	177
광고(advertising)	171
교차 판매(cross-selling)	20, 42
규모의 경제(economy of scale)	128
기능적 편익(functional benefit)	91
기업의 사회적 책임을 의미하는 CSR(Corporate Social Responsibility)	266

ㄴ

내부 고객	168
네이더리즘(Naderism)	266
네트워크 외부성(network externality)	128, 243
노이즈 마케팅	187, 262
니즈	7

ㄷ

다기능 협업팀(CFT)	106
다양성 선호	42
단순 명료성의 법칙	176
단순성	71
당연 품질	237
대량 맞춤화	55
데이(day) 마케팅	57
도매상	145

도시 전설(urban legends) 205
도입기(introduction) 95

ㄹ

라이프스타일(lifestyle) 32
래디컬 마케팅(radical marketing) 185
랜드마크 232
레드 오션(red ocean) 62
리마커블(remarkable) 176
리버스 엔지니어링 12

ㅁ

마이클 포터 59
마케팅 64
마케팅 근시안(marketing myopia) 61
마케팅 믹스(marketing mix) 78
마케팅 콘셉트(marketing concept) 12
마켓 센싱 13
매대 비용(slotting allowance) 151
매복 마케팅(ambush marketing) 185
매스 마케팅 51
매슬로우 34
매직 7 66
멀티 상품 사이클 98
메세나(mecenat) 마케팅 215
모바일 쇼핑 198
문화 마케팅 217
미끼 상품(loss leader) 148
미디어 폴(media pole) 172

ㅂ

바넘 효과(Barnum effect) 44
바이럴 마케팅 219
발 들여놓기(foot in the door) 협상 전략 133
법인 10
베블런(Veblen) 29
베블런 효과 29
변동 원가 122
보랏빛 소 176
보이지 않는 손(invisible hand) 125
브랜드 110
브랜드 개성(brand personality) 33, 114, 210
브랜드 앰배서더(brand ambassador) 211
브랜드 자산 112
브랜드 전도사 22
블랙박스 28
블루 오션(blue ocean) 62
비영리 기관 247
비영리 마케팅 248
비탐색품(unsought product) 93
빅데이터 193
빌보딩(billboarding) 85

ㅅ

사용자 경험 201
사회적 기업(social enterprise) 246
사회적 편익(social benefit) 91
산차이(山寨) 13
상권 160
상품 80
상품 라이프사이클(PLC) 94

상호성의 원리 40
상호작용성 192
생산참여자(co-producer) 258
서비스 83
선도 브랜드 67
성과 품질 237
성숙기(maturity) 95
성장기(growth) 95
성적 소구 178
세분화(Segmentation) 80
소매상 145
소매 점포 브랜드(private brand) 166
소명 의식 268
소셜 네트워크 194
쇠퇴기(decline) 95
쇼핑품(shopping product) 92
수렵형 마케팅 18
수익 7
수확 체증 242, 243
스키마(schema) 207
스텔스 마케팅 185
스토리 116
스토리텔링 206, 209
스포츠 마케팅 220
스포츠 스폰서십 223
슬리퍼 효과(sleeper effect) 262
승자독식(winner takes all) 경쟁 235
시간 기반 경쟁(time-to-market) 69
시장세분화(market segmentation) 51
시장 스키밍(skimming) 전략 127
시장 지향적(market-driven) 접근법 103
시장 추동적(market-driving) 접근법 104
시장 침투(penetration) 전략 127
신상품 개발 프로세스 104

실시간성 192
심리적 편익(psychological benefit) 91

ㅇ

아이디어 마케팅 249
아트(art) 마케팅 216
애덤스미스 17
액자 효과(framing effect) 75
앰비언트(Ambient) 광고 187
역세분화(counter segmentation) 56
역시장(reverse market) 194
연계개발(C&D: Connect and Development)
102
옵션 가격 결정(option pricing) 132
완전 완비 제품 239
욕구 단계 34
원츠(wants) 8
웨보그램(webogram) 153
유연성 192
유통 81, 142
의제 설정(agenda setting) 마케팅 76
이미지 마케팅(image marketing) 228
이벤트 171
이성적 소구 177
인물 마케팅 249
인적 판매(personal selling) 171
인터넷 191
일대일 마케팅(one to one marketing) 55
일물일가의 법칙 127
입지 162

ㅈ

자투리 가격 책정(odd pricing)	131
장난기 마케팅(mischief marketing)	185
장소 마케팅	226, 249
전망 이론(prospect theory)	134
전문품(specialty product)	93
제로섬(zero sum)	242
제조물 책임법(PL법)	264
제품 옹호인(product endorsement)	223
종속재(captive product) 가격	131
준거 가격(reference price)	133
준거집단	31
중간상	145
지속성(on-going)	10
직접 마케팅(direct marketing)	171
진실의 순간(MOT: Moment of Truth)	83
집단 사고(group thinking)	106

ㅊ

차별화	54
촉진	81
총 소유비용(TCO)	238
최초 상기(TOM: Top of Mind) 브랜드	113
측정 가능성	192

ㅋ

카네만(Kahneman)	75
카지노 경제	125
커뮤니케이션	170
컬처노믹스(culturenomics)	212
코틀러	6

콘셉트	10
콘테스트	171
쿠키	193
쿠폰	171
큐레이션 커머스	149
크라우드 소싱(crowd sourcing)	258
크라우드 펀딩(crowd funding)	258
크리에이티브(creative)	175, 177

ㅌ

타기팅(Targeting)	58, 80
타협 효과(compromise effect)	39, 133
탈중개화 현상	196
테스트마케팅	108
테키(techy)	244
통합적 마케팅 커뮤니케이션(IMC: Integrated Marketing Communication)	172
튜링	116
트버스키(Tversky)	75

ㅍ

판매 개념	16
판매 촉진(sales promotion)	171
퍼미션 마케팅(permission marketing)	196
편의품(convenience product)	92
편익	90
포지셔닝(Positioning)	64, 80
표적 마케팅(target marketing)	51
푸시(push) 마케팅	206
풀(pull) 마케팅	206
프랜차이즈	158

프로슈머(prosumer)   37, 195
플래노그램(planogram)   153

ㅎ

하이테크 경쟁   243
학습 효과   242
현장 할인   171
환상 품질   237

기타

2등의 우위(2nd mover advantage)   98
360도 마케팅   181
3B   179
4C   81

4P   79, 108
4대 매체   180
5S   215
7P   83
AIO   32
CCDVTP   7
CFT(Cross Functional Team, 협업팀)   100
CMO   257
CRM   19, 20
EDLP(Every Day Low Price)   71
POP(Point of Purchase)   85
PPL(Product Placement)   216
PR(Public Relation)   171
STP   80
TOM 브랜드   112
VIP센터   100

저 / 자 / 소 / 개

■ 이원준

1996년부터 2008년까지 KT와 삼성전자에서 빅 데이터 분석, 사업전략 수립, 신사업 기획, 글로벌 마케팅 전략 등의 업무를 담당하였으며, 2008년도부터 청주대학교 경영학과에서 마케팅, 광고 전략, 창업 등을 가르치고 있다. 하이테크 마케팅, 기술 혁신 전략, 디지털 소비자행동, 기업가 정신, 중국을 비롯한 아시안 신흥 시장 등의 주제를 중심으로 연구를 진행하고 있으며, 다수의 연구 성과들을 국내외 저명 학술지에 게재 하였다. 이와 관련하여 한국마케팅학회의 최우수 박사학위 논문상, 항공경영학회의 최우수 논문상 등을 수상하였다. 삼성전자, KT, 현대자동차 등 국내 기업들을 비롯 하여 지역 테크노파크 및 상공회의소, 한국연구재단, 국제여성가족교류재단, 아산재단 등 비영리기관들과도 다양한 관련 프로젝트를 지속적으로 수행하고 있다. 최근에는 선선한 바람이 부는 저녁 시간이면 집 근처의 탄천 변에서 크루즈보드를 배우는 일과 가족들과 시간을 보내는 일에 몰두하고 있다.

■ 이한석

2012년도부터 상명대학교 경영대학 글로벌 경영학과에서 학생들을 가르치고 있으며, 온라인 마케팅과 신흥시장 소비자 연구에 관심이 있다. 대학이 공식적으로 수여하는 '상명대학교 최우수 강의상'을 강의 첫해에 수상하였으며 박사과정 중에는 한국마케팅학회의 최우수 논문상을 수상하기도 하였다. 중국어를 배우고 중국 시장에 대한 공부를 좋아하여 광저우 화남사범대학교에 초빙교수로 머물기도 하였으며 베트남, 인도네시아 등 신흥시장 소비자에 대해 관심이 많다. 크라우드 펀딩, 해외직구, 한류소비 등에 대한 연구를 수행하면서 온라인 소비자 행동에 대한 연구를 SW 등 관련 분야 및 신흥시장 소비자로 확대하고 있다. 삼성전자, 현대자동차, KT네트웍스, 오토플러스 등의 기업컨설팅 및 한국연구재단, 한국문화산업교류재단, 정보통신산업진흥원, 한국클라우드산업협회 등의 기관과도 연구를 진행하였으며 하루하루를 생각하는 대로 살기 위해 노력하고 있다.

마케팅의 첫걸음

2015년 8월 20일   초판 인쇄
2015년 8월 25일   초판 1쇄 발행

저 자	이원준·이한석
발행인	배 효 선
발행처	법 문 사
주 소	413-120 경기도 파주시 화동길 37-29
등 록	1957년 12월 12일/제2-76호(윤)
전 화	(031)955-6500~6 FAX (031)955-6525
E-mail	(영업) bms@bobmunsa.co.kr
	(편집) edit66@bobmunsa.co.kr
홈페이지	http://www.bobmunsa.co.kr
조 판	법문사 전산실

정가 23,000원

ISBN 978-89-18-12272-4